AF703455

Kristian Köhler

Microservices mit Go

Konzepte, Werkzeuge, Best Practices

Rheinwerk
Computing

Liebe Leserin, lieber Leser,

mit Microservices haben Sie sich für einen Architekturstil entschieden, an den typischerweise hohe Erwartungen gestellt werden, vor allem in Bezug auf Wartbarkeit und Skalierbarkeit. Offenbar zu Recht, schließlich sind sie längst keine Nischenerscheinung mehr.

Eine solche Architektur kann auch mit hohen Anforderungen an Sie beim Entwickeln einhergehen: Sie haben es früh im Projekt mit folgenreichen Designentscheidungen zu tun, die Infrastruktur ist häufig komplex und das Testen wird gewiss nicht einfacher.

Die Sprache Go mit ihrer nativen Modularität und umfangreichen Toolbox kommt Ihnen dabei entgegen. Zu Go wie zu Microservices gilt es, anspruchsvolle Konzepte zu verstehen, Werkzeuge kennen zu lernen und gute Praxis einzuüben.

Kristian Köhler geht für Sie Thema für Thema ins Detail. Ob es um die Arbeitsumgebung geht, um das – möglicherweise ungewohnte – Error-Handling, um Nebenläufigkeit oder Benchmarking: Die Lernkurve ist so gewählt, dass Einsteiger gut zurechtkommen und Versiertere noch Infos und Best Practices finden, von denen sie profitieren können.

Das Buch eignet sich nicht nur für die Lektüre von vorn nach hinten. Vielleicht beherrschen Sie Go schon, interessieren sich für bestimmte Themen oder möchten später einmal etwas nachschlagen. Der klare Aufbau sollte Ihnen helfen, schnell zu finden, was Sie suchen.

Dieses Buch wurde mit großer Sorgfalt geschrieben, geprüft und produziert. Sollte dennoch einmal etwas nicht so funktionieren wie erwartet, sind mir Ihre Fragen, Anregungen und konstruktive Kritik herzlich willkommen.

Viel Erfolg mit Microservices und Go wünscht Ihnen

Ihre Almut Poll
Lektorat Rheinwerk Computing

almut.poll@rheinwerk-verlag.de
www.rheinwerk-verlag.de
Rheinwerk Verlag · Rheinwerkallee 4 · 53227 Bonn

Auf einen Blick

Wir hoffen, dass Sie Freude an diesem Buch haben und sich Ihre Erwartungen erfüllen. Ihre Anregungen und Kommentare sind uns jederzeit willkommen. Bitte bewerten Sie doch das Buch auf unserer Website unter **www.rheinwerk-verlag.de/feedback**.

An diesem Buch haben viele mitgewirkt, insbesondere:

Lektorat Almut Poll
Gutachter Alexander Troppmann
Korrektorat Doris Weißgerber, Frankfurt a. M., Marlis Appel, Troisdorf
Herstellung Melanie Zinsler
Typografie und Layout Vera Brauner
Einbandgestaltung Bastian Illerhaus
Coverbild iStock: 1031361976 © BartekSzewczyk
Satz Typographie & Computer, Krefeld
Druck Beltz Grafische Betriebe, Bad Langensalza

Dieses Buch wurde gesetzt aus der TheAntiquaB (9,35/13,7 pt) in FrameMaker.
Gedruckt wurde es auf chlorfrei gebleichtem Offsetpapier (90 g/m²).
Hergestellt in Deutschland.

Das vorliegende Werk ist in all seinen Teilen urheberrechtlich geschützt. Alle Rechte vorbehalten, insbesondere das Recht der Übersetzung, des Vortrags, der Reproduktion, der Vervielfältigung auf fotomechanischen oder anderen Wegen und der Speicherung in elektronischen Medien.

Ungeachtet der Sorgfalt, die auf die Erstellung von Text, Abbildungen und Programmen verwendet wurde, können weder Verlag noch Autor, Herausgeber oder Übersetzer für mögliche Fehler und deren Folgen eine juristische Verantwortung oder irgendeine Haftung übernehmen.

Die in diesem Werk wiedergegebenen Gebrauchsnamen, Handelsnamen, Warenbezeichnungen usw. können auch ohne besondere Kennzeichnung Marken sein und als solche den gesetzlichen Bestimmungen unterliegen.

Bibliografische Information der Deutschen Nationalbibliothek:
Die Deutsche Nationalbibliothek verzeichnet diese Publikation in der Deutschen Nationalbibliografie; detaillierte bibliografische Daten sind im Internet über *http://dnb.dnb.de* abrufbar.

ISBN 978-3-8362-7559-0

1. Auflage 2021
© Rheinwerk Verlag, Bonn 2021

Informationen zu unserem Verlag und Kontaktmöglichkeiten finden Sie auf unserer Verlagswebsite **www.rheinwerk-verlag.de**. Dort können Sie sich auch umfassend über unser aktuelles Programm informieren und unsere Bücher und E-Books bestellen.

Inhalt

Materialien zum Buch

Auf der Webseite zu diesem Buch stehen folgende Materialien für Sie zum Download bereit:

- **alle Beispielprogramme**

Gehen Sie auf *www.rheinwerk-verlag.de/5081*. Klicken Sie auf den Reiter MATERIALIEN ZUM BUCH. Sie sehen die herunterladbaren Dateien samt einer Kurzbeschreibung des Dateiinhalts. Klicken Sie auf den Button HERUNTERLADEN, um den Download zu starten. Je nach Größe der Datei (und Ihrer Internetverbindung) kann es einige Zeit dauern, bis der Download abgeschlossen ist.

Sie finden die Codebeispiele außerdem in den Github-Repositories unter folgenden URLs:

- *https://github.com/sourcefellows/gobuch*
- *https://github.com/sourcefellows/trainingfellow*

Geleitwort des Fachgutachters

In vielen Projekten lösen Microservices bisherige Monolithen ab und versprechen dabei auf Basis von kleineren Komponenten bessere Skalierung und Wartbarkeit von Software. Auf der anderen Seite stehen die Fragen nach den Herausforderungen, die die steigende Komplexität mit sich bringt, und ob diese Art der Konzeption von Software wirklich Vorteile bringt.

Neben der eigentlichen Programmierung hat man auf einmal Themen wie Kubernetes und Continuous Delivery auf dem Tisch liegen. Außerdem müssen Microservices untereinander kommunizieren, was einen gewissen Overhead für die Entwicklung mit sich bringt. Entwickler müssen sich absprechen, interne Schnittstellen definieren und einhalten. Neue Techniken wie Messaging oder gRPC wollen gelernt und verstanden werden ... sicher bedeutet das alles zunächst einen Mehraufwand.

Doch die Vorteile von Microservices bieten – richtig umgesetzt – zugleich Lösungen für typische Probleme großer Softwaresysteme. Einzelne Services kümmern sich um Teilaspekte oder fokussieren sich auf bestimmte Entitäten des Gesamtsystems. Es bilden sich klare Schnittstellen und Verantwortungen heraus, das Grundprinzip der losen Kopplung und starken Bindung kann sich bei Microservices wunderbar entfalten. Komplexe Themen wie Skalierung, Redundanz oder Kompensation von Ausfällen in Teilen des Systems werden hier strukturell gelöst und nachhaltig umsetzbar.

Die Organisation der Entwickler kann sich an den von ihnen implementierten Services orientieren. Der große, monolithische Ansatz wird also aufgebrochen und das Softwarepaket kann in seinen Teilkomponenten besser verstanden werden. Dadurch gewinnt man eine enorme Flexibilität bei der Softwareentwicklung. Dazu gehört auch, dass eine Software nun polyglott implementiert werden kann, also mit verschiedenen Sprachen und Frameworks, um die jeweiligen Stärken und Entwicklerressourcen auszunutzen.

Richtig gedacht, bieten Microservices also viele Vorteile gegenüber dem bekannten, monolithischen Ansatz – wenn man sich von gewohnten, starren Strukturen löst. Genau hier füllt die Sprache Go eine Lücke, die andere Sprachen und Frameworks oft aufzeigen. Go ist auf den Punkt gebracht: einfache Syntax, hohe Performance, schnelles Deployment, praktische Features wie Nebenläufigkeit sind bereits integriert.

In diesem Buch, »Microservices mit Go«, lernt man nicht nur Go kennen und verstehen. Man wird zugleich verstehen, was den Kern von Go und der Microservices-Idee ausmacht und worauf es in der Umsetzung komplexerer Anwendungen mit Microservices ankommt. Das Buch ist ein Tool für den perfekten Einstieg in diese Architekturform und vermittelt neben Syntax und Eigenschaften von Go zugleich Art und Wesen der Microservices.

Der Leserin und dem Leser wünsche ich viel Erfolg beim Durcharbeiten dieses Buches und vor allem, dass der Funke überspringt, die Begeisterung für die Sprache Go und deren Nutzung für Microservices. Ich bin überzeugt, dass dieses Buch seinen Beitrag leisten wird, dies zu vermitteln.

Alexander Troppmann,
Senior Software Engineer bei der Mayflower GmbH

Kapitel 1
Einführung

In diesem Kapitel werden Sie Microservices und die Programmiersprache Go kennenlernen. Neben den Vorzügen von Go werden Sie erfahren, warum es vorteilhaft ist, Go für Ihre Microservice-Implementierungen zu verwenden.

1.1 Was sind Microservices?

Über lange Zeit wurden Enterprise-Anwendungen in Form von großen zusammenhängenden Einheiten entworfen und umgesetzt. Dieser Ansatz wird als monolithischer Architekturstil bezeichnet. Hier werden sämtliche Geschäftsfunktionalitäten in einer Einheit ausgeliefert und zur Laufzeit innerhalb eines (Betriebssystem-) Prozesses ausgeführt.

Die interne Strukturierung einer solchen Anwendung findet über Mittel der eingesetzten Programmiersprache in Form von Aufteilung in Klassen, Funktionen oder Namensräume statt.

Mit diesem Ansatz wurden und werden viele erfolgreiche Produkte bzw. Projekte umgesetzt. Allerdings nehmen mit zunehmender Größe und Projektlaufzeit der Anwendung auch oftmals die Probleme und damit Frustration über die Anwendung bei Anwendern, Fachabteilungen und Entwicklern zu.

1.1.1 Probleme bei monolithischen Architekturen

Zu den größten Problemen zählen die folgenden:

Neue Features einzubauen ist komplex und fehleranfällig

Die Umsetzung eines Features erfordert immer eine Änderung in der Komplettanwendung. Dies bedeutet, dass vor einer Auslieferung die gesamte Anwendung komplett getestet werden muss. Nebeneffekte können nie ausgeschlossen werden, und eine kleine Änderung z. B. an den Timeout-Einstellungen für den Transaktionsmanager, die in einem Anwendungsteil benötigt wird, kann unter Umständen an einer ganz anderen Stelle in der Anwendung zu massiven Problemen führen. Oftmals sind Abhängigkeiten in der Anwendung nicht völlig transparent und machen Änderungen fehleranfällig. Automatisierte Tests können zwar die Problematik entschärfen, aber leider nicht komplett aus der Welt schaffen. In vielen Systemen wird aus diesen Gründen angebaut und nicht angepasst, und dies führt wiederum zu komplexeren Systemen, die den Einbau von Features noch weiter erschweren.

Weiterentwicklung der Architektur ist schwierig

Monolithische Anwendungen sind oftmals über Jahre gewachsen, und die Architektur der Anwendung wurde zu Beginn festgelegt. Aus der schlanken Neuentwicklung wurde mit der Zeit eine schwerfällige Legacy-Anwendung. Die zu Beginn getroffenen Architektur- oder Technologieentscheidungen haben sich meist tief in das System eingegraben, und entsprechende Überarbeitungen im Falle einer Revidierung dieser Entscheidungen müssen oftmals an vielen Stellen, auch gleichzeitig, vorgenommen werden. Kluge Architekturentscheidungen wie die strikte Trennung zwischen Technologie und Fachlichkeit oder sinnvolle Abstraktionsschichten erleichtern in den meisten Fällen das Vorgehen, grundlegende Anpassungen bedeuten jedoch immer erheblichen Aufwand und ein gewisses Fehlerrisiko.

Skalierung zur Laufzeit

Eine Skalierung ist bei Monolithen nur für die komplette Anwendung möglich und macht diese unter Umständen sehr komplex, da nicht ausschließlich diejenigen Teilbereiche skaliert werden können, die tatsächlich mehr Ressourcen benötigen. Der technische Aufwand, um z. B. Caches und Synchronisationsmechanismen korrekt umzusetzen und zu testen, darf nicht unterschätzt werden. Skalierung bei Monolithen bedeutet immer, die Anwendung ein weiteres Mal auszuführen und die Last über einen vorgeschalteten Load-Balancer zu verteilen.

Skalierung bei der Entwicklung

Arbeiten mehrere Teams an derselben Codebasis eines Monolithen, muss oftmals viel Abstimmungsaufwand betrieben werden, um die Teams untereinander zu koordinieren. Welches Feature soll oder muss z. B. zu welchem Zeitpunkt ausgeliefert werden? Welche Änderung wirkt sich auf welche anderen Bereiche aus?

Lange Deployments

Monolithische Anwendungen besitzen beim Deployment immer die Komplexität des Gesamtsystems, da auch genau dieses deployt wird. Bei jedem Deployment müssen sämtliche interne Bestandteile sowie externe Abhängigkeiten konfiguriert und gestartet werden. Wird für einen Monolithen z. B. ein IBM WebSphere Application Server eingesetzt, kann der Start der Umgebung gut und gerne 30–60 Minuten dauern. Pro Instanz. Verwaltet die Anwendung zusätzlich einen Status pro Client, der nicht über die Instanzen repliziert wird, muss beim Herunterfahren eventuell gewartet werden, bis sich alle Clients abgemeldet haben bzw. ihre Session ausgelaufen ist.

Lange Build- und Release-Zyklen

Das Erstellen einer monolithischen Anwendung kann sehr viel Zeit in Anspruch nehmen, da sämtliche Codegenerierungsläufe ausgeführt werden müssen und sämtlicher Quellcode zu übersetzen ist. Anschließend müssen die kompletten Unit-Tests der Anwendung durchlaufen werden. Je größer die Codebasis ist, desto länger dauert die Erstellung eines Anwendungsartefakts, das außerdem vor einem Release noch den kompletten Integrations- und Regressionstests mit fachlichen Abnahmen unterzogen werden muss. Alles in allem ein langwieriger und fehleranfälliger Prozess, der oftmals dazu führt, dass weniger Releases durchgeführt und die Release-Zyklen immer länger werden. Eine agile Vorgehensweise lässt sich in einem solchen Umfeld nur schwer umsetzen.

Geringe Innovationskraft

Durch den recht engen und unflexiblen Rahmen bei der Entwicklung eines Monolithen ist es schwer, neue Ideen auszuprobieren und umzusetzen. Wie bereits beschrieben, sind Anpassungen an der Architektur, die für manche neuen Ideen nötig sind, nur sehr schwer umsetzbar. Eine Migration von z. B. einer rein HTML-basierten Anwendung, die ihre Seiten serverseitig generiert, zu einem AJAX/JavaScript-basierten Frontend wird erst dann möglich, wenn die technischen Voraussetzungen zur Umsetzung von REST-Services gegeben sind. Dass keine REST-Service-Unterstützung vorhanden ist, erscheint im ersten Moment vielleicht völlig abwegig, aber bei über Jahre gewachsenen Monolithen ist das Vorhandensein dieser Services nicht selbstverständlich. Eventuell verhindern auch alte Bestandteile der Anwendung ein Update auf eine neue Laufzeitumgebung, welches allerdings für bestimmte Features zwingend notwendig ist.

Herausforderndes Cloud Deployment

Zahlreiche Unternehmen stellen aus den verschiedensten Gründen von selbst betriebenen Rechenzentren mit on-Premise-Lösungen auf in der Cloud gehostete Systeme um. Um das volle Potential einer Cloud-Umgebung nutzen zu können, sind Anpassungen an der Anwendung nötig, die, wie bereits beschrieben, zum Teil nur schwer umsetzbar sind. Es ist auch denkbar, dass hohe Lizenzgebühren einer Laufzeitumgebung Deployment oder Ausführung einen Monolithen in der Cloud verhindern.

Auch die Dateigröße der Anwendung kann bei der Arbeit in einer Cloud-Umgebung von Nachteil sein.

Sicherstellung der internen Anwendungsarchitektur

Je größer die Codebasis ist und je mehr Entwickler an ihr arbeiten, desto schwieriger wird es, die interne Anwendungsarchitektur im Griff zu halten. Auch passen nicht alle

Architektur- oder Programmiervorgaben auf alle Problemstellungen, die während der Entwicklung eines Projektes auftreten. Bei Monolithen wird aus diesem Grund oft versucht, »Wildwuchs« über komplexe Architekturüberwachungswerkzeuge oder durch erzwungene Projektstrukturen zu unterdrücken.

Die Einarbeitung neuer Entwickler in die komplette, bestehende und über mehrere Code-Generationen gewachsene Anwendung ist meist aufwändig.

1.1.2 Gemeinsame Eigenschaften von Microservices

Um alle oben beschriebenen Herausforderungen anzugehen, haben viele Projektteams damit begonnen, ihre monolithischen Systeme aufzulösen und durch kleinere Anwendungen zu ersetzen bzw. neue Bestandteile als separate Applikationen zu entwickeln.

James Lewis und Martin Fowler haben im Jahr 2012 versucht, die Gemeinsamkeiten der verschiedenen Ansätze zusammenzutragen und das entstandene Modularisierungskonzept zu beschreiben. In der Folge ist der Begriff *Microservices* entstanden. Eine einheitliche Definition existiert allerdings nicht. Wenn Sie den Architekturansatz verfolgen möchten, können Sie sich an den nachfolgend beschriebenen Eigenschaften orientieren.

Adrian Cockroft, der bei Netflix maßgeblich bei der Umstellung auf eine Microservice-Architektur beteiligt war, beschreibt den Architekturansatz beispielsweise so:

> *Service-oriented architecture composed of loosely coupled elements that have bounded contexts – Adrian Cockcroft*

Komponenten als separate Services

In der Softwareentwicklung hat Modularisierung und somit die Gliederung eines Systems in kleine, beherrschbare Einheiten schon immer eine sehr große Rolle gespielt. Jede Programmiersprache bietet entsprechende Mechanismen, um einzelne Komponenten oder Module definieren bzw. erstellen zu können.

Für den Begriff *Komponente* steht allerdings keine einheitliche Definition zur Verfügung, und ich möchte mich hier an die 1996 auf der European Conference on Object-Oriented Programming (ECOOP) erarbeitete Beschreibung anlehnen.

Komponenten:

- sind eine zusammengestellte Software-Einheit
- besitzen eine klar definierte Schnittstelle
- können unabhängig voneinander ausgeliefert werden
- sind Baustein für Dritte

> *A software component is a unit of composition with contractually specified interfaces and explicit context dependencies only. A software component can be deployed independently and is subject to composition by third parties.*
> *– ECOOP 1996*

Im Gegensatz zu monolithischen Anwendungen, die in der Regel ebenfalls aus mehreren Komponenten zusammengesetzt sind bzw. sein sollten, wird bei Microservices jede Komponente als separater Service und somit als separater Prozess ausgeführt. Die Kommunikation zwischen den einzelnen Services erfolgt über leichtgewichtige Protokolle wie z. B. REST über HTTP. Die komplette Anwendung besteht somit aus einem Netz aus miteinander kommunizierenden Services.

Diese Aufteilung der Anwendung und die daraus nötige Kommunikation über eine klar definierte Schnittstelle fördern zusätzlich die Kapselung der einzelnen Komponenten. Eine Umgehung der Komponentengrenzen bzw. ihrer definierten Schnittstelle ist in Monolithen eventuell noch möglich, bei Microservices nicht mehr. Die Technik schränkt hierbei im positiven Sinne ein.

Da die Kommunikation zwischen den Services über Remote-Protokolle stattfindet, werden einzelne Aufrufe auch zeitintensiver und müssen eventuell zusammengefasst werden. Schnittstellen von Microservices sollten Sie nicht zu feingranular aufbauen, um keine Laufzeitprobleme zu riskieren.

Steht jede Komponente als separater Service zur Verfügung, können diese Services auch unabhängig voneinander ausgetauscht und aktualisiert werden. In Monolithen können Sie zwar auch einzelne Komponenten austauschen, aber die Aktualisierung in Ihrer laufenden Anwendung erfordert anschließend immer ein Deployment der kompletten Anwendung.

Um eine Business Funktionalität herum gebaut – Bounded Context

In vielen Unternehmen haben sich Unternehmensstrukturen parallel zu den eingesetzten Technologien entwickelt. Das Datenbank-Team kümmert sich um die Datenbanken, Applikationsserver-Teams behandeln die Logik in den Applikationsservern, und das Frontend-Team übernimmt die Arbeit an einer ansprechenden Oberfläche der Anwendungen. Änderungen, die mehrere dieser Technologiebereiche betreffen, erfordern immer Koordinationsaufwand. Wenn Sie z. B. in einem Web-Formular ein neues Feld aufnehmen möchten, das am Ende in der Datenbank gespeichert werden soll, müssen alle drei oben genannten Teams aktiv werden.

In der Folge wird oftmals versucht, Anforderungen direkt im eigenen Zuständigkeitsbereich zu lösen. Das Frontend-Team könnte sich die entsprechenden Daten aus dem Beispiel in einer eigenen Datenhaltung speichern, oder aber das Datenbank-Team setzt direkt Logik in der Datenbank um. Das Ergebnis ist ein System, dessen Anwendungslogik auf viele einzelne Stellen verteilt ist.

Melvin Conway hat 1968 festgestellt, dass die Struktur von Systemen durch die Kommunikationsstruktur von Unternehmen, die diese Systeme erstellen, vorgegeben ist. Seine Feststellung wurde als *Conways Law* bekannt, und Sie können diese Aussage in obigem Beispiel gut erkennen.

> *Any organization that designs a system (defined more broadly here than just information systems) will inevitably produce a design whose structure is a copy of the organization's communication structure. – Melvin Edward Conway*
> (Quelle: http://www.melconway.com/Home/Committees_Paper.html)

Microservices sind hingegen crossfunktional und setzen eine Businessfunktionalität durchgängig um, im Idealfall vom Frontend bis zur Persistenz-Schicht. Im Umkehrschluss bedeutet dies auch, dass jede Businessfunktionalität innerhalb eines eigenen Service implementiert wird. Die Grundidee wird oftmals mit der *UNIX-Philosophie* verglichen:

> *Many UNIX programs do quite trivial things in isolation, but, combined with other programs, become general and useful tools. [...]* ***Do one thing and do it well!***
> *– UNIX-Philosophie*

Für die Organisation von fachlichen Funktionalitäten innerhalb einer Anwendung und eine Zuordnung zu einzelnen Services ist das *Bounded-Context*-Konzept aus dem *Domain Driven Design* (DDD) hilfreich, das von Eric Evans 2003 durch sein gleichnamiges Buch maßgeblich geprägt wurde.

Ein *Bounded Context* beschreibt einen begrenzten Bereich, in dem ein fachliches Domänenmodell mit zugehöriger Geschäftslogik eingesetzt wird. Stellen Sie sich z. B. einen Web-Shop vor, in dem verschiedene Artikel bestellt werden können:

Eine Komponente ist für die Suche und Anzeige der Artikel zuständig und benötigt Bilder, Rezensionen und Beschreibungstexte für die anzuzeigenden Artikel. Bei der Bestellabwicklung dann sind für diese Artikel zum Teil abweichende Informationen wichtig. Die Komponenten »Suche/Anzeige« und »Bestellabwicklung« haben wenig fachliche Überschneidungen und können über zwei getrennte Domänenmodelle beschrieben werden. Somit besitzt jede dieser Komponenten einen eigenen *Bounded Context*.

In einer Microservice-Architektur bietet es sich an, die Services anhand der fachlich bestimmten *Bounded Contexts* zu schneiden. Dies hat den Vorteil, dass fachliche Anforderungen im Idealfall jeweils in nur einem Service umgesetzt werden müssen und auch unabhängig voneinander ausgeliefert werden können.

Die Definition und Abgrenzung eines *Bounded Contexts* ist nicht immer einfach, und der Begriff **Micro**service verleitet Teams oftmals dazu, sehr viele, sehr kleine Services zu implementieren.

Lassen Sie sich hier von einer weiteren Aussage von Martin Fowler leiten:

Fowler's First Law of Distributed Objects: Don't distribute your objects.

Lassen Sie zusammengehörige Funktionalität zusammen und definieren Sie immer zuerst ihren *Bounded Context*.

Smart Endpoints and Dump Pipes

In der Microservice-Welt hat sich der Ansatz von »smart endpoints and dump pipes« verbreitet. Die Idee dahinter besteht darin, die einzelnen Endpunkte, also die Services, mit allem auszustatten, was sie benötigen, und sie gleichzeitig so weit wie möglich von anderen Services zu entkoppeln. Die Kommunikation zwischen den Services soll möglichst leichtgewichtig sein und nicht auf komplexen Protokollen oder Datenformaten aufgebaut werden.

Ein oft verwendetes Zitat stammt von Ian Robinson: *Be of the web, not behind the web.* Es sollen möglichst offene, weit verbreitete Standards aus dem Internet verwendet werden. HTTP, REST und JSON sind Beispiele hierfür.

Einsatz passender Technologien

Die Umsetzung einer Anwendung in Form eines Monolithen mit zentral vorgegebener Architektur erfordert auch, dass sämtliche Bestandteile mit demselben Technologie-Stack umgesetzt werden. Durch die Aufteilung eines Monolithen in Microservices entfällt dieser Zwang, und Sie können für jeden Service entscheiden, welches Werkzeug oder welcher Technologie-Stack für die Aufgabe am besten geeignet ist, und dieses bzw. diesen entsprechend einsetzen. Durch die klaren Schnittstellen über standardisierte Protokolle bleiben die Services interoperabel, d. h. sie können weiterhin zusammenarbeiten.

Der Rahmen, der von einer zentralen Architektur vorgegeben wird, kann z. B. allgemeine Vorgehensweisen zu Security, Monitoring oder auch Logging bestimmen, die die Schnittstellen erfüllen müssen. Die Umsetzung ist dann dem einzelnen Service überlassen. Eine Vorgabe könnte z. B. darin bestehen, dass die Services mit *OAuth* abgesichert oder Log-Statements in einem bestimmten Format in ein zentrales Log Management Tool abgelegt werden müssen.

Sidecar Pattern

In modernen Microservice-Infrastrukturen können Funktionalitäten, die von mehreren Services benötigt werden, als separate Komponenten oder Services zur Verfügung gestellt werden. Funktionalität wie z. B. Konfiguration, Sicherheitsprüfungen oder die Verschlüsselung von Netzwerkverbindungen werden nicht mehr in jedem einzelnen Service implementiert, sondern nur noch mit dem jeweiligen Service verknüpft. Diese als Beiwagen oder Sidecar bzw. Sidekick bezeichneten Komponenten oder Services werden nicht als Teil des Anwendungsquellcodes implementiert und können technologisch davon unabhängig sein. Die Infrastruktur stellt sie zur Verfügung, und die einzelnen Services können Basisfunktionalität an die Infrastruktur delegieren.

Dezentrale Datenhaltung

Wie bereits bei den *Bounded Contexts* erwähnt, besitzt jeder Microservice ein eigenes Domänenmodell und somit Daten, für die er verantwortlich ist. Im Gegensatz zu Monolithen, die oftmals ihre Daten in einer großen, zentralen relationalen Datenbank ablegen, entscheidet jeder Service, wie seine Daten persistiert werden sollen. Für manche Anwendungsfälle ist eine Speicherung in einer relationalen Datenbank sinnvoll, in anderen Fällen können No-SQL-Datenbanken von Vorteil sein. Die relationale Datenbank kann zentral zur Verfügung gestellt werden, allerdings sollten die von den Services genutzten Schemata nicht in der Datenbank verknüpft sein.

Auftretende Redundanzen in den Domänenmodellen und somit bei der Speicherung der Daten über mehrere Services hinweg werden in Kauf genommen und minimieren die Kohäsion zwischen den Services.

Werden die Daten nicht mehr von einer monolithischen Anwendung mit einem zentralen Transaktionsmanager in einer Datenbank gespeichert, ergeben sich daraus Konsequenzen, mit denen Sie sich bei Microservices beschäftigen müssen.

Innerhalb eines Monolithen ist es z. B. einfacher, die Konsistenz des Gesamtsystems bei der Arbeit über mehrere Komponenten hinweg mittels Transaktionen sicherzustellen. Bei einzelnen, verteilten Services würde dies zwangsweise zu verteilten Transaktionen führen, die zum einen nur mit viel Aufwand umzusetzen sind und zum anderen die Services wieder enger miteinander koppeln würden.

Klassische Transaktionen und somit eine strikte Konsistenz der Datensätze finden bei Microservices nur innerhalb eines Service statt. Bei Operationen, die sich über mehrere Servicegrenzen hinweg erstrecken, muss von einer *Eventual Consistency* ausgegangen werden. Die Konsistenz von Datensätzen stellt sich, sofern kein weiterer Schreibvorgang durchgeführt wird bzw. kein Fehler auftritt, erst in der Zukunft mit Sicherheit ein. Im Fehlerfall müssen Sie mit Kompensationslogik und eventuell Aufrufen sicherstellen, dass der ursprüngliche Zustand der Daten wiederhergestellt wird.

Der Umgang mit Inkonsistenzen, also Widersprüchlichkeiten innerhalb der Daten, ist bei Microservices elementar und bildet oftmals auch die Situation im »realen Leben« ab. Die Genehmigung eines Schadensfalls bei einer Versicherung führt z. B. meist auch nicht zu einer sofortigen Gutschrift auf das Konto des Geschädigten, sondern es vergeht noch etwas Zeit, bis das Geld verbucht ist.

Im Versicherungsbeispiel ist die Bearbeitung des Schadensfalls in dem einem System bereits abgeschlossen, allerdings wartet der Kunde noch auf sein Geld, da die Buchung in einem anderen System noch nicht durchgeführt wurde.

Dezentrale Verwaltung

Für viele Microservice-Befürworter ist die Abgrenzung zu service-orientierten Architekturen (*SOA*) wichtig und elementar. Es ist allerdings sehr schwer, eine harte Abgrenzung vorzunehmen, da auch der Begriff SOA für viele Unterschiedliches bedeutet, da es, ebenso wie bei den Microservices, keine klare, einheitliche Definition gibt.

Für SOA-Befürworter sind Microservices genau das, was sie bisher schon gemacht haben, anderen hingegen fehlt die zentrale Verwaltung und Steuerung z. B. in Form eines Enterprise Service Bus (*ESB*).

Die zweite Auslegung, also das Fehlen einer zentralen Verwaltungsinstanz, ist sicher die verbreitetere und führt bei zahlreichen Microservice-Befürwortern zur strikten Ablehnung einer SOA. Microservices besitzen keine zentrale Kontrolleinheit, und auch ihr Nachrichtenfluss wird nicht zentral gesteuert. Jeder Service entscheidet für sich, wohin welche Nachricht geroutet wird.

Ziel ist die maximale Entkopplung der einzelnen Services voneinander und nicht die Einführung einer zentralen Verwaltungsinstanz. Die Architektur der Servicelandschaft kann mit derjenigen des Internets verglichen werden.

Ein Service von nur einem Team

Eine Frage, die sich bei der Entwicklung von Microservices häufig stellt, besteht darin, wie groß ein Service sein soll und wie groß das Team sein soll, das diesen Service entwickelt. Auch hierfür gibt es keine Regeln.

Die Größe des Microservice sollte sich immer an der umzusetzenden Geschäftsfunktionalität orientieren. Die Größenspanne eines Service reicht von einem *Function as a Service*, dem *Serverless Computing*, bei dem, einfach ausgedrückt, jede Funktion als separater Service zur Verfügung gestellt wird, bis zu größeren, an Monolithen erinnernde Anwendungen. Eine von einigen Teams aufgestellte Definition, dass jeder Microservice genau ein REST-Interface besitzt, spiegelt nicht die Idee von Microservices wider. Services können, soweit sie fachlich zusammengehören und gemeinsam in einem *Bounded Context* definiert sind, mehrere REST-Interfaces anbieten.

In vielen Projekten hat sich die Regel als sinnvoll herausgestellt, dass ein Service von genau einem Team erstellt und gepflegt wird. Das Team muss in diesem Fall crossfunktional aufgestellt, d. h. aus entsprechenden Spezialisten zusammengestellt sein. Der komplette Service muss von diesem Team allein verwaltet werden können.

Diese »ein Service – ein Team«-Regel gilt jedoch nicht umgekehrt: Ein Team kann sich um mehrere fachlich zusammenhängenden Services kümmern.

Wie bereits bei *Bounded Context* und *Conways Law* erwähnt, sollen mit den crossfunktionalen Teams Kommunikations-Overhead und Interessenskonflikte zwischen den einzelnen technischen Teams minimiert werden.

Jedes Team soll die Funktionalität seines Service autark umsetzen können, d. h. möglichst wenig oder gar nicht abhängig von anderen Teams sein.

Ideale Teamgröße für Microservices

Über die ideale Teamgröße gibt es ebenfalls die verschiedensten Aussagen. Laut Martin Fowler gibt es bei Amazon z. B. die »Zwei-Pizza-Team«-Größe, was so viel bedeuten soll, dass zwei Pizzen ausreichen müssen, damit das Team satt wird. Über die Größen der Pizzen kann spekuliert werden.

In der Realität haben sich Teamgrößen von drei bis maximal 12 Personen pro Service als sinnvoll herauskristallisiert. Bei mehr als 12 Personen nimmt der Kommunikations-Overhead wieder zu, und bei weniger als drei Personen darf eventuell nicht mehr von einem Team gesprochen werden.

Infrastruktur und Automatisierungen

Die Geschwindigkeit, mit der Teams neue Versionen ihrer Software veröffentlichen können, trägt nach Untersuchungen und Befragungen von Unternehmen zum Erfolg eines Projekts bei. Nicole Forsgren, Jez Humble und Gene Kim beispielsweise haben über Umfrageergebnisse festgestellt, dass es einen Zusammenhang zwischen dem Tempo, in dem ein Team neue Releases veröffentlichen kann, und seiner über verschiedene Indikatoren gemessenen Leistung gibt. Solche Indikatoren sind z. B. die Fehleranzahl in der Software oder die Geschwindigkeit, in der neue Features umgesetzt werden können. In der Summe wird das wichtigste Ziel überhaupt erreicht: Die Zufriedenheit der Kunden steigt.

Durch den Einsatz und die Prinzipien von *Continuous Integration* und *Continuous Delivery* können Sie, neben der Qualitätssicherung, in Ihren Projekten die Geschwindigkeit bei der Erstellung und Auslieferung von Softwarereleases erhöhen und somit positiv zum Projekterfolg beitragen.

Die Lösungen für ein automatisiertes Deployment haben sich in den letzten Jahren von skriptbasierten Ansätzen zu komplett containerbasierten Varianten weiterentwickelt. Ein Deployment einer Software bedeutet bei den meisten Microservices nur noch das Starten eines zuvor erstellten Containers, der bereits komplett getestet wurde.

Automatisierte Tests sind bei der Erstellung von Microservices essenziell. Nur so können Sie bei Änderungen schnell und sicher feststellen, ob der Funktionsumfang der Anwendung noch vollständig ist.

Die Größe der Services ist für die Geschwindigkeit der Testausführung und des Deployments ein maßgebender Faktor. Je weniger Funktionalität im Service steckt, desto weniger Tests müssen ausgeführt werden, und je weniger Code enthalten ist, umso kleiner wird auch die auszuliefernde Software. Lassen Sie sich bei Entscheidungen zur Aufteilung von Services oder für die Entwicklung der Software nicht von technischen Rahmenbedingungen leiten. Behalten Sie immer den *Bounded Context* des Service im Hintergrund und definieren Sie die Servicegrenzen anhand der abzubildenden Funktionalität.

Wie bereits erwähnt, nutzen viele microservice-basierten Projekte Containertechnologien, um ihre Software bereitzustellen. Dadurch wird die Anwendungssoftware von der ausführenden Hardware entkoppelt und erhöht die Flexibilität beim Einsatz. Sie können Container erstellen, kopieren, ausführen und zwischen verschiedenen Umgebungen verschieben. Somit können Sie einen Container, den Sie in einer Entwicklungsumgebung erstellt und getestet haben, bis auf eine Produktionsumgebung verschieben und dort ausführen.

Lastspitzen in Ihrer Anwendung können Sie durch den Start einer zusätzlichen Instanz in Form eines Containers abfedern. Skaliert werden muss lediglich der Anwendungsteil, der tatsächlich benötigt wird. Bei Deployment-Monolithen ist es oftmals trotz Automatisierung schwierig, eine weitere Instanz auszuführen, da eventuell ein neuer Server oder eine komplette Betriebssysteminstanz benötigt wird.

Die schnelle Bereitstellung von neuen Servern bzw. neuen Containern und somit die Skalierung der Services kann zu einem Erfolgsfaktor einer Anwendung werden. Viele Firmen nutzen aus diesem Grund Cloud-Plattformen von großen Anbietern, die eine unbegrenzte Skalierbarkeit versprechen und innerhalb sehr kurzer Zeit neue Instanzen zur Verfügung stellen können.

Auf Fehlersituationen vorbereitet

Die Zerlegung einer Anwendung in viele kleinere Einzelteile erfordert die Betrachtung von möglichen Fehlersituationen bei der Kommunikation zwischen den einzelnen Services. Durch z. B. Deployments oder technische Fehler ist ein Service potenziell nicht immer nutzbar.

Deployment-Monolithen haben hier den Vorteil, dass sämtliche Anwendungsbestandteile mitausgeliefert werden und eine solche Situation nicht auftreten kann. Fehlende Bestandteile oder Inkompatibilitäten zwischen Komponenten würden bei Tests schon viel früher auftreten und nicht erst zur Laufzeit.

In Microservice-Umgebungen spielt die Überwachung der einzelnen Services und der zugehörigen Infrastruktur eine zentrale Rolle. Mit ihrer Hilfe können Fehler frühzeitig erkannt und teilweise direkt und automatisiert behoben werden. Für die Analyse der Fehlersituationen sollten Sie zusätzlich auf ein aussagekräftiges und umfassendes Logging und Tracing achten. Zentrale Logging-Lösungen führen z. B. sämtliche Logs von Anwendungen und Infrastrukturkomponenten an einer Stelle zusammen, wo sie dann ausgewertet werden können. Jede Komponente sendet hierbei ihre Daten an diese zentrale Instanz, anstatt sie lokal zu halten. Werden neue Service-Instanzen gestartet, können diese direkt ihre Log-Daten schicken und müssen nicht mehr einzeln für einen Datenabruf konfiguriert werden.

Für das Monitoring der Anwendung ist es sinnvoll, sich bereits bei der Implementierung Gedanken über mögliche Metriken zu machen. Diese können entweder rein technischer Natur oder auch fachlich motiviert sein. Beim Über- oder Unterschreiten eines Schwellwertes kann ein Alarm ausgelöst werden. Werden z. B. in einem bestimmten Zeitraum zu viele nicht-HTTP-OK (200)-Status-Codes zurückgeliefert, könnte dies bereits auf ein Problem hindeuten. Bereits der Rückgang von beispielsweise Buchungszahlen kann ein Indiz dafür sein, dass in der Anwendung Probleme auftreten, beispielsweise, dass eine Oberfläche so angepasst wurde, dass die Nutzer nun Probleme damit haben, eine neue Buchung durchzuführen. Es muss nicht immer ein Infrastrukturproblem vorliegen.

Um die Verfügbarkeit ihrer kompletten Anwendung auch beim Ausfall einzelner Bestandteile zu prüfen bzw. sicherzustellen, sind einige Firmen dazu übergegangen, mit einem sogenannten *Chaos-Monkey* im Testbetrieb zufällig ausgewählte, einzelne Microservice-Instanzen zu stoppen und darüber Ausfälle zu simulieren. Dieses Vorgehen kann dabei helfen, Verfügbarkeitsprobleme frühzeitig zu erkennen und diese umgehend zu adressieren, statt erst im Betrieb darauf zu stoßen. Sie sollten immer daran denken, dass jeder Service zu jeder beliebigen Zeit einmal nicht verfügbar sein könnte, und dementsprechende Vorkehrungen treffen. Fehlertoleranz ist kein Feature, sondern eine Anforderung.

Beim Einsatz einer synchronen Kommunikation zwischen verschiedenen Services wie z. B. mit HTTP-REST-Calls stehen Ihnen verschiedene Möglichkeiten zur Verfügung, um die höhere Fehlertoleranz Ihres Clients zu verbessern:

- Setzen eines entsprechenden Network-Timeouts
- Konfiguration von *Retry-Strategien* für Aufrufe
- Einführung von *Semaphoren* oder Thread-Pools für Backend-Aufrufe
- Nutzung eines *Circuit Breakers*

Die Einführung von *Semaphoren* oder Thread-Pools für Backend-Aufrufe ermöglicht es Ihnen, die Anzahl der Aufrufe zu einem Backend zu kontrollieren und im Bedarfsfall zu limitieren. Falls zu viele Aufrufe nicht oder fehlerhaft beantwortet werden, können Sie darauf reagieren und z. B. die Kommunikation zum Service für einige Zeit einstellen, bevor Sie es wieder probieren. Letzteres wird als *Circuit Breaker* bezeichnet, da der Mechanismus ähnlich einem Schutzschalter verhindern soll, dass fehlerhafte oder langsame Remote-Calls das Komplettsystem in Mitleidenschaft ziehen.

Besitzt Ihre Anwendung eine Anbindung an mehrere Backend-Systeme, bietet die Entkopplung der eingehenden und ausgehenden Aufrufe zusätzlich den Vorteil, dass ein fehlerhaftes oder langsames Backend nicht dazu führt, dass Ihr kompletter Service blockiert. Würden eingehende Aufrufe ohne Semaphore oder Thread-Pools direkt ein Backend aufrufen und würde dieses sehr langsam reagieren, müsste der eingehende Aufruf so lange warten, bis die Backend-Anfrage beantwortet ist. Jeder neue eingehende Call, der dieses Backend intern aufruft, würde wieder blockieren. Dies würde sich so lange fortsetzen, bis schließlich alle Threads, die eingehende Anfragen beantworten, in Verwendung sind. Eingehende Aufrufe, die dieses Backend gar nicht nutzen, könnten ebenfalls nicht mehr verarbeitet werden. Der Einsatz eines Thread-Pools hingegen kann die Anzahl der Backendaufrufe limitieren und neue eingehende Aufrufe direkt behandeln bzw. abweisen. Somit bleiben Threads für eingehende Aufrufe verfügbar, und Ihr Service kann weiterhin Anfragen bearbeiten.

Alternativ zu synchronen Remote-Calls setzen viele Microservice-Umgebungen auf eine asynchrone Kommunikation, um Services weiter zu entkoppeln. Entsprechende Integration Patterns, wie z. B. die Umsetzung einer *Event Driven Architecture*, verhelfen Ihrer Anwendung hierbei unter anderem zu besserer Skalierbarkeit und höherer Ausfallsicherheit.

Ist ein Service nicht verfügbar, kann eine Nachricht zwischengespeichert und später ausgeliefert werden. Auch die Antwortzeit des gerufenen Service ist nicht mehr entscheidend für die Weiterverarbeitung des Clients und kann in der Folge auch nicht zu Timeout-Problemen führen.

Da eine Microservice-Architektur meist aus vielen Services besteht, wird jeder Service wiederum andere Services aufrufen müssen. Setzen Sie auf eine synchrone Kommunikation, ergibt sich die Laufzeit eines Service Requests mindestens aus der Summe der Laufzeit aller aufgerufenen Services. Bei einer asynchronen Kommunikation müssen nur die Nachrichten ausgeliefert werden, und die Laufzeit ist dementsprechend kürzer.

> *Almost all the successful microservice stories have started with a monolith that got too big and was broken up. – Martin Fowler*

1.2 Go – Einführung und Geschichte

Im Jahr 2007 begannen Rob Pike, Robert Griesemer und Ken Thompson, sich mit Problemen zu beschäftigen, die sie bei der Entwicklung von Software für die Google-Infrastruktur vorgefunden hatten.

Ihrer Meinung nach wurden die Herausforderungen, die durch Aspekte wie Multicore-Prozessoren, gestiegene Netzwerkorientierung der Anwendungen oder neue Web-Programmiermodelle entstanden, nicht nachhaltig angegangen und gelöst, sondern es wurde ihnen durch das Hinzufügen neuer Abhängigkeiten in Form von Bibliotheken ausgewichen.

Bei größeren Anwendungen nahm die Dauer eines kompletten Kompilier- und Bauvorgangs trotz der immer leistungsfähigeren Hardware nicht ab, sondern im Gegenteil stetig zu. Bei Google kamen manche Kompiliervorgänge in Projekten auf minuten- oder gar stundenlange Laufzeiten.

Die mit den vorhandenen Programmiersprachen entwickelten Anwendungen wurden nicht einfacher, sondern stattdessen immer größer und komplexer. Ihre Entwicklung wurde immer schwerfälliger, ihr Einsatz in verschiedenen Umgebungen immer schwieriger.

Trotz der sich stark verändernden Anforderungen an Softwaresysteme für einen Einsatz in einer Cloud wurde weiter auf bereits bestehende Lösungen gesetzt, die durch das Hinzufügen neuer Komplexität erweitert wurden. Keine dieser Sprachen wurde für die aktuellen Anforderungen, wie z. B. den Einsatz auf Multi-Core-Prozessoren, konzipiert. Leistungssteigerung von Hardware wurde allerdings in den letzten Jahren oftmals über neue Rechenkerne und nicht durch neue Leistungsschübe einzelner CPUs erreicht.

Die drei eingangs im Kapitel erwähnten Google-Mitarbeiter entschieden sich dafür, die Probleme von Grund auf mit einer neuen Programmiersprache zu lösen. Die Sprache sollte durch ihre hohe Effizienz und Geschwindigkeit wieder Spaß bei der Entwicklung bringen. Dieser Spaß war ihrer Meinung nach durch die häufige Schwerfälligkeit der Entwicklung von Anwendungen immer mehr verlorengegangen.

Die Idee hinter der neuen Programmiersprache war einfach: Je schneller eine Anwendung kompiliert, gebaut und programmiert werden kann, desto mehr Spaß macht die Entwicklung mit der Umgebung und desto produktiver kann man arbeiten.

Nicht nur die Geschwindigkeit bei der Entwicklung, sondern auch die manchmal ungeschickten Typsysteme der vorhandenen Programmiersprachen brachten den dynamisch typisierten Sprachen wie z. B. JavaScript oder Python Zulauf. Mit diesen kann zwar schnell entwickelt werden, allerdings mit den Nachteilen des Verlusts einer vom

Compiler erzwungenen Typsicherheit, was der Stabilität einer umgesetzten Lösung oftmals nicht zuträglich ist.

Die drei Google-Mitarbeiter bedauerten, dass sie sich bei der Entwicklung zwischen Sicherheit und Produktivität entscheiden mussten und es keine Sprache gab, die beide Aspekte vereinte. Entweder man wählte eine statisch typisierte Sprache, die Sicherheit bot, oder man setzte auf dynamische Sprachen, mit denen man produktiv arbeiten konnte.

Große Softwaresysteme müssen allerdings nicht nur zu Beginn schnell und sicher implementiert, sondern auch gewartet und eventuell weiterentwickelt werden. Die Lesbarkeit des Codes und dessen Dokumentation kann in diesem Kontext zu einem Erfolgsfaktor werden.

Einige andere Programmiersprachen versuchen, durch Erweiterungen oder Syntaxanpassungen Dinge zu vereinfachen bzw. neue Programmierparadigmen einzuführen. Dies führt allerdings oft dazu, dass dieselben Aufgaben auf unterschiedliche Art gelöst werden.

Java z. B. bietet drei unterschiedliche Schleifen-Konstrukte, die, wie die for-Schleife, zusätzlich noch unterschiedlich aufgebaut sein können. Alternativ haben Sie in Java die Möglichkeit, beispielsweise die Streams-API einzusetzen, um über Listen zu iterieren. Die verschiedenen Ansätze führen zwangsläufig zu unterschiedlichen Umsetzungen und damit zu unübersichtlicheren Codebasen. Die Lesbarkeit des Codes wird mit zunehmender Dauer des Projekts abnehmen.

Aus den geschilderten Problemen heraus entstanden die nachfolgend aufgeführten Ziele, die mit der neuen Programmiersprache erreicht werden sollten:

- Effizienz einer statisch typisierten, kompilierten Sprache, kombiniert mit der Leichtigkeit einer dynamischen Sprache
- Typsicherheit
- Speichersicherheit (keine direkten Speicherzugriffe)
- Gute Unterstützung bei der Programmierung von Nebenläufigkeit
- Gutes Speichermanagement durch einen *Garbage Collector*
- Schnelle Kompilierung

Mitte 2008 stand ein erster Compiler zur Verfügung, mit dem die ersten Go-Programme kompiliert werden konnten, und das Go-Team wuchs um weitere Mitglieder. Parallel dazu verwandelte sich die Initiative von einem Teilzeit- in ein Vollzeitprojekt.

Am 10. November 2009 wurde die Sprache Go als Open-Source-Projekt von Google veröffentlicht und wird seitdem stetig weiterentwickelt.

Go oder Golang?

Der offizielle Name der Programmiersprache ist Go. Da sich die Projektseite allerdings unter *https://www.golang.org* befindet und das Wort »Go« sehr allgemein ist, wird die Sprache auch oftmals Golang bezeichnet.

Suchen Sie im Internet, bietet es sich an, nicht mit dem Ausdruck *Go* sondern mit *Golang* zu suchen.

Go besitzt eine C-artige Syntax, und ein erstes »Hello World« Beispiel darf an dieser Stelle nicht fehlen:

```
package main

import "fmt"

func main() {
    fmt.Println("Hello, 世界")
}
```

Listing 1.1 Go-Beispiel »Hello World«

Go go go …

Wer schon praktisch tätig werden möchte, kann den Inhalt des Beispiels aus Listing 1.1 in einer Datei *main.go* speichern und mit dem Go-Compiler ein ausführbares Binary erstellen. Der Aufruf lautet:

```
go build main.go
```

Anschließend befindet sich die ausführbare Datei *main* bzw. *main.exe* in Ihrem Verzeichnis.

Mit dem Go Playground unter *https://play.golang.org/* können Sie ohne Go-Installation kleinere Go-Programme wie z. B. das Hello-World-Beispiel schreiben und ausführen. Über das Web-GUI kann Quellcode eingegeben und anschließend auf dem Server ausgeführt werden.

Go-Anwendungen werden immer zu statisch gelinkten Binaries kompiliert. Das heißt, dass am Ende eines erfolgreichen Kompilierungsvorgangs immer eine Datei erstellt wird, in der die Anwendung mit allen Abhängigkeiten enthalten ist. Dieses Binary ist plattformabhängig und kann auf allen entsprechenden Plattformen ausgeführt werden. Auch ein *Cross-Compile*, also das Erzeugen eines Binaries für eine andere Plattform, ist recht einfach.

Das Design der Sprache beruht auf einigen Grundprinzipien, die sich an vielen Stellen in der Sprache und in der zugehörigen Standardbibliothek wiederfinden und im Folgenden vorgestellt werden.

Bloß keine Abhängigkeiten

Wenn Sie bereits Erfahrungen in einer anderen Programmiersprache gesammelt haben, besteht das wahrscheinlich auffälligste Merkmal darin, dass einzelne Bestandteile einer Anwendung oder der Sprache nicht miteinander gekoppelt werden. Einzelteile sollen unabhängig voneinander bleiben, und Änderungen sollen sich nicht sofort auf andere Stellen auswirken, kurz: Abhängigkeiten sollen vermieden werden.

Aus diesem Grund sind die Konzepte in Go orthogonal, also voneinander unabhängig, umgesetzt. Es gibt z. B. Methoden, die für jeden Typ implementiert werden können; sogenannte *Structs* repräsentieren Datentypen, und *Interfaces* bieten die Möglichkeit einer Abstraktion. Eine Kopplung dieser einzelnen Konzepte findet nicht statt:

Sie erstellen z. B. eine Implementierung und eine Schnittstellendefinition. Beide Bestandteile bleiben allerdings strikt getrennt. Ein `implements`-Schlüsselwort, wie Sie es eventuell von anderen Sprachen kennen, gibt es in Go nicht. Interfaces implementieren Sie in ihren Typen implizit.

Wenn Sie etwa das `QuasselStrippe`-Interface aus Beispiel Listing 1.2 in Ihrem Objekt vom Typ `Person` implementieren wollen, brauchen Sie nur wie in Listing 1.3 die Methode `Quassel` zu implementieren. Ein expliziter Verweis auf das Interface ist nicht nötig.

```
type QuasselStrippe interface {
    Quassel()
}
```

Listing 1.2 Das Quasselstrippe-Interface

```
type Person struct {
    name string
}

func (p *Person) Quassel() {
    fmt.Printf("Hi. Mein Name ist %s\n", p.name)
}
```

Listing 1.3 Implementierung des Quasselstrippe-Interface

Strikte Trennung zwischen Interface und Implementierung

Die strikte Trennung von Interface und Implementierung führt zu sehr klaren und meist auch sehr kleinen Interface-Definitionen.

Sie werden dies bei Go an vielen Stellen wiederfinden. Klassische Beispiele sind die `Reader` und `Writer` Interfaces aus dem Package `io`, die jeweils nur eine Methode definieren. Weitere Funktionalität wird über zusätzliche Interfaces definiert.

```
type Writer interface {
    Write(p []byte) (n int, err error)
}
type Reader interface {
    Read(p []byte) (n int, err error)
}
```

Einfache und prägnante Sprache

Darüber hinaus soll die reguläre Grammatik der Sprache möglichst einfach gehalten und nicht mit neuen Features und neuer Syntax überladen werden. Go stellt aktuell 25 Schlüsselworte bereit, über die Sie Ihre Anwendungen erstellen können.

Vorträge zu Neuerungen in Go-Versionen in den letzten Jahren enthielten meist leere Folien zum Thema neuer Sprachfeatures. Die Sprachspezifikation wurde stabil gehalten, und die Sprache blieb auf ihren initialen Anwendungsfall fokussiert.

Kompatibilitätsversprechen

Das Go-Team verspricht eine Source-Kompatibilität über jede Go-Major-Version hinweg. Das heißt, dass Sie Quellcode, den Sie für Version 1.1 geschrieben haben, auch noch in Version 1.15 kompilieren und ausführen können.

Dinge stabil zu halten, hat sich als starkes Grundprinzip von Go durchgesetzt, und so können Sie ältere Anwendungen mit neuen Go-Versionen übersetzen, ohne fürchten zu müssen, dass Sie Anpassungen vornehmen müssen.

Ein zusätzliches Ziel der Go-Entwickler beim Design der Sprache bestand darin, möglichst wenig Tippaufwand von Entwicklern zu fordern. Elemente, die z. B. aus dem Kontext erkannt werden können, sollten nicht noch einmal separat angegeben werden müssen. Freigaben von verwendeten Ressourcen wie dem Speicher soll ein *Garbage Collector* übernehmen und die Entwickler davon befreien.

Durch die Zuweisung eines Wertes zu einer Variablen steht beispielsweise der Typ der Variablen bereits fest und muss nicht noch einmal explizit angegeben werden. Die Variable erhält automatisch den Typ des zugewiesenen Wertes und hält dadurch die Typsicherheit aufrecht.

```
//Go
car := Car{}
//Java
Car car = new Car();
```

Listing 1.4 Beispiel einer Variableninitialisierung in Java und Go

Keine Typhierachien

Go enthält keine Typhierarchien. Das ist ebenfalls eine klare Designentscheidung der Go-Entwickler und verhindert nicht, dass Sie objektorientierte Anwendungen programmieren.

> *If C++ and Java are about type hierarchies and the taxonomy of types, Go is about composition. – Rob Pike*

Klar definierte Abhängigkeiten

Aus den gesammelten Erfahrungen in großen Projekten hat es außerdem ein Abhängigkeitsmodell in das Sprachdesign geschafft, das auf explizite Abhängigkeiten zwischen den sogenannten *Go Packages* setzt.

Abhängigkeiten, die aufgenommen sind, aber nicht verwendet werden, führen zu einem Kompilierungsfehler. Über diesen Weg werden Abhängigkeiten transparenter, und unnötige Schritte, wie etwa das *Linken* der unnötigen Abhängigkeit bei der Übersetzung der Anwendung, entfallen. Dies hat zur Folge, dass Projekte schneller übersetzt werden können.

Go-Compiler und nicht verwendeter Code

Nebenbei bemerkt, erzeugt der Go-Compiler Fehler, wenn nicht verwendete Variablen oder Imports gefunden werden.

Auch dies trägt zu einer besseren Lesbarkeit von Code bei, da man sich nicht ständig fragen muss, wo genau diese eine Variable nun eigentlich verwendet wird.

Nebenläufigkeit

Unabhängig von den Designprinzipien geht Go auch im Hinblick auf die Programmierung von nebenläufigen Prozessen einen Weg, der auf die Zielsetzung der Sprache einzahlt.

Heutige Anwendungen werden in Umgebungen mit Multicore-Prozessoren ausgeführt und müssen, um diese auszunutzen, unbedingt mit diesem Gedanken im Hintergrund entwickelt werden können.

Go ist eine Sprache, die die Programmierung von Nebenläufigkeit sehr einfach macht und den Datenaustausch zwischen unabhängigen Prozessen mit sogenannten *Channels* löst. Die Prinzipien hinter der Nebenläufigkeit in Go gehen hierbei auf die Arbeit von C. A. R. Hoare: *Communicating Sequential Processes* (CSP) zurück.

Im Gegensatz zu anderen Programmiersprachen besteht die Grundidee des oben beschriebenen Datenaustausches darin, dass nicht über einen gemeinsamen Speicherbereich kommuniziert wird, sondern dass die Daten durch einen Kommunikationskanal zwischen den beteiligten Entitäten ausgetauscht wird. Das erspart eine aufwändige Synchronisation der geteilten Speicherbereiche zwischen den einzelnen Prozessen.

> *Do not communicate by sharing memory; instead, share memory by communicating. – Rob Pike*

Die sogenannten *Channels* sind fester Bestandteil des Sprachumfangs und können wie normale Werte behandelt werden. Sie werden typisiert und können selbst als Parameter weitergereicht werden.

Der Code-Schnipsel in Listing 1.5 stellt ein Beispiel für die Anlage eines Channels sowie das Schreiben und Lesen von Werten in den bzw. aus dem Channel dar. Für die Darstellung der Kanal-Operationen wurden sogenannte Kommunikations-Operatoren eingeführt, die als »Pfeile« die Richtung des Datenflusses zeigen.

```
//Anlage eines Channels
c := make(chan string)
//Wert in Channel schreiben
c <- "Hello World"
//Wert aus Channel lesen und ausgeben
fmt.Println(<-c)
```

Listing 1.5 Lesen und Schreiben in einen Channel

Channels werden dann mächtig, wenn nebenläufige Prozesse stattfinden und Daten zwischen diesen Prozessen ausgetauscht werden müssen.

Mit dem vorangestellten Schlüsselwort `go` können Sie jede Funktion in einem nebenläufigen Prozess, einer sogenannten *Go-Routine*, ausführen. Mehr ist nicht nötig.

Das Beispiel in Listing 1.6 zeigt, wie einfach das Starten einer nebenläufigen *Go-Routine* ist und wie Daten über einen *Channel* ausgetauscht werden können.

In der `main`-Funktion wird ein neuer *Channel* mit dem Inhaltstyp `string` angelegt und der nebenläufig gestarteten `sayHello`-Funktion als Parameter übergeben. Daraufhin wird der *Channel* ausgelesen und das Ergebnis der neuen Variablen `text` zugewiesen. Diese wird anschließend ausgegeben.

Über die `sayHello`-Funktion wird ein neuer Wert in den Channel geschrieben.

Die Kanal-Operationen blockieren standardmäßig so lange, bis einem Sender ein entsprechender Empfänger gegenübersteht und die Daten tatsächlich ausgetauscht werden können.

```
func sayHello(c chan string) {
    c <- "Hello World"
}

func main() {
    c := make(chan string)
    go sayHello(c)
    text := <-c
    fmt.Println(text)
}
```

Listing 1.6 Kommunikation über Channels zwischen Go-Routinen

Die Go-Protagonisten haben sich explizit gegen die Begriffe *Threads* oder *Process* entschieden, da *Go-Routinen* deutlich leichtgewichtiger sind, ähnlich wie vergleichbare Konstrukte in anderen Programmiersprachen oder beim Betriebssystem. *Go-Routinen* werden von der *Go-Runtime* verwaltet und besitzen eine dynamisch verwaltete Stack-Größe.

Die Anlage von einer Million *Go-Routinen* auf einem »Standard-Laptop« sind kein Problem und in Produktionsumgebungen keine Seltenheit. Auch wenn die Go-Routinen nicht alle parallel ausgeführt werden, können Sie mit dem Konzept der *Go-Routinen* und *Channels* sehr übersichtliche nebenläufige Anwendungen entwickeln, die gut skalieren.

Umfangreicher Werkzeugkasten

Neben den vielen Sprachfeatures sollte man den Umfang des gut gefüllten, mitgelieferten Werkzeugkastens nicht außer Acht lassen.

Der Standardumfang der Go-Umgebung beinhaltet bereits Werkzeuge und Packages, die nicht separat installiert werden müssen und die Sie bei der Entwicklung unterstützen.

Für die Implementierung von *Unit-Tests* können Sie z. B. das `test` Package der Go-Standardbibliothek nutzen, das zusätzlich zum *Unit-Testing* eine Unterstützung für die Ausführung von *Benchmark-Tests* enthält. Beide Test-Frameworks sind gut in die Go-Kommandozeilenwerkzeuge integriert. Sie lassen sich unproblematisch darüber starten, und die Ergebnisse lassen sich auf einfache Art auswerten.

```
go test
```

Listing 1.7 Start der in einem Package enthaltenen Unit-Tests

Auch hier wurden die Design-Prinzipien der Sprache berücksichtigt, und es wurde keine zusätzliche *Assert*-Funktionalität, die Sie eventuell von anderen Test-Frameworks kennen, eingebaut. Einfachheit geht vor. Ein *Assert*-Ausdruck lässt sich auch mit einem If-Statement ausdrücken, ohne Komfort aufzugeben.

Wenn Sie Ihre Anwendung im Hinblick auf Performance näher untersuchen und verbessern möchten, können Sie auf weitere integrierte Werkzeuge wie z. B. einen Profiler zurückgreifen. Mit dessen Hilfe können Sie speicher- oder rechenzeitintensive Anwendungsteile ausfindig machen.

Auch wenn sich die Sprachsyntax von Go seit Version 1.0 nicht grundlegend verändert hat, kommen immer wieder Erweiterungen am Funktionsumfang der mitgelieferten Werkzeuge, Optimierungen an der internen Struktur oder abwärtskompatible Änderungen der Standardbibliothek hinzu.

Haben Sie selbst Ideen zu Änderungen der Sprache, der Standardbibliothek oder des Toolings, so haben Sie die Möglichkeit, sich über einen Vorschlagprozess an der Weiterentwicklung der Sprache zu beteiligen.

Ab Go-Version 1.11 kam so z. B. ein neuer Dependency-Mechanismus für Packages bzw. Module in den Standardumfang hinzu, mit dem Abhängigkeiten versioniert aus Projekten heraus referenziert werden können.

Die Vorteile der Sprache noch einmal kurz zusammengefasst:

- klare, prägnante Syntax
- leichtgewichtiges Typsystem ohne implizite Typkonvertierungen
- strikte Trennung von Interface und Implementierung
- eingebaute *Garbage Collection*
- sehr gute Konzepte und Unterstützung von Nebenläufigkeit
- umfangreiche Standardbibliothek
- schnelle Kompilierzeiten
- geringe Ausführungsgeschwindigkeiten
- statisch kompiliertes Binary mit allen Abhängigkeiten
- umfangreiche Tools im Lieferumfang enthalten

1.3 Warum eignet sich Go so gut für Microservices?

Die Sprache Go wurde bei Google zur Lösung echter Probleme entwickelt. Wie bereits beschrieben, wurde bei Google die Entwicklung eigener Software immer schwerfälliger, und die verfügbaren Programmiersprachen waren nicht gut genug auf die veränderten Herausforderungen moderner Cloud-Anwendungen vorbereitet.

Mit Go entstand eine neue Programmiersprache, mit der sich netzwerklastige, massiv nebenläufige Anwendungen erstellen lassen, die effizient entwickelt, schnell kompiliert und sicher und performant ausgeführt werden können.

Designed for scalable Cloud Software – Rob Pike

Go wurde explizit mit dem Fokus entwickelt, skalierbare Software für vernetzte Anwendungen, wie z. B. Microservices, zu schaffen.

Mittlerweile setzen zahlreiche Firmen und Projekte auf Go. Auf der Projektseite unter *https://go.dev/solutions#case-studies* finden Sie Erfolgsgeschichten großer Firmen wie American Express, Twitter, Netflix oder Uber, die zum Teil von anderen Programmiersprachen enttäuscht waren und nun mit Go erfolgreich Microservices betreiben.

In der *Cloud Native Computing Foundation* (*CNCF*) haben sich zusätzlich etliche Firmen zusammengeschlossen, um die Container-Technologie und die damit umsetzbaren Microservice Architekturen zu fördern.

Im Rahmen des Projekts wird eine Reihe von Open-Source-Projekten, wie *Kubernetes, Prometheus, NATS* oder *Envoy*, unterstützt. Bei sehr vielen dieser *cloud-nativen* Anwendungen spielt Go eine zentrale Rolle.

1.3.1 Einfache, prägnante Sprache

Ein Grund für die Beliebtheit der Sprache liegt in ihrer einfachen, prägnanten Syntax. In kürzester Zeit können Entwickler mit Go produktiv werden. Wer bereits in einer Sprache wie C oder Java gearbeitet hat, wird sich im Go-Quellcode zügig zurechtfinden. Insgesamt enthält Go nur 25 Schlüsselworte, die Sie recht schnell kennen und anwenden können.

Vielen Entwicklern macht es Spaß, mit Go zu arbeiten, manche halten die Sprache dagegen für einfallslos oder langweilig. Die Schnittmenge dieser Entwicklergruppen ist nicht klein, und genau das zeichnet die Sprache auch aus.

Go ist kein Durchbruch bei der Programmiersprachenforschung und wurde in den letzten Jahren auch nicht mit neuen Features oder Syntax überhäuft. Gerade die geringe Komplexität der Sprache ermöglicht eine effiziente Entwicklung von Software.

1.3.2 Nebenläufigkeit

In vielen Programmiersprachen ist eine überwiegend sequenzielle Programmierung von Anwendungen verankert. Go hingegen bietet einfache Konzepte, um nebenläufige Anwendungen zu erstellen und Multi-CPU-/Multicore-Rechner sinnvoll auszunutzen.

In den meisten Anwendungen lassen sich einzelne Prozessschritte nebenläufig auslegen, wodurch sich die Ausführung optimieren lässt. Als Beispiel können Sie in Go auf relativ einfache Weise die Verarbeitung einzelner Listenelemente nebenläufig durchführen und am Ende die Ergebnisse wieder zusammenführen.

Mit *Channels* und *Go-Routinen* stellt Go einfache Konzepte bereit, mit denen Sie sehr effiziente nebenläufige Programme entwickeln können. Für eine gute Performance sorgt die *Go-Runtime*, in der die *Go-Routinen* ausgeführt und nur bei Bedarf durch das Betriebssystem auf native Threads abgebildet werden.

Bei Go steht immer die Überlegung im Vordergrund, welche Teilschritte eines Prozesses nebenläufig auslegt werden können, um eine noch bessere Ausführungsgeschwindigkeit zu erreichen. In anderen Programmiersprachen haben Sie den Aufwand, neue Threads zu starten und diese wieder zu synchronisieren, vermutlich eher gescheut.

1.3.3 Effizenz entwickeln

Die ersten Computer waren im Vergleich zur heutigen Hardware langsam und sehr teuer. Hier war die Ausführungszeit von Anwendungen dementsprechend relevant. Mit den immer schneller und vor allem günstiger werdenden Computern wurde schließlich die Arbeitszeit eines Entwicklers teurer als die Ausführungszeit auf einem der großen Computer, und somit rückte die Entwicklerproduktivität immer mehr in den Vordergrund.

Die Produktivität wird unter anderem über zwei wichtige Aspekte bewertet: Auf der einen Seite muss neue Software effizient erstellt und auf der anderen Seite bestehende Software problemlos erweitert werden können.

Kompiliergeschwindigkeit

In beiden letztgenannten Fällen ist die Kompiliergeschwindigkeit ein wesentlicher Faktor für Produktivität. Je länger ein Entwickler auf das Ergebnis einer Kompilierung warten muss, desto mehr wird er bei seiner eigentlichen Programmierarbeit gebremst. Je größer die Codebasis ist, desto deutlicher der beschriebene Effekt.

Ein Mythos zum Ursprung von Go besagt, dass Go während eines 45-minütigen C++-Builds konzipiert worden sei.

Der Go-Kompiler dagegen zeichnet sich durch seine hohe Geschwindigkeit aus. Bei Google wurden damit nach Aussagen des Unternehmens die Kompilierzeiten von Stunden auf Minuten reduziert. Während Übersetzungen in anderen Programmiersprachen Minuten dauern, sind sie mit Go in Sekunden erledigt.

Manchmal fällt der wohl nicht ganz ernstgemeinte Begriff des *Key-Stroke-Compile*, der beschreibt, dass Anwendungen beim Drücken auf die Return-Taste kompiliert werden und der Vorgang bereits beim Loslassen der Taste abgeschlossen ist.

Kompilierung

Hier ein kurzer Vergleich zur groben Einschätzung der Kompilierzeiten von Go, Java, C++ mit GCC und TypeScript.

Auf einem Standard-Entwickler-Laptop wurde das »Hello World« Beispiel aus Listing 1.1 übersetzt und mit dem Unix-Kommando `time` die Ausführungszeit gemessen. Die Ausführung fand innerhalb eines Docker-Containers mit einer aktuellen Go-Version statt.

In Listing 1.8 sehen Sie für die Go-Kompilierung eine Gesamtausführungszeit von 270 Millisekunden.

```
root@4a24a083f078:/tmp# go version
go version go1.14.6 linux/amd64
root@e8d1f199858c:/tmp# time go build main.go

real    0m0.270s
user    0m0.272s
sys     0m0.108s
```

Listing 1.8 Kompilierung Go »Hello World«

Zum Vergleich wurde eine entsprechende »Hello World« Anwendung mit Java umgesetzt und ebenfalls mit einer aktuellen Version innerhalb eines Docker-Containers kompiliert. Es fand keinerlei weitere Konfiguration statt.

In Listing 1.9 sehen Sie für die Java-Kompilierung eine Gesamtausführungszeit von 530 Millisekunden.

```
bash-4.2# java --version
openjdk 14.0.2 2020-07-14
OpenJDK Runtime Environment (build 14.0.2+12-46)
OpenJDK 64-Bit Server VM (build 14.0.2+12-46, mixed mode, sharing)
bash-4.2# time javac Main.java

real    0m0.530s
user    0m1.225s
sys   0m0.080s
```

Listing 1.9 Kompilierung Java »Hello World«

Für eine C++-»Hello World«-Anwendung benötigte der GCC-Compiler innerhalb eines neuen Docker-Containers 332 Millisekunden.

Der Typescript-Compiler, der als Ergebnis JavaScript liefert, benötigte 820 Millisekunden für die »Hello World«-Anwendung.

Lesbarkeit des Codes

Neben der Geschwindigkeit beim Übersetzen einer Anwendung spielt für effiziente Entwicklungen auch die Arbeit mit dem Sourcecode eine große Rolle. Entwickler müssen ihn nicht nur effektiv erstellen, sondern auch gut lesen und anpassen können.

Sourcecode wird in der Regel öfter gelesen als geschrieben, und eine gute Lesbarkeit des Codes ist daher sehr wichtig.

Go ist durch seine übersichtliche, leicht zu erlernende Syntax bereits gut verständlich und damit auch gut lesbar. Mit den einfachen Konzepten zur Nebenläufigkeit oder der *Garbage Collection* können Sie auch komplexe Anforderungen für andere nachvollziehbar programmieren. Die mitgelieferten Werkzeuge gewährleisten darüber hinaus eine einheitliche Formatierung über Projektgrenzen hinweg.

Ist der Sourcecode immer gleich formatiert, müssen Sie sich nicht in jedem Projekt in einen eigenen Formatierungsdialekt einarbeiten, und Fehler können potentiell bereits durch das Erkennen von Mustern aufgedeckt werden: »Das sieht aber komisch aus«. Ganz nebenbei gehören Konflikte beim Zusammenführen von Sourcecode wegen unterschiedlicher Formatierung künftig der Vergangenheit an.

Der Standardumfang der Sprache bietet u. a. das `fmt`-Tool, mit dem Sie Ihren Sourcecode formatieren lassen sollten, um damit ein einheitliches Aussehen von Sourcecode zu gewährleisten. Das Tool wird mittlerweile von so gut wie allen Go-Open-Source-Projekten in GitHub verwendet, und die Einbindung in die gängigen IDEs ist obligatorisch.

Sobald Sie z. B. in Visual Studio Code eine Go-Datei speichern, wird das `fmt`-Tool im Hintergrund aufgerufen und der Code entsprechend den Vorgaben formatiert. Im Unterschied zu anderen Programmiersprachen müssen Sie nicht in jeder Entwicklungsumgebung Ihre eigenen Formatierungsregeln konfigurieren, pflegen und an jeden Entwickler verteilen, sondern können einfach das Tool verwenden.

Neben dem Formatierungswerkzeug `fmt` ist eine Reihe an weiteren Werkzeugen entstanden, die Ihnen helfen, Ihren Code sauber zu halten und Fehler frühzeitig zu erkennen. Bei jedem dieser Tools handelt es sich um ein Kommandozeilenwerkzeug, das in jede IDE eingebunden werden kann.

1.3.4 Sicherheit

Go-Anwendungen werden durch einen Compiler in ausführbare Binärdateien übersetzt. Bei der Kompilierung wird der Sourcecode auf Typsicherheit und Konformität in Bezug auf Zuweisungen und Speicherzugriffe überprüft. Laufzeitfehler aufgrund von falschen Zuweisungen oder inkorrektem Quellcode treten nicht mehr auf.

Der Ansatz ist nicht neu und unterscheidet sich nicht von dem von beispielsweise Java. In beliebten Skriptsprachen wie JavaScript oder Python besteht diese Sicherheit allerdings nicht. Falsche Zuweisungen oder gar das Ändern des Typs einer Variablen sind möglich und führen immer wieder zu Problemen.

Im Vergleich zu C- oder C++-Anwendungen bietet Go zusätzliche Sicherheit beim Einsatz von Zeigern oder beim Speichermanagement. In Go können Sie mit Zeigern arbeiten, eine Zeiger-Arithmetik, wie Sie sie eventuell von C kennen, ist allerdings nicht möglich und erspart wohl auch den einen oder anderen Fehler.

Für eine eingebaute Speichersicherheit sorgt der *Garbage Collector*, der Sie zusätzlich davon befreit, Buch über den genutzten Speicher führen und diesen explizit wieder freigeben zu müssen.

1.3.5 Leistungsfähigkeit

Eine Performanceaussage wird immer in einem gewissen Kontext getätigt. Go-Programme lassen sich schnell kompilieren und ebenso schnell ausführen, aber die größten Vorteile bietet Go unter anderem in einem nebenläufigen Umfeld mit vielen I/O-Operationen wie z. B. Netzwerkzugriffen.

Fun-Fact: Ausführungsgeschwindigkeiten

Auch wenn die Ausführungsgeschwindigkeit von »Hello World«-Programmen keine Aussage über die tatsächlichen Ausführungsgeschwindigkeiten von großen Anwendungen erlaubt, sind hier die Laufzeiten der vorherigen »Hello World«-Beispiele aufgelistet.

Die Zeiten wurden wieder innerhalb eines Docker-Containers mit einer jeweils aktuellen Umgebung und dem Unix-Kommando `time` gemessen. Aus zehn Versuchen wurde ein Mittelwert gebildet.

Der Vergleich der Laufzeit-Geschwindigkeiten soll an dieser Stelle nur ein interessanter Fun-Fact sein und nicht als Entscheidungsgrundlage für die Auswahl einer Programmiersprache dienen. (Auch wenn Go hier so gut abschneidet ...)

Programmiersprache	Laufzeit
Go	4,1 ms
Java	78,9 ms
JavaScript mit node.js	62,7 ms
TypeScript mit node.js	62,9 ms
Python	37,7 ms
C++	4,8 ms

Tabelle 1.1 Einfach nur ein interessanter Fun Fact: Ausführungsgeschwindigkeiten von »Hello World«-Programmen in verschiedenen Programmiersprachen

I/O-Zugriffe und Nebenläufigkeit

In Microservice-Umgebungen, in denen Ihre Services in statuslosen Containern ausgeführt und über Remote-Schnittstellen aufgerufen werden, führt jede Aktion innerhalb des Service zwangsweise zu Netzwerkzugriffen.

Möchte eine Anwendung etwa auf das Netzwerk zugreifen, muss im Betriebssystem eine I/O-Operation gestartet werden. Diese Operationen werden in der Regel blockierend ausgeführt, und die Anwendung muss auf die Antwort des Betriebssystems warten. Der weitere Ablauf der Anwendung wird solange verzögert, und der Anwendungsprozess ist blockiert.

Sobald ein Anwendungsprozess oder Thread durch eine I/O-Operation blockiert ist, führt ein sogenannter *Scheduler* einen Kontextwechsel durch, und ein anderer Anwendungsprozess wird auf der CPU ausgeführt.

Je nachdem, wie die Anwendungsprozesse abgebildet sind, handelt es sich um den *Scheduler* des Betriebssystems oder, wie in Go, um einen internen Mechanismus. In beiden Varianten wird für den Kontextwechsel Zeit benötigt, und je länger ein solcher Wechsel dauert, desto länger müssen Anwendungsprozesse auf ihre Ausführung warten.

Die I/O-Performance und die Verwaltung von nebenläufigen Prozessen können somit einen großen Einfluss auf die Ausführungsgeschwindigkeit und das Lastverhalten des gesamten Service haben. Je besser Sie nebenläufige Prozesse definieren und nutzen können, desto besser wird die Performance Ihres Service unter Last sein. Auch die Nutzung von sogenannten *Non-Blocking I/O Calls* kann die Leistung Ihrer Services erhöhen.

In verschiedenen Programmiersprachen sind unterschiedliche Herangehensweisen an diese Thematik abgebildet. Wie Sie in Abschnitt 1.3.2 zur Nebenläufigkeit gesehen haben, besitzt Go einen eigenen *Scheduler*, der die Steuerung der internen *Go-Routinen* übernimmt. Diese haben eine dynamische Stack-Größe, was dafür sorgt, dass Sie ohne Probleme sehr viele *Go-Routinen* gleichzeitig starten können.

Da beispielsweise Java Threads direkt auf Betriebssystem-Threads mit fester Stack-Größe abbildet, ist ihre Anzahl durch den verfügbaren Hauptspeicher beschränkt und liegt deutlich unter der maximal möglichen Anzahl von Go-Routinen auf derselben Hardware.

Blockierende I/O-Zugriffe auf das Betriebssystem sind in der Standardbibliothek von Go über Go-Routinen als *Non-Blocking Calls* entkoppelt und verzögern die Ausführung anderer Go-Routinen nicht.

In Performancevergleichen von Microservice-Implementierungen mit vielen parallelen Anfragen schneidet Go unter anderem aus den hier genannten Gründen immer sehr gut ab, und zahlreiche Firmen steigen deshalb von anderen Programmiersprachen wie Python oder C++ auf Go um.

Der Mikrobloggingdienst Twitter berichtete Anfang 2015 darüber, dass mit einem Go-basierten Service über fünf Milliarden Sessions am Tag verarbeitet würden, Tendenz stark steigend. Weitere Beispiele finden Sie auf der Projektseite unter *https://go.dev/solutions*.

Startgeschwindigkeit

Während der Entwicklung oder auch beim dynamischen Nachstarten von Microservice-Containern in einer Cloud-Umgebung kann die Startgeschwindigkeit in den Fokus rücken. Müssen bei Lastspitzen, um z. B. Last zu verteilen, schnell neue Services gestartet werden, ist die Startgeschwindigkeit ein Erfolgsfaktor: Je länger Entwickler bei der Durchführung von Tests auf den Start einer Anwendung warten müssen, desto mehr Leerlauf entsteht, und umso mehr sinkt die Produktivität.

Die *Go Runtime* ist sehr schnell initialisiert, und Go-Anwendungen sind rasch bereit, Anfragen anzunehmen. Als Beispiel seien hier die Startgeschwindigkeiten von bekannten Go-Anwendungen innerhalb einer Docker-Umgebung auf einem Standard-Entwickler-Laptop gezeigt. Für keine der Anwendungen wurde eine spezielle Konfiguration vorgenommen.

Anwendung	Startzeit
Prometheus	~10 Millisekunden
Grafana	~2 Sekunden
NATS	~10 Millisekunden
CockroachDB	~700 Millisekunden
»Training Fellow«-Beispielanwendung aus dem Buch	~2 Sekunden

Tabelle 1.2 Startgeschwindigkeiten einiger Go-basierten Anwendungen

1.3.6 Standardbibliothek

Der Umfang der Go-Standardbibliothek ist enorm, und Sie finden passende Packages für alle gängigen Anforderungen an Microservices. Sie müssen nicht für jede Anforderung externe Bibliotheken verwenden, die wiederum separat gepflegt und aktualisiert werden müssen.

Mithilfe des `net/http`-Package können Sie mit Go z. B. einen kompletten *production-ready*-Web-Server erstellen.

Listing 1.10 zeigt das Beispiel eines HTTP-basierten »Hello World«-Microservice.

```
package main

import "net/http"

func handleHttp(res http.ResponseWriter, req *http.Request) {
    res.Write([]byte("Hello World"))
}

func main() {
    http.HandleFunc("/", handleHttp)
    http.ListenAndServe(":8080", nil)
}
```

Listing 1.10 Kompletter »production-ready« Go-Web-Server

Möchten Sie Ihre Daten zusätzlich z. B. im JSON-Format ausliefern, können Sie auf das Package `encoding/json` zurückgreifen.

Die Standardbibliothek enthält unter anderem weitere Packages für:

- Kryptographie (`crypto`)
- Kompression (`compress`)
- Dateizugriffe (`io`)
- Datenbankanbindung (`database`)
- Bildverarbeitung (`image`)
- reguläre Ausdrücke (`regexp`)
- Low-level-Netzwerk-Kommunikation (`net`)

Eine komplette Übersicht finden Sie auf der Website des Go-Projekts unter *https://golang.org/pkg/*.

1.3.7 Mitgelieferter Werkzeugkasten

Ein weiteres auffälliges Feature sind die Werkzeuge, die in der Standardinstallation von Go bereits enthalten sind.

Die Werkzeuge der Standardbibliothek

Das `fmt`-Tool zur Formatierung von Quellcode haben Sie bereits kennengelernt. Daneben gibt es weitere Tools für verschiedene Aufgaben:

Testing

Mit dem `go test`-Werkzeug, können Sie *Unit-Tests* für Ihren Go-Sourcecode ausführen. Im Kapitel 4 zur Qualitätssicherung werden wir uns dieses Tool genauer ansehen.

Benchmark

Mit Hilfe von `go bench`, können Sie *Benchmarking-Tests* durchführen und über die Analyse der Ergebnisse die Ausführung Ihrer Anwendung optimieren.

Coverage Report

Durch den Aufruf von `go test --cover` können Sie Ihre Unit-Tests durchführen und parallel dazu einen Bericht über die Testabdeckung erstellen lassen. Das Tool `cover` hilft Ihnen dabei, die erzeugten Daten aufzubereiten und z. B. als HTML-Seite darzustellen.

Profiling

Für das Profiling sind in vielen Programmiersprachen separate Werkzeuge nötig. Bei Go können Sie das eingebaute `pprof`-Package und -Tool nutzen, mit dem Sie Anwendungen im Hinblick auf Laufzeitverhalten überwachen und auswerten können.

Abbildung 1.1 Flamegraph des pprof-Werkzeugs zur Überprüfung des Laufzeitverhaltens einer Anwendung

cgo – Einbindung von C Code

Mit dem `cgo`-Werkzeug erhalten Sie die Möglichkeit, Packages zu erstellen, die C-Code in Ihre Go-Quelldateien einbinden. Dies ermöglicht eine Migration von C-basierten Anwendungen oder das Einbinden vorhandener Bibliotheken, wie etwa vorhandene Datenbanktreiber.

vet

Vet ist ein Tool zum Aufspüren von Programmierfehlern in Ihren Anwendungen. Durch einen Aufruf werden Codestellen gefunden, in denen potenziell ein Fehler enthalten ist. Ein Beispiel dafür sind Ausgaben, bei denen nicht alle Parameter angegeben wurden oder die angegebenen Parameter keinen passenden Datentyp besitzen.

fix

Obwohl Go in der Standardbibliothek bisher immer abwärtskompatible Änderungen vorgenommen hat, bedeutet das nicht, dass man Code nicht an eine neue Go-Version anpassen sollte. Mit `go fix` werden Sie bei der Portierung auf eine neue Version unterstützt.

Kapitel 2
Die Grundlagen von Go

In diesem Kapitel erfahren Sie, wie Sie Ihre Go-Umgebung installieren und konfigurieren und wie Sie mit Go sinnvoll arbeiten können.

Bei Go handelt es sich um eine typsichere, kompilierte Sprache, deren Compiler ein direkt lauffähiges, statisch gelinktes Binary mit allen Abhängigkeiten erzeugt. Im Gegensatz zu anderen Sprachen wie Java oder Python wird zum Ausführungszeitpunkt keine separate Laufzeitumgebung benötigt.

Bei einer Java-Anwendung etwa muss zur Ausführung eine *Java Virtual Machine* (JVM) vorhanden sein, die eigens installiert werden muss. Bei Go wird die Laufzeitumgebung direkt mit in das erzeugte Binary kompiliert und zum Ausführungszeitpunkt nicht mehr separat benötigt.

Dieser Ansatz erzeugt auf der einen Seite zwar relativ große Artefakte, aber auf der anderen Seite müssen Sie bei der Installation der Anwendung nicht viel beachten. Eine Kopieraktion ist in den meisten Fällen völlig ausreichend.

Die in diesem Abschnitt beschriebenen Installationen sind also nur auf Entwicklungsumgebungen nötig. Wenn Sie eine Go-basierte Anwendung ausführen möchten, benötigen Sie keine Go-Installation. Das kompilierte Binary bringt bereits alles Nötige mit.

Die Go-Distribution beinhaltet:

- Go-Compiler
- Go-Standardbibliothek
- Tools für die Entwicklung

Mit diesem Standardumfang lassen sich eigene Go-Anwendungen erstellen und ausliefern. Die Standardbibliothek ist bereits sehr mächtig, sodass externe Bibliotheken selten oder gar nicht benötigt werden.

Möchte man allerdings externe Bibliotheken nutzen und bindet diese in den eigenen Quellcode ein, versucht der Compiler bzw. die Go-Umgebung, diese von externen Repositories herunterzuladen und zu installieren. Je nach Art des externen Repositories werden unterschiedliche Übertragungsmechanismen genutzt.

Handelt es sich beispielshalber um Code innerhalb einer Versionsverwaltung, wird dieser mit dem entsprechenden Client ausgecheckt und lokal gespeichert. Unterstützt werden hierbei folgende Versionsverwaltungtools, die entsprechende Clientinstallationen benötigen:

- Git
- Mercurial
- Bazaar
- Fossil
- Subversion

Durch den hohen Verbreitungsgrad von Git Repositories wird bei den beschriebenen Installationen nur ein Git-Client eingesetzt. Haben Sie in einem Subversion Repository Sourcecode, den Sie nutzen möchten, müssen Sie ggf. noch einen SVN-Client in Ihrer Umgebung installieren. Go wird dann diesen Client nutzen. Entsprechendes gilt natürlich auch für die übrigen Versionsverwaltungsclients.

Mit der Version 1.11 von Go wurden die sogenannten Go Modules eingeführt, also Module in Go. Module sind speziell konfigurierte Projekte, die später noch näher beschrieben werden. Für den Moment soll hier nur darauf verwiesen werden, dass Projekte, die auf Go-Modulen basieren, keinen VCS-Client für den Download von Abhängigkeiten benötigen. Der Download erfolgt hier über HTTP. Da man trotz des Ziels, dass Go Modules aus Sicht des Go-Teams der Standard-Dependency-Mechanismus werden soll, wahrscheinlich noch eine gewisse Zeit auf beide Projektvarianten stoßen wird, also Go-Modules-Projekte und »Legacy«-Projekte, sollten Sie zumindest einen Git-Client auf Ihrer Entwicklungsumgebung einrichten, falls dieser noch nicht vorhanden ist.

2.1 Installation

In diesem Abschnitt beschreibe ich Ihnen die Installation von Go und dessen Abhängigkeiten unter Windows, Linux und MacOS. Zusätzlich stelle ich Ihnen die Vorgehensweise vor, wie Go innerhalb eines Docker Containers ausgeführt wird.

Für jede Betriebssystem-Alternative werden unterschiedliche Wege aufgezeigt, um Go zu installieren.

Sämtliche Archive für alle Installationsvarianten finden Sie auf der Download-Seite des Go-Projekts unter *https://golang.org/dl/*.

Verwenden Sie immer die neuste Go-Version. Das Go-Projekt legt sehr viel Wert auf Sprach- und Standardbibliotheksstabilität. Quellcode, den Sie für eine ältere Go-Version geschrieben haben, können Sie problemlos in einer neueren Go-Version verwenden. Alle Beispiele aus diesem Buch sind in der neusten, aktuell verfügbaren Go-Version implementiert und können in jeder 1.x-Version von Go verwendet werden.

2.1.1 Go unter Microsoft Windows installieren

Für die Installation von Go unter Windows können Sie zwei verschiedene Wege einschlagen. Entweder Sie nutzen den *MSI* (Microsoft Software Installation)-Installer und lassen sich die Umgebung komplett konfigurieren, oder Sie setzen auf ein ZIP-Archiv, das Sie an einem beliebigen Ort entpacken und anschließend über Umgebungsvariablen konfigurieren.

> **Administrationsrechte zur Installation?**
>
> Der MSI-Installer benötigt Administratorrechte, das ZIP-Archiv hingegen nicht, weshalb Sie eventuell auf letzteres zurückgreifen müssen.

Die Installation mithilfe des *MSI* Package läuft wie von anderen Anwendungen gewohnt ab. Zu Beginn müssen Sie die BSD-basierte Lizenz des Go-Projekts akzeptieren und können dann in einem weiteren Schritt als einzige Option während der Installation das Installationsverzeichnis der Umgebung angeben. Vorgeschlagen wird hier das Verzeichnis *c:\Go*, unter dem sich im Anschluss dann alle Dateien befinden.

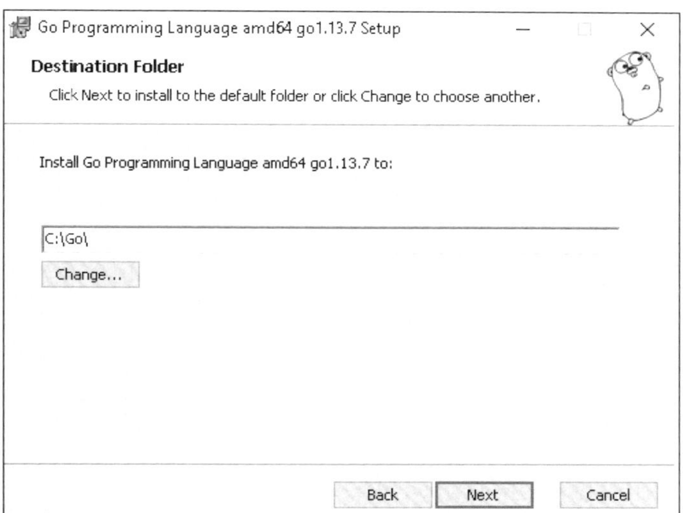

Abbildung 2.1 Go-Installation über Windows Wizard

Die alternative Installation über das ZIP-Archiv läuft ähnlich einfach ab. Entpacken Sie hierzu das Archiv in ein passendes Installationsverzeichnis. Im Anschluss müssen Sie lediglich die `PATH`-Variable so anpassen, dass sie zusätzlich auf das *bin*-Verzeichnis der entpackten Distribution zeigt. Wenn also das ZIP-Archiv ebenfalls nach *c:\Go* entpackt wurde, muss der Pfad *c:\Go\bin* mit in die PATH-Umgebungsvariable aufgenommen werden.

Wenn Sie sich für die Installation über das *MSI*-Paket entschieden haben, dann wurde bereits das Verzeichnis *%GOPATH%/bin* in die PATH-Umgebungsvariable aufgenommen. Falls Sie Go über das ZIP-Archiv installiert haben, setzen Sie am besten ebenfalls den Pfad *%GOPATH%/bin* in die Pfad-Umgebungsvariable. Auf diese Weise können Sie später installierte Go-Anwendungen direkt ausführen.

Zusätzlich zur Go-Installation sollten Sie noch einen *Git*-Client für den Download von externen Bibliotheken installieren. Nehmen Sie diese Installation nicht vor, können möglicherweise bestimmte Bibliotheken nicht direkt installiert werden.

Das Installationsprogramm für Git können Sie von folgender Seite herunterladen: *https://git-scm.com/download/win*. Folgen Sie den Installationsanweisungen des Wizards und wählen Sie bei der Frage, wie Sie Git nutzen möchten, die Option GIT FROM COMMAND LINE AND ALSO FROM 3RD-PARTY SOFTWARE. Damit kann die Go-Installation auch die Git-Installation nutzen.

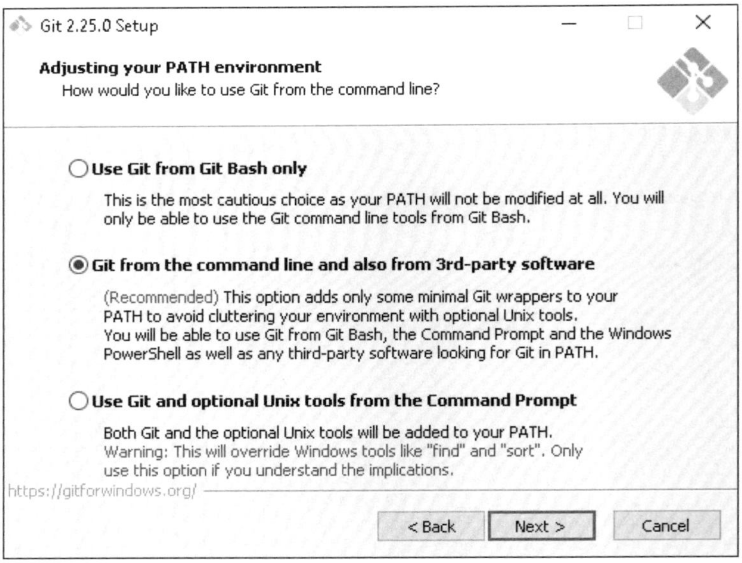

Abbildung 2.2 Git-Installation mit Kommandozeile-Integration

Grafische Git-Tools

Wenn Sie nicht nur auf der Kommandozeile mit Git arbeiten möchten, können Sie sich zusätzliche grafische Werkzeuge installieren. Für Windows können Sie z. B. das von Atlassian entwickelte Sourcetree (*https://www.sourcetreeapp.com/*) oder Fork (*https://fork.dev/*) verwenden.

2.1.2 Go unter Linux installieren

Unter Linux stehen Ihnen ebenfalls mehrere Wege offen, um die Go-Umgebung zu installieren. Der einfachste ist sicher, das für die jeweilige Distribution angebotene Paket zu verwenden. In den offiziellen Paketquellen von Debian bzw. Ubuntu und Fedora sind bereits Versionen vorhanden, die mit den entsprechenden Paketverwaltungskommandos installiert werden können.

Diese Versionen können hilfreich sein, um möglichst rasch eine Go-Version nutzen zu können und keine weitere Konfiguration vornehmen zu müssen. Auch ein manuelles Update der Version entfällt in diesem Fall.

Das Go-Paket in der jeweiligen Distribution installieren Sie wie folgt:

- Für **Debian** bzw. **Ubuntu** wird ein eigenes *PPA* (Personal Package Archive) angeboten, mit dessen Hilfe Sie eine aktuelle bzw. auch ältere Go-Version installieren können.

  ```
  sudo apt-get install software-properties-common
  sudo add-apt-repository ppa:longsleep/golang-backports
  sudo apt-get update
  sudo apt-get install golang-go
  ```

- Für **Fedora** ist in den Paketquellen ein Go-Paket enthalten, das Sie mit folgendem Kommando installieren:

  ```
  sudo dnf install golang
  ```

Alternativ zu den Linux-Distributions-Paketquellen können Sie die Go-Umgebung natürlich auch über die **offizielle Go-Team-Distribution** installieren und dadurch frühzeitigen Zugriff auf die neueste Version erhalten.

Für Linux steht ein gepacktes tar.gz-Archiv auf der Downloadseite *https://golang.org/dl/* bereit, das an einem für Sie geeigneten Ort entpackt werden muss.

```
tar -C ~/bin/ -xzf go$VERSION.$OS-$ARCH.tar.gz
```

Im Anschluss müssen Sie noch das *bin*-Verzeichnis in die PATH-Umgebungsvariable aufnehmen, damit die Go-Binaries gefunden werden. Hierbei empfiehlt es sich, die Änderung direkt in der Datei *$HOME/.profile* vorzunehmen, damit Sie nicht nach jeder Anmeldung am System den Pfad neu setzen müssen.

```
export PATH=$PATH:~/bin/go/bin
```

Zusätzlich zur Go-Installation sollten Sie einen *Git*-Client für den Download von externen Bibliotheken installieren. Nehmen Sie diese Installation nicht vor, können Sie nicht-Go-Modules-basierte Legacy-Bibliotheken nicht direkt installieren.

Diese Abhängigkeit können Sie über die Standardpaketquellen erfüllen.

- Für **Debian** bzw. **Ubuntu** verwenden Sie folgenden Befehl:

  `sudo apt-get install git`

- Für **Fedora** installieren Sie Git über:

  `sudo dnf install git`

2.1.3 Go auf einem Mac installieren

Auch unter MacOS haben Sie mehrere Möglichkeiten einer Installation der Go-Umgebung. Entweder Sie nutzen den komfortablen als PKG-Archiv verfügbaren Wizard, oder Sie verwenden alternativ ein ZIP-Archiv, das Sie ebenfalls auf der Downloadseite des Projekts finden.

Die dritte Variante besteht in der Nutzung des weitverbreiteten Packagemanagers *Homebrew*, den Sie, falls nicht sowieso vorhanden, lokal installieren müssen.

Administrationsrechte zur Installation

Der PKG-Installer benötigt Administratorrechte, das ZIP-Archiv hingegen nicht, weshalb Sie eventuell auf dieses zurückgreifen müssen.

Beim Einsatz des Wizards wird Ihre Umgebung komplett eingerichtet, und Sie können direkt loslegen. Verwenden Sie hingegen das ZIP-Archiv oder *Homebrew*, müssen Sie noch die PATH-Umgebungsvariablen auf das *bin* Verzeichnis der Installation setzen.

Abbildung 2.3 Erfolgreiche Installation der Go-Umgebung unter MacOS

Der Wizard installiert die Go-Umgebung nach */usr/local/go* und trägt das *bin* Verzeichnis entsprechend in die PATH-Umgebungsvariable ein. Nach der Installation sollten Sie bereits geöffnete Terminal-Fenster erneut öffnen, damit die Änderungen übernommen werden.

Zusätzlich zur Go-Installation sollten Sie noch ein *Git* Client für den Download von externen Bibliotheken installieren. Nehmen Sie diese Installation nicht vor, können bestimmte Bibliotheken eventuell nicht direkt installiert werden.

Eine Git-Installation unter MacOS ist wahrscheinlich über die Installation der *Xcode Command Line Tools* am einfachsten. Geben Sie hierzu in einem Terminal `git -version` ein, und Sie werden gefragt, ob Sie die Werkzeuge installieren möchten.

2.1.4 Go innerhalb eines Docker Containers nutzen

Anstelle einer direkten Installation der Go-Umgebung können Sie Go auch innerhalb eines *Docker Containers* ausführen. Das Go-Projekt bietet hierzu auf DockerHub unter *https://hub.docker.com/_/golang/*bereits vorkonfigurierte Docker Images zum Download an.

Diese Variante bietet Ihnen die Möglichkeit, sehr schnell zwischen verschiedenen Go-Versionen zu wechseln und auch auf einfache Weise mehrere Go-Versionen parallel zu betreiben. Dies kann u. U. auf einem Build-Server von Vorteil sein, wenn mehrere Projekte sich diesen teilen. Der Import- und Export-Mechanismus von Docker Images bietet Ihnen zusätzlich die Option, Ihre komplette Go-Umgebung ohne großen Aufwand von einem Rechner auf einen anderen Rechner zu übertragen.

Haben Sie bereits eine Docker-Umgebung im Einsatz, können Sie mit folgendem Kommando das aktuelle Go-Image herunterladen und in einem entsprechenden Container eine Kommandozeile starten:

```
docker run -it golang:latest /bin/bash
```

Die Installation von älteren Versionen (hier Version 1.10) kann über die Angabe einer Versionsnummer ohne Probleme durchgeführt werden:

```
docker run -it golang:1.10 /bin/bash
```

Möchten Sie Ihren Sourcecode, der außerhalb des Docker Containers liegt, innerhalb des Containers nutzen, verwenden Sie ein Volume Mount. Damit werden Änderungen, die Sie innerhalb der Docker-Umgebung vornehmen, nach dem Beenden des Containers nicht mehr gelöscht.

Unter Linux können Sie zum Beispiel mit folgendem Kommando das aktuelle Verzeichnis unter */app* im Docker Container zur Verfügung stellen und darauf zugreifen:

```
docker run -v `pwd`:/app -it golang:latest /bin/bash
```

Ein weiterer großer Vorteil des Docker Images besteht darin, dass die Abhängigkeiten zu verschiedenen Versionsverwaltungsclients bereits enthalten sind und Sie diese nicht nachinstallieren müssen. So können externe Bibliotheken direkt eingebunden und genutzt werden.

Docker und Visual Studio Code

Mit der Remote Containers Extension von Visual Studio Code können Sie einen Docker-Container als vollwertige Entwicklungsumgebung nutzen und mit der IDE nahtlos darauf zugreifen. Ein detailliertes Beispiel schauen wir uns später bei der Konfiguration der Datenbanktreiber an (siehe Abschnitt 3.4, »Datenbankanbindung«).

2.1.5 Test der Installation

Unabhängig von der Installationsvariante sollten Sie sich nach der Installation davon überzeugen, dass die Go-Umgebung erfolgreich installiert wurde und auch die Ausführungspfade korrekt gesetzt sind. Folgendes Kommando gibt in einer neuen Kommandozeilenumgebung die aktuelle Go-Version aus:

```
go version
```

In einem zweiten Schritt können Sie mithilfe einer Beispielanwendung von Github prüfen, ob Abhängigkeiten korrekt geladen werden können und ob der Compiler ein valides Binary erzeugt.

Führen Sie folgenden Befehl auf der Kommandozeile aus, um eine Beispiel-Anwendung von GitHub herunterzuladen und diese direkt zu kompilieren:

```
go get github.com/golang/example/hello
```

Benötigt wird Git!

Zum Download der Beispielanwendung wird von der Go-Umgebung eine Git-Installation benötigt. Ist diese nicht vorhanden, wird der Aufruf `go get` mit einem Fehler quittiert. In diesem Fall müssen Sie wie weiter oben beschrieben eine Git-Installation vornehmen. Arbeiten Sie innerhalb eines Unternehmensnetzwerks, muss eventuell noch der Git-Client über einen Proxy für den Zugriff auf das Internet konfiguriert werden. Diese Einstellung kann mit folgendem Kommando vorgenommen werden.

```
git config --global http.proxy http://<username>:<password>@<proxy-server-url>:<port>
```

Hierbei wird in die gloable GIT Config ein entsprechender Wert aufgenommen. Die Platzhalter username, password, proxy-server-url und port müssen natürlich passend gefüllt werden.

Das erzeugte Artefakt landet unter *$GOPATH/bin/hello*, und Sie können es dort ausführen.

```
$GOPATH/bin/hello
```

Ausgabe:

```
Hello, Go examples!
```

Der Sourcecode der Beispielanwendung wird ebenfalls heruntergeladen und unterhalb von *$GOPATH/src* abgelegt. Für den Download des Sourcecodes wird im Hintergrund die Git-Installation verwendet. Ist diese nicht korrekt erfolgt, können Sie die Anwendung nicht herunterladen und kompilieren.

Zugriff aus einem Unternehmensnetzwerk

Falls Sie bei diesem Aufruf Netzwerk- oder Proxyprobleme haben, müssen Sie den Zugriff aus einem Unternehmensnetzwerk eventuell konfigurieren.

Go nutzt die Umgebungsvariablen HTTP_PROXY bzw. HTTPS_PROXY. Setzen Sie diese Werte in den Umgebungsvariablen, damit Sie Zugriff auf das Internet bekommen.

Beispiel:

```
HTTP_PROXY=http://myproxy:3128
HTTPS_PROXY=http://myproxy:3128
```

Siehe hierzu auch in Abschnitt 2.1.7 die Punkte zu GOPROXY, GONOPROXY, GOPRIVATE.

2.1.6 Die erste Go-Anwendung

Nachdem die Umgebung installiert und konfiguriert ist, können Sie mit der Entwicklung Ihrer ersten Go-Anwendung beginnen.

Erstellen Sie ein neues Verzeichnis und speichern Sie dort den Quellcode aus Listing 2.1 in der Datei *main.go*.

```
package main

import "fmt"

func main() {
    fmt.Println("Hello World")
}
```

Listing 2.1 Die erste Go-Anwendung

Mit dem Go-Compiler müssen Sie nun die Anwendung in eine ausführbare Datei kompilieren. Starten Sie hierzu den Compiler im entsprechenden Verzeichnis mit folgendem Kommando auf der Kommandozeile:

```
go build main.go
```

Danach finden Sie im Verzeichnis die Datei *main* bzw. *main.exe*, je nachdem, unter welchem Betriebssystem Sie das Kommando ausgeführt haben. Diese Datei können Sie nun ausführen und erhalten die gewünschte Ausgabe.

Möchten Sie nach dem Kompiliervorgang direkt die Ausführung starten, verwenden Sie das Kommando

```
go run main.go
```

Main-Package und Dateiname der ausführbaren Datei

Möchten Sie eine ausführbare Go-Anwendung erstellen, müssen Sie die Funktion `func main()`im Main-Package (`package main`) erstellen. Die Funktion dient als Einstiegspunkt der Ausführung.

Der Dateiname der Go-Datei gibt bei der Kompilierung den Namen der ausführbaren Datei an. Benennen Sie im Beispiel die Datei *main.go* in *meineApp.go* um, erhalten Sie entsprechend eine ausführbare Datei mit dem Namen *meineApp* bzw. *meineApp.exe*.

Das Thema Projektstruktur und -organisation werden wir in Kapitel 5 über Best Practices näher betrachten.

2.1.7 Umgebungseinstellungen

Die Go-Kommandos und -Tools lassen sich über diverse Variablen konfigurieren. Die Werte der Variablen können Sie entweder über klassische Betriebssystem-Umgebungsvariablen setzen oder über das von Go mitgelieferte Tool `env`. Welche Werte aktuell verwendetet werden, können Sie sich über das `env`-Tool anzeigen lassen.

Folgender Befehl liefert Ihnen eine Liste aller gesetzten Werte:

```
go env
```

Es spielt hierbei keine Rolle, ob der Wert über eine Betriebssystem-Umgebungsvariable oder über das `env`-Tool selbst definiert wurde.

Einzelne Werte können Sie mit `go env <NAME>` auslesen und über `go env -w <NAME>=<WERT>` verändern bzw. setzen. Werte, die Sie über das Go-Tool selbst setzen, werden in einer Go-eigenen Konfigurationsdatei gespeichert. Diese finden Sie unter der Position des Variablenwerts `GOENV`. Die genaue Position der Datei können Sie ebenfalls mit dem `env`-Tool von Go ermitteln:

```
go env GOENV
```

Bei **Ubuntu Linux** handelt es sich um die Datei *$HOME/.config/go/env*. Unter **Windows** finden Sie diese unter: *%APPDATA%\go\env* und unter MacOS mit *Homebrew* finden Sie die Datei unter: *%HOME/Library/Application Support/go/env*.

Die Datei selbst ist eine reine Properties-Datei mit einer Auflistung der einzelnen Werte. Wurde kein Wert über `go env -w` gesetzt, so ist die Datei auch nicht vorhanden.

Einzelne Werte können Sie mit dem Kommando `go env -u <NAME>` löschen.

Die folgenden Unterabschnitte führen die gängigsten und wichtigsten Go-Umgebungsvariablen und deren Bedeutung auf.

GOROOT – Der Installationsort der Go-Umgebung

Die *GOROOT*-Variable beschreibt den Installationsort der Go-Umgebung (Compiler, Standard library, Tools). Das *bin*-Verzeichnis der Installation sollte in der PATH-Variablen des Betriebssystems aufgenommen werden.

Ist die Variable nicht gesetzt, versucht die Go-Umgebung anhand des ausgeführten Go-Kommandos, den Ort der Installation automatisch zu bestimmen.

GOPATH – Der zentrale Punkt einer Go-Installation

Zentraler Punkt einer Go-Installation ist das Workspace-Verzeichnis, dessen Ort in der Variablen *GOPATH* gespeichert wird. An dieser Stelle sucht die Go-Umgebung nach Code, entweder in Form eigenes Sourcecodes oder fremder Bibliotheken. Der Wert kann eine kommanseparierte Liste an Werten enthalten. Die angegebenen Pfade werden dann der Reihe nach durchsucht.

Standardwerte:

- Unix bzw. MacOS: *$HOME/go*
- Windows: *%USERPROFILE%\go*

GOENV – Ort der Umgebungseinstellungen

Die Variable *GOENV* beschreibt den Ablageort der Properties-Datei, in der die Umgebungseinstellungen hinterlegt sind. Dieser Wert kann nicht über das Go Tool `env` konfiguriert werden.

Standardwerte:

- Unix bzw. MacOS: *$HOME/.config/go/env*
- Windows: *%APPDATA%\go\env*

GOCACHE – Speicher für Zwischenergebnisse

Der Go-Compiler nutzt das in der Variablen *GOCACHE* angegebene Verzeichnis zum Speichern von Zwischenergebnissen. Wenn das Verzeichnis zu groß wird, kann es mit dem Kommando `go clean -cache` wieder geleert werden.

Standardwerte:

- Unix: *$HOME/.cache/go-build*
- MacOS: *$HOME/Library/.Caches/go-build*
- Windows: *%APPDATA%\Local\go-build*

GOTMPDIR – Gos Temporäre Dateien

Am Ort, der in der Variablen *GOTMPDIR* angegeben ist, speichert die Go-Umgebung temporäre Dateien ab. Ist kein Wert angegeben, wird das Temp-Verzeichnis des Betriebssystems verwendet.

Standardwerte:

- Unix bzw. MacOS: -leer-
- Windows: -leer-

GOBIN – Ort der ausführbaren Dateien

Das *GOBIN*-Verzeichnis wird zur Installation von kompilierten, ausführbaren Go-Binaries genutzt. Die Go-Umgebung speichert beim Aufruf von `go install` und, falls eine Abhängigkeit ein Main-Package enthält, bei `go get` in diesem Verzeichnis die kompilierten Anwendungen.

Wir haben das in Abschnitt 2.1.5 mit dem Beispiel zum Test der Installation beobachten können. Dort wurde das »Hello World«-Beispiel heruntergeladen, und, da es ein Main-Package enthielt, direkt kompiliert und in *GOBIN* installiert.

Standardwerte:

- Unix bzw. MacOS: *$GOPATH/bin* und, falls GOPATH nicht gesetzt wurde: *$HOME/go/bin*
- Windows: *$GOPATH\bin* und, falls GOPATH nicht gesetzt wurde: *%USERPROFILE%\go\bin*

GOOS, GOARCH, GOARM, GO386, GOMIPS, GOMIPS64, GOWASM

Eines der herausragenden Features des Go-Compilers besteht darin, dass man auf jeder unterstützten Umgebung ein Binary für eine andere unterstützte Umgebung erzeugen kann (*Cross-Compile*).

Mit den beiden Variablen *GOOS* und *GOARCH* können Sie die Zielumgebung dieses Cross-Compilings angeben. Die zusätzlichen Variablen *GOARM, GO386, GOMIPS, GO-*

MIPS64, *GOWASM* bieten Ihnen die Möglichkeit, Detailkonfigurationen für die jeweilige Rechnerarchitektur anzugeben. `GOARM=7` etwa gibt an, dass für eine Arm-v7-Architektur kompiliert werden soll.

Go-Anwendung für einen Rasperry PI

Möchten Sie z. B. die Go-Beispielanwendung von Github für einen *Raspberry Pi* (linux/arm) übersetzen, können Sie die beschriebenen Werte wie folgt setzen. Je nach Raspberry Pi-Version kann man entsprechend auch noch die Variable *GOARM* verwenden.

- Unter **Windows** verwenden Sie diesen Aufruf:

  ```
  set GOOS=linux
  set GOARCH=arm
  go get github.com/golang/example/hello
  ```

- Unter **Unix** erreichen Sie dasselbe Ergebnis mit diesem Aufruf:

  ```
  env GOOS=linux GOARCH=arm go get github.com/golang/example/hello
  ```

Im Anschluss liegt ein entsprechendes Binary unter *$GOPATH/bin/linux_arm/hello*, das Sie mithilfe von SSH auf einen Raspberry Pi kopieren und dort ausführen können.

Wie für alle Go-Anwendungen beinhaltet das kompilierte Binary auch alle Abhängigkeiten. Auch diese werden beim Cross-Compile für die angegebene Zielplattform – eventuell neu – übersetzt.

Alle Crosscompile Konfigurationen im Überblick

In Tabelle 2.1 finden Sie alle zulässigen Kombinationen von *GOOS* und *GOARCH* (*https://golang.org/doc/install/source#environment*):

$GOOS	$GOARCH
aix	ppc64
android	386
android	amd64
android	arm
android	arm64
darwin	386
darwin	amd64

Tabelle 2.1 Zulässige Kombinationen von GOOS und GOARCH

$GOOS	$GOARCH
darwin	arm
darwin	arm64
dragonfly	amd64
freebsd	386
freebsd	amd64
freebsd	arm
illumos	amd64
js	wasm
linux	386
linux	amd64
linux	arm
linux	arm64
linux	ppc64
linux	ppc64le
linux	mips
linux	mipsle
linux	mips64
linux	mips64le
linux	s390x
netbsd	386
netbsd	amd64
netbsd	arm
openbsd	386
openbsd	amd64
openbsd	arm

Tabelle 2.1 Zulässige Kombinationen von GOOS und GOARCH (Forts.)

$GOOS	$GOARCH
openbsd	arm64
plan9	386
plan9	amd64
plan9	arm
solaris	amd64
windows	386
Windows	amd64

Tabelle 2.1 Zulässige Kombinationen von GOOS und GOARCH (Forts.)

GOPROXY, GONOPROXY, GOPRIVATE

Können bei Go-Modules-basierten Projekten Code-Abhängigkeiten, die über ein Import-Statement angegeben wurden, nicht lokal aufgelöst werden, versucht die Go-Umgebung diese über das Netzwerk herunterzuladen. Im Unterschied zu Legacy-Projekten (Projekte ohne *go.mod* Datei) wird standardmäßig hierzu ein Go Module Proxy verwendet, der über HTTP(S) angesprochen wird. Im Gegensatz dazu nutzt die Go-Umgebung bei Legacy-Projekten einen *VCS-Client* (Version-Control-System).

Mit den Umgebungsvariablen *GOPROXY* und *GONOPROXY* bzw. *GOPRIVATE* können Sie definieren, ob und welcher Go Module Proxy für Abfragen von Abhängigkeiten verwendet werden soll. In der Variable *GOPROXY* können Sie eine Liste von Proxy URLs angeben, die der Reihe nach abgefragt werden sollen. Geben Sie als Go Proxy den Wert `direct` an, wird das Remote Repository direkt angefragt.

Wenn Sie für bestimmte Packages keinen Proxy verwenden möchten, können Sie die Namenspräfixe dieser Packages in der Variablen *GONOPROXY* in einer kommaseparierten Liste angeben. Alternativ oder zusätzlich können Sie auch die allgemeingültigere Variable *GOPRIVATE* verwenden. Dort geben Sie ebenfalls eine Liste von Namenspräfixen von Packages an. Die Variable *GOPRIVATE* steht nicht nur für das Herunterladen von Modulen zur Verfügung, sondern auch für andere Tools wie z. B. Prüfsummen-Datenbank-Checks, die diesen Wert auslesen.

Standardwerte:

- GOPROXY »https://proxy.golang.org,direct«
- GONOPROXY nicht gesetzt
- GOPRIVATE nicht gesetzt

Beispiel für den Einsatz von GOPROXY und Co.

Die eigene Go-Installation soll einen eigenen Go Module Proxy nutzen, aber im Bedarfsfall noch Zugriff auf den standardmäßig konfigurierten Proxy haben. Eigene Packages mit dem Präfix `golang.source-fellows.com` sollen direkt und nicht über den Proxy heruntergeladen werden:

```
go env -w GOPROXY="https://goproxy.source-fellows.com,https://
proxy.golang.org,direct"
go env -w GOPRIVATE=golang.source-fellows.com
```

GOSUMDB, GONOSUMDB

Module werden beim Herunterladen einer Integritätsprüfung unterzogen. Hierzu wird für jede Abhängigkeit eine kryptografische Prüfsumme errechnet und mit der *go.sum* verglichen. Ist für eine Abhängigkeit noch kein Eintrag in der Datei vorhanden, wird eine Online-Prüfdatenbank (Sum-DB) abgefragt und der Wert bei einer Übereinstimmung übernommen. Stimmen die Werte nicht überein, wird die Installation der Abhängigkeit abgelehnt.

Die Umgebungsvariablen *GOSUMDB* und *GONOSUMDB* steuern, welche Online-Datenbank für die Abfrage der Prüfsummen verwendet werden soll bzw. für welche Package-Präfixe keine Prüfsummen-Datenbank abgefragt werden soll.

Der Inhalt der Variablen *GOSUMDB* muss den Namen der Datenbank, optional einen öffentlichen Schlüssel der Datenbank und eine ebenfalls optionale URL der Datenbank enthalten. Die URL setzt sich standardmäßig aus dem Namen der Datenbank und vorangestelltem *https://* zusammen. Alternativ kann man die Nutzung der Prüfdatenbank über Angabe des Wertes `off` oder über die Angabe von Go-Package-Namen in der Umgebungsvariable GOPRIVATE ausschalten.

```
GOSUMDB="<NAME>+<publickey> <URL>"
GOSUMDB="sum.golang.org+<publickey> https://sum.golang.org"
```

Standardwert:

- `GOSUMDB="sum.golang.org"`

GO111MODULE

Die Variable *GO111MODULE* steuert die Nutzung von Go-Modulen. Go Modules wurden mit Go-Version 1.11 eingeführt, und die Variable trägt aus diesem Grund diesen etwas sperrigen Namen. Seit Version 1.13 sind Go Modules standardmäßig für Projekte aktiviert, in denen eine *go.mod*-Datei vorhanden ist. Go Modules werden in Abschnitt 2.3 näher beschrieben.

Mögliche Werte der Variablen:

- `on`
- `off`
- `auto`

Standardwert:

- `GO111MODULE=auto`

2.1.8 Der Go-Workspace – Wie organisiere ich Go-Code?

Go-Quellcode wird innerhalb sogenannter Packages organisiert, die wiederum eine Zusammenfassung mehrerer Go-Quelldateien darstellen. Alles, was zu einem Package gehört, wird innerhalb eines separaten Dateiordners gespeichert.

Bis zur Einführung der Go Modules in Version 1.11 war der Go-*Workspace* der zentrale Ausgangspunkt für die Entwicklung von Go-Applikationen. Dort wurden *alle* Packages gespeichert. Die Grundidee zur Codeablage besagte, dass jeder Entwickler *einen Workspace* auf seinem Arbeitsplatz nutzt, in dem der komplette Quellcode *aller* Anwendungen und Bibliotheken abgelegt wird.

Mittlerweile wurde dieser zentralisierende Ansatz durch den Einsatz von Go Modules aufgeweicht, und nicht jedes Projekt muss zwingend innerhalb des Go-Workspace-Verzeichnisses abgelegt werden. Externe Abhängigkeiten, sofern sie nicht im Projekt selbst ablegt sind, werden weiterhin im Go-Workspace Verzeichnis gespeichert.

Wenn Sie mit Projekten arbeiten, die keine Go Modules nutzen, müssen Sie die Projekte direkt im Workspace-Verzeichnis ablegen. Dies hat zur Folge, dass das Verzeichnis aus vielen Versionsverwaltungs-*Repositories* bestehen kann. Nutzen Sie Go-Modules-basierte Projekte, so müssen diese einzelnen Repositories nicht mehr innerhalb des Workspace Verzeichnis vorhanden sein.

Ort des Go-Workspace

Der Ort des Workspace wird über die Variable *GOPATH* gesteuert.

Das Go-Workspace-Verzeichnis wird von den Go-Tools im Bedarfsfall selbst angelegt. Wenn Sie die Installation in Abschnitt 2.1.5, »Test der Installation«, getestet und das nicht-Go-Modules-basierte Beispielprojekt installiert haben, wurde auf Ihrem Rechner bereits ein Go-Workspace-Verzeichnis angelegt. Das Go-Workspace-Verzeichnis besteht immer aus folgenden drei Unterordnern:

- *src*
- *bin*
- *pkg*

Das *src*-Verzeichnis beinhaltet den Sourcecode, und im *bin*-Verzeichnis werden die vom Go-Compiler erzeugten Artefakte abgelegt. Übersetzte und zwischengespeicherte Bibliotheken werden im *pkg*-Verzeichnis gespeichert. In unserem Beispiel wurde die »Hello World«-Beispielanwendung heruntergeladen und als Quellcode im *src*-Verzeichnis gespeichert. Anschließend wurde der Quellcode zu einem ausführbaren Binary kompiliert und im *bin*-Verzeichnis mit dem Namen *hello* abgelegt.

Abbildung 2.4 Der Go-Workspace nach Installation der Beispielanwendung

Die Dateipfade der Packages im Go-Workspace entsprechen immer dem sogenannten *Import Path* des Packages. Über diesen Namen können Packages von anderen Packages referenziert und verwendet werden.

Im Beispiel hatten Sie mit dem Kommando

```
go get github.com/golang/example/hello
```

die Anwendung heruntergeladen und installiert. Die Angabe `github.com/golang/example/hello` entspricht in diesem Fall dem *Import Path*, weshalb der Sourcecode, wie in Abbildung 2.4 dargestellt, im Workspace unterhalb dieses Pfades abgelegt wurde.

Die Go-Umgebung hat allerdings nicht nur das einzelne *hello*-Package, das Sie über den Import Path angefordert haben, heruntergeladen, sondern das gesamte Example *Repository*. Go betrachtet das Repository als zusammengehörige Einheit und lädt es entsprechend komplett herunter.

Der *Import Path* von Go Packages muss nicht zwingend einen Domain-Namen beinhalten. Allerdings gibt es Vorteile:

- Eindeutiger Name innerhalb des Workspace bei nicht Go-Module basierten Projekten.

- Der eingebaute Mechanismus der Go Tools versucht Abhängigkeiten, die noch nicht lokal vorhanden sind über diese URL herunter zu laden. Beinhaltet der Import Path keinen Domain Namen kann die Umgebung auch dieses Package nicht lokalisieren.

Ihr Quellcode muss in keinem Versionsverwaltungs-Repository gespeichert werden, damit er lokal vom Go-Compiler gefunden und übersetzt werden kann. Sie müssen auch keinen Import Path wählen, der einen Domainnamen beinhaltet und darüber heruntergeladen werden könnte. Es empfiehlt sich allerdings einen Import Path mit Domainnamen zu wählen, mit dem Sie später keine Probleme bekommen, wenn ihr Code in einem Sourcecode-Repository liegt und von anderen Projekten referenziert werden soll.

Ihr Import Path sollte immer folgendermaßen aufgebaut sein:

```
<domain-name>/<context>/<package-name>
```

Import-Path-Beispiele

```
github.com/sirupsen/logrus
launchpad.net/gozk/zookeeper
bitbucket.org/kardianos/osext
golang.source-fellows.com/cmd
```

Einzige Ausnahme mit nicht vollqualifizierten Import Paths sollte die Go-Standardbibliothek sein, bei der Import Paths wie z. B. `fmt` verwendet werden.

Bei Projekten, die Go Modules verwenden, kommt eine weitere Hierarchieebene der Projektorganisation hinzu: das *Module*. Ein Repository beinhaltet ein oder mehrere Module, und jedes dieser Module bündelt wiederum ein oder mehrere Go Packages. In den meisten Fällen handelt es sich um eine 1:1-Beziehung zwischen Repository und Modul.

Für Modulbasierte Projekte setzt sich der resultierende Import Path aus dem *Module Path* und dem Packagenamen zusammen. Die Regeln für den Import-Path-Namen gelten weiterhin. Das heißt, dass der *Module Path* einen Domainnamen beinhalten sollte, damit die Module eindeutig verwaltet und referenziert werden können.

```
<Module-Path> = <domain-name>/<context>
<Module-Path>/<Packagename> = <Import-Path>
```

Import Path eines Go-Module Projekts

Ob es sich bei einer Bibliothek um ein Go-Modules-basiertes Projekt handelt oder nicht, ist aus dessen Import Path nicht ersichtlich.

Wie bereits erwähnt, wurde mit der Einführung von Go Modules die strikte Vorgabe aufgehoben, dass jedes Projekt innerhalb des Go-Workspace gespeichert sein muss. Go Modules können Sie an jeder beliebigen Stelle des Dateisystems ablegen und entwickeln. Das Projekt benötigt lediglich eine go.mod-Datei, die wir in Abschnitt 2.3, »Module und Libraries«, genauer betrachten werden.

Starten Sie neue Go-Modul basierte Projekte immer mit dem Kommando `go mod init` und geben Sie als Parameter einen Module Path mit:

```
go mod init <Module-Path>
```

In aktuellen Go-Versionen können Sie dieses Kommando innerhalb oder außerhalb des Workspace-Verzeichnisses durchführen.

Das erste Go-Module Projekt

Wechseln Sie mit der Kommandozeile in ein beliebiges, neues Verzeichnis und erzeugen Sie ihr erstes Go Module mit folgendem Kommando:

```
go mod init golang.source-fellows.com/examples/first
```

Die Go-Umgebung quittiert das Kommando mit folgender Meldung und legt eine entsprechende *go.mod*-Datei an:

```
go: creating new go.mod: module golang.source-fellows.com/examples/first
```

Die *go.mod*-Datei enthält nun die Angabe zum Module Path des Projekts:

```
module golang.source-fellows.com/examples/first

go 1.14
```

Im nächsten Schritt legen Sie eine Go-Quelldatei *helloworld.go* im neu anzulegenden Unterverzeichnis *cmd* mit folgendem Inhalt an:

```
package main

import (
   "fmt"
)

func main() {
   fmt.Println("Hello world")
}
```

Listing 2.2 Inhalt der helloworld.go-Quelldatei

Kommandos ausführbar machen

Ausführbare Kommandos müssen immer im Package `main` angelegt werden, innerhalb des Packages muss ferner eine Funktion `func main()`enthalten sein.

Das cmd-Verzeichnis

In Go-Projekten ist es Ihnen freigestellt, wie Sie Ihre Go-Dateien organisieren Es gibt keine Vorgaben, an die Sie sich halten müssen, allerdings haben sich Best-Practices durchgesetzt.

Eine dieser Best-Practices sieht vor, dass ausführbare Kommandos im *cmd*-Verzeichnis des jeweiligen Projekts gespeichert werden.

Sollen mehrere lauffähige Binaries erzeugt werden, kann es sich auch um eine Ordnerstruktur unterhalb des *cmd*-Verzeichnisses handeln.

Das *Kubernetes Repository* unter *https://github.com/kubernetes/kubernetes/* stellt z. B. die Kommandozeilenwerkzeuge von Kubernetes zur Verfügung. Jedes Kommando besitzt hier ein eigenes Unterverzeichnis innerhalb des *cmd*-Verzeichnisses.

Über die Kommandozeile können Sie nun Ihr Programm übersetzen und ausführen:

```
go run cmd/helloworld.go
```

Durch den Aufruf von `go run` wird im Hintergrund ein Binary aufgebaut und ausgeführt.

Möchten Sie das ausführbare Binary nur erstellen und nicht direkt ausführen, verwenden Sie das Kommando `go build`:

```
go build cmd/helloworld.go
```

Nach dem erfolgreichen Aufruf befindet sich das ausführbare Binary im aktuellen Verzeichnis. Mit `go install` können Sie das Binary zusätzlich auf Ihrem lokalen Rechner installieren:

```
go install cmd/helloworld.go
```

Der Installationsort des Binarys wird über die Inhalte der Umgebungsvariablen GOBIN und GOPATH bestimmt. Wurde ein Wert in GOBIN gesetzt, wird das Binary dorthin kopiert, wenn nicht, kommt das *bin*-Verzeichnis Ihres Go-Workspaces zum Zuge, und das Binary wird an diese Stelle kopiert.

Haben Sie das entsprechende Verzeichnis in Ihre PATH-Umgebungsvariable aufgenommen, können Sie dieses Kommando nun von einer beliebigen Stelle aus aufrufen.

Abhängigkeiten zwischen Packages

Abhängigkeiten zwischen Packages werden immer über Import-Statements mit entsprechenden Import-Path-Angaben innerhalb einer Go-Quelldatei definiert. Diese Import-Angaben sind auch bei Imports innerhalb desselben Projekts nötig und müssen vollqualifiziert angegeben werden.

Das obige Beispiel soll zur Verdeutlichung so angepasst werden, dass ein internes Package in das Kommando eingebunden wird.

Erstellen Sie im neu anzulegenden Verzeichnis *hello* des Projekts eine Datei *hello.go* mit folgendem Inhalt:

```
package hello

import "fmt"

func Hello() {
   fmt.Println("Hello world")
}
```

Listing 2.3 hello.go im hello Verzeichnis des Projekts

Die Function `Hello()` befindet sich im Package `hello` und durch den Module Path (`golang.source-fellows.com/examples/first`) des Projekts ergibt sich ein Import Path zu diesem Package von `golang.source-fellows.com/examples/first/hello`. Über diesen vollqualifizierten Import Path kann man die Function in anderen Go-Packages nutzen. So auch in unserem Kommandozeilenprogramm.

Das Programm können Sie dementsprechend anpassen, dass über den Import Path die Abhängigkeit definiert und eingebunden wird:

```
package main

import (
   "golang.source-fellows.com/first/hello"
)

func main() {
   hello.Hello()
}
```

Listing 2.4 Angepasste Version des Kommandozeilen Tools

Details zum Einbinden von externen Bibliotheken bzw. zur Erstellung von eigenen Bibliotheken erfahren Sie in Abschnitt 2.3, »Module und Libraries«.

2.1.9 All inclusive – alle Tools im Überblick

Eine Installation von Go enthält neben dem Compiler noch eine Reihe an weiteren nützlichen Kommandozeilentools, die während der Entwicklung eingesetzt werden können. Einige dieser Tools haben wir bereits im Rahmen vorheriger Kapitel kennengelernt und eingesetzt. Dazu zählen z. B. `go install` oder `go mod`.

Wenn Sie eins der mitgelieferten Tools nutzen möchten, muss dessen Aufruf immer in der Form `go <command> [arguments]` erfolgen.

Für jedes der mitgelieferten Tools stellt `go help` eine Hilfeseite bereit, die die möglichen Optionen darstellt und zeigt, wie das Tool eingesetzt werden kann. Die Hilfe können Sie jeweils über `go help` *<command>* aufrufen.

Der Aufruf von `go help install` liefert Ihnen beispielsweise Informationen über das `install`-Tool.

Im Rahmen des Go-Projekts werden neben den im Standardumfang enthaltenen Tools noch weitere Werkzeuge entwickelt, die für die Entwicklung interessant sein können. Sämtliche Tools, egal, ob im Standardumfang enthalten oder nicht, werden in einem separaten GitHub Repository (*https://github.com/golang/tools*) gepflegt.

Über einen `go get`-Aufruf können Sie Tools, die nicht im Standardumfang enthalten sind, einfach nachinstallieren. Die Angabe des *Import Path* ist beim Aufruf von `go get` ausreichend. Das entsprechende Tool wird daraufhin heruntergeladen und direkt installiert.

Möchten Sie z. B. das Tool `stress` installieren, mit dem Anwendungen in einer Schleife parallel aufgerufen werden können, verwenden Sie folgende Kommandozeile:

```
go get -u golang.org/x/tools/cmd/stress
```

Die Anwendung finden Sie anschließend in Ihrem Installationsverzeichnis (GOBIN oder GOPATH/bin).

Godoc zum Anzeigen von Dokumentation

Mit dem GoDoc-Kommando können Sie sich die Go-Dokumentation als HTML-Seiten über einen Webserver ausliefern lassen und auf diese Weise die Dokumentation bequem offline studieren. Zusätzlich bietet GoDoc auch die Möglichkeit, einen Go-Playground zu starten, mit dessen Hilfe Sie online Go-Codeschnipsel ausprobieren können. Die Installation können Sie wieder über `go get` starten:

```
go get -u golang.org/x/tools/cmd/godoc
```

Den Server auf Port 6060 mit aktivierter Index-Suche und Playground können Sie mit folgendem Kommando starten:

```
godoc -http :6060 -play -index
```

build- Das Kommando zum Kompilieren

Das erste Werkzeug, das ich Ihnen vorstellen möchte, dient – das wird Sie nicht überraschen – der Kompilierung.

Kommandozeilenaufruf:

```
go build [-o <output>] [-i] [<build flags>] [<packages>]
```

Das `build`-Kommando startet den Go-Compiler, der das angegebene Package und alle Abhängigkeiten kompiliert. Ausgenommen sind bei einem Aufruf alle Testdateien, die bei Go auf *_test.go* enden. Diese müssen Sie explizit durch einen Aufruf `go test` kompilieren.

Abhängigkeiten, die nicht über die Go-Standardbibliothek aufgelöst werden können, versucht die Go-Umgebung (nur bei Go-Module-basierten Projekten) bei einem `build`-Aufruf herunterzuladen und ebenfalls zu kompilieren.

Nur für ausführbare Anwendungen erzeugt `build` eine Ausgabedatei in Form eines executable Binarys. Handelt es sich bei den zu übersetzenden Artefakten um Bibliotheken, wird das erzeugte Zwischenergebnis nach einem Kompilierungslauf wieder verworfen. Sie können mit einem solchen `build`-Aufruf bei Bibliotheken prüfen, ob die Packages übersetzt werden können.

Den Namen der Ausgabedatei gibt entweder der erste Package- bzw. Datei- Parameter vor, oder Sie geben diesen als `-o`-Argument dem Kommandoaufruf mit.

In unserem vorherigen Beispiel haben wir die Anwendung mit folgendem Kommando kompiliert:

```
go build cmd/helloworld.go
```

Anschließend haben wir ein Binary mit dem Namen *helloworld* bzw. unter Windows *helloworld.exe* erhalten. Über den –o-Parameter können Sie diesen Namen anpassen und ein entsprechendes Binary erhalten:

```
go build -o meinErstesGoBeispiel cmd/helloworld.go
```

Wenn Sie das `build`-Kommando ohne Parameter innerhalb eines Verzeichnisses aufrufen, das eine ausführbare Anwendung enthält, trägt das erzeugte Binary den Namen des übergeordneten Verzeichnisses.

Geben Sie das `-o`-Flag beim Kompilieren einer Bibliothek an, wird das Zwischenergebnis nicht verworfen, sondern an dem angegebenen Namen im Archive-Format gespeichert. Das Ausgabe-Format können Sie mit der Option `-buildmode` anpassen. Ihnen stehen verschiedene Ausgabeformate zur Verfügung.

bug – Wenn etwas schief läuft und Sie einen Fehler melden wollen

Kommandozeilenaufruf:

```
go bug
```

Falls Sie während Ihrer Arbeit mit der Go-Umgebung auf Fehler stoßen sollten, können Sie mit diesem Kommando ein neues Bug-Ticket im GitHub Issue Tracking System des Go-Projekts anlegen. Der Aufruf öffnet in Ihrem Standard-Webbrowser ein neues, mit Systeminformationen vorausgefülltes Formular, das Sie nur noch zu ergänzen brauchen.

clean – Den Build-Cache sowie mit Abhängigkeiten aufräumen

Kommandozeilenaufruf:

```
go clean [<clean flags>] [<build flags>] [<packages>]
```

Mithilfe des `clean`-Kommandos können Sie lokal auf Ihrem Rechner zwischengespeicherte Ergebnisse löschen. Das können erzeugte Kompilate in Source-Verzeichnissen oder von der Umgebung heruntergeladene Go-Module-Abhängigkeiten sein.

Wenn Sie ein Package in Form eines Import Path als Parameter angeben, wird in diesem Package nach Kompilaten gesucht, die gelöscht werden können. Für die Go-Example-Anwendung aus Abschnitt 2.1.5, »Test der Installation«, können Sie das Kommando `go clean` testen, indem Sie das Projekt mittels `go build` frisch übersetzen.

```
go get github.com/golang/example/hello #nicht nötig wenn vorhanden
cd <GOPATH>/src/github.com/golang/example/hello
go build
```

Danach befindet sich im Projekt-Root-Verzeichnis ein ausführbares Binary mit dem Namen *hello(.exe)*. Dieses Binary können Sie durch den Aufruf von `go clean` wieder löschen:

```
go clean github.com/golang/example/hello
```

Das geschilderte Vorgehen hat im vorliegenden Beispiel nur eine begrenzte Sinnhaftigkeit, da nur eine einzige Datei gelöscht wird. Sobald allerdings mehrere Artefakte gelöscht werden sollen, und das eventuell noch rekursiv (Option `-r`), ist der Einsatz des Tools sinnvoll.

Mit der Option `-x` können Sie sich die Kommandos anzeigen lassen, die zum Löschen verwendet werden. Sofern Sie sich die Kommandos ohne Ausführung anzeigen lassen möchten, verwenden Sie die Option `-n`.

Der zweite Anwendungszweck des Kommandos besteht darin, zentral abgelegte Dateien zu löschen. Rufen Sie das Tool mit der Option `-modcache` auf, um die von der Go-

Umgebung bei der Erstellung von Go-Module-basierten Projekten heruntergeladenen Abhängigkeiten aus dem Cache zu löschen. Dieser befindet sich unter *<GOPATH>/pkg/mod* und kann mit der Zeit, wenn man mit vielen verschiedenen Versionen von Modulen arbeitet, recht groß werden. Ein regelmäßiges Löschen des Cache wird daher empfohlen. Die Go-Umgebung nutzt beim Kompilieren einen zentralen Build-Cache, den man mit der Option `-cache` ebenfalls komplett leeren kann.

doc – Dokumentaion und Quellcode anzeigen

Kommandozeilenaufruf:

```
go doc
go doc <package>
go doc <symbol>[.<methodOrField>]
go doc [<package>.]<symbol>[.<methodOrField>]
go doc [<package>.][< symbol >.]<methodOrField>
```

Mithilfe des Kommandos `go doc` können Sie sich Quellcode-Dokumentation zu Packages oder einzelnen Teilen daraus anzeigen lassen. Indem Sie das Kommando ohne Parameter aufrufen, wird die Dokumentation zum aktuellen Package angezeigt.

Als Parameter für das Tool können Sie entweder einen Go-Paketnamen, einen Funktionsnamen oder einen Feldnamen angeben. Mit den zusätzlichen Parametern `-all` (Ausgabe sämtlicher Dokumentation eines Packages), `-src` (zusätzliche Ausgabe des Quellcodes), `-u` (zusätzliche Ausgabe nicht exportierter Symbole) und `-cmd` (Packages mit `main`-Funktion zum Ausführen; werden wie normale Packages behandelt, andernfalls würden exportierte Symbole nicht dargestellt) können Sie die Ausgabe weiter anpassen.

Möchten Sie z. B. wissen, wie man mit dem Package `json` aus der Standardbibliothek arbeitet, können Sie `go doc` mit dem Parameter `json` aufrufen und erhalten die entsprechende Dokumentation:

```
go doc json
```

Eine ausführlichere Dokumentation für das Package erhalten Sie über folgenden Aufruf:

```
go doc -all json
```

Sind Sie hingegen an der Dokumentation für die Funktion `Marshal` interessiert, können Sie das Tool mit entsprechendem Parameter aufrufen und erhalten eine ausführliche Beschreibung, wie Sie ein Go-Interface in JSON-Daten umwandeln können:

```
go doc json.Marshal
```

Warum go doc auf der Kommandozeile?

Viele Entwicklungsumgebungen nutzen im Hintergrund die Go Kommandozeilenwerkzeuge, so auch Go Doc. Dies hat den Vorteil, dass die IDEs sich nicht selbst um eine Umsetzung zum Auslesen der Dokumentation kümmern müssen und dass die Information konsistent über alle Umgebungen hinweg vorhanden ist.

env – Umgebungsvariablen lesen und setzen

Kommandozeilenaufruf:

```
go env [-json] [-u] [-w] [var ...]
```

Das Kommandozeilen Tool `env` hilft Ihnen, wie in Abschnitt 2.1.7, »Umgebungseinstellungen«, beschrieben, Variablen für die Go-Umgebung zu setzen. Die Änderungen werden in der über die Umgebungsvariable `GOENV` referenzierten Properties-Datei abgelegt.

fix – Anpassungen an neue Go-Version vornehmen

Kommandozeilenaufruf:

```
go fix [packages]
```

Go zeichnet sich durch eine hohe Stabilität sowohl der Sprache als auch der mitgelieferten Standardbibliothek aus. Änderungen an Sprache oder Bibliothek waren bisher immer abwärtskompatibel. Trotzdem kann es sinnvoll sein, bei einem Update der Go-Version Anpassungen an der eigenen Anwendung vorzunehmen und z. B. neue APIs zu nutzen.

Im `fix`-Tool wurden einige Konvertierungsaufgaben implementiert, die Ihnen helfen, nach einem Go-Versionsupdate auf neuere APIs zu wechseln. In der Vergangenheit wurde z. B. das Package `golang.org/x/net/context` in die Standardbibliothek übernommen und heißt jetzt nur noch `context`. Eine Liste sämtlicher umgesetzten Konvertierungen können Sie sich mittels `go tool fix -help` anzeigen lassen.

fmt – Einheitliche Formatierung für Go-Quellcode

Kommandozeilenaufruf:

```
go fmt [packages]
```

Die Formatierung von Quellcode sorgt in vielen Projekten mit mehreren Entwicklern immer wieder für Diskussionen und Probleme. Beim Zusammenführen von Änderungen etwa werden oftmals unterschiedliche Formatierungen ebenfalls als Änderungen angezeigt.

Die Entwickler des Go-Projekts haben sich frühzeitig dafür entschieden, ein Kommandozeilentool zu entwickeln, mit dem sich Quellcode einheitlich formatieren lässt.

In einer Umfrage aus dem Jahr 2013 wurde ermittelt, dass zu diesem Zeitpunkt bereits über 70 % der befragten Projekte, die Go einsetzten, ihren Quellcode mithilfe des `fmt`-Tools formatierten. Mittlerweile dürfte die Verbreitung weitaus höher sein, da viele Entwicklungsumgebungen `fmt` automatisch im Hintergrund zur Formatierung aufrufen. Die hohe Verbreitung ist der Grund dafür, weshalb Go-Code immer gleich aussieht und man sich daher darin schnell zurechtfinden kann.

Möchten Sie Ihre Go-Packages mit `fmt` formatieren lassen, können Sie das Tool mit dem Namen des zu formatierenden Packages aufrufen. Zum Beispiel:

```
go fmt golang.source-fellows.com/first/cmd
```

Werden Änderungen in Dateien vorgenommen, so wird der entsprechende Dateiname ausgegeben. Kommt es zu keiner Ausgabe, wurden auch keine Änderungen vorgenommen, und Ihr Quellcode entspricht bereits den in `fmt` hinterlegten Regeln.

Über Parameter können Sie sich das Kommando anzeigen lassen, das im Hintergrund ausgeführt wird (`-x`) bzw. ausgeführt werden würde (`-n`), wenn Sie das `fmt` Tool aufrufen bzw. aufriefen.

> **Formatierung einschalten!**
>
> Die Formatierung des Quellcodes über `fmt` hat viele Vorteile. Lassen Sie sich Ihren Code immer formatieren. Tragen Sie dazu bei, dass Go-Code immer wie Go-Code aussieht.
>
> In den meisten IDEs wird `fmt` im Hintergrund aufgerufen. Schalten Sie es nicht ab! Sie vermeiden damit Formatierungsunterschiede zwischen den Arbeiten von Entwicklern und Probleme beim Zusammenführen von Code.

generate – Codegenerierung aus Quelldateien heraus

Kommandozeilenaufruf:

```
go generate [-run regexp] [-n] [-v] [-x] [<build flags>] [<datei>... | ⤾
<packages>]
```

Mithilfe des Tools `generate` können Sie die Generierung von Sourcecode aus Ihrem eigenen Sourcecode heraus steuern. Der Aufruf des Tools soll immer vom Programmierer einer Bibliothek selbst vorgenommen und der generierte Code mit ausgeliefert werden. Wenn Sie Anwender einer Bibliothek sind, müssen Sie sich nicht um eine Generierung kümmern und somit das Tool auch nicht aufrufen.

Der Generierungsschritt ist vom eigentlichen Kompilierungsvorgang entkoppelt und muss separat angestoßen werden.

Im Wiki des Golang-Projekts finden Sie eine – nicht vollständige – Liste an verfügbaren Code-Generatoren, die Sie in eigenen Projekten einsetzen können:

https://github.com/golang/go/wiki/GoGenerateTools

Grundsätzlich arbeitet das Tool `generate` so, dass Sie über Kommentare im Quellcode einen Generierungsschritt definieren, der beim Aufruf ausgeführt wird. Jeder einzelne Generierungsschritt besteht wiederum aus Aufrufen von externen Tools.

In einem Beispiel wollen wir uns die Arbeit des `generate`-Tools ansehen und dieses Tool einbinden.

Mithilfe des gogen-avro-Projekts können Sie z. B. Code für die Serialisierung/Deserialisierung von Apache-Avro-Objekten erzeugen.

Das Avro-Datenformat

Bei Avro handelt es sich um ein Remote Procedure Call und ein Serialisierungsframework, das im Rahmen von Apache Hadoop entwickelt wurde. Die zu übertragenden Daten werden in einem JSON-basierten Format als Schema beschrieben und in einem sehr kompakten Binärformat übertragen:

https://avro.apache.org/

Mittels `go get` können Sie das Projekt in einem Schritt herunterladen und installieren:

```
go get github.com/actgardner/gogen-avro/cmd/gogen-avro
```

Das ausführbare Binary befindet sich dann in Ihrem *$GOBIN*- bzw. *$GOPATH/bin*-Verzeichnis, und Sie sind damit in der Lage, für Avro-Schemata Go-Quellcode-Dateien zu generieren.

Das folgende Avro-Schema (Dateiname *user.avsc*) dient uns als Grundlage zur Generierung:

```
{"namespace": "example.avro",
 "type": "record",
 "name": "User",
 "fields": [
     {"name": "name", "type": "string"},
     {"name": "favorite_number",  "type": "int"},
     {"name": "favorite_color", "type": "string"}
 ]
}
```

Listing 2.5 Einfaches Avro Schema als Beispiel

Auf der Kommandozeile können Sie die Generierung des Go-Codes starten. Als Parameter müssen Sie das Zielverzeichnis sowie diejenige Avro-Datei angeben, die als Grundlage für die Generierung dient. Optional können Sie einen Namen eines Packages übergeben, für das der Code erzeugt werden soll.

```
gogen-avro --package=generator . user.avsc
```

Das `generate`-Tool hilft Ihnen dabei, diesen Aufruf zu vereinfachen und reproduzierbar zu machen. Sie benötigen in einer Go-Datei den entsprechenden Code-Kommentar, der mit dem Text `//go:generate` beginnen muss. Dessen Position innerhalb einer Datei spielt keine Rolle.

```
//go:generate gogen-avro --package=generator  . user.avsc
```

Starten Sie die Code-Generierung mit `go generate`, wird nach allen `go:generate`-Kommentaren im angegebenen Sourcecode gesucht und das entsprechende Kommando ausgeführt.

Die generierten Go-Dateien sollten danach als Teil des Projekts verwaltet werden, so dass weiterhin ein `go build`-Aufruf zum kompletten Übersetzen des Projekts ausreicht und kein Build-Skript verwendet werden muss.

Bei Änderungen im Code muss die Generierung erneut gestartet werden.

Source-Dateien sind ausreichend – keine Makefiles

Ein explizites Ziel des Go-Projektes war es immer, sämtliche Informationen, die für eine Kompilierung nötig sind, aus dem Quellcode selbst zu beziehen. Der Einsatz von Makefiles oder Ähnlichem soll nie erforderlich sein.

Übernehmen Sie aus diesem Grund generierte Dateien in Ihr Projekt und stellen Sie damit sicher, dass sich mit `go build` Ihr Projekt komplett übersetzen lässt. Erzwingen Sie nicht den Einsatz eines Makefiles.

Neugenerierung von Code wird immer nach einer Änderung des Codes durch einen Entwickler nötig sein, der die Generierung mittels `go generate` starten kann.

get – Abhängigkeiten laden und installieren

Kommandozeilenaufruf:

```
go get [-d] [-t] [-u] [-v] [-insecure] [<build flags>] [<packages>]
```

Mit `go get` können Sie Code-Abhängigkeiten oder Bibliotheken herunterladen und installieren. Sie haben das Tool in vorherigen Beispielen bereits kennengelernt.

go get gibt Ihnen die Möglichkeit, entweder alle Abhängigkeiten eines Projekts herunterzuladen und zu installieren oder eine bestimmte Abhängigkeit lokal verfügbar zu machen. In den vorherigen Beispielen hatten wir durch die Angabe eines *Import Path* immer die zweite Variante eines expliziten Downloads gewählt.

Möchten Sie alle Abhängigkeiten eines Projekts herunterladen und installieren, können Sie go get ohne Parameter innerhalb des gewählten Projekts aufrufen.

Ein beispielhafter Ablauf sieht folgendermaßen aus:

```
cd $GOPATH/src
mkdir -p github.com/kkoehler
cd github.com/kkoehler
git clone https://github.com/kkoehler/golang
cd golang/simplelogrus
go get
go build
```

Das Tool unterscheidet bei seiner Arbeit zwischen Go-Modules-basierten Projekten, die eine *go.mod* Datei besitzen, und Legacy-Projekten ohne Module-Informationen.

Bei Legacy-Projekten, also Projekten, die noch nicht auf Go Modules umgestellt sind, werden Abhängigkeiten direkt mithilfe eines Versionsverwaltungsclients heruntergeladen. Das heißt, wenn Sie z. B. die beliebte Logging-Bibliothek Logrus nutzen möchten und sich ein entsprechendes Import-Statement (github.com/sirupsen/logrus) im Code befindet, so wird die Go-Umgebung versuchen, diese Abhängigkeit über einen installierten Git-Client direkt zu laden.

Für verschiedene Import-Path-Präfixe sind bereits Verknüpfungen zu bestimmten Versionsverwaltungsclients hinterlegt.

Konfigurierte Repository-URLs in Go

Dass github.com ein Git-Repository bereitstellt und aus diesem Grund ein Git-Client verwendet werden soll, ist in der Go-Umgebung fest hinterlegt. Folgende Verknüpfungen zwischen URL und VCS-Client sind fest hinterlegt:

Anbieter	VCS	URLs
Bitbucket	Git, Mercurial	"bitbucket.org/user/project" "bitbucket.org/user/project/sub/directory"
Github	Git	"github.com/user/project" "github.com/user/project/sub/directory"

Tabelle 2.2 Konfigurierte Repositories in Go mit fest verknüpften VCS-Clients und URLs

Anbieter	VCS	URLs
Launchpad	Bazaar	"launchpad.net/project" "launchpad.net/project/series" "launchpad.net/project/series/sub/directory" "launchpad.net/~user/project/branch" "launchpad.net/~user/project/branch/sub/directory"
IBM DevOps Service	Git	"hub.jazz.net/git/user/project" "hub.jazz.net/git/user/project/sub/directory"

Tabelle 2.2 Konfigurierte Repositories in Go mit fest verknüpften VCS-Clients und URLs (Forts.)

Wird von der Go-Umgebung für den Download kein Git-Client gefunden, wird dies mit einer passenden Fehlermeldung quittiert:

```
go: missing Git command. See https://golang.org/s/gogetcmd
package github.com/sirupsen/
logrus: exec: "git": executable file not found in $PATH
```

Im Gegensatz zu den Legacy-Projekten findet bei Go-Module-basierten Projekten der Download der Abhängigkeiten über HTTP und über einen eventuell konfigurierten Go Module Proxy statt (siehe hierzu den Abschnitt zu GOPROXY, GONOPROXY, GOPRIVATE weiter oben).

Auch die Ablage der Abhängigkeiten unterscheidet sich zwischen den Projekttypen. Werden Abhängigkeiten für ein Legacy-Projekt heruntergeladen, so werden diese direkt im *src*-Verzeichnis des Workspace abgelegt. Abhängigkeiten von Go-Module-basierten Projekten werden versioniert unterhalb des *pkg* Verzeichnisses im Workspace gespeichert.

Im Standardverhalten lädt `go get` die entsprechenden Abhängigkeiten herunter und installiert sie. Durch die Option `-d` können Sie angeben, dass keine Installation nach dem Download stattfinden soll, und falls Sie beim Aufruf die Option `-u` mitgeben, wird nach Aktualisierungen der Abhängigkeit gesucht.

Bei Go-Module-basierten Projekten haben Sie zusätzlich vielfältige Möglichkeiten, um eine Zielversion der Abhängigkeit anzugeben. Diese Optionen werden wir uns in Abschnitt 2.3, »Module und Libraries«, genauer ansehen.

install – Anwendungen kompilieren und installieren

Kommandozeilenaufruf:

```
go install [-i] [<build flags>] [<packages>]
```

Mit dem Aufruf von `install` wird das angegebene Package kompiliert und lokal installiert.

Beinhalten die angegebenen Packages ausführbare Binärdateien, werden diese unter *$GOPATH/bin* bzw. *$GOBIN* abgelegt. Bei Bibliotheken wird unterschieden, ob der Go Modules Mode aktiviert ist oder nicht. Ist der Go Modules Mode aktiv, werden transitive Abhängigkeiten kompiliert und gecachet, aber nicht installiert. Im anderen Fall, wenn der Module Mode deaktiviert ist, werden die Abhängigkeiten unter *$GOPATH/pkg/$GOOS_$GOARCH* installiert.

Die Aktivierung des Go Modules Mode

Der Go-Modules Mode kann entweder explizit über die Variable GO111MODULE gesetzt oder implizit über das Projekt aktiviert werden.

Enthält das Projekt eine *go.mod* Datei, wird seit Version 1.13 der Modules Mode automatisch aktiviert.

Mehr zu Go Modules erfahren Sie in Abschnitt 2.3, »Module und Libraries«.

list – Ausgabe an Detailinformationen für Packages

Kommandozeilenaufruf:

```
go list [-f <format>] [-json] [-m] [<list flags>] [<build flags>] [<packages>]
```

Mit dem Kommando `list` können Sie sich diverse Informationen zu Packages anzeigen lassen. Im Standardverhalten listet es den Import Path des angegebenen Packages.

```
go list .
```

Mit dem Parameter `-f`, über den man die Ausgabe steuern kann, wird `list` zum Schweizer Messer der Package-Informationsbeschaffung. Sie können ein Ausgabe-Template definieren, das auf die interne Struktur eines Packages oder Modules zugreifen kann. Die Syntax entspricht hier derjenigen aus dem `text/template`-Package.

Eine Beschreibung der internen Struktur, auf die Sie innerhalb der Templates zugreifen können, erhalten Sie über den Aufruf der Hilfe zum Tool:

```
go help list
```

Alternativ können Sie sich die JSON-Struktur einer Komplettausgabe ansehen und daraus Rückschlüsse darüber ziehen, welche Information Sie abfragen können:

```
go list -json .
```

Wenn Sie keinen Parameter `-f` angeben, erfolgt die Standardausgabe über das Template `{{.ImportPath}}`.

Möchten Sie sich hingegen alle Import-Statements eines Packages ausgeben lassen, können Sie ein entsprechendes Template mitgeben.

Im Beispiel werden alle Import-Statements des Logrus-Packages ausgegeben:

```
go list -f '{{.Imports}}' github.com/sirupsen/logrus
[bufio bytes context encoding/json fmt golang.org/x/sys/
unix io log os reflect runtime sort strconv strings sync sync/
atomic time unicode/utf8]
```

Bei der Ausgabe handelt es sich um ein sogenanntes Slice, welches Sie durch den Einsatz der eingebauten Funktion `join` auch umformatieren können:

```
go list -f '{{join .Imports "\n"}}' github.com/sirupsen/logrus
bufio
bytes
context
...
```

Slices werden wir uns in Abschnitt 2.2.5, »Typen für Collections«, näher anschauen.

Auswertungen über Quellcode

Das `go list`-Tool bietet sich an, wenn Sie Auswertungen über Ihren Quellcode oder den von Abhängigkeiten vornehmen wollen. Für eine Auswertung zu benutzten Lizenzen oder verwendeten Abhängigkeiten können Sie recht komfortabel und schnell kleine Skripte erstellen.

mod – Verwaltungstools von Go-Modulen

Kommandozeilenaufruf:

```
go mod <command> [<arguments>]
```

Das Tool `mod` ist wiederum eine Sammlung an Werkzeugen, mit denen Go Modules verwaltet werden können. Als Parameter müssen Sie jeweils ein separates Kommando angeben.

In Abschnitt 2.3, »Module und Libraries«, werden wir uns die einzelnen Operationen im Detail anschauen.

Command	Beschreibung
download	Lädt Module in den lokalen Cache
edit	Ermöglicht das Bearbeiten von *go.mod*-Dateien über Tools oder Skripte
graph	Zeigt den Abhängigkeits-Graphen von Modulen
init	Initialisiert ein neues Go-Modul
tidy	Räumt die *go.mod*-Datei auf, indem es überflüssige Abhängigkeiten entfernt und eventuell fehlende aufnimmt.
vendor	Kopiert die in der *go.mod* angegebenen Abhängigkeiten in das *vendor*-Verzeichnis
verify	Prüft Abhängigkeiten auf Konsistenz
why	Gibt aus, warum eine Abhängigkeit benötigt wird

Tabelle 2.3 Kommandoparameter für go mod

run – Go-Programme kompilieren und direkt ausführen

Kommandozeilenaufruf:

```
go run [<build flags>] [-exec <xprog>] <package> [<arguments>...]
```

Das Kommando `run` kompiliert Go-Sourcecode und führt diesen direkt aus. Im Hintergrund wird eine temporäre Binärdatei erstellt, die nach der Ausführung wieder gelöscht wird.

Als Parameter für den Aufruf können Sie entweder eine oder mehrere Go-Dateien, einen Import Path, einen Dateisystempfad oder ein Pattern für ein Package angeben.

Über zusätzliche `build-flags` können Sie analog dem `build`-Kommando weitere Kompilierungsparameter angeben und die Übersetzung der Binärdatei beeinflussen.

Beispielaufrufe:

```
go run main.go
go run *.go
go run github.com/golang/example/hello
go run /home/kkoehler/go-workspace/src/github.com/golang/example/hello
```

test – Kompilieren und Starten der Unit-Tests

Kommandozeilenaufruf:

```
go test [<build/test flags>] [<packages>] [<build/test flags & ⤶
 test binary flags>]
```

Das Go-eigene `test`-Tool kompiliert die angegebenen Packages sowie die enthaltenen Test-Dateien neu und führt diese aus. Als Ergebnis wird eine Liste der durchgeführten Tests mit deren Durchführungsergebnis ausgegeben.

```
PASS
ok      unit-test-http-server      0.003s
FAIL    business-tests      0.013s
```

Testdateien müssen immer dem Namensmuster **_test.go* entsprechen und dürfen nicht mit . oder _ beginnen. Ausgeschlossen bei der Kompilierung wird zusätzlich das Verzeichnis *testdata*, in dem Sie, wie der Name schon andeutet, Testdaten für Ihre Unit-Tests hinterlegen können.

Mögliche Fehler versucht das `test`-Tool bereits zu Beginn der Ausführung auszuschließen, indem es den Quellcode mittels `go vet` überprüft. Werden Fehler festgestellt, bricht die Ausführung direkt ab.

Wir werden das `test`-Tool in Kapitel 4, »Die Qualitätssicherung«, näher betrachten und uns weitere Optionen für den Einsatz und Aufruf ansehen.

tool – Werkzeuge explizit aufrufen

Kommandozeilenaufruf:

```
go tool [-n] command [args...]
```

Über das `tool`-Kommando können Sie weitere Werkzeuge aufrufen, die es nicht als »first-level«-Kommando in das `go`-Tool geschafft haben. Eine komplette Liste der möglichen Kommandos erhalten Sie, wenn Sie `go tool` ohne Parameter aufrufen.

Wir werden das Kommando an der einen oder anderen Stelle einsetzen, um z. B. einen Test-Coverage-Report zu erstellen oder eine Anwendung in Bezug auf ihr Laufzeitverhalten zu analysieren.

version – Ermitteln der Go-Version – auch von kompilierten Anwendungen

Kommandozeilenaufruf:

```
go version
```

Der Aufruf des Tools `version` gibt Ihnen, sofern ohne Parameter aufgerufen, die Bezeichnung der aktuell ausgeführten Go-Version aus. Wenn Sie als Parameter ein bereits erstelltes Binary angeben, wird Ihnen diejenige Version ausgegeben, mit der dieses Binary erzeugt wurde. Wenn Sie ein Verzeichnis als Parameter angeben, untersucht die Go-Umgebung jedes Binary und gibt Ihnen für Go-Binaries die entsprechende Version zurück, mit der das Binary erstellt wurde.

vet – Potenzielle Fehler in Anwendungen finden

Kommandozeilenaufruf:

```
go vet [-n] [-x] [-vettool <prog>] [<build flags>] [<vet flags>] [<packages>]
```

Mit `go vet` können Sie Ihren Sourcecode auf mögliche Probleme hin überprüfen. Die eingebauten Checker prüfen z. B., ob in einer Ausgabe von `fmt.printf` sämtliche angegebenen Parameter ausgegeben werden.

Folgende Zeile würde `vet` Ihnen als Warnung ausgeben:

```
fmt.Printf("Da fehlt doch was %v %v", nurEinWert)
```

Die Warnung, dass nur ein Parameter angegeben wurde, obwohl zwei Werte ausgegeben werden sollen, gibt `vet` auf der Kommandozeile aus.

```
Printf format %v reads arg #2, but call has 1 arg
```

Eingebaute Checker – eine kleine Auswahl

Im Standardumfang sind bereits viele Checker enthalten (in Version 1.13 sind es 22). Die Namen der einzelnen Checker benötigen Sie dann, wenn Sie sie explizit konfigurieren möchten.

- atomic – Prüft den richtigen Umgang mit dem `sync/atomic`-Package
- bools – Prüft den richtigen Umgang mit boolschen Werten
- httpresponse – Prüft auf fehlerhaften Umgang mit HTTP Responses
- printf – Prüft auf den richtigen Umgang mit Printf
- unreachable – Prüft, ob bestimmter Code überhaupt verwendet wird

Eine komplette Liste aller eingebauten Checker und weiterer Flags erhalten Sie über den Aufruf `go tool vet help`.

Falls Sie nur einzelne Checker ausführen oder die entsprechenden Checks unterdrücken möchten, können Sie dies durch die Angabe der o. g. Parameter tun. Geben Sie den Checkernamen und `true` an, wird nur dieser eine Checker ausgeführt. Verwenden Sie hingegebn `false` als Parameter für den Checkernamen, wird dieser als einziger unterdrückt, alle anderen werden ausgeführt.

```
go vet -printf=true
```

Zusätzlich zu den eingebauten Tools können Sie über den Parameter `vettool` weitere Kommandos ausführen lassen und den Funktionsumfang erweitern. Im Package `golang.org/x/tools/go/analysis` sind bereits zusätzliche Checker für eine mögliche Einbindung implementiert.

Wenn Sie einen Check zu überlagernden Variablendeklarationen vornehmen möchten, können Sie den Shadow Checker installieren und einbinden. Durch `go install` installieren Sie das Kommandozeilentool lokal und können es anschließend als Parameter von `vettool` verwenden.

```
go install golang.org/x/tools/go/analysis/passes/shadow/cmd/shadow
go vet -vettool=shadow
```

2.1.10 Die Entwicklungsumgebungen – VSCode und GoLand im Vergleich

Seit 2016 wird jedes Jahr vom Go-Team eine Umfrage zur aktuellen Situation in der Go-Community gestartet. Das Feedback fließt in die weitere Entwicklung des Go-Ökosystems oder der Sprache selbst ein. Bisher wurde in jeder Umfrage die verwendete Entwicklungsumgebung der Teilnehmer abgefragt.

Wie in Abbildung 2.5 zu erkennen ist, haben sich viele Anwender entweder für die Nutzung von Microsofts Visual Studio Code oder der kommerziell vertriebenen IDE GoLand von JetBrains entschieden. Umgebungen wie Emacs oder Vim werden laut den Umfrageergebnissen für die Entwicklung mit Go nicht mehr so häufig eingesetzt.

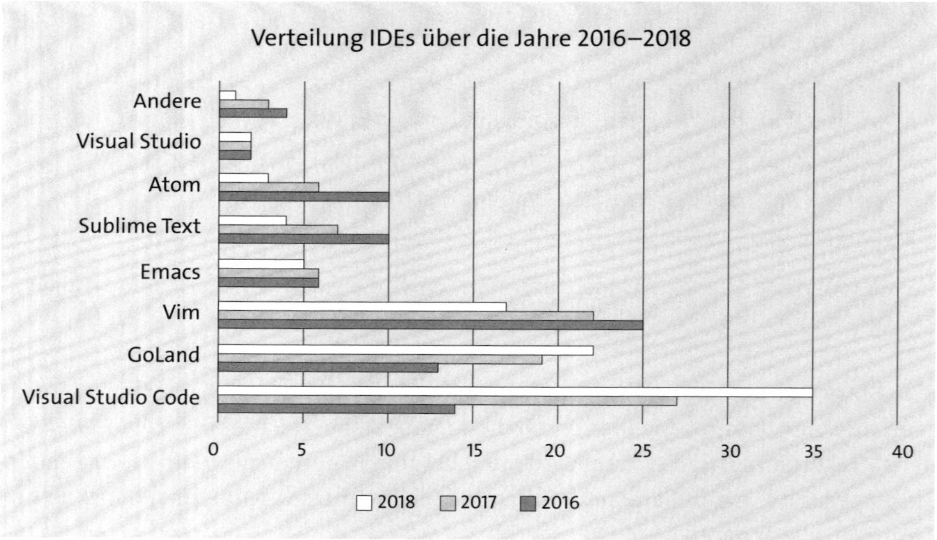

Abbildung 2.5 Prozentuale IDE-Nutzungsverteilung

Wir werden an dieser Stelle nur noch auf zwei Entwicklungsumgebungen eingehen:

- Visual Studio Code von Microsoft und
- GoLand von JetBrains

Visual Studio Code von Microsoft

Microsoft entwickelt unter dem Namen Visual Studio Code (*VSCode*) einen plattformübergreifenden, open-source-lizenzierten Quelltext-Editor, der für die Entwicklung von verschiedenen Programmiersprachen eingesetzt werden kann. Lassen Sie sich nicht durch die Ähnlichkeit des Namens zu Visual Studio täuschen. Es handelt sich um zwei komplett unterschiedliche Produkte, die technisch nichts verbindet. Visual Studio Code basiert auf dem Electron Framework und wird in JavaScript bzw. TypeScript entwickelt.

Die Grundfunktionalität des Editors wie Syntaxhervorhebung, Versionsverwaltung, Debugging oder IntelliSense mit Autovervollständigung kann über Plugins, sogenannte Extensions, erweitert werden. Der Marketplace, über den man Extensions finden und installieren kann, listet aktuell (Stand Anfang 2020) über 16.000 Extensions.

Wenn Sie Go Code in VSCode entwickeln möchten, benötigen Sie die initial von Microsoft bereitgestellte und mittlerweile als Teil des Go-Projekts entwickelte Erweiterung vscode-go. Die Erweiterung müssen Sie über den Extension-Mechanismus nachinstallieren.

Installation

Auf der Projektseite unter *https://code.visualstudio.com* finden Sie Installationsdateien für Linux, Mac oder Windows.

Für **Windows** können Sie sich zwischen drei Installationsvarianten für jeweils 32- oder 64-bit-Architekturen entscheiden:

- Ausführbare Installationsroutine als normaler User
- Ausführbare Installationsroutine für einen systemweiten Einsatz
- Entpackbares ZIP-Archiv

Standardmäßig wird Ihnen für Windows die Installationsroutine für einen normalen Benutzer angeboten, bei der während der Installation durch einen Wizard die Eckpunkte Ihrer Installation abgefragt werden. Sie müssen, nachdem Sie die Lizenzbestimmungen angenommen haben, den Ziel-Ordner, den Startmenü-Ordner und mögliche zusätzliche Aufgaben, wie das optionale Erstellen eines Desktop-Links, nach der Installation angeben.

Unter **Linux** stehen 4 alternative Installationsvarianten zur Verfügung, jeweils für 64-bit-Architekturen:

- Paket für debian-basierte Systeme
- Paket, auf dem RPM-Pakete eingesetzt werden
- Entpackbares Tar.gz-Archiv
- Installation als Snap-Paket

Abbildung 2.6 Zusätzliche Aufgaben nach der Installation von VSCode unter Windows

Für **Mac**-Besitzer ist die Auswahl einfacher. Hier steht nur ein einziges Intsallationspaket bereit.

Für welche Variante Sie sich entscheiden, hängt von Ihrer Umgebung ab.

Spracheinstellung in der IDE

VSCode begrüßt Sie nach der Installation auf Englisch. Für einen Wechsel der Sprache drücken Sie [F1], geben in das erscheinende Eingabefeld `language` ein und wählen den Punkt CONFIGURE DISPLAY LANGUAGE (siehe Abbildung 2.7).

Jetzt können Sie zusätzliche Sprachpakete installieren (INSTALL ADDITIONAL LANGUAGES). Wählen Sie die für Sie passende Sprache aus und klicken Sie auf den grünen INSTALL-Button. Nach einem Neustart des Systems können Sie in der gewählten Sprache arbeiten.

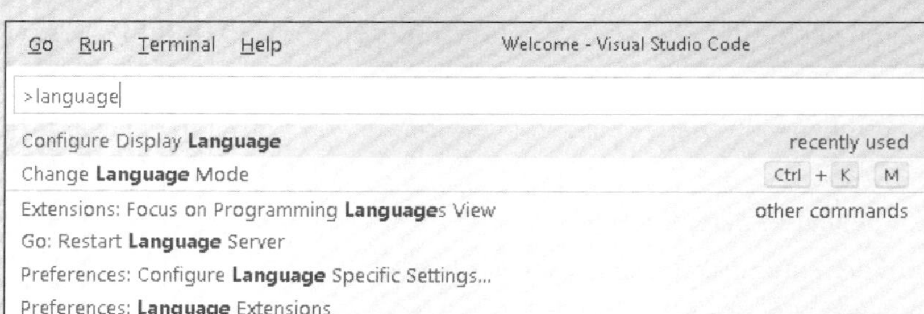

Abbildung 2.7 Spracheinstellungen in VSCode vornehmen

VSCode Distributionen

Das VSCode Team bietet neben dem normalen Release auch noch eine *Insiders Edition* an. Dabei handelt es sich um ein Nightly Build, mit dem Sie direkt neue Funktionen ausprobieren können. Für einen produktiven Einsatz ist dieses Release nicht gedacht. Wählen Sie es nur aus, wenn Sie sich die neusten Features einmal anschauen möchten. Eine Parallelinstallation ist möglich.

Installation der Go Extension

Da Visual Studio Code nicht mit der Unterstützung für Go ausgeliefert wird, muss die entsprechende Erweiterung nachinstalliert werden. Öffnen Sie hierzu VSCode und klicken Sie links in der Activity Bar auf das ERWEITERUNGEN-Symbol, um die Extension View zu öffnen (siehe hierzu Abbildung 2.8).

Abbildung 2.8 Extension-Menü Öffnen

Alternativ können Sie auch die Aktion `View: Show Extensions` nutzen, die Sie über die Command-Palette (F1 öffnet die Command-Palette) starten. Die Command-Palette finden Sie z. B. im Menü ANZEIGE bzw. VIEW.

Suchen Sie nach der Go Extension, indem Sie den Unique Identifier »ms-vscode.Go« in das Suchfeld eingeben. Starten Sie die Installation durch einen Klick auf den grünen INSTALL-Button.

Abbildung 2.9 Auswahl der Go Extension

Die installierte Go Extension benötigt für verschiedene Aufgaben wie z. B. die Anzeige von Dokumentation oder Aufbau von Autovervollständigungsvorschlägen externe Go-Tools. Leider werden diese nicht gleich bei der Installation mitinstalliert, und Sie müssen diesen Schritt manuell anstoßen. Öffnen Sie hierzu mit F1 die Command-Palette und geben Sie `>go tool` ein (siehe Abbildung 2.10).

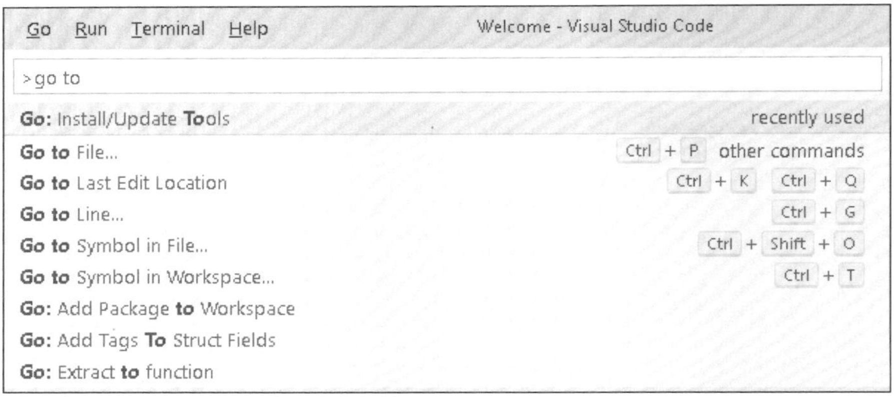

Abbildung 2.10 Nachinstallation von Go Tools

Wählen Sie im darauffolgenden Dialog alle Tools aus und bestätigen Sie die Auswahl. Jetzt werden alle benötigten Tools über `go get` heruntergeladen und bei Ihnen lokal installiert. Das kann je nach Internetanbindung und Leistung des Computers unter Umständen etwas dauern. Nach der Installation finden Sie die Anwendungen im *bin*-Verzeichnis Ihres Go Workspace und können loslegen.

GoLand von JetBrains

Eine Alternative zu VSCode stellt die Entwicklungsumgebung *GoLand* von JetBrains dar. Bei ihr handelt es sich ebenfalls um eine plattformübergreifende Umgebung, die unter Linux, MacOS und Windows eingesetzt werden kann. Sie basiert auf Java und teilt sich mit anderen IDEs von JetBrains die technische Basis. Dies hat den Vorteil, dass GoLand auf eine breite Tool-Integration zurückgreifen kann, die sich über Plugins noch einmal erweitern lässt. Die Internetseite von JetBrains listet aktuell (Stand Anfang 2020) über 1.800 Plugins für GoLand.

Im Standardumfang von GoLand sind bereits Integrationen für

- Git und andere VCS
- Docker
- SQL und Datenbanken
- Test HTTP Client

enthalten, die die Entwicklungsumgebung ab dem Installationszeitpunkt mächtig machen.

Installation

Die GoLand-IDE können Sie unter *https://www.jetbrains.com/de-de/go/* herunterladen und lokal bei sich installieren. Möchten Sie die Entwicklungsumgebung vor einem Kauf testen, können Sie GoLand für 30 Tage kostenlos freischalten und ausgiebig testen. Falls Sie oder Ihr Unternehmen eventuell bereits eine JetBrains-Lizenz von einem anderen Produkt besitzen, können Sie diese eventuell einsetzen. Prüfen Sie hierzu die Lizenzbedingungen.

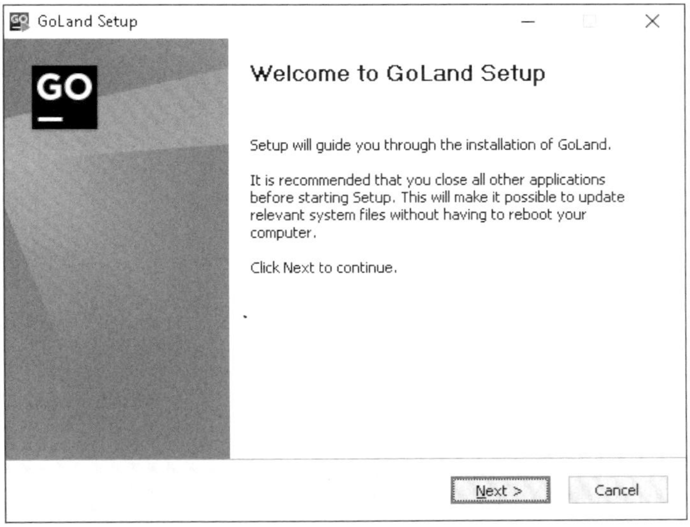

Abbildung 2.11 Installation von GoLand unter Windows

Die Installation unter Linux, MacOS und Windows erfolgt jeweils über einen Wizard, der Sie durch die Installation führt und wenige Daten, wie Installationsort und Optionen, abfragt.

Für **Windows** erhalten Sie eine ausführbare *.exe*-Datei, mit der Sie den Installations-Wizard starten können. Unter MacOS müssen Sie die heruntergeladene *DMG*-Datei in Ihr Programmverzeichnis kopieren und ausführen. Für **Linux** müssen Sie minimal mehr aktiv werden. Hier entpacken Sie das heruntergeladene tgz-Archiv in ein leeres Verzeichnis und starten die *goland.sh* aus dem *bin*-Unterverzeichnis.

Gegenüberstellung

Beide Entwicklungsumgebungen bieten Ihnen einen ähnlichen Funktionsumfang, und beide können ohne Probleme für die Entwicklung von Go-Anwendungen eingesetzt werden.

JetBrains hat mit GoLand ein Komplettpaket für die Go-Entwicklung zusammengestellt, das es bei VSCode leider so nicht gibt. Hier muss von Hand nachinstalliert werden.

Beide Umgebungen bieten viele zusätzliche Werkzeuge, die eine professionelle Entwicklung unterstützen. Bei VSCode muss man sich hier gegebenenfalls erst auf die Suche machen, während bei GoLand bereits einige sinnvolle Tools enthalten sind (z. B. HTTP Client zum Test einer Anwendung).

	VSCode	**GoLand**
Lizenz	Open Source	kommerziell
Unterstützte Plattformen	▶ Linux ▶ MacOS ▶ Windows	▶ Linux ▶ MacOS ▶ Windows
Installation	Aufwändiger durch Installation der Extensions und Go-Tools	Einfach durch Komplettpaket
Merkmale	▶ viele Updates verfügbar ▶ flexibel konfigurierbar ▶ über Extensions erweiterbar ▶ durch Remote Container Feature auch Entwicklung innerhalb eines Docker Containers möglich	▶ Rundum-Sorglos-Paket ▶ komfortabler Editor ▶ alles mit der Tastatur bedienbar ▶ über Plugins erweiterbar

Tabelle 2.4 Gegenüberstellung von VSCode und GoLand

	VSCode	GoLand
Features	▶ Autocompletion für Packages ▶ Quick fixes ▶ Snipplets ▶ Formatter ▶ Debugger ▶ Coverage ▶ Testing und Test runner	▶ Smart completion ▶ Inspections und quick fixes ▶ Refactorings ▶ Quick navigation ▶ Quick popups ▶ Code generation ▶ Detecting recursive calls ▶ Expression type ▶ Exit points highlighting ▶ Finding usages ▶ Formatter ▶ Debugger ▶ Coverage ▶ Test runner
Editor	Guter Editor mit einigen Hilfen	Sehr ausgereifter Editor mit vielen nützlichen Features und Unterstützungen

Tabelle 2.4 Gegenüberstellung von VSCode und GoLand (Forts.)

2.2 Sprachgrundlagen von Golang

Die Programmiersprache Go zeichnet sich unter anderem durch ihren relativ kleinen und änderungsstabilen Sprachumfang aus. Insgesamt sind lediglich 25 Schlüsselworte definiert, mit denen Sie arbeiten können. Neuerungen an der Sprache und an der Standardbibliothek sind meist Erweiterungen, die alten Code weiterhin kompatibel halten.

break	default	func	interface	select
case	defer	go	map	struct
chan	else	goto	package	switch
const	fallthrough	if	range	type
continue	for	import	return	var

Tabelle 2.5 Alle 25 Golang-Schlüsselworte

In Go Version 1.7 wurde z. B. das `context`-Package aus dem Zusatzpaket `golang.org/x/net/context` in die Go-Standardbibliothek übernommen und das `context.Context` Interface an alle Funktionen, die damit sinnvoll arbeiten können, als erster Parameter hinzugefügt.

Alle alten Funktionen sind weiterhin vorhanden, um die Abwärtskompatibilität zu gewährleisten.

Erweiterungen an der Sprache selbst sind höchst selten und werden nur sehr vorsichtig vorgenommen. In Version 1.4 wurde so z. B. eine neue Form der for-Schleife mit verkürzter Syntax (ohne Auswertung der Schleifenvariablen) aufgenommen.

```
for range x {
    ...
}
```

Listing 2.6 Beispiel einer verkürzten for-Schleife

Im Folgenden stelle ich Ihnen die wichtigsten Bestandteile der Programmiersprache Go über kurze Beispiele vor.

Syntaxdarstellung durch erweiterte Backus-Naur-Form (EBNF)

Die Darstellung der Go-Sprachgrammatik erfolgt in diesem Buch, analog der Go-Sprachspezifikation, durch die *Erweiterte Backus-Naur-Form* (EBNF). Diese dient der Darstellung der Grammatik vieler Programmiersprachen, und eventuell sind Sie bereits bei anderen Sprachen mit ihr in Berührung gekommen.

Die Syntax ist eingängig und verständlich. Einen Überblick verschafft z. B. folgende Wikipedia-Seite:

https://de.wikipedia.org/wiki/Erweiterte_Backus-Naur-Form

2.2.1 Formatierung des Quellcodes

Jede Go-Quellcodedatei endet mit der Endung *.go*. Sie kann Unicode-Zeichen enthalten und sollte dementsprechend mit UTF-8 codiert sein. Dem Compiler können Sie zwar auch anders codierte Dateien unterschieben, achten Sie allerdings immer darauf, Ihre Dateien mit UTF-8 zu codieren, um Probleme beim Austausch mit anderen Entwicklern zu minimieren.

```
fmt.Println("Hello, 世界")
```

Listing 2.7 Beispiel eines UTF-8-Strings in Quellcodedatei

UTF-8 und Golang

UTF-8 wurde 1992/1993 von Rob Pike und Ken Thompson entworfen und umgesetzt. Sie waren es auch, die später die Programmiersprache Golang maßgeblich mitentworfen haben.

Einen kurzen Geschichtsabriss können Sie in einer E-Mail von Rob Pike nachlesen: *https://www.cl.cam.ac.uk/~mgk25/ucs/utf-8-history.txt*

Im Gegensatz zu Programmiersprachen wie Java oder C/C++ können bei Go einzelne Zeilen ohne Semikolon abgeschlossen werden. Zeilenumbrüche werden, ebenso wie Semikolons, als Trennzeichen zwischen Statements interpretiert.

Prinzipiell können Sie in Ihrem Quellcode mehrere Statements hintereinander, durch Semikolon getrennt, schreiben. Allerdings ist diese Schreibweise äußerst ungewöhnlich und wird z. B. beim Einsatz von `go fmt` direkt in zwei Zeilen aufgeteilt.

```
fmt.Println("Hello World");fmt.Println("Hello, 世界")
```

Listing 2.8 Trennung von Statements durch Semikolon

Statements in einzelnen Zeilen

Halten Sie sich am besten an die Empfehlung und die Vorgabe durch `go fmt`, einzelne Statements auch in einzelne Zeilen zu schreiben, und erhöhen Sie dadurch die Lesbarkeit Ihres Codes.

Bezeichner im Go-Quellcode müssen aus Buchstaben und Ziffern bestehen, wobei es sich beim ersten Zeichen immer um einen Buchstaben handeln muss.

```
identifier = letter { letter | unicode_digit }
```

Listing 2.9 Syntax für Code-Bezeichner (EBNF)

Der erste Buchstabe eines Bezeichners gibt, wie wir später genauer sehen werden, zusätzlich die Sichtbarkeit einer Variablen oder eines Typs an. Mit Großbuchstaben beginnende Bezeichner werden exportiert, mit Kleinbuchstaben angegebene werden hingegen nicht exportiert, und ihre Sichtbarkeit ist dementsprechend eingeschränkt.

Ihren Code können Sie entweder zeilenweise oder mit Blockkommentaren kommentieren. Bei Zeilenkommentaren verwenden Sie zwei einleitende Slashes //, um bis zum Zeilenende zu kommentieren. Blockkommentare werden mit einem /* eingeleitet und enden mit einem */. Somit können Sie auch Kommentare über mehrere Zeilen hinweg setzen. In Abschnitt 2.2.9, »Quellcode und Packages dokumentieren«, werden wir uns die Möglichkeiten zur Dokumentation noch einmal genauer ansehen.

```
//Das ist ein wichtiger Kommentar
/*
   Blockkommentare
   können sich über mehrere
   Zeilen erstrecken
*/
```

Listing 2.10 Beispiele von Codekommentaren

2.2.2 Packages, Variablen und Funktionen

In Go-Programmen beschreiben Packages eine Einheit, in der Konstanten, Typen, Variablen und Funktionen definiert werden. Alle diese Bestandteile sind innerhalb desselben Packages sicht- und nutzbar und werden über einen im jeweiligen *Scope* eindeutigen *Identifier* identifiziert. Möchten Sie diese Elemente außerhalb des Packages verwenden, müssen Sie sie explizit exportieren.

Im Gegensatz zu anderen Programmiersprachen wie z. B. Java besitzt Go kein Schlüsselwort, das die Sichtbarkeit von Werten außerhalb des Packages steuert. Dies wird über die Groß- und Kleinschreibung geregelt. Großgeschriebene Konstanten, Typen, Variablen und Funktionen werden exportiert. Alles Kleingeschriebene bleibt nur innerhalb des Packages sichtbar.

```
var dieseVariableWirdNichtExportiert
var DieseHierSchon
```

Listing 2.11 Beispiel exportierter und nicht exportierter Variablennamen

Ein Package kann aus mehreren Go-Quelldateien bestehen und wird über ein Betriebssystemverzeichnis abgebildet, sprich: Alle Go-Dateien innerhalb eines Verzeichnisses gehören zu einem Package und müssen dies auch entsprechend definieren. Die Definition, zu welchem Package eine Go-Source-Datei gehört, muss zu Beginn der Datei über einen *Package Identifier* angegeben werden. Dieser darf nicht leer sein.

```
PackageClause  = "package" PackageName .
PackageName    = identifier .
```

Listing 2.12 Package-Definition am Anfang jeder Go-Quelldatei (EBNF)

Soll eine Quellcodedatei zum Package `foobar` gehören, muss folgendes Package-Statement angegeben werden:

```
package foobar
```

Listing 2.13 Beispiel Package-Definition

Ausführbare Go-Anwendungen

Ausführbar sind nur Go-Packages mit dem Namen `main`. Diese müssen genau eine Funktion `func main()` als Einstiegspunkt zur Ausführung enthalten. Danach lassen sie sich mit `go run` ausführen.

```
package main

func main() {
...
}
```

Abhängigkeiten zu anderen Packages werden über ein direkt nach der Package-Definition folgendes optionales Import-Statement angegeben. Die Import-Angabe ist hierbei entweder direkt ein weiterer Packagename oder ein sogenannter *Import Path*, ein Element, das wir uns in Abschnitt 2.3, »Module und Libraries«, im Detail anschauen werden.

```
ImportDecl       = "import" ( ImportSpec | "(" { ImportSpec ";" } ")" ) .
ImportSpec       = [ "." | PackageName ] ImportPath .
ImportPath       = string_lit .
```

Listing 2.14 Definition der Import-Syntax

Haben Sie ein Package importiert, können Sie alle darin exportierten Konstanten, Typen, Variablen und Funktionen nutzen.

Möchten Sie z. B. eine Abhängigkeit zum `fmt` Package aufnehmen, müssen Sie das Package im Import-Statement Ihrer Quelldatei angeben.

```
package foobar

import "fmt"
```

Listing 2.15 Erweiterung des Quellcodes um Import zu fmt Package

Bei mehreren benötigen Packages müssen Sie die Gesamtheit aller Werte mit einer Klammer umschließen.

```
import (
    "fmt"
    "math"
)
```

Listing 2.16 Beispiel mehrerer Import Angaben

Exportierte Elemente aus anderen Packages müssen Sie bei einer Nutzung qualifiziert angeben. Standardmäßig geschieht dies über den importierten Packagenamen. In obigem Beispiel des `fmt`-Packages können Sie z. B. die exportierte Funktion `Printf` aus dem Package über die Angabe von `fmt.Printf` nutzen.

Packagename und Import Path

Als Faustformel können Sie sich merken: Der letzte Teil des Import Path entspricht dem Packagenamen des importieren Package.

Details finden Sie in Abschnitt 2.3, »Module und Libraries«.

Ein komplettes, ausführbares Go-Beispiel sieht wie folgt aus:

```
package main

import "fmt"

func main() {
   fmt.Println("Hello World")
}
```

Listing 2.17 Komplettes, ausführbares Hello-World-Beispiel (main.go)

Mit `go run main.go` können Sie das Beispiel übersetzen und direkt ausführen.

Besonderheiten beim Import-Statement

Im Fall, dass Sie zwei Packages mit gleichem Namen importieren möchten, können Sie einen alternativen Qualifier definieren und nutzen, indem Sie die Angabe des Qualifiers beim Import voranstellen. Im Anschluss kann mit diesem neuen Qualifier gearbeitet werden.

```
import f "fmt"
f.Println(…)
```

Sie können zusätzlich oder alternativ durch das Voranstellen eines Punktes beim Importieren alle exportierten Identifier in das aktuelle Package importieren und danach ohne Angabe eines Qualifiers darauf zugreifen.

```
import . "fmt"
Println("Hello World")
```

Durch die Angabe des *Blank Identifiers* _ beim Import können Sie Packages ohne direkte Nutzung importieren. Diese Art von Import ist z. B. für die Nutzung von automatischen Initialisierungsroutinen der eingebundenen Packages gedacht. Spezielle Datenbanktreiber werden meist mittels Blank Identifier importiert, damit sie sich korrekt initialisieren können und Sie die produktunabhängigen Interfaces und Funktionen aus dem `database/sql`-Package nutzen können.

```
import "database/sql"
import _ "github.com/go-sql-driver/mysql"
```

Bei Go existiert keine Hierarchie von Packages. Packages können Elemente exportieren und wieder importieren, mehr Abhängigkeiten gibt es nicht.

Zur besseren Organisation des Quelldcodes können Dateien in Unterverzeichnissen gespeichert werden. Ein Import-Statement wie `import "io/ioutil"` bezeichnet wie oben beschrieben den *Import Path* eines Packages, also im Prinzip den Ort, an dem das Package gefunden werden kann, und nicht den eigentlichen Packagenamen. Packagenamen enthalten keine Hierarchie!

Innerhalb der Quelldatei *ioutil.go* ist z. B. die Funktion `ReadAll` aus der Stanardbibliothek implementiert. Die Datei enthält das Package-Statement `package ioutil`. Referenziert werden kann das Package über seinen *Import Path* `io/ioutils`. Mehr zum Import Path erfahren Sie in Abschnitt 2.3.

Die Zwischenspeicherung von Werten erfolgt, wie in den meisten anderen Programmiersprachen auch, über Variablen. Jeder dieser Variablen ist in Go ein Typ zugeordnet, der den möglichen Wertebereich vorgibt. Mit dem Schlüsselwort `var` wird die Definition von einer oder mehreren Variablen eingeleitet.

In Go sind die folgenden *Basic Types* definiert, die Sie einsetzen können:

- bool
- Numerische Typen
  - int8, int16, int32, int64, int
  - uint8, uint16, uint32, uint64, uint
  - float32, float64
  - complex64, complex128
  - byte
  - rune
- string

Wertebereiche für numerische Typen

Folgende Wertebereiche sind für die unterschiedlichen Typen zulässig:

- uint8 – 8-bit unsigned integer (0 bis 255)
- unit16 – 16-bit unsigned integer (0 bis 65.535)
- unit32 – 32-bit unsigned integer (0 bis 4.294.967.295)

- unit64 – 64-bit unsigned integer (0 bis 18.446.744.073.709.551.615)
- uint – Plattformabhängig, entweder 32 oder 64 Bit.
- int8 – 8-bit signed integer (–128 bis 127)
- int16 – 16-bit signed integer (–32.768 bis 32.767)
- int32 – 32-bit signed integer (–2.147.483.648 bis 2.147.483.647)
- int64 – 64-bit signed integer (–9.223.372.036.854.775.808 bis 9.223.372.036.854.775.807)
- int – Plattformabhängig, entweder 32 oder 64 Bit.
- float32 – alle 32-bit-floating-point-Zahlen nach IEEE-754
- float64 – alle 64-bit-floating-point-Zahlen nach IEEE-754
- complex64 und complex128 – Set aller komplexen Zahlen mit float32- bzw. float64-reellen und -imaginären Teilen
- byte als ein alias für unit8
- rune als ein alias für int32

Weitere Typen, auch selbstdefinierte, werden wir uns in den folgenden Kapiteln noch genauer ansehen.

Bei der Definition bekommt jede Variable einen Namen, einen Typ und einen initialen Wert zugewiesen. Wenn Sie keinen expliziten Wert angeben, werden die entsprechenden *Zero Values* des verwendeten Typen genutzt.

Die Syntax der Variablendeklaration orientiert sich, wie oft in Go, an der natürlichen Sprache: »Variable `i` vom Typ `int`«.

Zero Values der Basic Types - Nullwerte

Nicht initialisierte Variablen werden auf ihre Nullwerte gesetzt. Das ist

- für numerische Typen: 0
- für boolesche Werte: `false`
- für einen `string`: ein Leerstring

```
// Variable mit Namen "i"  und initialem Wert 0
var i int

// Variablen mit den Namen "U", "V" und "W"
// alle mit dem Typ float64 und initialem Wert 0
var U, V, W float64

// Variable mit dem Namen "k" und dem initialen Wert 1
var k = 1
```

```
// Variablen mit den Namen "x" und "y"
// beide mit dem Typ float32 und den initialem Werten
// -1 und -2 wobei x=-1 und y=-2
var x, y float32 = -1, -2
```

Listing 2.18 Variablendeklarationen mit angegebenen Typen

Fehlt bei der Initialisierung der Variable die Typangabe, wird der Typ aus dem zugeordneten Wert abgeleitet. Dies wird auch als *Typinferenz* bezeichnet und in Go-Anwendungen oft eingesetzt. Die Definition einer Variablen ohne Wert oder Typangabe ist in Go nicht möglich.

```
var d = math.Sin(0.5)  // d ist vom Typ float64
var i = 42             // i ist vom Typ int
var n = nil            // nicht möglich, da nil kein Typ ist
```

Listing 2.19 Variablendeklarationen mit Werten

Zu den beschriebenen Variablendeklarationen können Sie alternativ die Kurzform mit der Zuweisung in der Form »:=« nutzen, bei denen Sie das Schlüsselwort `var` wegfallen lassen und direkt eine neue Variable deklarieren können.

Weisen Sie in einem solchen Ausdruck mehrere Werte zu, muss mindestens eine Variable neu definiert werden. Weitere Variablen können bereits an einer anderen Stelle deklariert worden sein, ihnen wird in diesem Fall nur der neue Wert zugewiesen.

Wie Sie gleich sehen werden, kann diese Syntax bei der Zuweisung von Funktionsrückgaben sehr hilfreich sein.

```
//Den neuen Variablen mit den Namen "i" und "j"
//werden die initialen Werte 0 und 10 zugewiesen
i, j := 0, 10
```

Listing 2.20 Kurzform von Variablendeklarationen

Diese Kurzversionen von Variablendeklarationen sind nur innerhalb von Funktionen oder im Kontext von Bedingungen oder Schleifen zulässig. Möchten Sie Variablen auf Package-Ebene definieren, sind Sie auf die lange Syntax mit dem Schlüsselwort `var` angewiesen.

Die Umsetzung der eigentlichen Logik erfolgt in Funktionen, die in ihrer Signatur Parameter und Rückgabewerte definieren können und mit dem Schlüsselwort `func` eingeleitet werden. Parameter und Rückgabewerte müssen analog den Variablen mit der Typangabe am Ende des Ausdrucks typisiert werden.

```
FunctionDecl = "func" FunctionName Signature [ FunctionBody ] .
FunctionName = identifier .
FunctionBody = Block .
```

Listing 2.21 Funktionsdefinition in Go als EBNF

Falls die Funktion keinen Rückgabewert liefern soll, kann in der Signatur auf eine Angabe verzichtet werden. Die obige Anwendung mit der `main`-Funktion stellt ein solches Beispiel dar (siehe Listing 2.17).

Besitzt die Funktion allerdings einen Rückgabewert, so muss sie mittels `return` auch explizit einen Wert zurückliefern.

```
func min(x int, y int) int {
    if x < y {
        return x
    }
    return y
}
```

Listing 2.22 Beispiel einer Funktion mit Parameter und einem Rückgabewert

Wie auch bei den Variablen gilt: Werden Funktionsnamen groß geschrieben, werden sie exportiert und können nach einem entsprechenden Import in einem anderen Package verwendet werden.

Im Unterschied zu manchen anderen Programmiersprachen können Go-Funktionen mehrere Rückgabewerte besitzen. Dies wird auch als *multivalued function* bezeichnet. In der Signatur müssen diese zusätzlich umklammert werden, und das Return-Statement erhält eine kommaseparierte Liste an Werten.

```
func complexF1() (float64, float64) {
   return -7.0, -4.0
}
```

Listing 2.23 Mehrere Rückgabewerte einer Funktion

Einsatz des Blank Identifiers bei Funktionsrückgaben

Liefern Funktionen mehrere Rückgabewerte, müssen Sie nicht alle Werte einer entsprechenden Variablen zuweisen. Interessieren Sie sich nur für einzelne Werte, können Sie die restlichen Rückgabewerte dem *Blank Identifier* zuweisen und somit das Ergebnis »ignorieren«.

```
wert1, _ := complexF1()
```

Listing 2.24 Zuweisung von Rückgabewerten zum Blank Identifier

Alternativ zu einem Return-Statement mit der Angabe eines Wertes oder einer Liste an Werten können Sie Rückgabewerten in der Signatur einen Variablennamen zuordnen und diesen im Programmcode verwenden. Der Rücksprung aus der Funktion erfolgt dann über ein einfaches Return-Statement.

```
func complexF2() (re float64, im float64) {
    re = 7.0
    im = 4.0
    return
}
```

Listing 2.25 Rückgabewerte mit Variablennamen

Auch eine Verschachtelung der Aufrufe ist möglich. Sie können als Rückgabewert auch einen Aufruf einer *multi-valued function* verwenden.

```
func complexF3() (re float64, im float64) {
   return complexF1()
}
```

Listing 2.26 Verschachtelung der Rückgabewerte

Neben der Auflistung aller Parameter einer Funktion in der Signatur können Sie auch sogenannte *variadic Parameter* verwenden. Hier wird in der Signatur durch drei Punkte vor der Typangabe definiert, dass eine beliebige Anzahl von Werten für einen Parameter übergeben werden kann. Dieser Parameter muss immer als letzter Parameter in der Signatur angegeben werden. In der Funktion kann über ein Array auf die einzelnen Werte zugegriffen werden.

```
func something(text string, i ...int) int {
    fmt.Println(i[0])
    ...
}
```

Listing 2.27 Variadic-Funktionsparameter

Die Sichtbarkeit von Konstanten, Typen, Variablen und Funktionen und ihres jeweiligen *Identifiers* ist immer zuerst auf den *Block* beschränkt, in dem sie definiert wurden. Durch das Exportieren kann die Sichtbarkeit für bestimmte *Identifier* allerdings erweitert werden.

Ein Block ist in Go als eine – eventuell leere – Auflistung von Deklarationen und Ausdrücken mit umschließenden geschweiften Klammern definiert, also z. B. eine Funktion. Wahrscheinlich ist Ihnen der Ausdruck »Block« bereits in Listing 2.21 bei der Definition des `FunctionBody` aufgefallen.

Zusätzlich zu diesen expliziten Blöcken existieren weitere implizite Blöcke:

- *Universal Block*, zu dem der ganze Go-Sourcecode zählt
- *Package-Block*, zu dem sämtlicher Sourcecode in einem Package zählt
- *File-Block*, zu dem der Sourcecode innerhalb einer Datei zählt
- Jedes `if`-, `for`- und `switch`-Statement gehört zu einem eigenen impliziten Block.
- Jeder Fall in einem `switch`- oder `select`-Statement definiert einen eigenen Block.

Das Exportieren von Identifiers aus einem Package heraus ist nur dann gestattet, wenn zwei Bedingungen erfüllt sind:

- Der Name des Identifiers muss mit einem Großbuchstaben beginnen.
- Der Identifier muss in einem Package-Block definiert sein, oder es handelt sich um einen Feld- oder Funktionsnamen.

2.2.3 Kontrollstrukturen (Go-Statements)

Um Logik abbilden zu können, werden Kontrollstrukturen wie Schleifen oder Bedingungen benötigt. Go verzichtet hier mit Absicht auf eine Fülle von unterschiedlichen Ausdrucksmöglichkeiten. Dies soll in erster Linie die Lesbarkeit des Quellcodes erhöhen und zu einheitlichen Lösungen von gleichen bzw. ähnlichen Problemen führen.

In anderen Programmiersprachen können Sie z. B. eine Schleife häufig auf verschiedene Weisen programmieren, obwohl diese sich inhaltlich nicht voneinander unterscheiden. Über die Zeit kamen eventuell noch weitere Konstrukte hinzu, was zusätzlich zu schlechterer Lesbarkeit des Quellcodes führen kann. Unter Umständen kann man daran auch direkt erkennen, wann ein Programmierer die entsprechende Programmiersprache erlernt hat.

Go bietet seit Beginn nur ein einziges Schleifenkonstrukt an, das mit dem Schlüsselwort `for` eingeleitet wird. Allerdings kann das Konstrukt bei der Definition drei Ausprägungen besitzen:

- »Klassische« Variante mit Bedingung, Init-Statement und Post-Statement
- Eine einfache Bedingung regelt die Wiederholung.
- Definition der Wiederholungen über *Range-Statement*

Die klassische For-Schleife, die Sie wahrscheinlich von anderen Programmiersprachen kennen, besteht aus drei durch Strichpunkte getrennten Komponenten:

- Init-Statement, das vor der ersten Ausführung ausgewertet wird
- Bedingung, die vor jeder erneuten Iteration ausgewertet wird und über die bestimmt wird, ob eine weitere Interation überhaupt durchgeführt werden soll. Liefert die Bedingung den booleschen Wert `true`, wird die Schleife weiter durchlaufen.

- Post-Statement, das nach jeder Iteration ausgeführt wird. Wird die Schleife nicht mehr durchlaufen, weil die Bedingung nicht mehr zutrifft, wird auch das Post-Statement nicht mehr ausgeführt.

Für die Initialisierung der Variablen können Sie entweder die verkürzte Variablendeklarationssyntax wie im Beispiel in Listing 2.28 verwenden, oder Sie nutzen alternativ die Langversion der Deklaration.

```
package main

import "fmt"

func main() {
    sum := 0
    for i := 0; i < 10; i++ {
        sum += i
    }
    fmt.Println(sum)
}
```

Listing 2.28 Die klassische For-Schleife

For-Schleifen besitzen zwingend geschweifte Klammern um den zu wiederholenden Block. Eine Klammerung der Bedingung ist allerdings im Gegensatz zu anderen Programmiersprachen nicht vorgesehen.

Soll Ihre Schleifenbedingung weder Init-Statement noch Post-Statement besitzen, können Sie das betreffende Statement auch leer lassen. Falls Sie beides nicht benötigen, können Sie auch die trennenden Semikolons entfallen lassen. Eine fehlende Bedingung wird als `true` interpretiert und führt zu einer Endlosschleife.

```
package main

import "fmt"

func main() {

    v := 0

    //For-Schleife ohne Post-Statement
    for i := 0; i < 10; {
        v += i
        i++
    }
```

```
    //For-Schleife ohne Init- und Post-Statement
    var k int = 0
    for k < 10 {
        v += k
        k++
    }

    //Endlosschleife ohne Bedingung
    for {
    }

    fmt.Println(v) // wird nicht erreicht!
}
```

Listing 2.29 For-Schleifenkonstrukte

> **Die while-Schleife in Go**
>
> Go bietet keine explizite Syntax für eine While-Schleife an. Durch das Weglassen der Init- und Postbedingung in einer For-Schleife können Sie allerdings auf einfache Weise die Funktionalität einer While-Schleife umsetzen, ohne ein eigenes Schlüsselwort dafür zu benötigen.

```
package main

import "fmt"

func main() {
    sum := 1
    for sum < 1000 {
        sum += sum
    }
    fmt.Println(sum)
}
```

Listing 2.30 While-Schleife in Go

Mit dem Schlüsselwort `range` können Sie über eine Liste in Form von Collections und/oder Werten in Channels iterieren. In späteren Kapiteln werden wir uns diese beiden Themen, Collections und Channels, näher ansehen und auch die dazu passende Form der For-Schleife betrachten.

Für Go ist auch eine `string`-Zeichenkette eine Collection von Zeichen, über die mittels `range` iteriert werden kann:

```
RangeClause = [ ExpressionList "=" | IdentifierList ":=
" ] "range" Expression .
```

Listing 2.31 EBNF einer Range Clause

Auf der rechten Seite des Range-Ausdrucks befindet sich die sogenannte *Range Expression*, die die eigentlichen Werte bei einer Iteration liefert. Auf der linken Seite des Range-Ausdrucks können die Iterationswerte (Index und Wert) einer oder mehreren Variablen zugewiesen werden. Bei channel-basierten Range Expressions handelt es sich nur um den jeweiligen Wert, bei allen anderen Range Expressions können sowohl der Index des Wertes als auch der eigentliche Wert zugewiesen werden:

```
package main

import "fmt"

func main() {

   //Liste von Charactern, über die itertiert werden soll
    text := "Hello"

    //Nur Zuweisung des Index in neue Variable "v"
    for v := range text {
        fmt.Print(v)
    }

    //Zuweisung von Index und Wert
    for i, v := range text {
        fmt.Printf("index %d value %c\n", i, v)
    }

}
```

Listing 2.32 Range-Statements in For-Schleifen

Ein weiterer wichtiger Baustein bei der Programmierung besteht in der Abbildung von Bedingungen für die konditionale Ausführung von Code-Blöcken. In Go wird dies mithilfe von If-Statements gelöst, die denen aus anderen Programmiersprachen stark ähneln. Das Ergebnis der Auswertung einer angegebenen Bedingung muss sich als boolescher Wert darstellen lassen und führt beim Ergebnis `true` dazu, dass der entsprechende Code-Block ausgeführt wird.

```
if x > max {
   x = max
}
```

Listing 2.33 Einfachste If-Bedingung

Im Unterschied zu anderen Programmiersprachen verzichtet Go, wie schon bei der For-Schleife, auf die Umklammerung der Bedingung, fordert aber im Gegenzug, dass der auszuführende Codeblock mit geschweiften Klammern umgeben ist. Einzeiler, wie sie in anderen Programmiersprachen vorkommen können, sind somit nicht möglich und darüber hinaus wegen der schlechteren Lesbarkeit und höheren Fehleranfälligkeit ausdrücklich nicht gewollt.

Das If-Statement lässt sich mit einem vorangestellten Ausdruck, der vor der Auswertung der Bedingung ausgeführt wird, erweitern. Dies kann z. B. eine Zuweisung mit einem Funktionsaufruf sein. Getrennt werden muss der Ausdruck durch ein Semikolon. Wird eine neue Variable im vorangestellten Ausdruck definiert, ist diese bis zum Ende des If-Blocks sichtbar.

```
if x := f(); x < y {
   return x
} else if x > z {
   return z
} else {
   return y
}
```

Listing 2.34 If-Else-Statement mit Funktionsaufruf in Bedingung

Mithilfe des Switch-Statements können Sie anhand eines Ausdrucks oder Variablentyps einen bestimmten Ausführungszweig wählen. Die angegebene Expression wird evaluiert und gegen die einzelnen Fälle verglichen. Jeder Fall muss über eine oder mehrere Konstanten definiert sein.

```
ExprSwitchStmt = "switch" [ SimpleStmt ";" ] [
 Expression ] "{" { ExprCaseClause } "}" .
ExprCaseClause = ExprSwitchCase ":" StatementList .
ExprSwitchCase = "case" ExpressionList | "default" .
```

Listing 2.35 EBNF des Go Switch-Statements

Bei einer Übereinstimmung wird der entsprechende Zweig ausgeführt. Die Auswertung erfolgt hierbei von oben nach unten, und sobald es eine Übereinstimmung gibt, werden die anderen Fälle nicht mehr geprüft. Falls keiner der Fälle zutrifft, wird der optionale `default`-Fall verwendet.

Wie Sie der EBNF unter Listing 2.35 entnehmen können, können Sie der Bedingung wieder ein einfaches Statement voranstellen, das vor der Evaluierung ausgeführt wird. Es gelten die gleichen Regeln in Bezug auf Sichtbarkeit von neuen Variablen wie schon bei dem vorangestellten einfachen Ausdruck der If-Bedingung.

```
val := 2 * 6

switch val {
case 10:
    fmt.Println("10!")
case 1, 2, 3, 4, 5, 6, 7, 8, 9:
    fmt.Println("kleiner 10")
default:
    fmt.Println("größer 10")
}
```

Listing 2.36 Switch-Statement

Auch bei einem Switch-Statement können Sie die Expression zu Beginn weglassen. Dafür können Sie anstelle der Konstanten bei den Fallunterscheidungen eigene Ausdrücke angeben, die jeweils evaluiert werden.

```
val := 2 * 6

switch {
case val == 10:
    fmt.Println("10!")
case val < 10:
    fmt.Println("kleiner 10")
default:
    fmt.Println("größer 10")
}
```

Listing 2.37 Switch-Statement ohne Expression

Mit diesem Ansatz lassen sich lange If-Else-Triaden vermeiden, und Sie können Ihren Code deutlich übersichtlicher gestalten.

Möchten Sie, dass mehrere Zweige durchlaufen werden, setzen Sie das Schlüsselwort `fallthrough` ein. Es kann ausschließlich als letztes Statement eines Case-Statement-Blocks verwendet werden und bewirkt, dass die Abarbeitung der einzelnen Fälle nicht wie üblich nach einem Fall beendet wird, sondern zusätzlich der nächste Fall in der Liste durchlaufen wird.

Welche Ausgabe erzeugt folglich das Programm in Listing 2.38?

```
package main

import "fmt"

func main() {

    val := 2
    var erg int

    switch {
    case val == 2:
        erg = val * 2
        fallthrough
    case val < 10:
        erg = erg * 2
    default:
        erg = 1
    }
    fmt.Println(erg)
}
```

Listing 2.38 Switch-Statement mit fallthrough

Die richtige Antwort lautet 8, da zuerst Fall 1 ausgewertet wird (`erg = 2 * 2`) und anschließend Fall 2 (`erg = 4 * 2`). `fallthrough` bewirkt nur die Ausführung des nächsten Falles, nicht aller nachfolgenden Fälle.

Wie lautete die Antwort ohne `fallthrough`?

2.2.4 Typen und Interfaces

Wie wir bereits gesehen haben, ist Go typisiert, und jedem Wert muss ein entsprechender Datentyp zugewiesen werden. Bei Go prüft bereits der Compiler, ob Typverletzungen im Code auftreten, und erzeugt im Bedarfsfall einen Fehler.

Das Beispiel aus Listing 2.39 kann wegen einer falschen Typzuweisung nicht kompiliert werden, da es sich bei der Zeichenkette »Hello« um keinen Integerwert handelt.

```
package main

import "fmt"

func main() {
```

```
    var i int = "Hello"
    fmt.Println(i)
}
```

Listing 2.39 Fehlerhafte Typzuweisung

Jeder definierte Datentyp beschreibt eine Menge an Werten mit zugehörigen Operationen und Methoden. Die Angabe eines Typs erfolgt, falls vorhanden, durch einen Typ-Namen oder ein Typliteral, mit dessen Hilfe aus bestehenden Typen ein neuer Typ erstellt werden kann. Neben den in Go bereits fest vorgegebenen Typ-Namen, die wir bereits weiter oben gesehen haben (`int`, `uint`, `string` etc), können weitere Typen über Typdeklarationen definiert werden.

Jeder Datentyp in Go besitzt einen darunterliegenden Typ. Bei den vordefinierten Typen ist dies der Typ selbst, bei allen anderen Typen handelt es sich um denjenigen Datentyp, der bei der Deklaration des jeweiligen Typs angegeben wurde. Zwei grundlegende Varianten der Typdefinition stehen Ihnen zur Verfügung:

- Aliasdeklaration
- Eigenständige Typdefinition

Aliasdeklarationen binden einen Identifier an einen bestehenden Typ. Der darunterliegende Datentyp ist für beide Typen gleich.

```
type (
   A1 = string // A1 und string bezeichen identische Typen
   A2 = A1     // A2 und A1 bezeichen identische Typen
)
```

Listing 2.40 Aliasdeklaration von Typen

Im Gegensatz dazu wird bei der eigenständigen Typdefinition ein neuer, eindeutiger Typ erzeugt, der über seinen Identifier verwendet werden kann. Er unterscheidet sich von jedem anderen Datentyp und baut auf dem in der Definition angegebenen darunterliegenden Typ auf. Achten Sie bei der Syntax in Listing 2.41 darauf, dass im Unterschied zu einer Aliasdeklaration bei der beschriebenen Typdeklaration kein Gleichheitszeichen vorhanden ist. Es entsteht ein neuer *Defined Type*.

```
type (
    Point struct{ x, y float64 } // Point und struct{x,y float64}
                                 // sind unterschiedliche Typen

    polar Point                  // polar und Point bezeichnen
                                 // unterschiedliche Typen
)
```

Listing 2.41 Neue Typdefinitionen

Mit dem Schlüsselwort `struct` können Sie alternativ einen neuen Typ definieren, der einen Verbund von Elementen, sogenannten Feldern, darstellt. Auf die einzelnen Elemente können Sie später mit einem Punkt zugreifen. Jedes Feld eines solchen Structs muss einen Namen und einen Datentyp besitzen.

```
package main

import "fmt"

type Person struct {
    vorname  string
    nachname string
}

func main() {
    p := Person{"Donald", "Duck"}
    p2 := Person{nachname: "Duck"}
    fmt.Println(p.vorname)
    fmt.Println(p2.nachname)
}
```

Listing 2.42 Definition eines neuen Struct-Typs

Wie in Listing 2.42 zu sehen, können Sie mit dem Ausdruck `Person{"Donald","Duck"}` einen neuen Struct-Wert allokieren. Als Parameter können Sie für jedes Element des Structs passende Werte mitgeben. Wenn Sie nur eine Untermenge der Elemente angeben, so werden die restlichen mit ihren *Zero Values* initialisiert, und Sie müssen die Parameter mit ihrem Identifier angeben. Im zweiten Fall ist die Reihenfolge der Parameter egal.

Tippfehler oder doch nicht? – Das Komma am Ende

Wenn Sie bei der Initialisierung eines Structs einen Zeilenumbruch nach dem letzten Element aufnehmen, müssen Sie zusätzlich ein Komma einfügen, um quasi ein leeres Element mitzugeben.

Beide Varianten, also mit und ohne Zeilenumbruch bzw. Komma am Ende der Zeile, werden Sie in der »weiten Welt« finden. Lassen Sie sich nicht verwirren!

```
MeinEigenerStruct{
    Message:    "Super!"} // geht
```

Listing 2.43 Initialisierung ohne Zeilenumbruch

```
MeinEigenerStruct{
    Message:   "Super!", // hier muss ein Komma stehen
    }
```

Listing 2.44 Initialisierung mit Zeilenumbruch

Die dritte Variante der eigenständigen Typdefinitionen sind Interfaces, die eine Menge von Methoden, ein sogenanntes *Method Set*, beschreiben. Die Signatur der definierten Methoden entspricht dem Format der Signaturen bei Funktionen. Methoden können ebenfalls mehrere Rückgabewerte besitzen.

Das Beispiel in Listing 2.45 zeigt ein File-Interface, das ein *Method Set* mit drei Methoden definiert.

```
type File interface {
    Read([]byte) (int, error)
    Write([]byte) (int, error)
    Close() error
}
```

Listing 2.45 File-Interface mit Method Set

Im Unterschied zu vielen anderen Programmiersprachen existiert in Go kein explizites Schlüsselwort zur Implementierung eines Interfaces. Interfaces werden implizit dadurch implementiert, dass ein Typ alle Methoden des Interfaces *Method Set* implementiert. Es können innerhalb eines Typs zusätzlich beliebig viele weitere Methoden implementiert werden.

Statischer und dynamischer Typ

Go unterscheidet zwischen einem statischen und einem dynamischen Typ von Elementen. Der statische Typ beschreibt den bei der Initialisierung angegebenen Datentyp, der dynamische Typ beschreibt den zur Laufzeit aktuellen Datentyp eines zugewiesenen Wertes.

Diese Typen können sich z. B. unterscheiden, wenn es sich beim statischen Datentyp um einen Interface-Typ handelt und zur Laufzeit für eine Variable oder Feld unterschiedliche Werte referenziert werden, die das entsprechende *Method Set* implementieren.

Die Entkopplung zwischen Interface und Implementierung bietet den Vorteil, dass keine Abhängigkeiten zwischen den Packages der Interface-Definition und der eigentlichen Implementierung auftreten. Dies führt laut Go-Team dazu, dass Sie sich viel mehr Gedanken über eine Interface-Definition machen, da Sie nicht so leicht alle Implementierungen Ihres Interfaces finden können.

Um eine Methode eines Interfaces zu implementieren, müssen Sie in Ihrer Methodensignatur einen sogenannten *Receiver* angeben, an den die Methode gebunden werden soll.

Die Syntax entspricht prinzipiell derjenigen einer Funktionsdefinition, allerdings mit dem Unterschied, dass die Angabe eines Receivers dem Methodennamen vorangestellt wird.

```
MethodDecl = "func" Receiver MethodName Signature [ FunctionBody ] .
Receiver   = Parameters .
```

Listing 2.46 EBNF einer Methodensignatur

Durch das Binden einer Methode an einen Receiver erweitern Sie das *Method Set* des Receivers um diese neue Methode, und sobald Sie alle Methoden eines Interfaces implementiert haben, implementiert der Receiver das Interface.

> **Funktionen und Methoden – Wo liegt der Unterschied?**
>
> Durch das Binden einer Funktion an einen sogenannten *Method Receiver* wird aus dieser Funktion eine Methode. Der Unterschied zwischen Funktion und Methode besteht darin, dass die Methode einen Receiver hat, die Funktion dagegen nicht.

Im Beispiel in Listing 2.47 ist das Interface `Dog` mit einer Methode `Bark()` definiert. Zusätzlich wird eine Methode `Bark()` an den Receiver `Dackel` gebunden. Somit implementiert `Dackel` implizit das Interface `Dog`, und der Variablen `d` vom Typ `Dog` kann in der `main`-Funktion ein Wert mit dem Literal `Dackel{"Heino"}` zugewiesen werden:

```
package main

import "fmt"

type Dog interface {
    Bark()
}

type Dackel struct {
    name string
}

func (d Dackel) Bark() {
    fmt.Printf("Wuff %v\n", d.name)
}
```

```
func main() {
    var d Dog
    d = Dackel{"Heino"}
    d.Bark()
}
```

Listing 2.47 Implementierung einer Methode eines Interfaces

Empty Interface

Jeder Typ in Go kann mehrere Interfaces implementieren und muss dazu nur das jeweils passende *Method Set* umsetzen.

Der Empty-Interface-Typ `interface{}` definiert keine Methoden und wird somit von allen Typen in Go implementiert.

Eventuell werden Sie diesen Typ öfters in Implementierungen vorfinden, in denen mit allen Typen gearbeitet werden soll und alle Werte zugewiesen werden können.

Die Signatur von `fmt.Printf` nimmt z. B. beliebig viele Werte beliebigen Typs auf und sieht dementsprechend wie folgt aus:

```
func Printf(format string, a ...interface{}) (n int, err error) {..}
```

Listing 2.48 Signatur der fmt.Printf-Funktion

Den aktuellen Typ eines Wertes können Sie mithilfe eines `fmt.Printf`-Statements ausgeben. Dazu übergeben Sie der Funktion einen Format-String und geben die zugehörigen Parameter an. Innerhalb des Format-Strings können Sie sogenannte Format-Verben verwenden, die die Formatierung Ihrer als Parameter übergebenen Werte steuern. Das Verb für die Go-spezifische Ausgabe des Typs heißt `%T`.

```
package main
func main() {
    var d Dog
    d = Dackel{"Heino"}
    fmt.Printf("%T", d)
}
```

Listing 2.49 Ausgabe des aktuellen Typs über Printf

Die Ausgabe des in Listing 2.49 dargestellten Codes zeigt den aktuellen Typ des Wertes und nicht den in der Variablen definierten Typ:

```
main.Dackel
```

Formatierte Ausgabe mit fmt.Printf

Die Liste aller verfügbaren Verben können Sie der Dokumentation der Standardbibliothek unter *https://golang.org/pkg/fmt/* entnehmen. Die wichtigsten davon sind die folgenden:

Verb	Bedeutung
%v	Default-Ausgabe – wenn Sie keine besonderen Anforderungen haben, starten Sie hiermit. Anhand des übergebenen Wertes wird zur Laufzeit eine passende Ausgabe verwendet.
%T	Ausgabe des aktuellen Typs
%d	Integer-Ausgabe (base 10)
%f	Dezimalausgabe ohne Exponent
%s	Ausgabe eines Strings
%q	Ausgabe eines Strings, der bei der Anzeige mit doppelten Hochkommata umschlossen wird

Tabelle 2.6 Auflistung der wichtigsten Format-Verben

Wenn Sie eine Variable typisiert, also einen bestimmten Typ zugewiesen haben, können Sie nur auf alle Felder oder Methoden dieses Typs zugreifen, unabhängig davon, welcher Wert und Typ zur Laufzeit tatsächlich hinterlegt sind. Im Beispiel in Listing 2.50 können Sie z. B. über die Variable `d` nicht auf das Feld `name` zugreifen, da die Variable auf `Dog` typisiert ist und in diesem Typ kein Feld `name` vorhanden ist.

```
...
func main() {
    var d Dog
    d = Dackel{"Heino"}
    d.Bark()
    fmt.Printf("%s", d.name) //<- nicht möglich! Da Dog kein name besitzt
}
```

Listing 2.50 Falscher Zugriff auf Felder eines Structs über ein Interface

Ein Ausweg aus der Situation, dass Sie nicht mit dem eigentlichen Datentyp arbeiten können, besteht in einer sogenannten *Type-Assertion*, die den Zugriff auf den konkreten Typ des hinterlegten Interface-Wertes ermöglicht. Eine Typzuweisung für das obige Beispiel nehmen Sie mit folgendem Statement vor:

```
h := d.(Dackel)
```

Listing 2.51 Zuweisung eines Interface-Wertes zu einem konkreten Typ

Der Variablen `h` ist nun der konkrete Wert vom Typ `Dackel` zugewiesen, und Sie können in unserem Fall über die Variable `h` auf das Feld `name` zugreifen. Ist eine Typzuweisung nicht möglich, da der konkrete Wert nicht vom Typ `Dackel` ist, wird ein *Go-Panic* (Reaktion des Systems auf schwerwiegende, unerwartet aufgetretene Fehler – siehe Abschnitt 2.2.6, »Mit Fehlern umgehen (Error Handling)«, ausgelöst.

Alternativ kann bei einer Typzuweisung ein zweiter Rückgabewert ausgewertet werden, der darüber informiert, ob die Zuweisung erfolgreich war. Bei dieser Aufrufvariante wird kein Go-Panic erzeugt, und die Anwendung kann normal auf das Ergebnis reagieren.

```
package main

import "fmt"

func main() {
    //Variable muss ein Interfacetyp sein
    var i interface{} = "hello"

    //direkte Zuweisung ohne Prüfung
    s := i.(string)
    fmt.Println(s)

    //Zuweisung mit Prüfung, ob möglich
    s, ok := i.(string)
    fmt.Println(s, ok)

    //Zuweisung mit Prüfung, ob möglich
    f, ok := i.(int)
    fmt.Println(f, ok)

    //Zuweisung ohne Prüfung führt zu Panic
    f = i.(int)
    fmt.Println(f)
}
```

Listing 2.52 Typzuweisung mit und ohne Prüfung

In Abschnitt 2.2.3, »Kontrollstrukturen (Go-Statements)«, haben Sie bereits das Switch-Statement kennengelernt, das Sie auch für Typunterscheidungen einsetzen können. Bei einem solchen Type-Switch-Statement werden bei den einzelnen Fällen nicht Werte, sondern Typen angegeben, anhand derer eine Fallunterscheidung durchgeführt werden soll.

Für die Ermittlung des Laufzeittyps des zu prüfenden Elements wird bei der Type-Assertion die Angabe des eigentlich anzugebenden konkreten Typs durch den Ausdruck `.(type)` ersetzt.

```
package main

import "fmt"

func checkMyType(i interface{}) {
    switch i.(type) {
    case string:
        fmt.Println("Es ist ein string")
    case int:
        fmt.Println("Es ist ein int")
    default:
        fmt.Println("Es ist weder string noch int")
    }
}

func main() {
    checkMyType("Hello")
    checkMyType(1)
    checkMyType(3.4)
}
```

Listing 2.53 Type-Switch-Statement zur Prüfung von Typen

Die Ausgabe der Anwendung in Listing 2.53 lautet wie folgt:

```
Es ist ein string
Es ist ein int
Es ist weder string noch int
```

2.2.5 Typen für Collections

Der grundlegende und einzige eingebaute Datentyp zur Ablage mehrerer Werte des gleichen Typs ist in Go das Array bzw. der *Array-Typ*. Implementierungen für z. B. eine doppelt verlinkte Liste (`container.List`) steuert die Standardbibliothek bei.

Arrays haben immer eine nicht-negative Länge bzw. Größe, die angibt, wie viele Elemente enthalten sein können. Mit dem Aufruf der *built-in* Funktion `len()` kann diese abgefragt werden. Die Länge eines Arrays ist Teil seines Typs und kann während der Laufzeit nicht mehr verändert werden. Für die Bearbeitung von Arrays können Sie *Slices* verwenden, die wir uns gleich genauer ansehen werden.

Die Syntax des Array-Typs orientiert sich wieder an der natürlichen Sprache: »Hier ist ein Array von Strings«. Dabei werden die eckigen Klammern, die ein Array markieren, vor den Elementtyp gestellt.

```
ArrayType   = "[" ArrayLength "]" ElementType .
ArrayLength = Expression .
ElementType = Type .
```

Listing 2.54 EBNF des Array-Types

Die Befüllung eines Arrays kann direkt während dessen Initialisierung stattfinden, analog einem Struct, oder zu einem späteren Zeitpunkt über die Zuweisung von Werten mithilfe eines Indexes. Bei der direkten Befüllung während der Initialisierung müssen nicht sofort alle Werte mitgegeben werden.

```
package main

import "fmt"

func main() {
    //Initialsierung mit direkter Befüllung
    var str2 = [3]string{"Hello", "World", "!"}
    fmt.Println(str2[0])
    fmt.Println(len(str2))

    //Initialisierung eines leeren Arrays
    var str1 [3]string
    //Befüllung durch Zuweisungen
    str1[0] = "Hello"
    str1[1] = "World"
    str1[2] = "!"
    fmt.Println(str1[0])
    fmt.Println(len(str1))
}
```

Listing 2.55 Initialisierung von Array-Types und Wertzuweisungen

In Go sind Arrays Werte, und eine Array-Variable bezeichnet die Gesamtheit der Werte und stellt nicht, wie in anderen Programmiersprachen, lediglich einen Zeiger auf das erste Element eines Arrays dar. Das bedeutet, dass, wenn Sie ein Array als Parameter weitergeben, eine Kopie des kompletten Inhalts hergestellt und nicht nur ein

Zeiger auf den Inhalt kopiert wird. Möchten Sie nur einen Zeiger auf ein Array mitgeben, verwenden Sie entweder einen Pointer, den wir in Abschnitt 2.2.7, »Mit Pointer und Pointer Receiver arbeiten«, detaillierter betrachten werden, oder Sie nutzen die oben genannten *Slices*.

Slices besitzen im Gegensatz zu Arrays eine dynamische Größe und bieten flexiblen Zugriff auf die enthaltenen Elemente. Allerdings speichern sie selbst keine Daten, sondern benötigen dafür immer ein darunterliegendes Array. *Slices* können Sie als Speicher auf Referenzen eines Arrays betrachten. Ändern Sie Werte innerhalb eines *Slice*, wird der Wert auch im darunterliegenden Array geändert.

Die Initialisierung eines *Slice* unterscheidet sich nur minimal von der eines Arrays. Einziger Unterschied ist das Fehlen einer Längenangabe:

```
letters := []string{"a", "b", "c", "d"}
```

Listing 2.56 Beispielinitialisierung eines Slice

Alternativ können Sie ein Slice auch mit der *built-in*-Funktion `make` erzeugen, der Sie als Parameter den Typ des Slice sowie die Länge und optional eine Kapazität mitgeben. Der Begriff der Kapazität wird gleich noch etwas genauer erläutert.

```
var s []byte
s = make([]byte, 5, 5)
```

Listing 2.57 Initialisierung eines Slice mit make

Die Länge eines Slice können Sie analog zu Arrays mit der *built-in*-Funktion `len()` bestimmen. Für die Abfrage der Kapazität lässt sich die *built-in*-Funktion `cap` nutzen.

Die dritte und vielleicht eleganteste Variante, um ein Slice anzulegen, besteht darin, sich nur einen Ausschnitt eines bestehenden Arrays oder Slice liefern zu lassen. Dafür geben Sie zwei Indizes an und definieren darüber, welchen Ausschnitt des Arrays oder Slice Sie erhalten möchten.

```
//Array mit fester Größe
var months = [12]string{"Januar",
    "Februar", "März", "April",
    "Mai", "Juni", "Juli", "August",
    "September", "Oktober", "November",
    "Dezember"}

//Slices mit immer 3 Elementen des Arrays
q1 := months[0:3]
q2 := months[3:6]
```

```
q3 := months[6:9]
q4 := months[9:12]

//Liefert "[Januar Februar März]"
fmt.Println(q1)
```

Listing 2.58 Definition eines Slice über Index-Angaben

Wenn Sie ein Slice ab Index 0 haben möchten, können Sie den Startindex weglassen. Soll das Slice bis zum letzten Index gehen, können Sie auch diesen weglassen.

Im obigen Beispiel wären die folgenden Ausdrücke gleichbedeutend:

```
q1 := months[0:3]
q1 := months[:3]
```

Listing 2.59 Slice ohne Startindex

Für den Begriff der Kapazität eines Slice sehen wir etwas genauer auf den Aufbau von Arrays und Slices.

Für ein Array der Länge 12 vom Typ String (`[12]string`) wird im Speicher eine Liste von 12 aufeinanderfolgenden String-Werten, wie in Abbildung 2.12 gezeigt, angelegt.

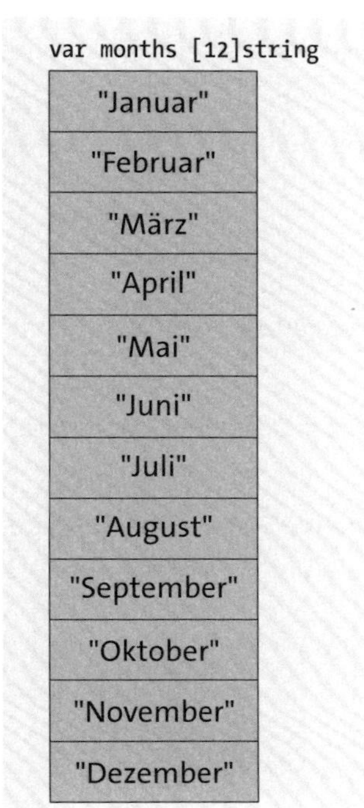

Abbildung 2.12 Ein Array wird im Speicher als Liste von Werten abgelegt

Ein Slice können Sie, wie bereits erwähnt, als Referenzspeicher auf ein Array betrachten, der, wie in Abbildung 2.13 dargestellt, folgende drei Informationen enthält:

- Zeiger auf das erste Element eines darunterliegenden Arrays
- Länge des Slice
- Kapazität des Slice bzw. seine maximale Länge

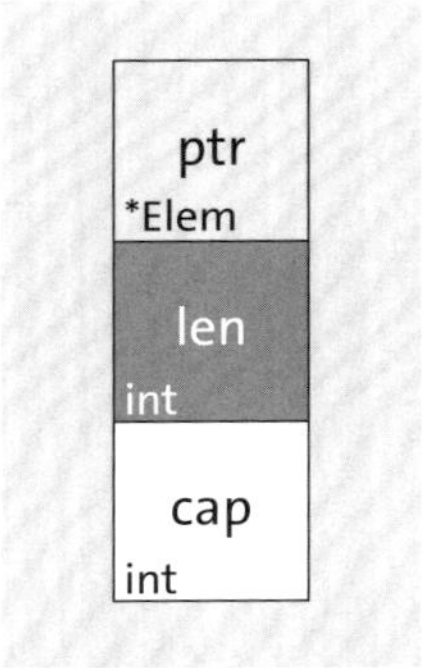

Abbildung 2.13 Interner Aufbau eines Slice

Da ein Slice immer »nur« einen Ausschnitt einer darunterliegenden Struktur darstellt, sei es ein Array oder wiederum ein Slice, ist es wahrscheinlich, dass die Größe des Slice nicht mit der Größe der darunterliegenden Struktur übereinstimmt.

Im Beispiel in Listing 2.58 sehen Sie z. B. ein Array der Länge 12, das alle Monatsnamen enthält. Zusätzlich werden Slices angelegt, die nur Ausschnitte dieser Monatsnamen repräsentieren. Jedes dieser Slices verwendet das gleiche Array als darunterliegenden Datenspeicher und besitzt selbst die Länge 3.

Die Kapazität eines Slice beschreibt die Anzahl der Elemente, die das Slice maximal aufnehmen kann, damit die Werte noch in das darunterliegende Array aufgenommen werden können.

Abbildung 2.14 stellt den Zusammenhang von Länge und Kapazität von Slices noch einmal dar.

Die Kapazitäten der Slices aus Listing 2.58 können über folgende Statements ausgegeben werden:

```
fmt.Printf("Length %v, Capa %v, Values: %v\n", len(q1), cap(q1), q1)
fmt.Printf("Length %v, Capa %v, Values: %v\n", len(q2), cap(q2), q2)
fmt.Printf("Length %v, Capa %v, Values: %v\n", len(q3), cap(q3), q3)
fmt.Printf("Length %v, Capa %v, Values: %v\n", len(q4), cap(q4), q4)
```

Listing 2.60 Ausgabe der Länge und Kapazität der Slices

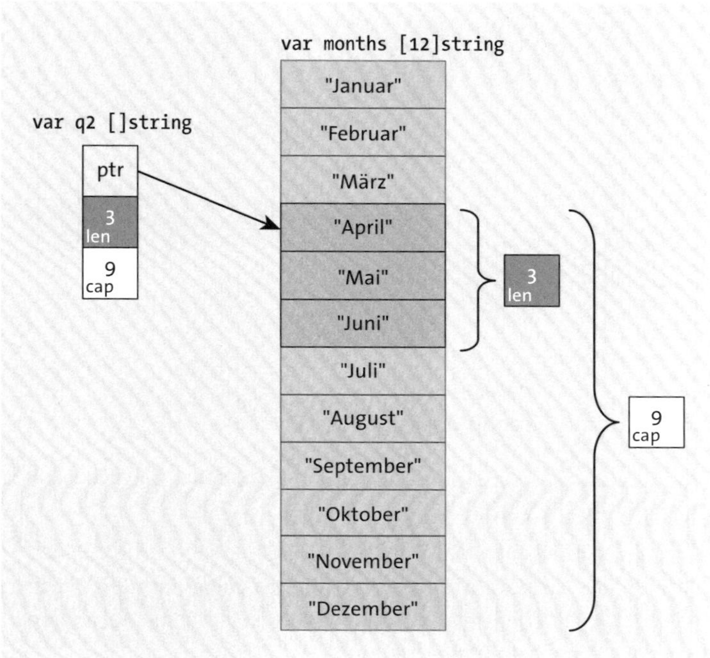

Abbildung 2.14 Länge und Kapazität eines Slice

Die Ausgabe sieht folgendermaßen aus:

```
Length 3, Capa 12, Values: [Januar Februar März]
Length 3, Capa 9, Values: [April Mai Juni]
Length 3, Capa 6, Values: [Juli August September]
Length 3, Capa 3, Values: [Oktober November Dezember]
```

In Abschnitt 2.2.3, »Kontrollstrukturen (Go-Statements)«, haben Sie bereits das For-Range-Statement kennengelernt, mit dessen Hilfe Sie unkompliziert über die Werte in einem Array oder Slice iterieren können. Sie erhalten eine Multi-Value-Rückgabe in Form eines Indexes und des aktuellen Elements des Schleifendurchlaufs zurück.

```
package main

import "fmt"

func main() {

    //Array mit fester Größe
    var months = [12]string{"Januar",
        "Februar", "März", "April",
        "Mai", "Juni", "Juli", "August",
```

```
        "September", "Oktober", "November",
        "Dezember"}
    for i, month := range months {
        fmt.Printf("%v: %v\n", i, month)
    }

    q2 := months[3:6]
    for i, month := range q2 {
        fmt.Printf("%v: %v\n", i, month)
    }

}
```

Listing 2.61 Iteration über Array und Slice mit For-Range-Statement

Kein Interesse am Index oder am Value?

Das For-Range-Statement liefert immer den aktuellen Index sowie den aktuellen Wert eines Schleifendurchlaufs zurück. Interessieren Sie sich für einen der Werte nicht, können Sie den *Blank Identifier* einsetzen. Somit müssen Sie sich nicht um den Wert kümmern und ihn auch keiner Variablen zuweisen.

```
for _, month := range q2 {
...
}
```

Listing 2.62 Blank Identifier für Multi-Value-Rückgabe eines For-Range-Statements

2.2.6 Mit Fehlern umgehen (Error Handling)

In Go-Anwendungen werden Fehler durch Error-Werte vom Interface-Typ `error` ausgedrückt. Dieser ist in der Standardbibliothek definiert. Funktionen und Methoden liefern bei einer abnormalen Abarbeitung über eine entsprechende Rückgabe Werte dieses Typs. Ist kein Fehler aufgetreten, wird `nil` zurückgeliefert. Der aufrufende Code ist für das Fehlerhandling verantwortlich.

Go verzichtet auf eine eventuell aus anderen Programmiersprachen bekannte `try-catch`-Syntax, bei der im normalen Programmablauf mittels Exceptions über ein Fehlerereignis informiert wird.

Ein Beispiel aus dem `os`-Package zeigt in Listing 2.63 die `Open()`-Funktion, die als zweiten Rückgabewert einen `error`-Wert liefert.

```
func Open(name string) (file *File, err error)
```

Listing 2.63 os.Open Signatur mit Fehler in Rückgabe

Durch eine einfache If-Bedingung können Sie prüfen, ob während der Verarbeitung ein Fehler aufgetreten ist: `if err != nil {..}`. Ist der Error-Rückgabewert `nil`, ist kein Fehler aufgetreten, andernfalls können Sie sich um die Fehlersituation kümmern.

Eine Prüfung beim Öffnen einer Datei über die `os.Open`-Funktion sieht folgendermaßen aus:

```
func main() {
    f, err := os.Open("datei-ist-nicht-da.txt")
    if err != nil {
        //Durch den Aufruf von log.Fatalf wird die weitere
        //Verarbeitung abgebrochen und die Anwendung beendet
        log.Fatalf("Konnte die Datei nicht öffnen, da %v", err)
    }
    f.Close()
}
```

Listing 2.64 Öffnen einer Datei mit Fehlerbehandlung

Möchten Sie selbst einen Error-Wert aus einer Funktion oder Methode zurückliefern, muss dieser das `error`-Interface implementieren. Dieses besitzt, wie in Listing 2.65 gezeigt, nur die Methode `Error()` mit einem `string` als Rückgabewert.

```
type error interface {
    Error() string
}
```

Listing 2.65 Das Error-Interface in Go

Mit den beiden Funktionen `error.New` und `fmt.Errorf` aus der Standardbibliothek können Sie `error`-Werte erzeugen, die intern nur aus einem Text, also dem absoluten Minimum, bestehen. Der Unterschied beider Funktionen besteht in der Formatierung des Textes. Bei der `fmt.Errorf`-Funktion können Sie Parameter mitgeben, die Sie in die Fehlermeldung mit aufnehmen und formatieren lassen können:

```
package main

import (
    "errors"
    "fmt"
)

func erzeugeEinenNeuenFehler(i int) error {
    if i != 42 {
        return fmt.Errorf("Mit %v lösen Sie das Problem nicht", i)
```

```
    }
    return nil
}

func erzeugeNochEinenFehler() error {
    return errors.New("Da ist noch ein Problem")
}

func main() {
    err := erzeugeEinenNeuenFehler(13)
    if err != nil {
        fmt.Printf("Es ist ein Fehler aufgetreten: %v\n", err)
    }
    err = erzeugeNochEinenFehler()
    if err != nil {
        fmt.Printf("Es ist ein Fehler aufgetreten: %v\n", err)
    }

}
```

Listing 2.66 Fehlererzeugung mit fmt.Errorf und errors.New

Da es sich bei den Fehlerrückgaben um Implementierungen des `error`-Interface handeln muss, können Sie auch eigene Fehlertypen zurückliefern. Das hat zum einen den Vorteil, dass Sie eine Typ-Prüfung durchführen können, um festzustellen, um welche Art von Error es sich handelt, und zum anderen können Sie zusätzliche Informationen im Error mitgeben. Dadurch können Sie viel spezifischer auf bestimmte Fehler reagieren.

In Listing 2.67 wird der Error-Typ `StatementExecutionError` definiert, der zusätzlich zu einer Nachricht noch das falsche Statement enthält. Die Funktion `Error()` ist so implementiert, dass sie die Nachricht liefert.

Die eigentliche »Business-Funktionalität« wird in der Funktion `fuehreStatementAus` umgesetzt. Dort wird geprüft, ob der übergebene String dem Ausdruck `1=1` entspricht oder nicht. Ist es nicht der Fall, wird ein neuer `StatementExecutionError` erzeugt und zurückgegeben.

Im aufrufenden Code in der `main`-Funktion wird dann die Funktion `fuehreStatementAus` mit dem Parameter `"1=1"` aufgerufen und der Rückgabewert ausgewertet. Eine Type-Assertion prüft, ob erstens ein Error aufgetreten ist, und zweitens, ob es sich um einen `StatementExecutionError`-Typ handelt. Dementsprechend werden unterschiedliche Meldungen ausgegeben. Im Falle eines `StatementExecutionErrors` kann nach der Type-Assertion auf das `Statement`-Feld zugegriffen werden.

```
//StatementExecutionError ist ein eigener Fehlertyp
//mit zusätzlicher Information
type StatementExecutionError struct {
    Statement string
    Message   string
}

//Implementierung der Error Methode des error-Interface
func (wse *StatementExecutionError) Error() string {
    return wse.Message
}

func fuehreStatementAus(statement string) error {
    if statement != "1=1" {
        return &StatementExecutionError{
            Statement: statement,
            Message:   "Statement kann nicht ausgeführt werden",
        }
    }
    return nil
}

func main() {
    err := fuehreStatementAus("v:=b")
    //Prüfung über Simple Statement mit Type-Assertion
    if e, ok := err.(*StatementExecutionError); ok {
        log.Fatalf("Das Statement '%v' konnte nicht ausgeführt werden.", ⮐
e.Statement)
    } else {
        fmt.Println("alles ok")
    }
}
```

Listing 2.67 Eigener Fehlertyp mit zusätzlicher Information

Oftmals ist es sinnvoll, nicht für jeden Fall einen neuen Error-Wert anzulegen, sondern vordefinierte Variablen für wiederkehrende Errors zu nutzen. Das vereinfacht die Typprüfung und sieht im Code wie in Listing 2.68 gezeigt aus:

```
var ErrNotFound = errors.New("nicht gefunden")

if err == ErrNotFound {
    // da wurde was nicht gefunden
}
```

Listing 2.68 Vordefinierte Error-Werte, die leicht überprüft werden können

Möchten Sie einen Error, den Sie selbst erhalten haben, mit weiteren Informationen anreichern und diesen an den Call-Stack weitergeben, haben Sie die Möglichkeit, den ursprünglichen Error als Feld in Ihren eigenen Error mit aufzunehmen. Durch die Implementierung der zusätzlichen `Unwrap()`-Methode können Clients in der Folge auf einfache Weise prüfen, ob in der Error-Hierarchie ein bestimmter Error vorhanden ist. Eine beispielhafte Implementierung sehen Sie in Listing 2.69:

```
//StatementExecutionError ist ein eigener Fehlertyp
//mit zusätzlicher Information
type StatementExecutionError struct {
    Statement string
    Message   string
    Cause     error
}
...
func (wse *StatementExecutionError) Unwrap() error {
    return wse.Cause
}
```

Listing 2.69 Implementierung der Unwrap-Methode innerhalb des eigenen Error Typs

Die Prüfung auf die Error-Hierarchie erfolgt mit den Funktionen `errors.Is()` und `errors.As()`, wobei die Funktion `errors.Is()` analog einer Typ-Assertion und die Funktion `errors.As()` analog einem Vergleich von vordefinierten Werten wie in Listing 2.68 funktioniert. Ist im entsprechenden Error-Typ keine Unwrap-Methode implementiert, wird nur auf den eigenen Typ geprüft.

```
if errors.Is(err, PermissionError) {
    log.Fatal("Das Statement konnte nicht ausgeführt werden.")
}
```

Listing 2.70 Typ-Prüfung über die gesamte Error-Hierarchie hinweg

Wenn Sie auf die Definition eines eigenen Error-Typs verzichten möchten, können Sie auch über den `errors.Errorf`-Aufruf einen entsprechenden Error-Wert erzeugen. In den Format-String nehmen Sie hierzu das Verb `%w` auf und geben als Parameter einen Error mit. Der erzeugte Error liefert beim Unwrap-Aufruf diesen als Parameter übergebenen Error zurück.

```
if err != nil {
    // Liefert einen error, der den Parameter err umschließt.
    return fmt.Errorf("decompress %v: %w", name, err)
}
```

Listing 2.71 Wrap durch Nutzung der fmt.Errorf-Funktion

Ein weiteres Sprachfeature, dass Sie bei der Verarbeitung von Fehlersituationen unterstützt, ist das *Defer-Statement*. Mithilfe dieses Statements wird die Ausführung einer Funktion solange zurückgestellt, bis die umschließende Funktion beendet wird. Im *LIFO-Prinzip* können so mehrere Funktionen zur späteren Ausführung angegeben werden.

Das Grundprinzip ist einfach und in Listing 2.72 dargestellt. Die Funktion `sagA()` wird mit dem Schlüsselwort `defer` zur Ausführung nach Beendigung der `main`-Funktion angemeldet.

```
func sagA() {
    fmt.Println("A")
}

func sagB() {
    fmt.Println("B")
}

func main() {
    defer sagA()
    sagB()
}
```

Listing 2.72 Einfaches defer-Beispiel. Wer A sagt, muss auch B sagen. Oder umgekehrt?

Die Ausgabe des Beispiels lautet:

```
B
A
```

Dieses Feature ist mächtig und lässt sich z. B. für die Freigabe von Ressourcen nutzen. Listing 2.73 zeigt, dass das Schließen von Ressourcen im Fehlerfall zu einem Problem werden kann. Für die erste geöffnete Datei *testfile* würde, wenn die zweite Datei *nicht-Vorhanden* z. B. nicht gefunden wird, kein `Close()`-Aufruf erfolgen. Dies würde zu einem nicht geschlossenen Filehandle führen.

```
f, err := os.Open("testfile")
if err != nil {
    log.Fatalf("Konnte die Datei nicht öffnen: %v", err)
}

f2, err := os.Open("nichtVorhanden")
if err != nil {
    log.Fatalf("Konnte die Datei nicht öffnen: %v", err)
```

```
}
//Arbeit mit Dateien
f.Close()
f2.Close()
```

Listing 2.73 Dateien öffnen

Um das Problem von nicht richtig geschlossenen Ressourcen zu umgehen, können Sie den `Close()`-Aufruf auch in jede Fehlerprüfung oder jedes eventuell vorhandene frühzeitige Return-Statement aufnehmen, was allerdings bei vielen Verzweigungen recht aufwendig werden kann.

```
f2, err := os.Open("nichtVorhanden")
if err != nil {
    f.Close()
    log.Fatalf("Konnte die Datei nicht öffnen: %v", err)
}
```

Listing 2.74 Eingebauter Close()-Aufruf in jeder Fehlerprüfung

Alternativ können Sie in diesen Situationen das *Defer-Statement* einsetzen und das Schließen von Ressourcen schon bei deren Öffnen vormerken. Listing 2.75 zeigt dafür ein Beispiel. Am Ende des Quellcode-Ausschnitts würden Sie ihre Dateioperationen ausführen.

```
f, err := os.Open("testfile")
if err != nil {
    log.Fatalf("Konnte die Datei nicht öffnen: %v", err)
}
defer f.Close()

f2, err := os.Open("nichtVorhanden")
if err != nil {
    log.Fatalf("Konnte die Datei nicht öffnen: %v", err)
}
defer f2.Close()
//Arbeit mit den Dateien
```

Listing 2.75 Schließen von Ressourcen mit defer

Das Schlüsselwort `defer` ist nicht nur für Fehlersituationen gedacht. Auch Ressourcen wie z. B. ein Lock lassen sich nach Beendigung einer Funktion auf diese Weise wieder sicher freigeben. Der Code bleibt außerdem übersichtlich.

```
var lock sync.Mutex

func wasWichtiges() {
    lock.Lock()
    defer lock.Unlock()
    //auf ressourcen zugreifen
    ...
}
```

Listing 2.76 Defer im Beispiel bei Locks

Die zweite Variante der Fehlerkommunikation über die *built-in*-Funktion `panic()` ist schwerwiegenden Laufzeitproblemen vorbehalten und sollte nicht im normalen Programmablauf verwendet werden. Auch wenn diese Art des Fehlerhandlings Ihnen eventuell aus anderen Programmiersprachen bekannt vorkommt, sollten Sie nicht versuchen, diesen Ansatz als Standardfehlerbehandlung in Ihre Go-Programme aufzunehmen.

Panics werden in Go eingesetzt, um z. B. einen »Index out of bound«-Fehler beim Zugriff auf ein Array oder Zugriffe auf Nil-Referenzen rückzumelden.

Bei `panic()`-Aufrufen wird der normale Programmablauf abgebrochen und kann durch die ebenfalls als *built-in*-Funktion umgesetzte `recover()`-Funktion behandelt werden. Die Parameter der `panic`-Funktion sind als Empty Interface definiert. Das heißt, Sie können alle Wert Objekte als Parameter nutzen. *Bei Runtime-Panics* von Go werden z. B. spezielle Error-Interface Werte übergeben.

```
func panic(v interface{})
```

Listing 2.77 Signatur der built-in Funktion panic

2.2.7 Mit Pointer und Pointer Receiver arbeiten

In Go können Sie in Variablen nicht nur Werte direkt ablegen, sondern auch Zeiger auf die eigentlichen Werte bzw. Speicheradressen, sogenannte Pointer. Wir haben dies bereits bei den Slices gesehen. Ein wichtiger Unterschied zu anderen Programmiersprachen, die Pointer einsetzen, besteht darin, dass Go keine Pointer-Arithmetik besitzt.

Während in anderen Programmiersprachen das Pointer-Handling zum Teil implizit durchgeführt wird und zwischen *Call-by-Value* und *Call-by-Reference* unterschieden wird, müssen Sie dies in Go explizit ausdrücken. Jede Parameterübergabe findet immer mittels *Call-by-Value* statt. Es wird also entweder der Wert als Kopie in eine Methode übergeben oder bei Pointern eine Kopie des Pointers.

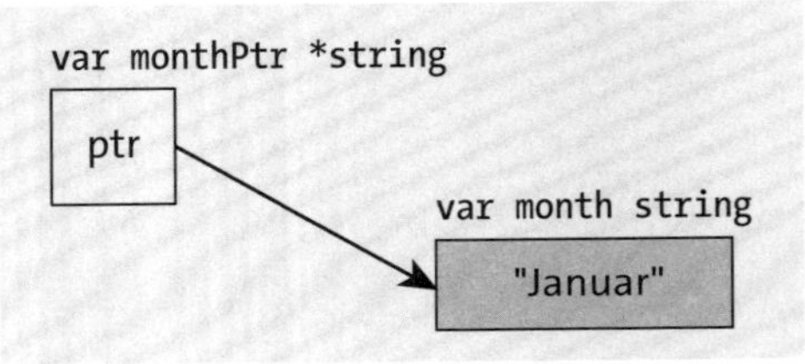

Abbildung 2.15 Pointer auf Werte

Jedem Datentyp in Go ist ein Pointer-Typ zugeordnet. Dieser wird mit einem vorangestellten * gekennzeichnet. `*T` ist z. B. ein Pointer auf einen Wert vom Typ `T`. Mit dem & Operator können Sie einen neuen Pointer erstellen.

Möchten Sie auf einen Wert der referenzierten Variablen zugreifen, müssen Sie den Pointer mit dem Operator * dereferenzieren:

```
var month = "Januar"
//Erstellt einen Pointer auf die Variable month
var monthPtr = &month
//Ändert den Wert von month über den Pointer monthPtr
*monthPtr = "Februar"

fmt.Println(month)
```

Listing 2.78 Pointerzugriffe auf Variablen

Die Ausgabe der Anwendung in Listing 2.78 lautet `"Februar"`.

Wenn Sie mit *Struct-Pointers* arbeiten, ist die Dereferenzierung beim Zugriff auf deren Felder nicht nötig. Hierzu können Sie eine vereinfachte Syntax nutzen. Statt den Pointer erst zu dereferenzieren, können Sie direkt mit dem Variablennamen arbeiten.

```
type Person struct {
    Name string
}

func main() {
    p := &Person{}
    p.Name = "Kristian"
    (*p).Name = "Kristian" //beide Zeilen sind gleichbedeutend
    fmt.Println(p)
}
```

Listing 2.79 Zugriff auf Felder eines Struct-Pointers

Wie Sie feststellen werden, werden als Parameter für Funktionen meist Pointer verwendet. Was bei Programmiersprachen wie z. B. Java implizit geschieht, muss bei Go explizit gemacht werden.

Pointer können darüber hinaus als Method Receiver eingesetzt werden. Dadurch haben die Implementierungen Zugriff auf die Werte, auf die der Pointer zeigt, und können diese verändern. Binden Sie hingegen die Methode an einen Typ, arbeitet die Methode auf einer Kopie ihres Wertes, wie bei jedem anderen Parameter einer Methode auch (*Call-by-Value*), und die Änderung ist außerhalb der Methode nicht sichtbar. Testen Sie das Beispiel aus Listing 2.80 einmal mit und ohne Pointer Receiver bei den Methoden:

```
package main

import (
    "fmt"
)

type Person struct {
    alter int
}

func (p *Person) Alter() int {
    return p.alter
}

func (p *Person) GeburtstagFeiern() {
    p.alter = p.alter + 1
}

func main() {
    p := Person{5}
    p.GeburtstagFeiern()
    fmt.Println(p.Alter())
}
```

Listing 2.80 Pointer Receiver

Auch wenn Go keine Unterstützung für Klassen besitzt, können Sie Pointer Receiver nutzen, um Ihren Typen, vor allem Structs, Funktionalität zu geben und so etwas wie Objektorientierung zu programmieren.

Da oftmals das Ändern von Werten eines Receivers in Methoden gewünscht ist, stellt das Binden von Methoden an Pointer Receiver die gängige Variante dar. Das Binden von Methoden direkt an Typen findet viel seltener statt.

2.2.8 Die Go-Dokumentation

Beim Erlernen einer neuen Programmiersprache ist eine gute Dokumentation viel wert. In Ihrer Go-Installation finden Sie bereits die komplette Dokumentation, aber auch den Sourcecode der Standardbibliothek.

In Abschnitt 2.1.9, »All inclusive – alle Tools im Überblick«, haben Sie bereits kurz das `godoc`-Tool und das Kommando zur lokalen Anzeige der Dokumentation kennengelernt. Diese Dokumentation finden Sie auch im Internet auf der Go-Projektseite unter *https://golang.org/pkg/*.

Zu jedem Package finden Sie dort meist auch direkt Code-Beispiele, die Sie als Basis einer eigenen Implementierung verwenden können. In Abschnitt 2.2.9, »Quellcode und Packages dokumentieren«, werden Sie sehen, wie Sie selbst eine solche Dokumentation für Ihre Packages erstellen können.

Die HTML-Seiten der Standardbibliothek bieten zusätzlich den Vorteil, dass Sie direkt aus der Dokumentation heraus zum Quellcode der entsprechenden Funktion springen können. So können Sie sich direkt die Implementierung dazu ansehen.

Abbildung 2.16 JSON-Package-Dokumentation mit Beispielen

Für Go stehen sehr viele Open-Source Bibliotheken zur Verfügung, die Sie in eigene Anwendungen integrieren können. Allerdings ist es nicht einfach, eine passende Bibliothek zu finden. Auf der Seite *https://pkg.go.dev/* trägt das Go-Team Informationen über bestehende Bibliotheken zusammen. Die Suchfunktion der Seite ermöglicht es Ihnen, nach bestimmten Bibliotheken zu suchen.

Beim Einsatz von Bibliotheken können verschiedene Fragestellungen interessant sein, unter anderem:

- Wie ist das Lizenzmodell der Software aufgebaut?
- Wie oft wird eine Software aktualisiert?
- Wann wurde die Software zum letzten Mal aktualisiert?
- Wer verwendet die Software? Wie oft wird sie verwendet?
- Wieviele offene Bugs sind vorhanden?
- Wie wird die Qualität der Software bewertet? Wie viele Tests sind vorhanden und werden regelmäßig durchgeführt?

Die Internetseite wird beständig weiterentwickelt und stellt bereits einige der genannten Informationen, wenn auch zum Teil nur implizit, zur Verfügung.

2.2.9 Quellcode und Packages dokumentieren

Neben einem lesbaren und gut strukturierten Quellcode ist eine gute Dokumentation von Software unerlässlich. In diesem Kapitel sehen wir uns denjenigen Ausschnitt der Entwicklerdokumentation an, mit dem Sie Anwendern Ihrer Packages, Funktionen und Methoden Informationen zur Benutzung geben können. Das bereits kurz vorgestellte `godoc`-Tool hilft Ihnen dabei, die Dokumentation zu prüfen und zu veröffentlichen.

Sie müssen das Tool mit `go get golang.org/x/tools/cmd/godoc` installieren, da es im Standardumfang nicht enthalten ist. Gestartet wird es über:

```
godoc -http :6060
```

Alle Optionen zum Starten des Tools bekommen Sie über den Aufruf von `godoc -help`.

Go Doc und der Workspace

Mithilfe des `godoc`-Tools können Sie über einen HTTP-Server die Dokumentation zu Packages anzeigen lassen. Packages aus dem Workspace werden automatisch eingebunden und aufgelistet. Falls dies bei Ihnen nicht der Fall sein sollte, überprüfen Sie am besten Ihre Umgebungsvariable `GOPATH`: Diese muss auf Ihr Workspace-Verzeichnis zeigen.

Zur Dokumentation Ihres Go-Codes müssen Sie sich nicht, wie in anderen Programmiersprachen, in eine spezielle Syntax einarbeiten. Einfache Grundregeln und Formulierungsempfehlungen existieren, an die Sie sich halten können.

Sourcecode-Dokumentation unterscheidet sich in Go nicht von einem einfachen Kommentar. Eine Funktionsdokumentation wird mit // eingeleitet. Bei mehrzeiligen Angaben verwenden Sie auch hier /* zur Einleitung und */ als Endmarkierung. In der Standardbibliothek finden Sie häufig, auch bei mehrzeiligen Dokumentationen, die erste Syntaxvariante. In Listing 2.81 sehen Sie z. B. die Dokumentation der `Remove`-Methode des `List`-Structs:

```
// Remove removes e from l if e is an element of list l.
// It returns the element value e.Value.
// The element must not be nil.
func (l *List) Remove(e *Element) interface{} {
```

Listing 2.81 Dokumentationsbeispiel aus der Standardbibliothek

Jeder Dokumentationskommentar sollte aus einem kompletten Satz bestehen und mit dem beschriebenen Elementnamen beginnen. Im Beispiel der `Remove`-Methode sehen Sie, dass der Satz mit »Remove removes...« beginnt. Das `go vet`-Tool überwacht diese Empfehlung und, falls Sie die Unterstützung in Ihrer IDE aktiviert haben, gibt entsprechende Warnungen aus. Für die Formatierung der Kommentare stehen minimale Möglichkeiten zur Verfügung:

- Die Trennung von einzelnen Paragrafen im Text geschieht über Leerzeilen.
- Im Text enthaltene URLs werden als Links dargestellt.
- Quellcodeformatierung erreichen Sie über Einrückungen.

Dokumentation zu einem Package können Sie entweder in einer beliebigen Quellcode-Datei des entsprechenden Packages als Kommentar vornehmen, oder Sie erstellen eine separate Datei *doc.go*, die ebenfalls im Package gespeichert wird. Die Datei enthält dann außer der Package-Deklaration nur den Package-Kommentar. Sie werden diese Dateien meist dann vorfinden, wenn die Dokumentation zu einem Package länger wird oder viele Go-Sourcefiles in einem Package liegen. Ein Beispiel einer Doc-Datei finden Sie in der Standardbibliothek unter *https://golang.org/src/encoding/gob/doc.go*

Die beste Dokumentation besteht meist in einem einfachen Beispiel, das zeigt, wie eine Bibliothek oder ein Package verwenden werden kann. Bei Go können Sie solche Beispiele in separaten Quelldateien in Ihrem Package aufnehmen. Diese werden dann automatisch in die Dokumentation aufgenommen. Das Gute daran ist, dass diese Beispiele bei einem Testlauf automatisch mitkompiliert und ausgeführt werden. Sie besitzen also zu Ihrem Code immer lauffähige Beispiele.

Als Code-Beispiel für Ihre Implementierung erstellen Sie eine *_test.go* Datei im gleichen Package. Haben Sie z. B. die Funktion `Add()` wie in Listing 2.82 in der Datei *first.go* implementiert, nennen Sie die Datei z. B. *first_example_test.go*. Der Namenszusatz *_example* ist zwar nicht nötig, da wir allerdings später bei den Unit-Tests sehen werden, dass diese ebenfalls in Dateien mit der Endung *_test.go* liegen müssen, können Sie durch die erwähnte Benennung für eine Unterscheidung der Dateien sorgen.

```
//Package sampledoc zeigt, wie man Integer Werte addiert.
package sampledoc

//Add addiert zwei Integer Werte und liefert das Ergebnis.
func Add(first int, second int) int {
    return first + second
}
```

Listing 2.82 Funktion zum Addieren zweier Integer Werte – first.go

Das Dokumentationsbeispiel wird in Form einer Funktion erstellt, die einem definierten Namensmuster entsprechen muss. Dies ermöglicht später die korrekte Zuordnung des Beispiels zur entsprechenden Funktion in der Dokumentation. Das Namensmuster ist einfach: Die Funktion muss das Präfix `Example` besitzen, also wie im Beispiel in Listing 2.83 zu sehen, `ExampleAdd`.

```
package sampledoc

import "fmt"

func ExampleAdd() {
    res := Add(1, 2)
    fmt.Println(res)
    //Output: 3
}
```

Listing 2.83 Dokumentation durch Beispielcode – first_example_test.go

Mit der Syntax `//Output:` können Sie zusätzlich eine Textausgabe der Anwendung spezifizieren, die nicht nur bei einer Ausführung des Beispiels geprüft, sondern auch in der Dokumentation aufgeführt wird. Stimmt die angegebene Ausgabe nicht mit dem tatsächlichen Ergebnis überein, wird die Ausführung als fehlerhaft markiert. Damit haben Sie ein testbares, ausführbares Beispiel für Ihren Code.

```
go test first.go first_example_test.go
--- FAIL: ExampleAdd (0.00s)
```

```
got:
3
want:
4
FAIL
FAIL    command-line-arguments  0.238s
FAIL
```

Listing 2.84 Fehlerhafte Beispielausführung führt zu Fehler

Das Beispiel führen Sie entweder mit dem Kommando `go test *.go` im entsprechenden Package durch, oder Sie nutzen die Möglichkeiten Ihrer IDE. In VSCode wird z. B., wie in Abbildung 2.17 zu sehen, direkt über dem Funktionsnamen die Option zur Ausführung geboten. Wenn Sie die Dokumentation über `godoc` prüfen, enthält diese nun auch ein Beispiel, an dem sich die Anwender orientieren können (siehe Abbildung 2.18).

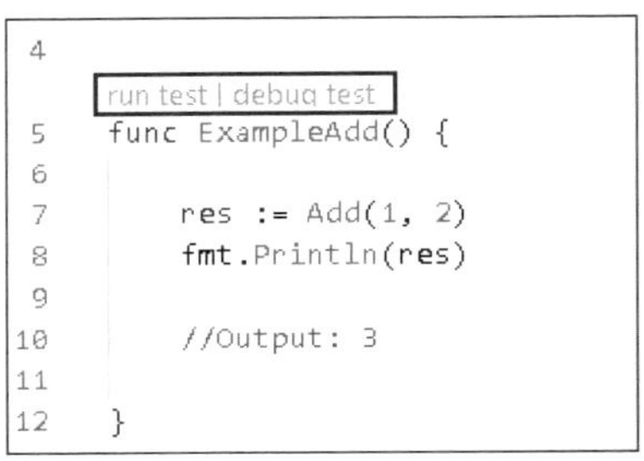

Abbildung 2.17 Ausführung von Beispielcode in Visual Studio Code

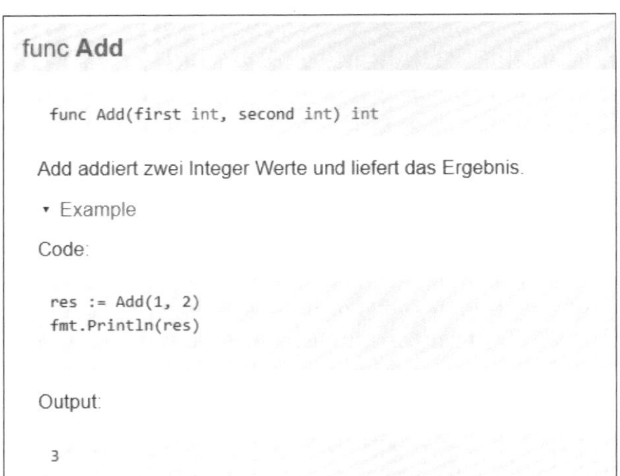

Abbildung 2.18 Dokumentation mit enthaltenem Beispiel

2.3 Module und Libraries

Eines der wichtigsten Konzepte in der Softwareentwicklung ist die Modularisierung. Sie ermöglicht uns, große komplexe Probleme in kleinere, beherrschbare Probleme zu zerlegen und damit auch die Flexibilität und Wartbarkeit der Software zu erhöhen.

In Abschnitt 2.1.8, »Der Go-Workspace – Wie organisiere ich Go-Code?«, haben wir bereits die Begriffe *Package*, *Import Path*, *Module* und *Repository* kennengelernt. Packages, Module und Repositories stellen für Go die Einheiten zur Modularisierung dar.

In einem Repository können sich ein oder mehrere Module befinden. Ein Modul wiederum kann ein oder mehrere Packages enthalten. Jedes Package beinhaltet dann die einzelnen Go-Quellcode-Dateien.

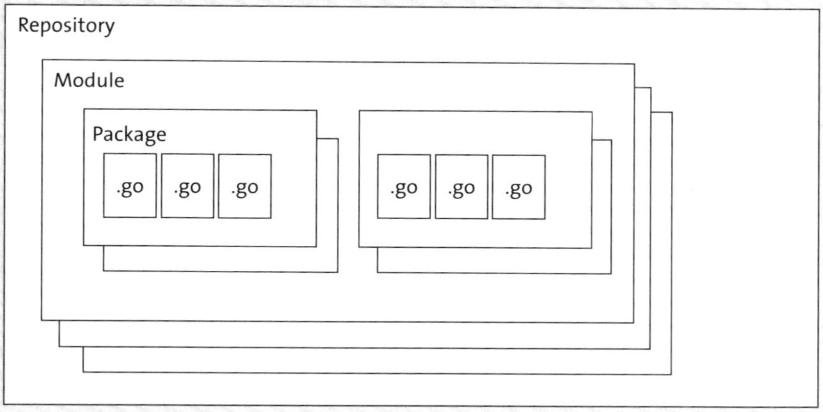

Abbildung 2.19 Struktur von Go-Sourcecode

Abhängigkeiten zwischen Packages werden immer über die Angabe eines Import Path im Kopfteil einer Source-Datei angegeben.

```
import (
   "github.com/sirupsen/logrus"
)
```

Listing 2.85 Definition einer Abhängigkeit zu einem anderen Package

Der angegebene Import Path bezieht sich auf ein anderes Package, das sich zum Kompilierungszeitpunkt lokal auf Ihrem Computer befinden muss. Wie Sie den Download über die Go-Umgebung anstoßen bzw. durchführen können, bekommen Sie in Abschnitt 2.3.1, »Third-Party Libraries einbinden«, gezeigt.

Wo die Abhängigkeiten bei Ihnen lokal gesucht werden, hängt von Ihrer Go-Version und Ihrem Projekt ab. Mehrere Ablageorte kommen in Betracht:

- Direkt im *src* Verzeichnis des Go-Workspaces
- *Vendor* Verzeichnis innerhalb des jeweiligen Projekts
- Unterhalb des *mod*-Verzeichnisses des Go-Workspaces

Die von der Code-Organisation her einfachste Variante ist gegeben, wenn sich der gesamte Code innerhalb des *src*-Verzeichnisses des Go-Workspace befindet und alle Abhängigkeiten dort aufgelöst werden können. Dies war auch der ursprüngliche Ansatz von Go. Ein *Dependency-Management*-Mechanismus war nicht vorhanden.

Allerdings hat dies den großen Nachteil, dass eine Abhängigkeit nur in einer Version im Go-Workspace vorhanden sein kann. Alle Projekte innerhalb des Workspace müssen dieselbe Version dieser Abhängigkeit verwenden. Benötigen mehrerer Ihrer Projekte dieselbe Bibliothek in verschiedenen Versionen, können Sie dies mit dem hier beschriebenen Ansatz nicht einfach umsetzen. In der Folge haben sich verschiedene Lösungsansätze verbreitet:

- Kopieren aller Abhängigkeiten in das Projekt selbst und Umschreiben sämtlicher Import-Statements
- Kopieren der Abhängigkeiten in das Projekt und Anpassen des GOPATH, sodass diese Packages für das entsprechende Projekt benutzt werden
- Festhalten einer Abhängigkeitsversion in einer Datei und Durchführung eines entsprechenden Updates auf die passende Version, bevor mit dem Projekt gearbeitet wird
- Komplettes Duplizieren des Go-Workspace für jedes Projekt

Auch diese Ansätze bergen jedoch jeweils ihre Probleme. Entweder, Sie haben einen großen Aufwand, sämtliche Abhängigkeiten durch Umschreiben der Import-Statements anzupassen, oder Sie benötigen ein zusätzliches Build-Skript, das Ihnen die Umgebung vor der Arbeit mit dem Projekt richtig anpasst. Beides widerspricht den Grundideen von Go!

In der Go-Version 1.6 (in Version 1.5 noch experimentell) wurden die sogenannten *vendor*-Verzeichnisse eingeführt, die diese Problemstellung aufgreifen. Innerhalb jedes Projekts können Sie seitdem ein Verzeichnis mit dem Namen *vendor* anlegen, in dem sich alle für das Projekt nötigen externen unangepassten Abhängigkeiten ablegen lassen. Die Pfade innerhalb des Verzeichnisses entsprechen analog dem *src*-Verzeichnis dem Import Path des Projekts.

Wie in Abbildung 2.20 dargestellt, wurde im Projekt `first-vendor`, das sich im *src*-Verzeichnis des Go-Workspace befindet, die Abhängigkeit `github.com/sirupsen/logrus` in das Vendor-Verzeichnis aufgenommen.

Abbildung 2.20 Vendor-Verzeichnis in eigenem Projekt

Andere Projekte können nicht auf Abhängigkeiten innerhalb eines *vendor*-Verzeichnisses zugreifen, und bei der Kompilierung wird zum Auflösen von Abhängigkeiten zuerst das *vendor*-Verzeichnis verwendet.

Vendor-Verzeichnisse

Vendor-Verzeichnisse werden nur bei nicht-Go-Modules-basierten Projekten standardmäßig eingebunden. Bei Go-Modules-Projekten muss das Flag `-mod=vendor` mitgegeben werden.

Mit der Einführung von Go Modules erhielt Go einen Standard-Dependency-Management-Mechanismus, der in Version 1.14 als »production ready« gekennzeichnet wurde. Diesen sollten Sie für neue Projekte auf jeden Fall verwenden.

Go Modules verwenden!

Verwenden Sie in neuen Projekten für die Verwaltung Ihrer Abhängigkeiten Go Modules.

Die Ablage der Abhängigkeiten erfolgt weiterhin im Go-Workspace, allerdings nicht mehr direkt im *src*-Verzeichnis oder dem *vendor*-Verzeichnis im Projekt, sondern in einem separaten *mod*-Verzeichnis unterhalb des *pkg*-Verzeichnisses, wie in Abbildung 2.21 gezeigt. Welche Abhängigkeiten in welcher Version verwendet werden sollen, gibt eine zusätzliche *go.mod*-Datei im Projekt an. Jedes Go-Modules-basierte Projekt muss eine solche Datei enthalten. Mehr dazu erfahren Sie in Abschnitt 2.3.3, »Module erstellen, verwenden und versionieren«.

Die Abhängigkeiten werden, im Unterschied zum *src*- oder *vendor*-Verzeichnis, versioniert abgelegt. Wenn Sie beispielsweise die Log-Bibliothek Logrus in einem Go-Modules-basierten Projekt verwenden, wird von der Go-Umgebung hinter dem letzten Pfadbestandteil des Import Path ein @, gefolgt von der jeweiligen Versionsnummer, angehängt. Es ergibt sich dann etwa der Pfad *github.com/sirupsen/logrus@1.4.2*. Wie in Abbildung 2.22 dargestellt, können Sie somit mehrere Versionen der gleichen Bibliothek lokal speichern.

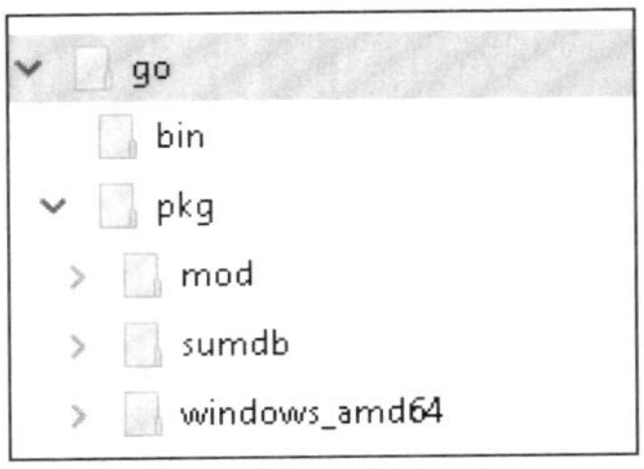

Abbildung 2.21 Mod-Verzeichnis unterhalb des pkg-Verzeichnisses

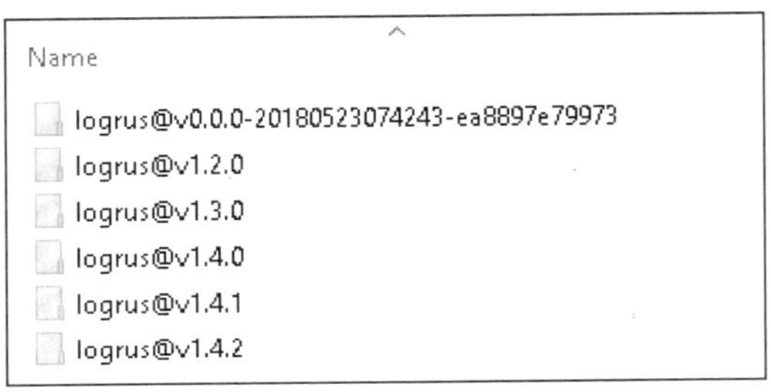

Abbildung 2.22 Beispiel eines mod-Verzeichnisses einer Bibliothek

2.3.1 Third-Party Libraries einbinden

Wie bereits beschrieben, müssen Sie Abhängigkeiten zwischen Packages immer mit einem Import-Statement innerhalb einer Go-Quellcodedatei angeben. Zum Kompilierungszeitpunkt muss sich das eingebundene Package lokal bei Ihnen auf der Festplatte befinden. Den entsprechenden Download der Abhängigkeit übernimmt die Go-Umgebung für Sie. Hierzu haben wir bereits das Tool `go get` kennengelernt.

Der erste Schritt, nachdem Sie sich ein neues Projekt auf die Festplatte kopiert haben, ist immer der Aufruf von `go get` im Projekt-Root-Verzeichnis. Damit laden Sie alle benötigten Abhängigkeiten herunter und können das Projekt kompilieren.

Was wird bei go get heruntergeladen?

Wenn Sie mit `go get` eine Abhängigkeit installieren möchten, geben Sie als Parameter einen Import Path an. Heruntergeladen wird aber nicht nur dieses eine Package, sondern das komplette Repository der Abhängigkeit. Für den Download stellt dieses Repository die kleinste Einheit dar. Wenn Sie z. B. nur das Package `github.com/sirupsen/logrus/hooks/syslog` angeben, wird trotzdem das Repository `github.com/sirupsen/logrus` mit allen enthaltenen Packages heruntergeladen.

Möchten Sie in eine Quellcode-Datei eine neue Abhängigkeit aufnehmen, gehen Sie wie folgt vor:

- Aufruf von `go get` mit entsprechendem Import Path als Parameter
- Aufnahme des Import-Statements und Nutzung der Bibliothek
- Kompilierung der Anwendung

Gofmt und neue Imports

In IDEs mit eingeschalteter Autoformatierung und Import-Bereinigung kann es unter Umständen störende Seiteneffekte haben, wenn Sie ein neues Import-Statement aufnehmen, dies aber noch nicht im Quellcode verwenden. Beim Speichern wird dann der Import direkt wieder gelöscht (Sie verwenden den Import ja noch nicht). Wenn Sie, wie der Autor, ständig Ihre Änderungen speichern, kann es sinnvoll sein, zuerst die Bibliothek zu verwenden und dann ein Import-Statement dafür aufzunehmen, oder eben an dieser Stelle auf die Gewohnheit des ständigen Speicherns zu verzichten.

Das Vorgehen zur Aufnahme einer externen Bibliothek wollen wir uns anhand eines kleinen Beispiels ansehen. Verwendet wird die bereits mehrfach genannte Log-Bibliothek Logrus. Ihre Schnittstelle ist weitgehend kompatibel zum `log`-Package aus dem Go-Standardumfang, sie bietet allerdings einen deutlich größeren Funktionsumfang und kann besser konfiguriert werden.

Starten wir mit einer »Hello World«-Anwendung, die das Log-Package aus der Standardbibliothek verwendet. Legen Sie die Datei *main.go* im Verzeichnis *$GOPATH/src/first-dependency* ab.

```
package main

import "log"

func main() {
    log.Println("Hello World")
}
```

Listing 2.86 Beispielanwendung mit Log-Package aus Standardbibliothek

Durch einen `go get`-Aufruf installieren Sie die Bibliothek lokal auf Ihrem Computer, damit sie später beim Kompilieren gefunden wird:

```
go get github.com/sirupsen/logrus
```

Innerhalb der Anwendung müssen Sie ein entsprechendes Import-Statement aufnehmen, um Logrus verwenden zu können. Die Funktion `Println` ist im Package `github.com/sirupsen/logrus` enthalten, und das entsprechende Import-Statement muss folglich so aussehen:

```
import "github.com/sirupsen/logrus"
```

Listing 2.87 Importstatement für Einbindung von Logrus

Da die Logrus-Bibliothek weitgehend kompatibel zur Standard-`log`-Implementierung ist und wir den eigentlichen Anwendungscode nicht anpassen möchten, können wir über einen Package Alias das `logrus`-Package unter dem Namen `log` referenzieren. Das Import-Statement sieht dann im kompletten Code des Beispiels so aus:

```
package main

import log "github.com/sirupsen/logrus"

func main() {
    log.Println("Hello World")
}
```

Listing 2.88 Beispielanwendung mit Logrus

Über `go build main.go` bzw. `go run main.go` können Sie nun die Anwendung kompilieren bzw. ausführen.

Im obigen Beispiel haben wir der Einfachheit halber ein Legacy-Projekt, das sich direkt im Go-Workspace befindet, verwendet. Die Einbindung einer externen Bibliothek in ein Go-Modules-basiertes Projekt unterscheidet sich hiervon nicht wesentlich. In Abschnitt 2.3.3, »Module erstellen, verwenden und versionieren«, sehen wir uns Go Modules noch einmal an. An dieser Stelle sei nur erwähnt, dass der Aufruf von `go get` bei Go-Modules-basierten Projekten auch die *go.mod*-Datei, die sämtliche Abhängigkeiten mit Versionsangabe auflistet, entsprechend aktualisiert.

Versionsangaben bei go get

Beim Einsatz von Go Modules haben Sie zusätzlich die Option, beim `go get`-Aufruf eine Versionsangabe mitzugeben. Diese Versionsangabe wird in die *go.mod*-Datei übernommen, und die entsprechende Version der Bibliothek wird verwendet.

Der Aufruf sieht dann z. B. wie folgt aus:

```
go get github.com/sirupsen/logrus@1.4.2
```

Bei Legacy-Projekten ist bei der Installation einer Abhängigkeit die Angabe einer Version nicht möglich, da diese zentral im Workspace abgelegt wird. Es wird immer automatisch die neuste Version verwendet!

Manche Bibliotheken müssen in den eigenen Sourcecode importiert, aber nicht direkt verwendet werden. Das ist z. B. bei SQL-Bibliotheken der Fall. Hier werden beim Einbinden der Bibliothek Initialisierungen vorgenommen, so dass eine Verbindung zur Datenbank aufgebaut werden kann. In diesem Fall müssen Sie den *Blank Identifier* beim Import verwenden, damit der entsprechende Import nicht automatisch entfernt oder als Fehler ausgewiesen wird.

```
import "database/sql"
import _ "github.com/go-sql-driver/mysql"
```

Listing 2.89 Einbinden einer SQL-Bibliothek über Blank Identifier

2.3.2 Eigene Libraries erstellen und teilen

In den vorangegangenen Kapiteln haben wir immer externe Bibliotheken in unsere Anwendungen aufgenommen. Möchten Sie selbst eine Bibliothek zur Verfügung stellen, müssen Sie sich dazu vorab ein paar Gedanken machen:

- Wie soll die Bibliothek ausgeliefert werden?
- Welchen Packagenamen bzw. welchen Import Path soll die Bibliothek besitzen?
- Welche Bestandteile sollen für Anwender der Bibliothek nutzbar sein?

Import Compatibility Rule

Da Go sehr großen Wert auf Kompatibilität zwischen verschiedenen Versionen legt, sollten Sie immer die vom Go-Team vorgeschlagene »Import compatibility rule« beherzigen:

»If an old package and a new package have the same import path, the new package must be backwards compatible with the old package.«

Die beiden ersten der oben dargestellten drei Fragen hängen sehr eng miteinander zusammen. Da in Go bereits implizite Logiken zum Download von Packages eingebaut sind, ist der Name des entstehenden Packages bzw. des entsprechenden Import Path nicht völlig frei wählbar. Je nach Package-Name wird die Go-Umgebung versuchen, das Package von verschiedenen Orten herunterzuladen (siehe hierzu auch »get – Abhängigkeiten laden und installieren« in Abschnitt 2.1.9.

Den Package-Namen müssen Sie immer vollqualifiziert definieren, so dass die Umgebung bei einem `go get`-Aufruf die Abhängigkeit auch herunterladen kann. Befindet sich Ihr Quellcode nicht bei einem der großen, vorkonfigurierten Anbieter wie GitHub.com, müssen Sie unter Umständen im Import-Statement noch ein Download-Protokoll angeben. Für ein direkt über SSH angesprochenes Git-Repository sieht dies z. B. so aus (Anhängen von `.git` an den Package-Namen):

```
go get myserver.local/volume2/git-server/somelib.git
```

Das entsprechende Import-Statement sieht in diesem Fall wie folgt aus (bei der Verwendung des Packages entfällt die Endung `.git`.):

```
import (
    "myserver.local/volume2/git-server/somelib.git"
)
...
somelib.MeineFunktion
```

Listing 2.90 Import-Statement und Verwendung einer Abhängigkeit, die über SSH ausgeliefert wird

Seit der Einführung des neuen Dependency-Mechanismus »Go Modules« werden Bibliotheken standardmäßig über HTTP heruntergeladen, wodurch auch eine Entkopplung zwischen Repository und URL erreicht wird bzw. werden kann. Ihr Source Repository muss sich nicht mehr genau unter der im Import Path angegebenen vollqualifizierten URL befinden. Ein Web-Server muss lediglich unter der angegebenen URL dem Client mittels HTML-Meta-Tag die genaue Adresse und den Typ des Repositorys mitteilen.

Befindet sich Ihr Repository aktuell z. B. bei GitHub.com, und Sie möchten einen alternativen Import Path wie `golang.source-fellows.com/cmd` verwenden, können Sie das Meta-Tag `go-import` innerhalb der unter *https://golang.source-fellows.com/cmd?go-get=1* zurückgelieferten HTML-Seite verwenden. Sie erkennen die entsprechende URL des Import Paths wieder. Der Query-Parameter `go-get` ermöglicht es Web-Servern, das Meta-Tag nicht immer mit ausliefern zu müssen und eventuell Auswertungen über Nutzung der Bibliothek zu erstellen. Wird der Parameter nicht angegeben, muss der Server das Meta-Tag nicht liefern.

```
<meta name="go-import" content="golang.source-fellows.com git https:// ⤸
github.com/kkoehler/golang">
```

Listing 2.91 Beispiel für das go-import-Meta-Tag

Im Beispiel kann man nun über den Import Path `golang.source-fellows.com/cmd` das eigentliche Repository unter *https://github.com/kkoehler/golang* referenzieren:

```
import (
    "golang.source-fellows.com/cmd"
)
```

Go-Import-Protokoll

Tools wie etwa Gitlab haben das Go-Import-Protokoll bereits umgesetzt. Abfragen der Go-Umgebung auf ein Repository innerhalb eines Gitlab-Servers liefern direkt ein passendes `go-import`-Meta-Tag.

> An dieser Stelle können Sie ohne weitere Schritte die Repository-URL des Servers als Import Path verwenden. Auch auf eine Angabe des Repository-Typs können Sie hierbei verzichten.
>
> Läuft Ihr Gitlab-Server z. B. unter *https://src.source-fellows.com* und Ihr Repository liegt dort unter */training/samples*, so können Sie diesen Pfad direkt verwenden. Der resultierende Import Path lautet:
>
> `src.source-fellows.com/training/samples`

Achten Sie bitte auch darauf, ob ein Module Proxy und die Sum-DB verwendet werden sollen (siehe hierzu die Abschnitte zu GOPROXY, GONOPROXY, GOPRIVATE bzw. GOSUMDB, GONOSUMDB in Abschnitt 2.1.7). Im obigen Beispiel können Sie z. B. das Präfix des Import Path golang.source-fellows.com in GOPRIVATE aufnehmen:

```
go env -v GOPRIVATE=golang.source-fellows.com
```

Sobald Sie sich für einen passenden Package-Namen und somit für eine Auslieferungsvariante entschieden haben, können Sie ihre Bibliothek veröffentlichen. Welche Bestandteile Ihres Packages für Clients sichtbar sein sollen, steuern Sie über den normalen Export-Mechanismus. Hier unterscheidet sich die Entwicklung nicht von einer Anwendung.

In den meisten bisherigen Beispielen haben wir im Main-Package gearbeitet. Für eine Bibliothek müssen Sie einen passenden Package-Namen verwenden, der im Client eingebunden werden kann. Die `somelib` aus dem obigen SSH/Git-Beispiel könnte dementsprechend wie in Listing 2.92 dargestellt aussehen:

```
package somelib

import "fmt"

// CallLib calls something.
func CallLib() {
   fmt.Println("Here is somelib")
}
```

Listing 2.92 Beispiel-Bibliothek im Package somelib

Durch das Einchecken der Bibliothek in eine Versionsverwaltung steht Ihre Bibliothek anderen Anwendern zur Verfügung, diese können über den entsprechenden Import Path auf Ihre Bibliothek zugreifen.

Haben Sie das oben genannte Beispiel zum Beispiel bei GitHub unter *https://github.com/SourceFellows/somelib* eingecheckt, so können Sie diese Abhängigkeit mit dem Kommando `go get github.com/sourcefellows/somelib` lokal installieren und nutzen. Ein möglicher Client ist in Listing 2.93 dargestellt.

```
package main

import "github.com/sourcefellows/somelib"

func main() {
    somelib.CallLib()
}
```

Listing 2.93 Verwendung einer eigenen Bibliothek aus einem Git-Repository

Wie bereits weiter oben erwähnt, ist die kleinste auszuliefernde Einheit Ihr komplettes Repository. Das kann Vor-, aber auch Nachteile haben, je nachdem, welchen Verwaltungsansatz Sie mit Ihrem Repository verfolgen.

Bei Mono-Repositories kann z. B. die Verwendung eines einzelnen Packages daraus einen recht umfangreichen Download nach sich ziehen. Auf der anderen Seite sollte in diesem Fall ohnehin Ihr kompletter Sourcecode in diesem Mono-Repository gespeichert sein, und Sie haben alle selbst erstellten Packages bereits lokal verfügbar.

2.3.3 Module erstellen, verwenden und versionieren

Wie in Abschnitt 2.3 beschrieben, wurde Go mit der Einführung von Go Modules um einen Dependency-Managament-Mechanismus erweitert, den Sie für neue Projekte nutzen sollten.

Zusätzlich zu den Import-Statements im Quellcode, die ein referenziertes Package angeben, wird in Go-Modules-Projekten in einer Meta-Datei die Versionsnummer der Abhängigkeit festgehalten. Diese *go.mod*-Datei im Projekt-Root-Verzeichnis wurde bereits mehrfach angesprochen und hat in einem einfachen Beispiel folgenden Aufbau:

```
module golang.source-fellows.com/training/samples

go 1.14

require github.com/sirupsen/logrus v1.5.0
```

Listing 2.94 Beispiel einer go.mod-Datei im Projekt-Root-Verzeichnis

In der ersten Zeile wird der *Module Path* angegeben, der dem Import Path des Root-Packages entspricht und dem Modul einen eindeutigen Namen gibt. Dieser Name sollte ebenso wie ein Package-Name vollqualifiziert sein, also den Domänennamen enthalten. Es gelten dieselben Regeln, die weiter oben schon für Package-Namen beschrieben wurden.

Neben der Angabe, mit welcher minimalen Go-Version das Modul übersetzt werden kann, enthält die Datei sämtliche benötigten Abhängigkeiten mit Angabe der entsprechenden Version.

Sie können ein Go-Module-basiertes Projekt in einem beliebigen Verzeichnis mit dem Kommando `go mod init` starten. Als Parameter müssen Sie den Module Path Ihres neuen Moduls angeben.

```
go mod init golang.source-fellows.com/training/samples
```

Listing 2.95 Erstellen eines neuen Go-Moduls

Daraufhin werden die bekannte *go.mod*- und eine *go.sum*-Datei in Ihrem aktuellen Projektverzeichnis erstellt. Die *go.sum*-Datei enthält kryptografische Prüfsummen für die verwendeten Abhängigkeiten, mit denen eine Integritätsprüfung durchgeführt werden kann (siehe hierzu auch den Abschnitt zu GOSUMDB, GONOSUMDB in Abschnitt 2.1.7, »Umgebungseinstellungen«).

Abhängigkeiten, die Sie mit `go get` hinzufügen, werden heruntergeladen und mit in die *go.mod*-Datei aufgenommen. Vom Programmcode her spielt es keine Rolle, ob es sich bei der Abhängigkeit um ein Go-Modul handelt oder nicht.

Welche Version der Bibliothek wird verwendet?

`go get` sucht in der Versionsverwaltung nach vorhandenen Tags und versucht, aus deren Namen abzuleiten, welche Version verwendet werden soll.

Die Namen der Tags müssen der Form vX.X.X entsprechen und können auch Zusätze wie `pre` enthalten, z. B. v1.0.0-pre. Standardmäßig wird die Version mit der höchsten Versionsnummer verwendet. Sind keine Tags vorhanden, wird der letzte Commit im sogenannten Default Branch des Repositories benutzt. Welcher Branch das dann ist, muss in der Versionsverwaltung konfiguriert werden.

Durch Angabe einer Versionsnummer bei `go get` können Sie diesen Versionsmechanismus übersteuern, beispielsweise durch den folgenden Aufruf:

```
go get github.com/SourceFellows/somelib@v0.0.1
```

Wenn Sie Ihre Go-Module versionieren möchten, müssen Sie ihnen in der Versionsverwaltung aufsteigende Versionsnummern geben. Das Namensschema sollte sich hierbei an dem *Semantic-Version*-Schema (*https://semver.org/*) orientieren und Versionsnummern im Format v*MAJOR.MINOR.PATCH* verwenden. Eine entsprechende Versions-nummer ist z. B. `v1.0.0`.

Clients bekommen immer dann eine neue Version, wenn Sie Ihren Quellcode in der Versionsverwaltung mit einem neuen Tag versehen haben und mit `go get` in Ihrem Projektverzeichnis ein Update angestoßen haben.

Nach der *Import Compatibility Rule* von Go muss jedes neue Package mit gleichbleibendem Import Path auch abwärtskompatibel gehalten werden. Diese Regel bringt uns beim Einsatz der *Semantic Versions* zu einem Problem:

Eine neue major version einer API stellt eine inkompatible Änderung der Schnittstelle dar. In Go heißt das, dass sich beispielsweise die Signaturen von Funktionen oder Methoden verändert haben. Clients können die neue Version der Bibliothek bzw. das Package nicht ohne Anpassungen weiternutzen. Die *Import Compatibility Rule* wäre in diesem Fall verletzt, da sich die »Schnittstelle« des Import Path verändert hat.

Im vorangegangenen Beispiel in Listing 2.92 sehen Sie z. B. die Version 1.0.0 der Bibliothek *Somelib*. Sie besitzt die Funktion `CallLib()`. Über den entsprechenden Import Path konnten wir die Bibliothek nutzen, wie in Listing 2.93 gezeigt. Besitzt die Version 2.0.0 nun eine inkompatible Änderung, wie in Listing 2.96 dargestellt, ist die *Import Compatibility Rule* verletzt, da der Client angepasst werden müsste, obwohl er den gleichen Import Path nutzt.

```
// Package somelib shows how to build a simple golang library.
package somelib

import "fmt"

// CallLibV2 simple writes a string to the console.
func CallLibV2() {
   fmt.Println("Here is somelib - version 2.0.0")
}
```

Listing 2.96 Version 2 der Somelib

Als Konsequenz müssen Sie in Ihren Module-Namen und den Import Path eine Versionsnummer aufnehmen, um die unterschiedlichen Versionen zu kennzeichnen.

Die Bibliothek muss mit dem Zusatz v2 veröffentlicht werden, und der Client muss, wenn er die Version 2 nutzen möchte, den Import Path entsprechend anpassen. Über Import Aliase können Sie hier den Namen eines eingebundenen Packages konstant halten.

```
// Package main shows how to import a simple library from GitHub.
package main

import somelib "github.com/SourceFellows/somelib/v2"

// Main calls a simple library.
```

```
func main() {
   somelib.CallLibV2()
}
```

Listing 2.97 Version 2 eines Somelib Clients

Bei der Entwicklung und Veröffentlichung der Bibliothek können Sie verschiedentlich vorgehen. Ich möchte an dieser Stelle nur die vom Go-Team empfohlene Variante vorstellen, bei der die Version 2 in einem separaten Verzeichnis in der Versionsverwaltung gepflegt wird. Dies hat den Vorteil, dass auch Clients, die keine Go-Module verwenden, weiterarbeiten können.

In Version 1 befand sich die *somelib.go*-Datei direkt im Repository Root unter *https://github.com/SourceFellows/somelib*. Für Version 2 wird die neue *somelib.go*-Datei im Verzeichnis v2 im Repository angelegt und entsprechend entwickelt. Falls eine *go.mod*-Datei vorhanden ist, müssen Sie hier auch den Modul-Namen anpassen.

Version 1

```
module github.com/SourceFellows/somelib
```

zu Version 2

```
module github.com/SourceFellows/somelib/v2
```

Durch das Verschieben der Version 2 in das Verzeichnis *v2* können Clients, unabhängig davon, ob sie Go Modules nutzen oder nicht, den neuen Import Path nutzen (siehe Listing 2.97).

Das Beispiel finden Sie auch in Github unter der angegebenen URL.

2.3.4 Go-Projekte in Go-Module umwandeln

Bis zur Einführung von Go Modules standen verschiedene Möglichkeiten zur Verfügung, um Abhängigkeiten zu verwalten. Es entstanden einige Tools, die diese Aufgabe übernahmen. Jedes dieser Tools hatte entweder einen speziellen Aufbau oder eine Konfigurationsdatei zur Folge.

Wenn Sie ein bestehendes, nicht-Go-Module-basiertes Projekt zu einem Go-Modules-Projekt konvertieren möchten, bietet sich das Tool `go mod` an. Es kann verschiedene Formate von Konfigurationsdateien anderer Abhängigkeitsverwaltungen zu *go.mod*- und *go.sum*-Dateien konvertieren.

Die bekannten Formate bzw. Konfigurationsdateien sind die folgenden:

- GLOCKFILE
- Godeps/Godeps.json

- Gopkg.lock
- dependencies.tsv
- glide.lock
- vendor.conf
- vendor.yml
- vendor/manifest
- vendor/vendor.json

Bei den bekannten Formaten ist eine Konvertierung einfach: Führen Sie hierzu die Initialisierung eines Go-Module-basierten Projekts aus. Geben Sie als Parameter einen passenden Module Path an:

```
go mod init source-fellows.com/training/modsample
```

Das `go mod`-Tool erstellt nun aus den Informationen einer eventuell gefundenen Konfigurationsdatei eine entsprechende *go.mod*-Datei. Im Unterschied zum Ablauf ohne Abhängigkeitsverwaltung werden statt der neuesten Version einer Abhängigkeit die entsprechenden Versionsangaben aus den Konfigurationsdateien verwendet.

Nach einer Konvertierung empfiehlt es sich, `go mod tidy` zum Aufräumen der Abhängigkeiten zu starten. Damit werden transitive Abhängigkeiten aufgelöst und eventuell nicht mehr verwendete bzw. fehlende Abhängigkeiten angepasst.

Sie sollten auf jeden Fall über das Ausführen der Unit-Tests sicherstellen, dass Ihr Modul noch fehlerfrei ausgeführt werden kann und dass sämtliche Abhängigkeiten auch gefunden wurden. Durch die unterschiedlichen Ansätze der Tools kann es vorkommen, dass sich die aufgelösten Abhängigkeiten etwas unterscheiden.

Falls Sie ein Projekt ohne Abhängigkeitsverwaltung bzw. ohne Konfigurationsdatei zu einem Go-Module-basierten Projekt konvertieren, unterscheidet sich der dafür notwendige Ablauf nicht von dem hier dargestellten. Ebenso können Sie über `go mod init` ein neues Projekt starten. Im Gegensatz zu der oben beschriebenen Variante werden dann die Projekt-Quelldateien nach Import-Statements durchsucht und die entsprechenden Abhängigkeiten bestimmt. Da in diesem Fall über die Import-Statements alleine keine Versionsangaben vorliegen, werden die jeweils neusten Versionen aus den entsprechenden Repositories verwendet.

Kapitel 3
Microservices

In diesem Kapitel werden wir eine Anwendung in Form mehrerer Microservices umsetzen und diese sukzessive ausbauen.

Im Folgenden wollen wir uns die Umsetzung von Microservices mit Go genauer anschauen. Parallel zu den technischen Grundlagen wird eine Beispielanwendung erstellt, die die gezeigten Ansätze in einem etwas größeren Kontext darstellt.

Die beschriebene Anwendung »Training Fellow« soll Schulungsanbieter bei der Schulungsbuchung, -vorbereitung und -durchführung unterstützen.

Sourcecode der Beispielanwendung »Training Fellow«

Den Sourcecode zum Beispiel finden Sie im Internet unter: *https://github.com/SourceFellows/trainingfellow*

Kunden sollen die Möglichkeit erhalten, sich über ein Web-Formular auf der Webseite des Schulungsanbieters für angebotene Schulungen zu registrieren. Diese Registrierungen sollen in einer Schulungsliste eingetragen werden, damit sie später von einem Sachbearbeiter bearbeitet werden können. Eine E-Mail soll den Sachbearbeiter über neue Registrierungen informieren, so dass er diese prüfen und gegebenenfalls bestätigen kann. Das Anmeldeformular soll möglichst einfach aufgebaut sein und wenige Validierungen enthalten. Dem Kunden soll eine Eintragung möglichst einfach gemacht werden. Die Aufgabe des Sachbearbeiters soll es sein, die Daten manuell zu prüfen und eventuell Kontakt mit dem Kunden aufzunehmen.

Nach der Bestätigung der Registrierung durch den Sachbearbeiter soll der Kunde mit einer E-Mail über diesen Zustand informiert werden.

Zur besseren Visualisierung ist der Ablauf einer Registrierung noch einmal in Abbildung 3.1 in Form einer *Domain Story* dargestellt. Die weiteren Teilschritte sind ebenfalls zusätzlich als *Domain Stories* visualisiert.

Domain Driven Design

Ein wichtiger Bestandteil des *Domain Driven Designs* sind die sogenannten *Knowledge Crunchings*. Eric Evans hat in seinem Buch so die Gespräche zwischen Domänenexperten und Softwareentwicklern bezeichnet, in denen die Entwickler ein tieferes Verständnis für die Fachdomäne, die sie umsetzen sollen, bekommen.

Ziel eines solchen Meetings ist die gemeinsame Entwicklung einer einheitlichen, allgegenwärtigen Domänensprache zwischen Fachleuten und Entwicklern, die von beiden verstanden und eingesetzt wird: eine sogenannte *ubiquitous language*. Siehe z. B.: *https://martinfowler.com/bliki/UbiquitousLanguage.html*

Eric Evans beschreibt kein festes Vorgehen oder Dokumentationsformat für das Domain Driven Design. Allerdings haben sich zwei Ansätze verbreitet: das *Event Storming* und das *Domain Story Telling*.

Beide Ansätze haben ihre Vor- und Nachteile. Ich habe mich in dem Beispiel für das Domain Story Telling entschieden, da dort die Piktogrammdarstellung – also die Darstellung durch kleine Symbole – der Domain Story ein wesentlicher Bestandteil ist und diese meines Erachtens schnell verstanden werden kann.

https://domainstorytelling.org/

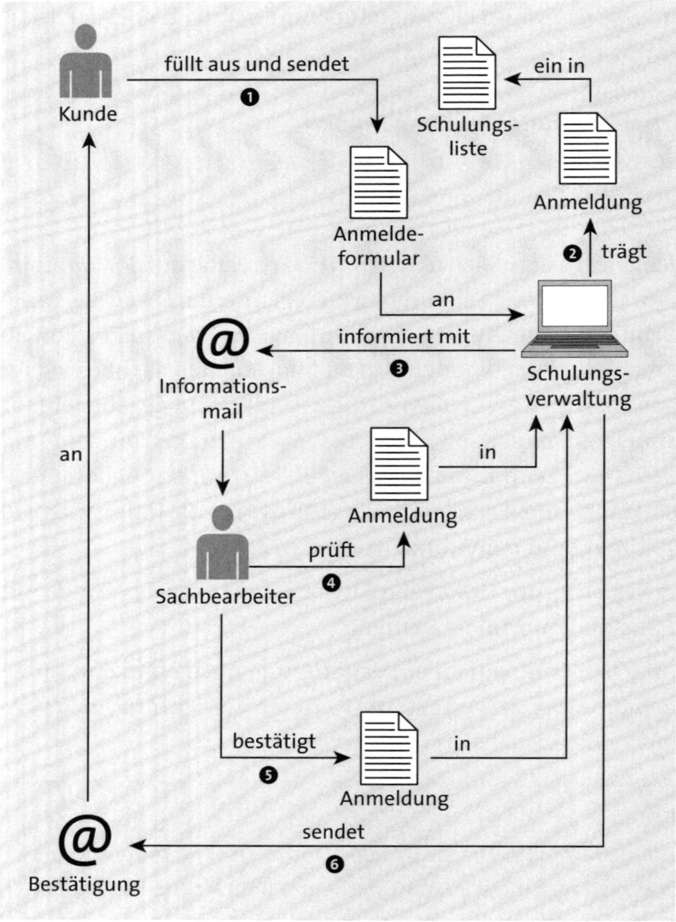

Abbildung 3.1 Domain Story der Schulungsregistrierung

Kurz vor dem eigentlichen Schulungstermin startet ein Sachbearbeiter die Schulungsvorbereitung und schließt somit die Schulungsliste (siehe Abbildung 3.2). Dies hat die Auswirkung, dass keine neuen Anmeldungen mehr angenommen werden und die Schulung nicht mehr buchbar ist. Auf der Webseite soll die Schulung als »nicht mehr buchbar« ausgewiesen werden.

Ist die Schulungsliste geschlossen, kann der Sachbearbeiter für Offline-Seminare den Druck der Schulungsunterlagen in Auftrag geben. Das beinhaltet z. B. die eigentlichen Schulungsunterlagen, eine Teilnehmerliste sowie die Teilnahme-Zertifikate für die Teilnehmer. Bei Online-Schulungen sollen nur die Teilnahme-Zertifikate beauftragt werden.

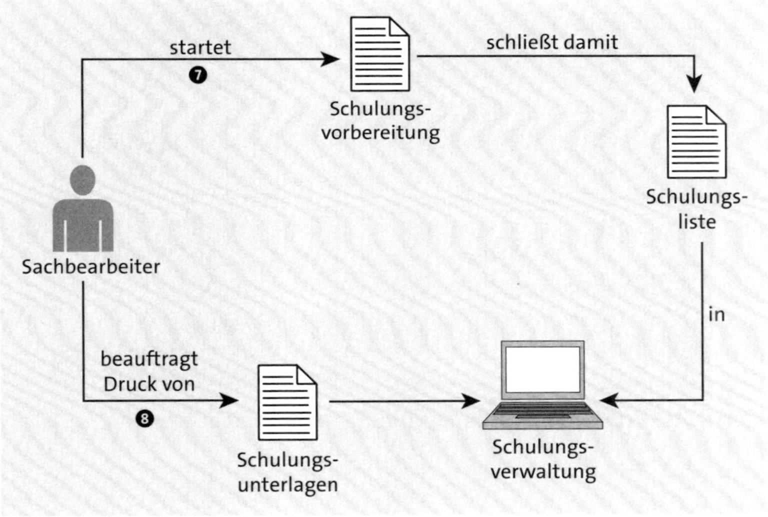

Abbildung 3.2 Domain Story zur Schulungsvorbereitung eines Sachbearbeiters

Der Trainer führt zum Schulungstermin die Schulung durch und bestätigt für die Teilnehmer anhand der Teilnehmerliste ihre Teilnahme in der Schulungsverwaltung. Das bewirkt, dass den Schulungsteilnehmern, zusätzlich zu den in der Schulung zur Verfügung gestellten Materialien, ein Online-Link per E-Mail zugestellt wird, über den sie z. B. Musterlösungen herunterladen können. Mittels E-Mail werden die Teilnehmer ebenfalls gebeten, das Seminar in einem »Training Fellow«-eigenem Bewertungsportal zu bewerten. Für die Abrechnung informiert die Schulungsverwaltung zusätzlich über die Durchführung des Seminars (siehe Abbildung 3.3).

An dieser Stelle enden die Domain Story und das Beispiel. Die versendete Nachricht zur Durchführung könnte im Anschluss von der Buchhaltungssoftware verarbeitet werden.

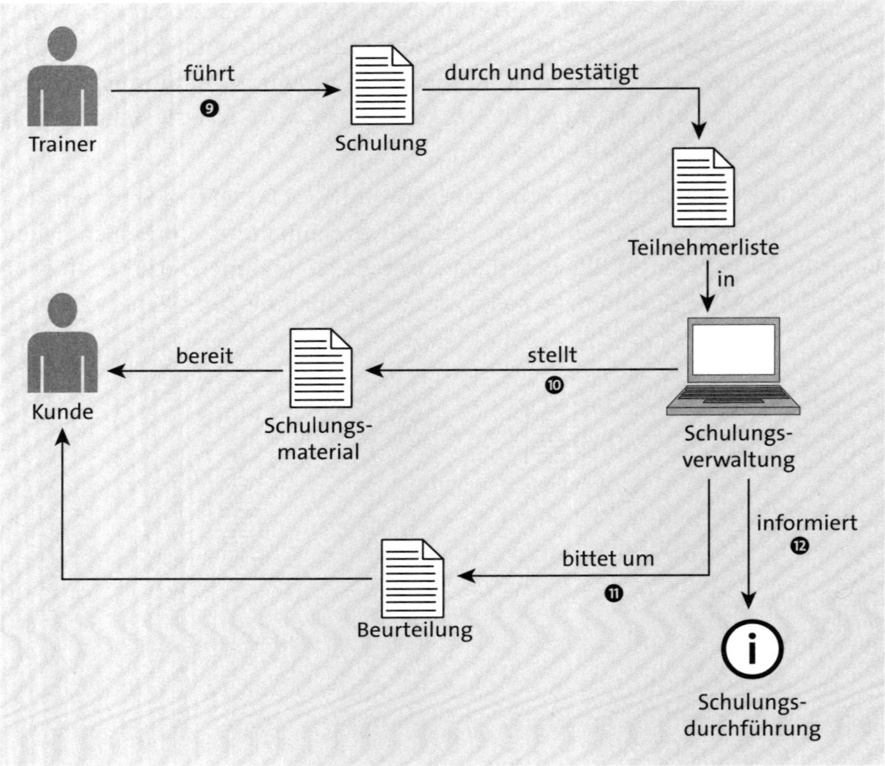

Abbildung 3.3 Domain Story zur Schulungsdurchführung und -nachbearbeitung

3.1 Grundlagen

Für den Begriff *Microservice* gibt es keine allgemeingültige Definition und keine feste technische Vorgabe. In Kapitel 1, »Einführung«, haben Sie verschiedene Eigenschaften von Anwendungen kennengelernt, die alle die Nachteile eines großen, schwerfälligen Monolithen lösen bzw. lösen sollen. Anwendungen, die diese Eigenschaften erfüllen, werden oft als *Microservices* bezeichnet.

3.1.1 Den Architekturstil umsetzen

In diesem Kapitel wollen wir uns einige dieser beschriebenen Eigenschaften von der technischen Seite aus anschauen und betrachten, wie Sie diese umsetzen können.

Komponenten als separate Services

Microservices entstanden, weil man große, schwerfällige Monolithen in einzelne kleinere Komponenten auftrennen wollte. Jede dieser Komponenten sollte als separater

Prozess ausgeführt werden und über wohldefinierte Schnittstellen mit der Außenwelt kommunizieren.

Für die Ausführung und Kapselung der Services in eigenständige Prozesse werden heutzutage meist sogenannte *Container* eingesetzt.

Container für Applikationen

Auch wenn die Idee und die Umsetzung des Einsatzes von Containern zur Virtualisierung nicht neu ist, wurde sie erst 2013 durch das Docker-Projekt richtig bekannt und populär. Docker ist mittlerweile wohl die meistbekannte *Container-Implementierung*.

Die bei den Containern eingesetzte Betriebssystem-Virtualisierung unterscheidet sich grundlegend von der bis dahin weitverbreiteten Virtualisierung über *Virtuelle Maschinen (VM)*. Bei den VMs wird ein kompletter Computer emuliert und darin ein gesamtes Betriebssystem ausgeführt.

Container arbeiten als Teil des ausführenden Betriebssystems und greifen zum Teil auf Ressourcen und Treiber des sogenannten *Hostsystems* zurück. Das ermöglicht kleine *Container-Images* und sehr kurze Startzeiten. Benötigt wird innerhalb des Containers meist nicht viel mehr als die eigentliche Anwendung.

Möchten Sie über Docker einen Container starten, benötigen Sie als Basis ein sogenanntes *Image*, das als Read-only-Dateisystem für diesen Container dient und während der Laufzeit des Containers nie verändert wird. Änderungen werden stattdessen in einem sogenannten *Overlay-Dateisystem* vorgenommen, das auf dem Host-Computer gespeichert wird.

Aufgrund der Tatsache, dass Images nie verändert werden können, ist es möglich, beliebig viele Container auf Basis eines Images zu starten oder dieses Image z. B. über mehrere Testumgebungen hinweg bis zur Produktion einzusetzen. So können Sie exakt den Stand, den Sie auf einer Testumgebung getestet haben, in Ihre Produktionsumgebung bringen.

Eigene Images mit einer eigenen Anwendung können Sie auf Basis bestehender Images in einer Konfigurationsdatei, einem *Dockerfile*, definieren und erstellen.

Für Ihre Microservice-Umgebung bieten Container einige Vorteile:

- gute Kapselung des Prozesses und gleichzeitig geringerer Ressourcenbedarf wie Virtuelle Maschinen
- schnelle Startzeiten der Container
- Forcierung einer statuslosen Ausführungsumgebung durch unveränderbare Images
- Agilität im Betrieb durch leichte Skalierung bzw. schnelles Nachstarten von Containern
- Image-Beschreibungen lassen sich in Versionsverwaltung pflegen

12-Faktor-App

Entwickler des Platform-as-a-Service-Anbieters Heroku haben bereits 2011 einen Leitfaden für Cloud-Anwendungen entwickelt, nach dem man Anwendungen erstellen sollte – um diese möglichst gut entwickeln und in einer Cloud-Umgebung ausführen zu können.

Diesen Leitfaden können Sie auch als Grundlage für die eigene Entwicklung von Microservices verwenden und die Ideen daraus nutzen.

Unter Punkt 6 wird z. B. folgender Aspekt behandelt: »Die App als einen oder mehrere Prozesse ausführen«.

https://12factor.net

Um eine Business-Funktionalität gebaut – Bounded Context

Das Prinzip der »smart endpoints and dump pipes« haben Sie bereits im ersten Kapitel kennengelernt. Die Kommunikation zwischen den Services, die jeweils einen *Bounded Context* besitzen, soll möglichst leichtgewichtig sein und nicht auf komplexe Protokolle oder Datenformate aufgebaut werden.

> *Be of the web, not behind the web – Ian Robinson*

Representational State Transfer – REST

Mit seiner Dissertation hat Roy Thomas Fielding im Jahr 2000 das Programmierparadigma *Representational State Transfer* (kurz: *REST*) für verteilte Systeme, vor allem für Web-Services, beschrieben.

In der Folge entstanden sehr viele *RESTful Web APIs*, und die Kommunikationsform HTTP/REST/JSON hat sich zum De-facto-Standard für Kommunikation zwischen Services entwickelt.

Reifegradmodell für REST-Services

Leonard Richardson entwickelte ein Reifegradmodell, mit dem sich REST-Services auf ihre »REST-Kompatibilität« prüfen lassen. Bekannt wurde das Modell unter dem Namen *Richardson Maturity Model* (RMM).

Die »Reife« eines Service wird in diesem Modell in vier definierte Stufen eingeteilt:

- *Stufe 1:* Übertragung der Daten in einem reinen Datenformat (POX – Plain old XML – oder JSON) an einen einzigen Service-Endpoint.
- *Stufe 2:* Aufteilung des Service-Endpoints in einzelne Ressourcen-Endpoints, von denen jeweils eine spezielle Ressource/ein spezielles Dokument abgerufen werden kann. Jedes Dokument kann anhand einer ID abgerufen werden.

- *Stufe 3:* Verwendung der HTTP-Verben für die Ressourcen. Aktionen auf Ressourcen bzw. Dokumente werden z. B. über POST-, GET- oder DELETE-Methoden ausgeführt.
- *Stufe 4:* Verwendung von Hypermedia für die Umsetzung von HATEOAS (*Hypertext As The Engine Of Application State*). Hierbei werden z. B. Links zu anderen Ressourcen mit in die gelieferten Ressourcen integriert, um den Zustand der Anwendung zu beschreiben. Kann ein Dokument z. B. editiert werden, enthält es einen Link zum Editieren.

Einen Artikel zu diesem Thema finden Sie bei Martin Fowler unter:
https://martinfowler.com/articles/richardsonMaturityModel.html

In vielen Implementierungen könnte sicherlich das HTTP-Protokoll noch weiter ausgenutzt werden und über Header-Werte mehr Information zwischen Client und Server ausgetauscht werden.

Wenn Sie HTTP zur Übertragung einsetzen, prüfen Sie immer, ob Sie den richtigen HTTP-Status setzen und ob Sie passende Header-Werte liefern.

In Abschnitt 3.2.1, »RESTful HTTP-Services mit Go umsetzen«, werden wir einen HTTP-REST-basierten Service umsetzen.

gRPC als Übertragungsprotokoll

Als Alternative für eine REST-basierte Kommunikation zwischen Services bietet sich das Protokoll bzw. Framework gRPC an. Es wurde ursprünglich bei Google als internes Projekt entwickelt und ist mittlerweile ein Open-Source-Projekt der *Cloud Native Computing Foundation* (CNCF).

Wie der Name schon erahnen lässt, handelt es sich um eine *Remote Procedure Call*(RPC)-basierte Kommunikation, die sich grundsätzlich von einer REST-basierten Kommunikation unterscheidet. Bei gRPC werden die Schnittstellen durch eine *Interface Definition Language* (IDL) fest beschrieben, und auf den Einsatz von HTTP-Methoden oder dynamischen Ressourcen-URLs wird aus Performancegründen komplett verzichtet. Bei fixen Endpunkten müssen keine Pfadvariablen, Query-Parameter oder Body Payloads ausgewertet werden.

gRPC basiert auf dem HTTP/2-Protokoll und nutzt als IDL das ebenfalls von Google entwickelte *Protocol Buffers* (protobuf). Unterstützt wird neben klassischen *Remote Procedure Calls*, also dem Aufruf einer entfernten Funktion auf dem Server, auch ein Streaming an Daten, das auch bidirektional durchgeführt werden kann.

Erweitert wird die reine Datenübertragung bei gRPC um Funktionalität wie Sicherheit, Authentifizierung, Abbruch- und Timeout-Steuerung.

Auf der Projektseite unter *https://grpc.io/* finden Sie Links zu den jeweiligen Implementierungen der unterstützten Programmiersprachen. Dazu zählen unter anderem neben Go:

- C++
- Java
- Python
- C#
- Node.js/JavaScript

Interessant ist das Übertragungsframework allerdings nicht nur für eine performante Inter-Service-Kommunikation. Auch Frontend-Anwendungen wie Android-Apps profitieren von dem Funktionsumfang mit z. B. Streaming, aber vor allem von dem schlank gehaltenen Übertragungsformat und der minimal gehaltenen Menge an übertragenen Daten.

In Abschnitt 3.2.3, »Zwischen Services kommunizieren – das Protokoll gRPC«, werden wir uns hierzu ein Beispiel in Go anschauen.

Schnittstellenbeschreibungen und Versionen

Die Schnittstelle zwischen einem Microservice und einem entsprechenden Client stellt einen sogenannten Schnittstellenvertrag – bzw. englisch *Contract* – zwischen den beiden Seiten dar.

Ändern Sie die Schnittstelle des Service und somit den Schnittstellenvertrag, muss der Client diese Änderung synchron bei einem Deployment ebenfalls durchführen. Die Services haben plötzlich eine Deployment-Abhängigkeit, und Sie können diese nicht mehr unabhängig voneinander weiterentwickeln. Es spielt in diesem Fall keine Rolle, ob es sich um eine synchrone oder eine asynchrone Kommunikation handelt.

In einer Microservice-Umgebung sollten Sie diese Situationen auf jeden Fall vermeiden und Ihre APIs versionieren bzw. abwärtskompatibel halten. Alte Versionen müssen Sie so lange zur Verfügung stellen, bis kein Client sie mehr nutzt.

Wenn Sie mit einem Client auf einen Service zugreifen, sollte Ihr Client immer auf neue, ihm unbekannte Felder vorbereitet sein. Stellen Sie in Ihrer Implementierung sicher, dass neue Felder in einer Rückgabe zu keinem Fehler führen.

Technisch haben Sie z. B. verschiedene Möglichkeiten, eine HTTP-API zu versionieren. Entweder Sie arbeiten mit angepassten Aufruf-URLs oder mit HTTP-Headern, die beim Server eine bestimmte Version anfragen.

```
//Version als Teil im URI-Pfad
https://training-fellow.de/v2/registrierung
```

```
//Version als Query-Parameter mitgeben
https://training-fellow.de/registrierung?version=v2

//Version als Custom-Header-Wert mitgeben
GET https://training-fellow.de/registrierung HTTP/1.1
Custom-Header: api-version=v2

//Version als Accept-Header-Wert zur Steuerung des Content-Types
GET https://training-fellow.de/registrierung HTTP/1.1
Accept: application/vnd.registrierung.v2+json
```

Listing 3.1 Versionierungsmöglichkeiten einer HTTP-Schnittstelle

Auch bei einer asynchronen Kommunikation über Nachrichten haben Sie die Möglichkeit, Datenformate einzusetzen, die abwärtskompatibel verwendet werden können. Das *AVRO-Format*, das wir uns später noch genauer anschauen wollen, unterstützt z. B. die Integration des verwendeten Schemas in die übertragene Nachricht, und das *Protocol Buffers*-Format ist grundsätzlich für abwärtskompatible Änderungen vorbereitet bzw. ausgelegt.

Dezentrale Datenhaltung

Die Unterteilung einer Anwendung in viele einzelne selbständige Komponenten mit jeweils einer eigenen Datenhaltung wird dazu führen, dass sich fachliche Anwendungsfälle über mehrere Komponenten erstrecken.

Eine strikte Datenbanktransaktion pro Anwendungsfall, wie sie in einem Monolithen möglich gewesen wäre, ist bei einer Aufteilung der Daten in mehrere Services nicht möglich. Jeder Service wird mit lokalen Transaktionen für die Konsistenz in seinen Daten sorgen. Die Herstellung von synchroner Konsistenz über einen aufgeteilten Anwendungsfall ist nur schwer möglich und in Microservice-Umgebungen meist auch kontraproduktiv, da ihre lose gekoppelten Services über Transaktionen wieder enger miteinander gekoppelt werden.

In Kapitel 1, »Einführung«, haben Sie den Begriff der *Eventual Consistency* kennengelernt, bei dem man nur davon ausgehen kann, dass eine Konsistenz hergestellt wird. Eine Aussage zum Zeitpunkt gibt es nicht.

Mit dem sogenannten *Saga-Pattern* können Sie das Konzept einer Eventual Consistency in Ihre Anwendung übernehmen. Ihr Geschäftsvorfall wird in mehrere Einzelschritte in verschiedenen Services unterteilt, die jeweils über lokale Transaktionen verfügen. Jeder dieser Einzelschritte führt unabhängig von den anderen Services zu einer Statusänderung Ihres Geschäftsvorfalls. Es entsteht eine Sequenz von unabhängigen, hintereinander stattfindenden lokalen Transaktionen.

Im Falle eines fachlichen Fehlers werden die bis dahin durchgeführten Transaktionen wieder kompensiert. Das heißt, dass nicht wie bei einer Datenbanktransaktion ein Rollback stattfindet, sondern über separate Operationen der Ausgangszustand bzw. ein entsprechend neuer Zustand hergestellt wird.

Im Beispiel in Abbildung 3.4 ist das klassische Beispiel eines Bestellprozesses dargestellt.

Trifft eine neue Bestellung im System ein, wird im ersten Schritt eine eindeutige Bestellnummer generiert, auf die sich alle weiteren Prozessschritte beziehen können.

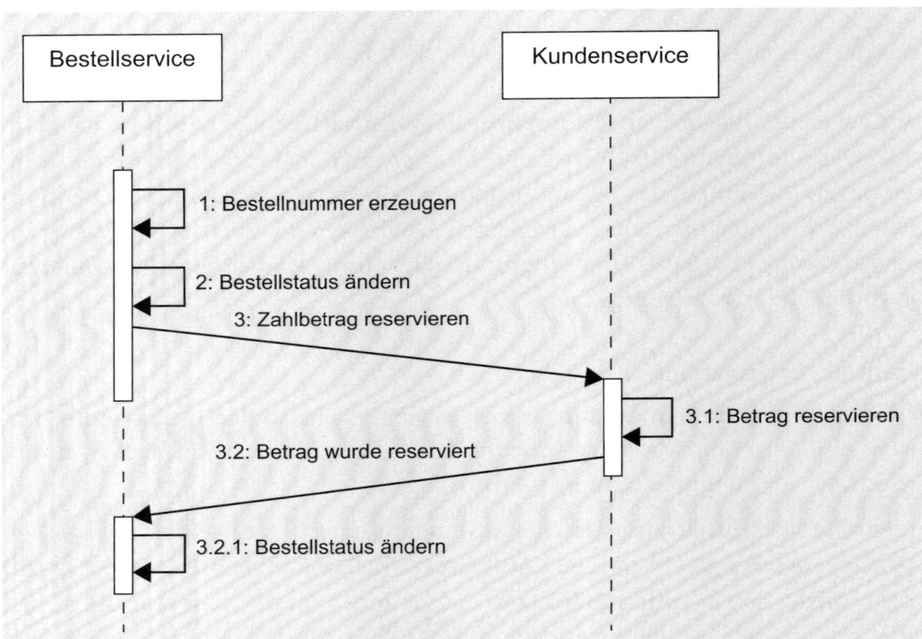

Abbildung 3.4 Bestellprozess mit Saga-Pattern

Im zweiten Schritt wird die Bestellung in den Zustand `IN_BEARBEITUNG` gesetzt und eine Anfrage an den Kundenservice zur Reservierung des Zahlbetrags übermittelt. Zu diesem Zeitpunkt wird die erste lokale Transaktion innerhalb des Bestellservice abgeschlossen.

Der Kundenservice prüft daraufhin, ob der Zahlbetrag für den Kunden reserviert werden kann oder nicht. Ist dies der Fall, reserviert er den Betrag und teilt dies dem Bestellservice mit. Auch diese Schritte laufen in einer separaten lokalen Transaktion.

Im letzten Schritt des Beispiels ändert der Bestellservice aufgrund der Nachricht des Kundenservice den Bestellstatus auf `BESTAETIGT`, ebenfalls in einer weiteren lokalen Transaktion.

Für den Fall, dass der Zahlbetrag nicht für den Kunden reserviert werden konnte, muss die eigentliche Bestellung storniert bzw. die Transaktion kompensiert werden. Der Kundenservice würde in diesem Fall eine weitere Nachricht mit dieser Information an den Bestellservice übermitteln, der wiederum den Bestellstatus auf ABGEBROCHEN setzen und das aufrufende System über diesen Zustand informieren würde.

Statusänderungen an Geschäftsobjekten

In Zusammenhang mit dem *Saga-Pattern* wird oft das *Event-sourcing-Pattern* eingesetzt, mit dem das Problem einer zuverlässigen und atomar ausführbaren Aktion von Datenbank und Nachrichtenversand gelöst werden soll.

Beim Event Sourcing bildet die Menge aller bisherigen im System verarbeiteten Nachrichten den Zustand des Systems bzw. einzelner Entitäten. Möchte man den Zustand einer Entity ermitteln, können die entsprechenden Nachrichten noch einmal auf den Ursprungszustand angewendet werden.

https://microservices.io/patterns/data/event-sourcing.html

Auch wenn synchrone Aufrufe zwischen den einzelnen Services denkbar sind, sollten Sie eine asynchrone Kommunikation zwischen ihren Komponenten einsetzen. In Abschnitt 3.1.3, »Die Vorteile der asynchronen Kommunikation«, werden wir hierzu das Thema *Messaging* betrachten.

Dezentrale Verwaltung

Eine zentrale Verwaltungsinstanz zur Steuerung von Geschäftsprozessen ist in einer Microservice-Umgebung nicht vorgesehen. Jeder Service verwaltet seine eigene Logik und die dazu benötigten entsprechenden Kommunikationsverbindungen.

Bei vielen Services mit zahlreichen Kommunikationsverbindungen kann eine Änderung, wie z. B. die Aufteilung eines bestehenden Service, sehr aufwendig werden, da potenziell sehr viele Microservices auf diese Änderung reagieren müssen und ihre Endpunkte entsprechend anpassen müssen.

In manchen Situationen kann eine Zwischenschicht in Form eines *API-Gateways* (*https://microservices.io/patterns/apigateway.html*) hilfreich sein, das neben dem beschriebenen Problem von Endpunktanpassungen auch weitere Aufgaben übernehmen kann:

- Services können von der Außenwelt abgeschottet werden.
- Jeder Client kann nur die Schnittstelle verwenden, für die er berechtigt ist.
- Überlastungsschutz für Services, z. B. in Form von Rate Limiting oder Circuit-Breaker-Implementierungen
- Reverse-Proxy-Funktionalität

- Protokollumsetzungen bzw. -transformationen
- Aggregation von Anfragen
- Umschreiben von Anfragen wie z. B. Setzen oder Entfernen von Header-Werten in Requests

3.1.2 Mit Fehlern leben lernen – Resilient Design

In Umgebungen mit wenigen Instanzen, die sehr statisch – also z. B. mit seltenen Aktualisierungen – betrieben werden, sollten Fehler immer eine Ausnahmesituation darstellen. Wenn allerdings die Installationen größer werden und die Anzahl der betriebenen Services zunimmt, wird meist ein fehlerfreier Normalbetrieb unmöglich. Ein partieller Fehlerzustand in der kompletten Umgebung wird zur Normalität.

Nicht immer sind Fehlerzustände auf Programmierfehler innerhalb der Anwendungen zurückzuführen. In Cloud-Umgebungen, in denen sich meist mehrere Kunden und deren Anwendungen physikalische Ressourcen wie z. B. Computer oder Netzwerkbandbreite teilen, ist es nie ganz auszuschließen, dass die Anwendungen sich gegenseitig beeinflussen und Ressourcen nicht immer in vollem Umfang zur Verfügung stehen. Das können beispielsweise Datenbankverbindungen zu einem Datenbankserver sein.

Hat eine Anwendung Probleme und allokiert zu viele Verbindungen, können eventuell andere Anwendungen nicht mehr auf die Datenbank zugreifen.

Selbst die Aktualisierung von einzelnen Services, die eigentlich zur Normalität in Microservices-Umgebungen zählen sollte, kann mit einer daraus resultierenden kurzzeitigen Nichtverfügbarkeit zu Problemen in anderen Services führen.

Je größer und komplexer Ihre Umgebung wird, desto wahrscheinlicher sind Fehlerzustände und desto genauer müssen Sie sich mit einem sogenannten *Partitial Failing* auseinandersetzen.

> *Failures are given, and everything will eventually fail over time – Werner Vogels (CTO bei Amazon.com)*

Unter dem Begriff der *Resilienz* oder *Resiliency* wird die Fähigkeit Ihres Systems verstanden, auf Fehler ordnungsgemäß zu reagieren, um dadurch Ausfallsicherheit zu erreichen.

Redundanz und automatische Skalierung

Die erste und wohl auch eine der wichtigsten Vorgehensweisen, um Ausfallsicherheit zu erreichen, ist, Systeme redundant auszulegen. Für Microservices bedeutet das, dass Sie mindestens zwei Instanzen parallel betreiben – möglichst nicht auf derselben Hardware und, wenn möglich, auch nicht am selben Standort.

Je mehr Instanzen Sie parallel ausführen, desto besser wird die rechnerische Gesamtverfügbarkeit Ihres Service. Wenn Sie mit der folgenden Formel die rechnerische Verfügbarkeit bei der Skalierung berechnen, erhalten Sie die Werte aus Tabelle 3.1. Diesen können Sie entnehmen, dass Sie, zumindest rechnerisch, schon bei drei Knoten eine Verfügbarkeit von 99,9999 % erhalten können.

$\mathit{Verfügbarkeit} = 1 - (1 - \mathit{Verfügbarkeit\ eines\ Knotens})^2$

Anzahl Services	Rechnerische Verfügbarkeit	Downtime im Jahr
1	99 %	3 Tage 15 Stunden 36 Minuten
2	99,99 %	52 Minuten
3	99,9999 %	31 Sekunden

Tabelle 3.1 Berechnete Verfügbarkeit bei der Skalierung der Services

Eine so hohe Verfügbarkeit erreichen Sie nur, wenn Ihre Instanzen verteilt ausgeführt werden und Ihr Service auch parallel betrieben werden kann.

Über einen ebenfalls hochverfügbaren *Load Balancer* müssen Sie die Anfragen der Clients auf die vorhandenen und lauffähigen Instanzen verteilen, damit Sie die hohe Verfügbarkeit auch tatsächlich erreichen.

Wählen Sie einen der großen Cloud-Anbieter, haben Sie immer die Möglichkeit, Ihren Service in verschiedenen Regionen und Zonen ausführen zu lassen.

Trotz einer verteilten Ausführung und mehrerer Instanzen kann es bei Lastspitzen zu einer Überlastung und den Ausfall Ihres Service kommen. Mit einer automatischen Skalierung, die Sie bereits in den meisten Produkten finden, können Sie dem entgegenwirken.

Im Idealfall können Sie ohne manuellen Eingriff auf einen erhöhten Anfragebedarf reagieren und somit Ihren Service stabil ausführen.

Infrastruktur als Code

Unter der Bezeichnung *Infrastruktur als Code* oder abgekürzt *IaC* versteht man eine deklarative Beschreibung der eingesetzten Infrastruktur wie z. B. Netzwerke, Virtuelle Maschinen oder Load Balancer. Diese Infrastrukturbeschreibung wird dabei wie Sourcecode in einer Versionsverwaltung gepflegt und versioniert.

Das Ziel dieses Ansatzes ist ein stabiler und verlässlicher Deployment-Prozess, der automatisiert und stets wiederholbar ausgeführt werden kann.

Durch Infrastruktur als Code werden Sie in die Lage versetzt, komfortabel viele gleichartige Umgebungen in Betrieb zu nehmen. Das kann zum Zeitpunkt von Lastspitzen oder z. B. auch nach einem Komplettausfall Ihrer Umgebung hilfreich bzw. nötig sein.

Wenn eine Infrastrukturbeschreibung als Sourcecode gepflegt wird, können ähnliche Vorgehensmodelle wie bei der Softwareentwicklung angewendet werden. Änderungen an Konfigurationen können z. B. von Teammitgliedern über *Pull Requests* angepasst und danach überprüft werden. Jede Änderung bedarf zusätzlich eines Kommentars, der im Gesamtzusammenhang aller Kommentare eine Historie und etwaige Änderungsgründe nachverfolgbar macht.

Zwei Varianten und eine Mischform aus beiden Ansätzen sind bei *IaC* möglich. Entweder implementieren Sie mit Skripten einen kompletten Installationsablauf, oder Sie verwenden entsprechende Produkte und beschreiben Ihre Infrastruktur ausschließlich über Konfigurationsdateien.

Bei allen Ansätzen sollte Ihr Ziel immer ein möglichst hoher Automatisierungsgrad sein, und die Instanzen sowie die Infrastruktur sollten nach einem Deployment als unveränderlich betrachtet werden. Im Englischen spricht man von *Immutable Infrastructure* und *Immutable Server*.

Benötigen Sie Anpassungen an einer Konfiguration, müssen diese im Code vorgenommen und erneut ausgerollt werden. Ihre Prozesse sollten Sie immer so auslegen, dass ein Deployment eine komplette, neue Umgebung erstellt.

Zustandslose Anwendungen

Um trotz Ausfällen einzelner Systeme eine möglichst hohe Verfügbarkeit zu erreichen, haben wir gesehen, dass Sie durch Redundanz bereits die errechnete Verfügbarkeit deutlich erhöhen können. Allerdings kann die beste Infrastruktur nicht jede Anwendung grenzenlos skalieren.

Um die grundlegenden Basistechniken wie z. B. *automatische Skalierung* oder eine *unveränderbare Infrastruktur* einsetzen zu können, sind zustandslose Anwendungen unerlässlich. Jede Client-Anfrage muss unabhängig von vorherigen Anfragen auf jeder Instanz bearbeitet werden können und das gleiche Ergebnis liefern. Lokale Zustände wie abgelegte Sessions oder Hauptspeichercaches auf den einzelnen Instanzen dürfen nicht eingesetzt werden. In der Programmierung können das auch Instanzattribute sein, die über mehrere Aufrufe hinweg verwendet werden sollen.

Benötigt Ihre Anwendung einen Zwischenspeicher für Daten, darf dieser nicht auf einem lokalen Dateisystem abgelegt werden. Dies widerspricht dem Ansatz eines *Immutable Servers* und wird bei der Verlagerung der Anfragen auf eine andere Instanz zu Problemen führen. Geteilte Ressourcen müssen Sie immer für jede Instanz erreichbar halten, so dass eintreffende Anfragen immer korrekt verarbeitet werden können.

Ein Gegenargument zu einer statuslosen Anwendung können die sogenannten *Sticky Sessions* sein, bei denen Anfragen eines Clients immer an dieselbe Instanz eines Service geleitet werden. Dieser Ansatz ist allerdings kontraproduktiv, wenn Sie dynamisch skalieren wollen und beispielsweise die Last gleichmäßig verteilt werden soll. Fällt genau die Instanz aus, auf der aktuell ein Client arbeitet, kommt es für diesen Client faktisch zu einem Ausfall.

Ihr Ziel sollte immer darin bestehen, zustandslose, nach dem Prinzip der Immutable Server aufgebaute Microservices zu erstellen, um die Grundlagen für eine möglichst schnell und einfach ausführbare Skalierung zu schaffen.

Fehler einschränken und behandeln

Wie am Anfang dieses Kapitels erwähnt, wird es trotz aller Vorsicht bei Ihnen immer wieder zu Fehlern in der Komplettumgebung kommen. Ihre Services greifen eventuell auf andere Services zu, die kurzfristig, z. B. durch eine Aktualisierung, nicht erreichbar sind.

Eine Situation, die Sie in der Folge eines kurzen Aussetzers auf jeden Fall vermeiden sollten, ist, dass eine Kettenreaktion entsteht, die nach und nach Ihre komplette Umgebung in Mitleidenschaft zieht.

Umso weiter hinten in der Aufrufkette sich eine Anwendung befindet, desto mehr Anwendungen kann sie potenziell mit in eine Fehlersituation bringen. Datenbanken oder Hostsysteme sind die Klassiker in diesem Gebiet. Komplettausfälle, die z. B. auf kurzfristige Datenbankausfälle zurückzuführen sind, kommen leider immer wieder und zu häufig vor.

Ihre Anwendung sollte auf Fehlersituationen vorbereitet sein und damit umgehen können. Im Microservice-Umfeld sind hierzu einige Pattern und Lösungsansätze entstanden, die Sie in Ihrer Anwendung einsetzen können.

Behandlung vorübergehender Fehler

In jeder Anwendung, die über Remote-Verbindungen verfügt, kann es zu kurzzeitigen Fehlern, wie Netzwerkabbrüchen oder Ähnlichem, kommen. Oftmals ist nach kurzer Zeit ein erneuter Aufruf möglich, da für den eventuell überlasteten Service bereits automatisch weitere Instanzen gestartet wurden oder die Aktualisierung des Service beendet ist.

Die Herausforderung für Ihre Anwendungen besteht darin herauszufinden, ob es sich bei auftretenden Problemen um einen möglicherweise kurzfristigen Fehler handelt oder ob das Problem vermutlich länger bestehen wird. Viele Schnittstellen bieten in den Fehlermeldungen bzw. Fehlercodes bereits Hinweise auf den Fehlertyp, der entsprechend interpretiert werden muss. Bei HTTP gibt es z. B. den Statuscode 429 »Too many requests«, der auf zu viele Anfragen eines Clients hinweist. In diesem Fall kann der Server über den Header `Retry-After` dem Client mitteilen, wann er wieder bereit für Anfragen ist.

Wenn Ihr Service mittels HTTP aufgerufen wird, sollten Sie im Gegenzug bei Ihrer Implementierung immer darauf achten, sinnvolle Statuscodes zurückzuliefern und Ihren Clients ebenfalls Hinweise auf die Art der Fehler zu geben. Analog zum gezeigten HTTP-Statuscode 429 können Sie bei einem temporären Fehler auch einen möglichen Zeitpunkt für einen wiederholten Versuch in der Fehlerantwort zurückgeben.

Retry-Mechanismus

Für kurzzeitig auftretende Probleme in externen Ressourcen bzw. Services sollten Sie einen Mechanismus in Ihrer Anwendung vorsehen, der die Anfrage wiederholt. Ein solcher *Retry-Mechanismus* darf allerdings nur dann zum Einsatz kommen, wenn die Operation sicher wiederholt werden kann und eine Aussicht auf Erfolg besteht. Wenn Sie nicht sicher sind, welche Auswirkungen eine Wiederholung des Aufrufs hat, sollten Sie darauf verzichten.

Jeder aufgerufene Service bzw. jede aufgerufene Ressource muss separat betrachtet werden. Sie sollten sich jeweils Strategien zur Wiederholung von Anfragen überlegen und diese entsprechend anwenden.

Wählen Sie eine zu kurze Zeitspanne für Wiederholungen oder führen insgesamt zu viele Anfragen durch, kann sich dies negativ auf Ihre Anwendung auswirken. Wenn z. B. jede Anfrage zu einem externen Service über einen separaten Thread in einem Threadpool gestartet wird und Ihre Implementierung Anfragen sehr oft und immer wiederkehrend durchführt, kann es schnell dazu kommen, dass der Threadpool bereits aufgrund der sich wiederholenden Anfragen ausgelastet ist und keine neuen Anfragen mehr verarbeitet werden können.

Sie sollten sich aus diesen Gründen pro Service eine passende Strategie mit passenden Zeitintervallen und einer Anzahl der Wiederholungen überlegen. Wenn es sich z. B. um einen synchronen Aufruf während einer Benutzerinteraktion handelt, sind viele Wiederholungen mit langen Zeitintervallen weniger sinnvoll, da der Anwender länger auf eine Antwort warten müsste. Im Gegensatz dazu stehen langlaufende Hintergrundprozesse, bei denen ein Neustart des gesamten Prozesses eventuell sehr aufwendig wäre und mehrere Wiederholungen dadurch gerechtfertigt sind.

Backoff-Algorithmen

Es empfiehlt sich, Ihren Retry-Mechanismus nicht mit fixen Zeitintervallen bei der Wiederholung von Anfragen arbeiten zu lassen, sondern einen sogenannten *Backoff-Algorithmus* zu verwenden. Die Zeitintervalle zwischen den Aufrufen werden bei einem solchen Algorithmus immer weiter vergrößert, um eine Überlastung durch zu viele Wiederholungen zu vermeiden. Oftmals kommen exponentielle Backoff-Algorithmen zum Einsatz, bei denen die Zeitintervalle, wie der Name schon sagt, exponentiell vergrößert werden.

Bei weiteren Verzögerungsvarianten wird mit festen Intervallen (*regular intervals*) gearbeitet oder die Intervalle gleichbleibend durch feste Werte erhöht (*incremental intervals*).

Im Idealfall verwenden Sie zusätzlich eine Zufallszahlenkomponente für die *Backoff-Wertberechnung*. Ansonsten könnten durch die parallellaufenden Instanzen, die alle zur selben Zeit ein Problem bekommen haben und denselben Wiederholungs-Algorithmus verwenden, gleichmäßige Lastwellen entstehen, die Ihnen neue Probleme bereiten.

Timeouts und Abbrüche

Für jede Anfrage werden im Normalfall Ressourcen wie Threadpools oder Datenbankverbindungen belegt. Im Normalzustand Ihrer Anwendung sollte das kein Problem sein, und die verwendeten Ressourcen sollten immer ausreichend zur Verfügung stehen. Wenn allerdings z. B. die Datenbank, aus welchen Gründen auch immer, ihre Anfragen nur noch sehr langsam beantwortet, heißt das, dass bei gleichbleibender Last auch mehr Datenbankverbindungen benötigt werden. Im schlechtesten Fall reicht dann der Verbindungspool Ihrer Anwendung nicht mehr aus, und Clients werden blockiert. Ein klassischer kaskadierender Fehler entsteht.

Diese sich aufschaukelnde Situation wird dadurch verschärft, dass in vielen Frameworks oder Bibliotheken die Standard-Timeout-Einstellungen auf den Wert »unendlich« konfiguriert sind und ein Client somit ewig wartet, bis eine Anfrage verarbeitet wird.

Oftmals werden Timeout-Konfigurationen erst nach dem ersten Fehler in einer Produktivumgebung betrachtet. In Ihren Anwendungen sollten Sie immer darauf achten, sinnvolle und Anwendungsfall-abhängige Werte zu setzen und im Bedarfsfall abzubrechen. Eine unendliche Timeout-Einstellung ist in den wenigsten Fällen sinnvoll.

Caching als Fallback und Degradierung

Hinter der Idee einer *Service-Degradierung* steht der Gedanke, bei auftretenden Fehlern innerhalb eines Service nicht den kompletten Dienst einzustellen, sondern auf eine niedrigere Qualitätsstufe zu schalten.

Das kann bedeuten, dass nicht mehr alle Anfragen beantwortet werden oder eventuell nur noch Lesezugriffe möglich sind.

Stellen Sie z. B. fest, dass die Datenbank nicht mehr verfügbar ist, können Sie auf zuvor zwischengespeicherte Werte aus einem *Cache* zugreifen und diese so lange liefern, bis die Datenbank wieder verfügbar ist. Je nach Anwendungsfall kann es sich dabei auch um ältere Informationen handeln, die nicht immer aktuell sind.

Können Sie keine zwischengespeicherten Werte liefern, haben Sie eventuell die Möglichkeit, vorgefertigte Standardwerte zu liefern.

Überlastungsschutz

Um Ihren eigenen Service gegen Überlastung zu schützen, sollten Sie einen Schutzmechanismus einbauen, der in bestimmten Situationen Anfragen verwirft.

Diese Hochlastsituationen können mutwillig durch einen *Denial-of-Service*-Angriff entstehen oder sich durch das oben beschriebene Aufschaukeln von Fehlersituationen entwickeln.

Ein sogenanntes *Request Limiting* können Sie entweder in der Anwendung umsetzen oder innerhalb der Cloud-Infrastruktur über Load Balancer, Webserver etc. konfigurieren.

Wählen Sie eine Umsetzung innerhalb der Anwendung, können Sie eventuell besser entscheiden, welche Anfragen Sie verwerfen. Unter Umständen ist es sinnvoll, im ersten Schritt nur bestimmte Anfragen zu blockieren und erst wenn sich die Situation nicht bessert, mit weiteren Abweisungen fortzufahren.

Absicherung mit Hilfe eines Circuit Breakers

Das *Sicherungsmuster* oder englisch *Circuit-Breaker-Pattern* erreichte durch das Buch »Release It!« von Michael Nygard einen höheren Bekanntheitsgrad und wird seitdem in vielen Anwendungen zur Vermeidung von Zugriffen auf fehlerbehafteten Ressourcen eingesetzt.

Eine *Circuit-Breaker-Implementierung* fungiert als eine Art Proxy zwischen Client und aufzurufender Ressource. Die Sicherung überwacht die Anzahl der von der Ressource zurückgelieferten Fehler. Steigt die Fehlerzahl über einen zuvor definierten Schwellenwert, wird die Sicherung ausgelöst bzw. geöffnet, und es werden keine Zugriffe mehr an die Ressource weitergeleitet.

Im Gegensatz zu einer handelsüblichen Haushaltssicherung müssen Sie bei einer Circuit-Breaker-Implementierung nicht manuell tätig werden, um diese wieder zu schließen. Ein interner *State-Machine*-basierter Mechanismus prüft die Ressource auf Funktionsfähigkeit und schließt die Sicherung automatisch, um wieder sämtliche Anfragen an ihr Ziel weiterzugeben.

Für die Fehlererkennung der Sicherung ist es wichtig, zwischen fachlichen, »normalen« Fehlern und infrastrukturellen Problemen zu unterscheiden. Bei auftretenden fachlichen Fehlern darf der *Circuit Breaker*, der als technische Sicherung fungiert, nicht geöffnet werden.

Ein Circuit Breaker nach Michael Nygard besitzt, wie in Abbildung 3.5 gezeigt, drei Zustände:

- geöffnet
- geschlossen
- halb geöffnet

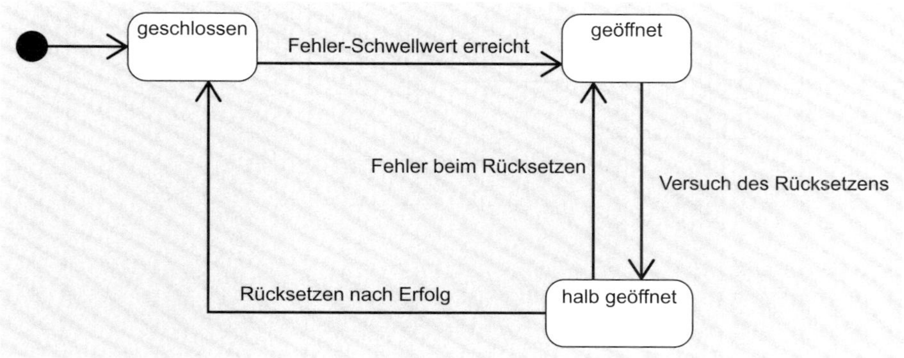

Abbildung 3.5 State Diagramm eines Circuit Breakers

Die Sicherung ist zu Beginn immer »geschlossen«. In diesem Zustand werden alle Anfragen an die Ressource weitergeleitet. Treten beim Zugriff auf die Ressource in einem zuvor definierten Zeitintervall zu viele Fehler auf, wird die Sicherung ausgelöst und somit »geöffnet«. Jetzt werden keine Anfragen mehr an die Ressource weitergegeben, und die Sicherung beantwortet die Anfragen der Clients sofort mit einem Fehler.

Mit dem Auslösen der Sicherung wird innerhalb der Komponente ein Zeitstempel gespeichert, mit dem ermittelt werden kann, wie lange sich die Sicherung schon im Zustand »geöffnet« befindet.

Ist beim Eintreffen weiterer Anfragen die Sicherung bereits länger als ein vordefiniertes Zeitintervall geschlossen, wird die Sicherung »halb geöffnet«. In diesem Zustand werden nur eine bzw. sehr wenige Anfragen an die Ressource weitergeleitet und geprüft, ob sie erreichbar ist und fehlerfrei antwortet. Ist dies nicht der Fall, wird die Sicherung wieder in den Zustand »geöffnet« versetzt. Treten keine Fehler mehr auf, wird die Sicherung zurückgesetzt und befindet sich wieder im Zustand »geschlossen«. Jetzt werden wieder alle Anfragen an die Ressource weitergegeben. Abbildung 3.6 zeigt beispielhaft einen Ablauf, bei dem die Sicherung durch einen fehlerhaften Aufruf einer Ressource auslöst und eine weitere Anfrage sperrt. Die darauf folgende Anfrage wird wieder zur Ressource durchgestellt und kann erfolgreich beantwortet werden. Die Sicherung wird wieder geöffnet.

Im Zustand »geöffnet« antwortet der Circuit Breaker immer mit einem Fehler. Um den Clients mehr Möglichkeiten zur Reaktion zu geben, bieten sich, soweit möglich, spezielle Fehlertypen für diesen Fall an. Clients können dann selbst entscheiden, wie sie mit der Situation umgehen sollen, und eventuell selbst ihre Sicherung auslösen.

Das Auslösen der Sicherung hat zwangsweise Auswirkungen auf die Funktionalität der Anwendung, und Sie sollten bestimmen, was in solch einer Situation fachlich passieren soll.

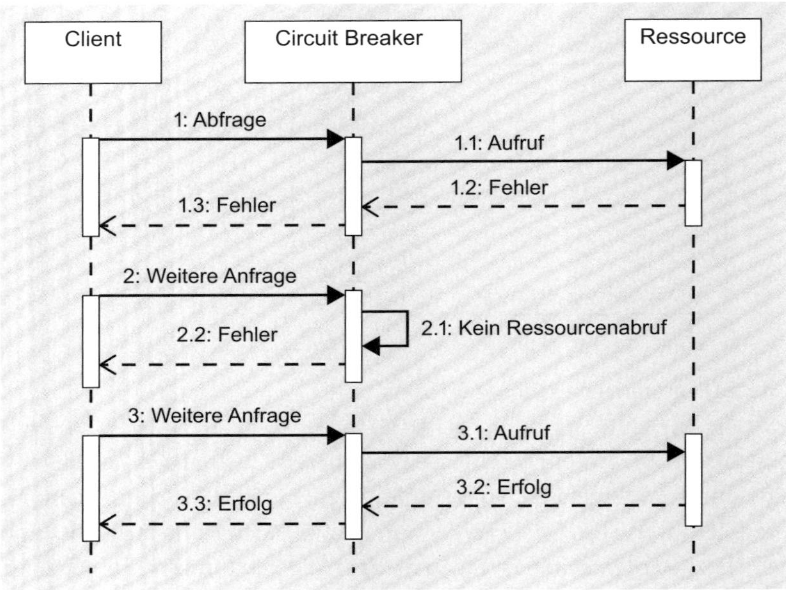

Abbildung 3.6 Sequenzdiagramm eines Circuit Breakers

3.1.3 Die Vorteile der asynchronen Kommunikation

In einer Microservice-Umgebung müssen verschiedene Systeme und Services miteinander kommunizieren und Informationen austauschen. Dieser Informationsaustausch ist, wie wir im vorherigen Abschnitt gesehen haben, bei synchronen Aufrufen nicht immer unproblematisch.

Netzwerkverbindungen können ausfallen, langsam sein, oder der Empfänger kann kurzzeitig nicht verfügbar sein.

Synchrone Aufrufe koppeln zusätzlich Sender und Empfänger in Bezug auf ihr Laufzeitverhalten aneinander. Ein Sender kann seine Arbeit nur so schnell erledigen, wie er Antworten vom Empfänger erhält, und andersherum. Im Idealfall können beide Komponenten unabhängig voneinander ihre Arbeit mit einem optimalen Durchsatz erledigen.

Unabhängig davon müssen Änderungen an der Schnittstelle zwischen Sender und Empfänger synchron in beiden Anwendungen umgesetzt bzw. Vorgaben für eine Abwärtskompatibilität eingehalten werden.

Messaging-Systeme

In der Vergangenheit entstanden unter anderem aus diesen Gründen *Messaging-Technologien*, mit denen man eine schnelle, asynchrone und zuverlässige Kommunikation zwischen *Endpunkten* aufbauen kann.

Sender, Empfänger und Kanal zwischen Endpunkten

Die hier verwendeten Begriffe des *Senders*, *Empfängers* und *Kanals* zwischen den *Endpunkten* sind gängige Begriffe aus dem Bereich der *Enterprise-Integration-Patterns*, die durch das gleichnamige Buch von Gregor Hohpe und Bobby Woolf größere Bekanntheit erlangten.

In manchen Produkten oder Technologien haben sich zusätzlich alternative Begriffe wie *Producer* bzw. *Consumer* oder *Publisher* bzw. *Subscriber* eingebürgert. Die verwendeten Prinzipien dahinter sind allerdings dieselben.

Die Grundidee ist dabei recht einfach: Anwendungen tauschen über sogenannte *Channels* Nachrichten aus. Jeder Channel stellt den Weg zwischen den einzelnen Parteien dar und vermittelt die Nachrichten entsprechend. Jede Nachricht enthält dabei Kopf- und die eigentlichen Nutzdaten.

Im Normalfall interessiert sich eine Anwendung ausschließlich für die Nutzdaten der Nachricht. Die Kopfdaten sind der *Messaging-Lösung* vorbehalten, die damit z. B. das *Routing* der Nachricht steuert.

Gängige *Messaging-Systeme* speichern alle Nachrichten in einer Datenbank, um sicherzustellen, dass übermittelte Nachrichten nicht verloren gehen.

Der normale Ablauf einer Nachrichtenübermittlung besteht aus folgenden zwei Grundprinzipien:

- Senden und vergessen (*Send and forget*)
- Speichern und weiterleiten (*Store and forward*)

Im ersten Schritt erzeugt der Sender eine Nachricht und übergibt diese dem Channel. Wenn diese Übergabe fehlerfrei funktioniert hat, ist für den Sender der Prozess abgeschlossen, und er kann davon ausgehen, dass die Nachricht zugestellt wird (Send and forget).

Wenn der Sender die Nachricht dem Channel übergeben hat, wird diese vom Messaging-System gespeichert und dem Sender gegenüber quittiert. Die Aufgabe des Messaging-Systems besteht nun darin herauszufinden, wer die Nachricht erhalten soll, und diese an den entsprechenden Empfänger weiterzuleiten. Für den Fall, dass der Empfänger nicht erreicht werden kann oder es zu einem Fehler bei der Verarbeitung kommt, wird das Messaging-System eine erneute Zustellung durchführen (Store and forward).

Zustellungsoptionen für Nachrichten

In verteilten Systemen kann es zu jedem Zeitpunkt zu Fehlern oder Ausfällen kommen, die zum Verlust von Nachrichten führen können. Die verschiedenen Messaging-Lösungen, wie z. B. Apache Kafka oder NATS.io, bieten unterschiedliche Zustellgarantien für Nachrichten, die Sie für quittierte Nachrichten konfigurieren können.

- *At Most Once Delivery* – bei dieser Variante können Nachrichten verloren gehen. Es wird allerdings sichergestellt, dass Nachrichten maximal einmal zugestellt werden.
- *At Least Once Delivery* – bei dieser Konfiguration wird sichergestellt, dass eine Nachricht mindestens einmal zugestellt wird. Es kann zur mehrfachen Verarbeitung derselben Nachricht kommen.
- *Exactly Once Delivery* – mit dieser Option ist sichergestellt, dass eine Nachricht genau einmal zugestellt wird.

Durch die Auswahl einer Zustellgarantie können Sie z. B. die Performance der Nachrichtenverarbeitung beeinflussen. Wählen Sie z. B. die »At Least Once Delivery«-Option, muss die Umgebung nicht bei jeder Nachricht erneut prüfen, ob die entsprechende Nachricht bereits zugestellt wurde, sondern kann diese ohne Prüfung zustellen. Unabhängig von der Zustelloption sollte Ihre Anwendung möglichst mit einer Mehrfachverarbeitung derselben Nachricht umgehen können.

Kanäle in Messaging-Systemen

Bisher haben wir immer Nachrichten in einen Kanal übergeben und diese wieder aus einem Kanal ausgelesen. Bei den gängigen Messaging-Lösungen werden zwei Kanaltypen unterschieden.

Punkt zu Punkt Kanal (Point-to-Point Channel)

Einen Punkt-zu-Punkt-Kanal können Sie am besten mit einer E-Mail vergleichen, die Sie an einen bestimmten Empfänger adressieren. Die Nachricht, die in einer sogenannten *Queue* gespeichert ist, ist genau für einen Client bestimmt und wird nur einmalig verarbeitet.

Veröffentlichen und Abonnieren (Publish-Subscribe-Channel)

Bei einem Publish-Subscribe-Channel werden die Nachrichten an ein sogenanntes *Topic* veröffentlicht. Dort können mehrere Clients dieselbe Nachricht abrufen.

Vergleichen können Sie diesen Vorgang mit einer Mailingliste. Empfänger müssen sich für einen Empfang registrieren und erhalten anschließend die Nachrichten, die an diese Mailingliste geschrieben wurden.

Einsatz von Queues und Topics in Microservice-Umgebungen

Die Messaging-Systeme unterstützen meist weitergehende Konfigurationen, die Ihnen die Möglichkeit geben, z. B. auch Gruppen von Clients zu konfigurieren. Haben sich beispielsweise alle Instanzen Ihres Service an einem *Topic* angemeldet, wollen Sie eventuell nicht, dass neue Nachrichten von allen Instanzen verarbeitet werden.

Die Verarbeitung von Nachrichten auf nur einer Instanz mehrerer parallel ausgeführter Services können Sie z. B. bei *Apache Kafka* durch die Konfiguration sogenannter *Consumer Groups* erreichen. Gehören mehrere Empfänger derselben Gruppe an, wird die Nachricht eines Topics nur an eine Instanz übermittelt.

Warum asynchrone Kommunikation mit Messaging einsetzen?

Generell bietet eine asynchrone Kommunikation zwischen Ihren Services einige Vorteile.

Laufzeitunabhängigkeit

Wie bereits erwähnt, lassen sich Services in Bezug auf die Laufzeitabhängigkeit durch eine asynchrone Kommunikation entkoppeln.

Eine Sender-Komponente kann Nachrichten erzeugen und einer Messaging-Lösung übergeben. Sie kann mit ihrer Verarbeitung – unabhängig davon, ob die Nachricht von einem Empfänger verarbeitet wurde oder nicht – ohne Unterbrechung fortfahren.

Überlastungsschutz durch Drosselung

Zu viele synchrone Aufrufe an einen Service können diesen unter Umständen überlasten und zu Ausfällen führen.

Über einen geeigneten *Request Limiting*-Mechanismus haben Sie zwar die Möglichkeit, dieses Problem für Ihren Service zu beheben, allerdings erhalten Ihre Clients in solchen Situationen Fehlermeldungen von Ihrem Service. Das kann wiederum dort zu Problemen führen und eine Kettenreaktion hervorrufen.

Asynchrone Aufrufe über eine Messaging-Lösung in Form von Nachrichten an einen Kanal haben dagegen den Vorteil, dass Sie deren Auslieferung drosseln können bzw. Ihre Services nur so viele Nachrichten aus dem Kanal entnehmen können, wie sie tatsächlich verarbeiten können.

Zuverlässigkeit

Durch die *Store and Forward*-Funktionalität der Messaging-Lösungen werden Nachrichten immer gespeichert, bevor sie bestätigt werden. Das sichert die Übertragung ab, so dass eine garantierte Zustellung möglich ist. Der aufrufende Client muss sich nicht um Details kümmern und kann davon ausgehen, dass wenn er die Nachricht der Messaging-Lösung erfolgreich übergeben konnte, diese auch verarbeitet wird.

Auch wenn keine Verbindung zum Messaging-Server besteht, speichern manche Client-Bibliotheken die Nachrichten lokal zwischen, um sie später dem Server zu übermitteln.

Auf Empfängerseite ist die Zustellung von Nachrichten auch durch die Messaging-Lösung gesichert und kann bei Fehlern beliebig oft wiederholt werden. Ein Abbruch muss explizit gewünscht sein.

Stoppen eines Microservice

Nicht nur für Messaging-Lösungen sollten Sie beim Stopp Ihres Service darauf achten, dass sämtliche offene Transaktionen beendet und eventuelle Zwischenspeicher der Nachrichtenübermittlung abgearbeitet wurden. Man spricht in diesem Zusammenhang von einem *Graceful Shutdown*.

Bei einer synchronen Kommunikation ist eine garantierte Zustellung in dieser Form nicht möglich.

Keine blockierenden Aufrufe

Wie wir im Abschnitt »Timeouts und Abbrüche« in Abschnitt 3.1.2, »Mit Fehlern leben lernen – Resilient Design«, gesehen haben, können sich schon minimal längere Laufzeiten von Aufrufen zu größeren Problemen entwickeln.

Jeder synchrone Aufruf blockiert Ressourcen wie z. B. Threads in Threadpools oder Datenbankverbindungen. Je länger diese Aufrufe dauern, desto länger sind diese Ressourcen blockiert und können nicht von anderen Aufrufen verwendet werden. Dadurch werden Clients potenziell ausgebremst, weil keine Ressourcen für die Verarbeitung zur Verfügung stehen.

Arbeiten Sie allerdings mit asynchronen Aufrufen, müssen nur die Nachrichten an das Messaging-System übergeben werden. Sie müssen nicht auf die Verarbeitung der Nachricht warten und können früher die blockierten Ressourcen freigeben.

Warum Messaging nicht einsetzen?

Der Einsatz von Messaging-Lösungen bringt allerdings nicht nur Vorteile mit sich, und Sie müssen abwägen, inwiefern die Nachteile die Vorteile aufheben.

Komplexität

Die Einführung asynchroner Kommunikation bringt Komplexität mit sich.

Zum einen benötigen Sie weitere Infrastruktur-Komponenten wie ein Messaging-System, das Sie betreiben müssen, und zum anderen verändert sich die eventuell gewohnte Programmierung. Logik, die Sie bisher innerhalb einer Methode sequenziell umgesetzt haben, müssen Sie nun in einen Teil vor dem Senden und einen Teil nach dem Empfang der Antwort aufteilen.

Ein Remote-Aufruf erfordert, wenn eine Antwort erwartet wird, die Konfiguration eines Hin- und eines Rückkanals in der Messaging-Umgebung, und Sie müssen fachlich klären, was passieren soll, wenn in einem bestimmten Zeitintervall überhaupt keine Antwort eintrifft.

Synchrone Aufrufe mit Rückantwort sind deutlich einfacher umzusetzen.

Probleme einer sequenziellen Verarbeitung

Messaging-Systeme garantieren eine Zustellung, aber keinen Zeitpunkt für eine Verarbeitung. Wenn Sie auf die Reihenfolge der Nachrichtenverarbeitung angewiesen sind, müssen Sie sich um eine korrekte Abarbeitung kümmern.

Stellen Sie sich den Fall vor, dass Ihre Nachrichten in der richtigen Reihenfolge gesendet und ebenso in der richtigen Reihenfolge aus dem Kanal gelesen werden. Allerdings sind zwei Instanzen mit der Verarbeitung beschäftigt, und die Instanz, die die erste Nachricht gelesen hat, verarbeitet diese etwas langsamer als die zweite Instanz. Die Nachrichten werden in diesem Fall trotz korrekter Reihenfolge im Kanal in geänderter Reihenfolge verarbeitet.

Mit einer *Sequenz-Id* und dem *Resequencer-Pattern* können Sie z. B. die Nachrichten durchnummerieren und so das Problem adressieren. Dies bringt jedoch wieder zusätzlich Komplexität in den Ablauf.

Kafka und Partitions

Apache Kafka kann unter gewissen Voraussetzungen die Reihenfolge der Verarbeitung von Nachrichten garantieren.

Topics werden intern in sogenannte *Partitions* unterteilt. Eine Partition wird immer von nur einem *Consumer* abgearbeitet, der die Reihenfolge der Nachrichten sicherstellt. Ein Consumer kann mehrere Partitions abarbeiten, aber keine Partition wird gleichzeitig von mehreren Consumern verarbeitet.

In welche Partition eine Nachricht eingestellt wird, bestimmt der sogenannte *MessageKey*, den Sie entsprechend wählen müssen. Eine Gruppe von Nachrichten, die in derselben Reihenfolge verarbeitet werden sollen, in der sie in das Topic geschrieben wurden, müssen in diesem Fall denselben MessageKey besitzen.

Wenn es synchron sein muss

In vielen Situationen müssen Daten synchron ermittelt werden, und eine Unterbrechung des Prozesses durch einen asynchronen Aufruf ist nicht sinnvoll bzw. möglich. Oftmals handelt es sich hierbei um Benutzerinteraktionen, bei denen der Anwender sofort auf ein Ergebnis wartet.

Synchrone Aufrufe mit einer Messaging-Lösung

Mit dem sogenannten *Anfrage/Antwort-* oder *Request/Response-Pattern* können Sie mit asynchronen Mechanismen eine synchrone Kommunikation nachbilden, wenn Sie z. B. auf die garantierte Zustellung der Messaging-Lösungen nicht verzichten möchten. Der Sender verschickt in diesem Fall eine Nachricht an einen Anfrage-Kanal und erwartet die Antwort über einen Antwort-Kanal. Der Sender blockiert so lange, bis eine Antwort vom Empfänger der Anfrage-Nachricht zurückkommt.

Leistung

Der Einsatz einer asynchronen Kommunikation bringt einen gewissen Mehraufwand mit sich, der auch die Gesamtlaufzeit Ihres Prozesses erhöhen wird.

Nachrichten müssen erzeugt und dem Messaging-System übergeben werden. Dort werden sie persistiert und später wieder ausgeliefert. Auf Empfängerseite müssen diese Nachrichten entsprechend ausgewertet und verarbeitet werden.

Der Schritt der Persistenz innerhalb des Messaging-Systems kann sich, vor allem bei größeren Datenmengen, als Flaschenhals erweisen.

Große Nachrichten verschicken

Das Versenden von großen Datenmengen über Messaging-Systeme ist nicht empfehlenswert, da dadurch innerhalb des Systems viele Ressourcen und Bandbreite gebunden wird. Das kann sich negativ auf die Leistung auswirken und alle angeschlossenen Anwendungen beeinflussen.

Haben Sie die Anforderungen, große Datenmengen über Nachrichten zu verschicken, sollten Sie sich das *Claim-Check-Pattern* etwas genauer anschauen.

Hier wird die ursprüngliche Nachricht in zwei Bestandteile aufgeteilt: einen Teil mit den großen Nutzdaten und einen Teil mit Metadaten. Die Nutzdaten werden in einem zentralen System abgelegt, und in der versendeten Nachricht wird nur noch ein Link zu den abgelegten Daten als Teil der Metadaten geliefert.

Konkret kann es sich z. B. um große Binärdateien handeln, von denen nur die URL für einen Download innerhalb der Nachricht versendet wird. Während der Verarbeitung der Nachricht können dann die Daten synchron von der mitgegebenen URL heruntergeladen und verwendet werden.

Herstellerabhängigkeit

Bei synchronen Aufrufen in einer Microservice-Umgebung sind HTTP- oder gRPC-Verbindungen die Regel. In beiden Fällen handelt es sich um ein offenes Protokoll, für das es hersteller- und programmiersprachen-unabhängige Implementierungen gibt.

Messaging-Systeme definieren keinen solchen einheitlichen Standard, und Sie müssen sich immer für eine spezielle Implementierung eines Herstellers, auch wenn es ein Open-Source-Produkt ist, entscheiden. Im Java-Bereich haben Sie beispielsweise die Möglichkeit, JMS als herstellerunabhängiges API zu verwenden. Andere Programmiersprachen werden nicht direkt unterstützt.

Der Wechsel Ihres Messaging-Systems ist immer mit Aufwand in Ihrer Implementierung verbunden, da Sie höchstwahrscheinlich auch die Client-Bibliotheken und eventuell auch die internen Vorgehensweisen austauschen müssen.

Bei einer HTTP-basierten Kommunikation haben Sie dieses Problem nicht.

3.1.4 Die Aufteilung in Dienste und Services

Im Einführungskapitel haben wir den Begriff des *Bounded Contexts* kennengelernt. Er beschreibt einen begrenzten Bereich, in dem ein fachliches Domänenmodell mit zugehöriger Geschäftslogik eingesetzt wird. Die Aufteilung einer Anwendung in einzelne Services als Teil einer Microservice-Architektur sollte sich immer an einem solchen Bounded Context orientieren.

Nicht jede Anwendung muss aus vielen kleinsten Microservices bestehen. An dieser Stelle möchte ich noch einmal Martin Fowler zitieren:

> *Don't distribute your objects!*

Die für die Beispielanwendung »Training Fellow« dargestellten Domain Stories zu Beginn dieses Kapitels entstanden in einer großen Domain Story und wurden anschließend in separate Teilbereiche unterteilt.

Wenn Sie nach dem *Domain Driven Design* (DDD) arbeiten möchten, können Sie ebenfalls bereits aus der Darstellung erste Wörter für Ihre Domänensprache, eine sogenannte *ubiquitous language*, ableiten.

Der in Abbildung 3.1 dargestellte Prozess der Schulungsregistrierung ist z. B. für die Anmeldung von Kunden verantwortlich. Während der Registrierung werden vom Kunden Daten – wie z. B. Kontaktdaten oder eine Rechnungsadresse – abgefragt, die nicht für alle weiteren Teilbereiche relevant sind. Die Schulungsregistrierung definiert in unserem Beispiel somit ein eigenes, eigenständiges Domänenmodell, und wir wollen die Registrierung als eigenständigen Kontext betrachten.

Der zweite Bounded Context, die Schulungsvorbereitung aus Abbildung 3.2, beschäftigt sich vor allem mit der Vorbereitung eines Seminars und hat wenig Datenüberschneidung mit der Registrierung. Die während der Registrierung abgefragte Rechnungsadresse spielt z. B. in der Schulungsvorbereitung keine Rolle mehr. Hier sind die eigentlichen Schulungsunterlagen wie das Schulungsskript oder die gezeigten Folien wichtig und zentral.

Abbildung 3.3 beschäftigt sich mit der Schulungsnachbereitung, in der der Trainer die Durchführung des Seminars bestätigt und um Bewertungen der Teilnehmer bittet. Auch hier stellt sich heraus, dass dieser Kontext wenig Überschneidungspunkte mit den anderen Kontexten besitzt. In diesem Kontext ist es wieder uninteressant, dass ein Kunde eine Rechnungsadresse besitzt, und es spielt auch keine Rolle, in welcher PDF-Datei sich die Schulungsfolien befinden. Hier geht es um die Schulungsbewertungen und die Verteilung von zusätzlichem Material.

In der »Training Fellow«-Anwendung ergeben sich demnach drei Services:

- Service für Registrierung
- Service für Schulungsvorbereitung
- Service für Schulungsnachbereitung

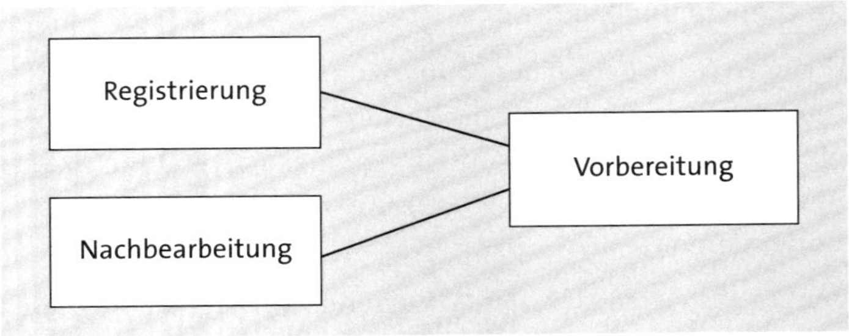

Abbildung 3.7 Die drei Microservices der »Training Fellow«-Anwendung

Andere Bestandteile der Anwendung, wie z. B. die Buchhaltung, haben wir bereits in der einführenden Beschreibung ausgeklammert. Auch diese können Sie in eigene Bounded Contexts überführen und umsetzen.

3.2 Microservices mit Go

In diesem Unterkapitel wollen wir Microservices mit Go umsetzen. Das »Training Fellow«-Beispiel werden wir dabei immer weiter ausbauen.

3.2.1 RESTful HTTP-Services mit Go umsetzen

Im Unterschied zu manchen anderen Programmiersprachen müssen Sie bei Go für die komfortable Umsetzung von HTTP-Services keine weiteren Bibliotheken einbinden. Die Standardbibliothek verfügt bereits mit dem `net/http`-Package über eine Implementierung, mit der Sie recht einfach HTTP-basierte Client- und Server-Implementierungen erstellen und diese auch direkt produktiv einsetzen können.

Die Konzepte des `net/http`-Packages werden Sie in vielen anderen Go-Microservice-Bibliotheken wiederfinden. So gut wie alle externen Bibliotheken bauen auf dieser Grundfunktionalität auf.

Grundlegend ist das Handler-Interface mit seiner einzigen Funktion `ServeHTTP`.

```
type Handler interface {
    ServeHTTP(ResponseWriter, *Request)
}
```

Listing 3.2 Das zentrale Handler-Interface aus dem net/http-Package

Handler-Implementierungen können aus dem übergebenen `Request`-Parameter Werte lesen und das Ergebnis in den ebenfalls als Parameter übergebenen `ResponseWriter` schreiben. Eine Implementierung des Interface mit minimaler Funktionalität kann dementsprechend wie in Listing 3.3 aussehen.

```
type MyHandler struct{}

func (mh *MyHandler) ServeHTTP(w http.ResponseWriter, req *http.Request) {
    w.Write([]byte("Hello World!"))
}
```

Listing 3.3 Implementierung des Handler-Interface

Das ResponseWriter-Interface besitzt, wie in Listing 3.4 dargestellt, drei Methoden, mit denen man die Response, die zum Client geschickt wird, beeinflussen kann.

Über die Methode Header können Sie Header-Werte in die HTTP-Antwort setzen, und mit Write können Sie direkt in den Antwort-Datenstrom schreiben. WriteHeader ist für den Fall gedacht, dass Sie nur einen Fehlercode zurückliefern wollen.

```
type ResponseWriter interface {
    Header() Header
    Write([]byte) (int, error)
    WriteHeader(statusCode int)
}
```

Listing 3.4 ResponseWriter-Interface aus der Standardbibliothek

Die Methode Write setzt automatisch beim ersten Aufruf, falls noch kein Status-Header gesetzt wurde, den Status auf http.StatusOK. Achten Sie also auf die Reihenfolge der Aufrufe. Schreiben Sie immer zuerst den Header und dann die Daten.

Alternativ zur Implementierung des Handler-Interface können Sie auch den Funktionstyp HandlerFunc aus dem net/http-Package nutzen und Methoden mit einer entsprechenden Signatur als Handler einsetzen. Die Funktionstyp-Definition ist in Listing 3.5 dargestellt.

```
type HandlerFunc func(ResponseWriter, *Request)
```

Listing 3.5 HandlerFunc-Typ für die Nutzung normaler Funktionen als Handler-Implementierung

Eine eigene, entsprechende Implementierung ist simpel und sieht z. B. wie in Listing 3.6 dargestellt aus. Ihre Funktion muss nur dieselbe Signatur wie der HandlerFunc-Typ aufweisen, um verwendet zu werden.

```
func handleHttp(res http.ResponseWriter, req *http.Request) {
    res.Write([]byte("Hello World"))
}
```

Listing 3.6 Eigene Umsetzungen des HandlerFunc-Typs

Angemeldet werden müssen die Handler an der HTTP-Implementierung aus dem `net/http`-Package. Das können Sie mit der Funktion `http.HandleFunc` für Ihre `HandlerFunc`-Implementierung erreichen. Möchten Sie Ihre Handler-Interface-Implementierung am Server anmelden, nutzen Sie die Funktion `http.Handle`. Die zwei Varianten sind in Listing 3.8 gezeigt.

Beide Funktionen erwarten zwei Parameter. Der erste Parameter gibt den Pfad der URL an, unter der die Implementierung erreichbar sein soll. Beim zweiten Parameter muss es sich um die zu verwendende Implementierung handeln.

URL-Pattern zum Anmelden von Handlern

Hinter der URL-Angabe bei der Anmeldung von Implementierungen am Server steckt ein einfaches Pattern. Diese Pattern sind in zwei Arten unterteilt: *Fix-Pfad-Pattern* und *Subtree-Pfad-Pattern*.

Die Subtree-Pfad-Pattern enden mit einem »/« und beziehen sich auf alle URLs, die mit diesem Pattern beginnen. Sind mehrere Pattern vorhanden, die diese Bedingung erfüllen, wird das längste Pattern, also der genaueste Pfad, verwendet. Bei fixen Pfaden gilt das Pattern nur genau für diesen einen Pfad.

Wird ein Pfad aufgerufen, der einem Subtree-Pfad-Pattern entspricht, aber nicht mit einem »/« endet, wird diese Anfrage, solange kein Fix-Pfad-Pattern für diesen Pfad hinterlegt wurde, an den Handler hinter dem Subtree-Pfad-Pattern weitergeleitet.

Beispiele:

```
http.Handle("/", handler1)
http.Handle("/book", handler2)
http.Handle("/books/", handler3)
http.Handle("/books/Hobbit", handler4)
http.Handle("/theme", handler5)
http.Handle("/theme/", handler6)
```

Listing 3.7 Beispiele für Pattern-Matching

Aufgerufener Pfad	Handler
/book	handler2
/books	handler3
/books/	handler3
/books/Hobbit	handler4
/books/ABC	handler3

Tabelle 3.2 Beispiel-URLs und deren Auflösung

Aufgerufener Pfad	Handler
/theme	handler5
/theme/	handler6
/theme/ABC	handler6

Tabelle 3.2 Beispiel-URLs und deren Auflösung (Forts.)

Die beiden als Beispiel gezeigten Implementierungen können Sie, wie in Listing 3.8 gezeigt, anmelden. Achten Sie auf die unterschiedlichen Funktionen `Handle` und `HandleFunc`.

```
//Anmeldung der HandlerFunc-Implementierung
http.HandleFunc("/func", handleHttp)
//Anmeldung der Handler-Interface-Implementierung
http.Handle("/handler", &MyHandler{})
```

Listing 3.8 Anmeldung der verschiedenen Handler-Implementierungen am Server

Haben Sie alle Handler-Implementierungen angemeldet, können Sie den HTTP-Server mit der Funktion `http.ListenAndServe` starten. Als ersten Parameter geben Sie die Netzwerkadresse an, an der sich der Server registrieren soll. Über den zweiten Parameter können Sie alternativ eine Handler-Implementierung am Server registrieren, die alle Anfragen entgegennimmt. Diese Variante schauen wir uns im Anschluss an.

Im Beispiel in Listing 3.9 wird der String ":8080" als Netzwerkadresse verwendet, um den Server an allen verfügbaren Netzwerkadressen auf Port 8080 zu registrieren. Da wir die Handler-Implementierungen separat angemeldet haben, übergeben wir als zweiten Parameter `nil`, um diese Anmeldungen nicht zu überschreiben.

```
http.ListenAndServe(":8080", nil)
```

Listing 3.9 HTTP-Server auf Port 8080 starten

Eine vollständige HTTP-Server-Implementierung mit einer `HandlerFunc`-Implementierung sieht dementsprechend wie in Listing 3.10 dargestellt aus. Der gestartete Server läuft anschließend auf Port 8080 und liefert den String »Hello World« beim Aufruf der Adresse *http://localhost:8080/*.

```
package main

import "net/http"
```

```
func myFunc(res http.ResponseWriter, req *http.Request) {
    res.Write([]byte("Hello World"))
}

func main() {
    http.HandleFunc("/", myFunc)
    http.ListenAndServe(":8080", nil)
}
```

Listing 3.10 Der erste HTTP-basierte Go-Microservice

In den bisherigen Server-Beispielen haben wir die *Convenience-Funktionen* aus dem `net/http`-Package verwendet, um möglichst einfach eigene Handler anzumelden oder den Server zu starten. Dadurch haben wir die internen Standardimplementierungen- und Konfigurationen verwendet, die in den meisten Fällen ausreichend sind. Sie können allerdings auch alternativ eine eigene Instanz des `http.Server`-Structs erzeugen und diese sehr fein konfigurieren.

Request Matching und Routing

Mit der bisherigen Server-Implementierung können Sie ein einfaches Pattern-Matching der aufgerufenen URL erreichen. Ein Matching auf HTTP-Methodenebene, das z. B. für das *Richardson Maturity Model(RMM)*-Level 2 benötigt wird, ist nicht so elegant umzusetzen, da Sie in jeden Handler eine Unterscheidung nach HTTP-Anfragemethode, wie in Listing 3.11 zu sehen, einbauen müssten.

```
func myHandler(res http.ResponseWriter, req *http.Request) {
    if req.Method == http.MethodGet {
        res.Write([]byte("Hello World"))
    } else {
        res.WriteHeader(http.StatusMethodNotAllowed)
    }
}
```

Listing 3.11 Unterscheidung nach HTTP-Methode in Handler-Implementierung

Mit externen Bibliotheken, wie z. B. `gorilla/mux`, ist die Definition einer Request-Zuordnung zu einer Handler-Implementierung deutlich einfacher. `gorilla/mux` bietet z. B. ein Request Matching auf Basis von:

- HTTP-Methoden
- angesprochenem Hostnamen
- Anfrage-Pfad
- Anfrage-Prefix

- Anfrage-Schema
- Header-Werten
- Query-Werten

Falls Ihnen das nicht ausreichen sollte, können Sie auch einen eigenen Request Matcher implementieren und diesen nutzen.

Die gorilla/mux-Bibliothek finden Sie auf GitHub.com unter *https://github.com/gorilla/mux*

mux steht für Multiplexer

Die Abkürzung *mux* steht für *Multiplexer*. Dieser Multiplexer ist dafür zuständig, aus einer Liste von registrierten Routen die richtige für die aktuelle Anfrage herauszufinden und den entsprechenden Handler aufzurufen.

Durch den Einsatz der *Convenience-Funktionen* im net/http-Package haben wir bereits den eingebauten DefaultServerMux aus der Standardbibliothek verwendet.

Bibliotheken zur Unterstützung

In Abschnitt 3.2.7, »Fremdbibliotheken einsetzen«, werden wir uns noch eine Alternative zu gorilla/mux anschauen.

Die Bibliothek gorilla/mux ist mit der Implementierung aus der Standardbibliothek von Go kompatibel, und Sie können Ihre Handler weiter nutzen. Lediglich deren Anmeldung müssen Sie anpassen. Bei gorilla/mux melden Sie Ihre Handler an einen mux.Router an, den Sie mit dem Aufruf von mux.NewRouter() erzeugen können. Dieser Router implementiert, zusätzlich zu seiner Routing-Funktionalität, das http.Handler-Interface aus der Standardbibliothek, so dass Sie ihn direkt am http.Server anmelden können.

```
r := mux.NewRouter()
//... Routen definieren
http.ListenAndServe(":8080", r)
```

Listing 3.12 Ablauf des Einsatzes von gorilla/mux

Möchten Sie, dass Ihr Server nur noch auf HTTP-GET-Anfragen reagiert, können Sie die Anwendung aus Listing 3.10 entsprechend umbauen.

Bei der Anmeldung der Routen wird explizit unterschieden, ob es sich beim angegebenem URL-Pattern um ein *PathPrefix* oder einen fixen Pfad handelt. Die Funktion PathPrefix erstellt eine Route für einen angegebenen Pfad, an dem der Handler angemeldet werden kann. Für fixe Pfade können Sie anschließend die Funktion HandleFunc verwenden. Das Ergebnis für einen PathPrefix sehen Sie in Listing 3.13.

```
package main

import (
    "net/http"

    "github.com/gorilla/mux"
)

func myFunc(rw http.ResponseWriter, rq *http.Request) {
    rw.Write([]byte("Hello World"))
}

func main() {
    r := mux.NewRouter()
    r.PathPrefix("/").HandlerFunc(myFunc)
    r.Methods("GET")
    http.ListenAndServe(":8080", r)
}
```

Listing 3.13 HTTP-Method-Matching mit gorilla/mux

Möchten Sie Variablen in Ihren URLs, sogenannte Pfadvariablen, auswerten, können Sie das bei `gorilla/mux`, indem Sie in Ihrem Pfad diese Variablen, wie in Listing 3.14 gezeigt, bei der Anmeldung des Handlers definieren.

```
s.HandleFunc("/products/{key}", ProductHandler)
```

Listing 3.14 Pfadvariablen mit gorilla/mux definieren

Innerhalb Ihrer Handler-Implementierung können Sie die Werte wie in Listing 3.15 mit dem Aufruf von `mux.Vars` einlesen und weiterverarbeiten.

```
vars : = mux.Vars(request)
```

Listing 3.15 Auswertung der Pfadvariablen von gorilla/mux

Zusätzlich können Sie bei `gorilla/mux` mehrere `mux.Router` verschachteln und dadurch recht komplexe Routing-Logiken übersichtlicher definieren. Einen guten Überblick über den kompletten Funktionsumfang von `gorilla/mux` liefert die GitHub-Seite des Projekts.

Durch Kombination von Routendefinitionen und passenden Handlern können Sie mit der Go-Standardbibliothek und `gorilla/mux` einen REST-basierten Microservice erstellen, der auch das *Richardson Maturity Model* erfüllen kann. Die Serialisierung und Deserialisierung von Daten haben wir bisher ausgeklammert. Das schauen wir uns im nächsten Abschnitt an.

JSON in der Schnittstelle verwenden

Im Package `encoding/json` der Go-Standardbibliothek befinden sich Implementierungen, mit denen Sie Go Structs in JSON-Daten serialisieren bzw. deserialisieren können. Mit einem *Marshaler* lassen sich Go Structs in JSON und mit Hilfe eines *Unmarshaler* wieder in entgegengesetzter Richtung zu Go Structs wandeln.

Wie beim eben vorgestellten `net/http`-Package enthält das `encoding/json`-Package Convenience-Funktionen, mit denen Sie Daten einfach wandeln können. Die Funktionen `json.Marshal` bzw. `json.Unmarshal` arbeiten jeweils mit einem Go-Typ und einem `[]byte` als Parameter bzw. Rückgabewert.

```
package main

import (
    "encoding/json"
    "fmt"
)

type Customer struct {
    ID        int
    Firstname string
    Lastname  string
}

func main() {
    customer := &Customer{ID: 1,
        Firstname: "Hans", Lastname: "Wurst"}
    bites, _ := json.Marshal(customer)
    fmt.Println(string(bites))

    customer2 := &Customer{}
    json.Unmarshal(bites, customer2)
    fmt.Println(customer2.Firstname)
}
```

Listing 3.16 JSON-Daten schreiben und lesen

Das Beispiel aus Listing 3.16 liefert folgende Ausgabe:

```
{"ID":1,"Firstname":"Hans","Lastname":"Wurst"}
Hans
```

Listing 3.17 Ausgabe der Beispielanwendung zur JSON-Serialisierung/Deserialisierung

Die *JSON-Marshaler* und *-Unmarshaler* arbeiten nur mit exportierten Feldern. Nicht exportierte Felder werden nicht in JSON serialisiert bzw. vom JSON-Format wieder deserialisiert. Das hat den einfachen Grund, dass es keinen *Reflection-Mechanismus* gibt, mit dem Code aus anderen Packages auf interne Strukturen eines Packages zugreifen kann.

Möchten Sie die Serialisierung bzw. Deserialisierung der JSON-Daten feingranularer steuern, um z. B. die Feldnamen anzupassen, können Sie mit den sogenannten *Field Tags* weitere Metadaten für die einzelnen Felder spezifizieren.

Field bzw. Struct-Tags

Field Tags werden an verschiedenen Stellen in Go eingesetzt, um Feldern von Structs weitere Metadaten zuzuordnen. Oftmals handelt es sich um Serialisierungs- und Deserialisierungsinformationen. Das Format der Tags ist ein einfaches Stringliteral mit einem Key, gefolgt von einer durch Kommata getrennten Liste an Werten. Als Trennzeichen zwischen mehreren Keys wird ein Doppelpunkt verwendet.

```
Name string `<key>:"<wert>,<wert>"`
```

Listing 3.18 Field Tags definieren weitere Metadaten von Felddeklarationen.

Die Werte können zur Laufzeit über Funktionen aus dem `reflect`-Package ausgelesen werden.

Eine Liste der bekannten Tags finden Sie unter *https://github.com/golang/go/wiki/Well-known-struct-tags*

Die Serialisierung aus dem Beispiel in Listing 3.16 können Sie beispielsweise mit dem Tag `` `json:"id,omitempty"` `` derart anpassen, dass das Feld `ID` nicht mehr unter dem Feldnamen `ID` exportiert wird, sondern unter dem Namen `id`. Zusätzlich wird angegeben, dass leere Werte bei der Serialisierung nicht mehr berücksichtigt werden sollen.

```
type Customer struct {
    ID        int    `json:"id,omitempty"`
    Firstname string `json:"first,omitempty"`
    Lastname  string `json:"last,omitempty"`
}
```

Listing 3.19 JSON-Serialisierung mit Struct bzw. Field Tags

Leere Werte bei JSON-Serialisierung/Deserialisierung

Mit der Angabe von `omitempty` innerhalb des Field Tags werde leere Werte – also Variablen, die die entsprechenden *Zero Values* enthalten – nicht in das JSON-Dokument serialisiert. Felder, die bei der Deserialisierung im eingelesenen JSON-Dokument nicht vorhanden sind, werden nicht im entsprechenden Objekt gesetzt.

Zero Values sind:

- für numerische Typen 0
- für boolesche Werte `false`
- für `string` ein Leerstring

Passen Sie das Beispiel aus Listing 3.16 wie in Listing 3.19 an, erhalten Sie folgende Ausgabe mit den geänderten Feldnamen:

```
{"id":1,"first":"Hans","last":"Wurst"}
Hans
```

Listing 3.20 Ausgabe der angepassten JSON-Serialisierung durch Tags

Möchten Sie JSON-Daten in einem nur mit der Standardbibliothek erstellten Microservice einlesen bzw. ausgeben, müssen Sie die Daten vom Request lesen bzw. in den `ResponseWriter` schreiben.

Der Service in Listing 3.21 nimmt unter der URL *http://localhost:8080/customer* HTTP-GET- und -POST-Anfragen entgegen. Bei GET-Anfragen wird der Wert der Variablen `customer` als JSON-Dokument zurückgeliefert. POST-Anfragen nehmen JSON-Daten entgegen und verändern den Wert der Variablen `customer`. Im Beispiel wurde aus Gründen der Übersichtlichkeit auf das Error-Handling verzichtet und die Fehlerrückgaben auf den *Blank Identifier* gesetzt. Die Fehler sollten einer Variablen zugewiesen und ausgewertet werden.

```
package main

import (
    "encoding/json"
    "io/ioutil"
    "net/http"

    "github.com/gorilla/mux"
)

type Customer struct {
    ID        int    `json:"id,omitempty"`
    Firstname string `json:"first,omitempty"`
    Lastname  string `json:"last,omitempty"`
}

var customer *Customer

func myGetFunc(rw http.ResponseWriter, rq *http.Request) {
    bites, _ := json.Marshal(customer)
```

```
    rw.Header().Add("Content-Type", "application/json")
    rw.Write(bites)
}

func myPostFunc(rw http.ResponseWriter, rq *http.Request) {
    body, _ := ioutil.ReadAll(rq.Body)
    json.Unmarshal(body, customer)
    rw.WriteHeader(204)
}

func main() {
    customer = &Customer{ID: 1, Firstname: "Peter"}
    r := mux.NewRouter()
    r.HandleFunc("/customer", myGetFunc).Methods("GET")
    r.HandleFunc("/customer", myPostFunc).Methods("POST")
    http.ListenAndServe(":8080", r)
}
```

Listing 3.21 JSON-REST-Service mit der Standardbibliothek

Auch in Go ist der Einsatz von Fremdbibliotheken oftmals sinnvoll. In Abschnitt 3.2.7, »Fremdbibliotheken einsetzen«, werden wir Bibliotheken betrachten, mit denen Sie Ihre Programmiertätigkeit bei REST-Services deutlich reduzieren können, da bereits viel Logik in den Bibliotheken steckt. Der prinzipielle Ablauf unterscheidet sich allerdings nicht von dem hier vorgestellten.

Werte eines HTML-Formulars auswerten

Im Beispiel in Listing 3.21 haben Sie gesehen, wie Sie Daten eines HTTP-Requests auswerten können. Dort wurde der komplette *Request Body* über `ioutil.ReadAll` eingelesen und als `[]byte` weiterverarbeitet.

Für HTML-Formulardaten, wie sie über die Registrierungskomponente der »Training Fellow«-Beispielanwendung verarbeitet werden sollen, können Sie eine eingebaute Funktion aus dem `http.Request` nutzen. Durch den Aufruf von `request.ParseForm()` werden die gesendeten Formulardaten in das Feld `Form` des Requests übernommen, und Sie können die Daten komfortabel auslesen.

```
func handleForm(rw http.ResponseWriter, rq *http.Request) {
    err := rq.ParseForm()
    if err != nil {
        rw.WriteHeader(http.StatusNotAcceptable)
        return
    }
```

```
    name := rq.Form.Get("name")
    rw.Write([]byte("Hello " + name))
}
```

Listing 3.22 Formulardaten-Auswertung im Handler

Ein direktes Mappen der kompletten Daten in einen Struct ist in der Standardbibliothek nicht vorgesehen. Auch hier kann, wie wir später sehen werden, mit externen Bibliotheken mehr Komfort erreicht werden.

Der erste Microservice der »Training Fellow«-Anwendung

Im nächsten Schritt wollen wir mit der Umsetzung der Registrierungskomponente als ersten Microservice der »Training Fellow«-Beispielanwendung starten. Kunden sollen über ein HTML-Formular Daten eingeben können, die dann per HTTP-Request an den Service übermittelt werden.

Da es sich um einen neuen Service bzw. ein neues Modul handelt, initialisieren wir ein neues Go-Modul-Projekt mit folgendem Kommando:

```
go mod init golang.source-fellows.com/trainingfellow/registrierung
```

Zuerst definieren wir das Domänenobjekt `Registrierung`, das alle Daten, die wir vom Kunden erhalten wollen, enthält, und speichern dieses direkt im Root-Verzeichnis unseres neuen Projekts unter *registrierung.go*.

Für das Beispiel beschränken wir uns wegen der besseren Übersichtlichkeit auf einen Ausschnitt der Daten.

```
package registrierung
type Registrierung struct {
    Firstname              string
    Lastname               string
    Email                  string
    Firma                  string
    Schulungscode          string
    Datum                  string
    DatenschutzAkzeptiert bool
    //Adresse etc. nicht dargestellt
}
```

Listing 3.23 Das Domänenmodell Registrierung

Eine Handler-Implementierung soll die Daten des HTTP-Aufrufs aus dem Browser heraus verarbeiten und im Domänenmodell speichern.

Starten wollen wir mit einer Implementierung, die auf der Standardbibliothek beruht. Die Registrierungsanfragen, die über das Formular versendet werden, sollen als Log-Ausgabe ausgegeben werden. In einem späteren Schritt werden wir das Beispiel immer weiter ausbauen und die Speicherung der Daten sowie den Aufruf der nachgelagerten Prozesse bzw. Services mit aufnehmen.

Die Handler-Implementierung erstellen wir, wie schon das Domänenmodell, im Root-Verzeichnis der Anwendung in der Datei *registrierungsHandler.go*. In Listing 3.24 ist die Implementierung in Form des Structs `RegistrierungsHandler` gezeigt, der das Handler-Interface implementiert.

Die Daten des Clients werden mittels `req.Parse()` aus den übertragenen Formulardaten eingelesen und durch entsprechende `req.Form.Get()`-Aufrufe in Variablen einer `Registrierung` gespeichert.

Im Falle eines Fehlers bei der Verarbeitung wird ein HTTP-Status 406 – Not Acceptable zurückgegeben. Können die Daten erfolgreich eingelesen werden, wird über das Log-Package aus der Go-Standardbibliothek die Registrierung ausgegeben, und der Client erhält eine Antwort in Form eines HTTP-Statuscodes 204 – Created.

```
package registrierung

import (
    "log"
    "net/http"
    "strconv"
)

type RegistrierungsHandler struct

func (rh *RegistrierungsHandler) ServeHTTP(rw http.ResponseWriter, req ⮐
*http.Request) {

    err := req.ParseForm()
    if err != nil {
        log.Printf("Could not parse form because of %v", err)
        rw.WriteHeader(http.StatusNotAcceptable)
        return
    }

    registrierung := &Registrierung{}

    registrierung.Firstname = req.Form.Get("Firstname")
    ...// weitere Felder
    b, err := strconv.ParseBool(req.Form.Get("DatenschutzAkzeptiert"))
```

```
    if err != nil {
        log.Printf("Could not parse value for DatenschutzAkzeptiert because ⮐
of %v", err)
        rw.WriteHeader(http.StatusNotAcceptable)
        return
    }
    registrierung.DatenschutzAkzeptiert = b
    log.Printf("new registration %v", registrierung)
    rw.WriteHeader(http.StatusCreated)
}
```

Listing 3.24 Registrierungsservice mit Auswertung der Formularfelder

In Go-Projekten hat es sich eingebürgert oder zumindest weit verbreitet, dass das Main-Package zum Starten der Anwendung unterhalb des *cmd*-Verzeichnisses abgelegt wird. Legen Sie also im *cmd*-Verzeichnis des Projekts eine *main.go*-Datei an, die eine entsprechende `func main`, wie in Listing 3.25 dargestellt, enthält.

Die Anwendung nutzt `gorilla/mux` fürs Routing, und der entsprechende HTTP-Handler kann nur mit HTTP-POST-Anfragen aufgerufen werden.

```
package main

import (
    "net/http"

    "github.com/gorilla/mux"
    "golang.source-fellows.com/trainingfellow/registrierung"
)

func main() {
    regHandler := &registrierung.RegistrierungsHandler{}
    r := mux.NewRouter()
    r.PathPrefix("/").Methods("POST").Handler(regHandler)
    http.ListenAndServe(":8080", r)
}
```

Listing 3.25 Main-Package zum Starten des Registrierungsservice mit gorilla/mux

Einen manuellen Test der Anwendung können Sie über einen beliebigen REST-Client durchführen, oder Sie können, wie im nächsten Abschnitt gezeigt, einen HTTP-Client implementieren.

Verwenden Sie Visual Studio Code, können Sie beispielsweise die Extension »humao.rest-client« einsetzen, mit der Sie HTTP-Requests in Textdateien mit der Endung

.http abspeichern und diese direkt aus der IDE heraus ausführen können. Ein passender Request ist in Listing 3.26 gezeigt.

```
POST http://localhost:8080 HTTP/1.1
Content-Type: application/x-www-form-urlencoded

Firstname=Peter&Lastname=Lustig&DatenschutzAkzeptiert=true
```

Listing 3.26 HTTP-Anfrage für den Registrierungs-Microservice – Inhalt der *.http-Datei

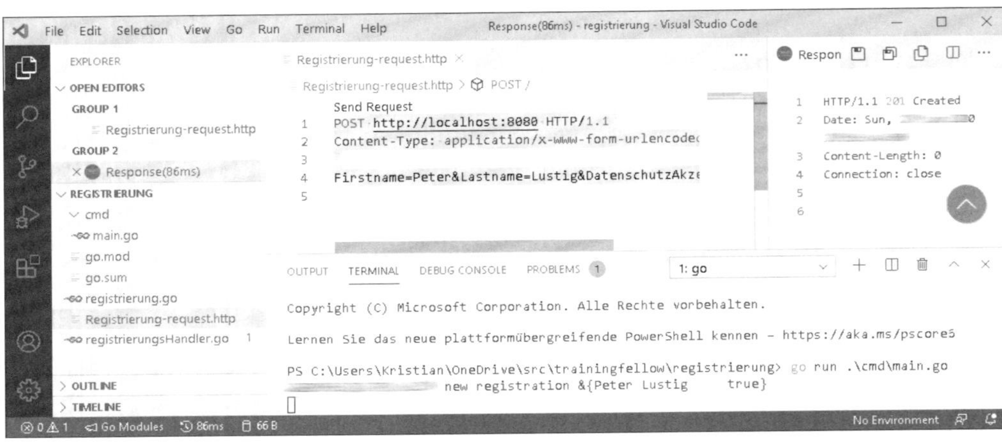

Abbildung 3.8 Projektaufbau und REST-Client-Aufruf in VSCode des Registrierungs-Microservice

3.2.2 Als Client einen HTTP-Service aufrufen

Den Client-Zugriff auf HTTP-basierte Services können Sie ebenfalls mit Hilfe des `net/http`-Packages implementieren. Mit den Funktionen `http.Get`, `http.Post` oder `http.PostForm` haben Sie die Möglichkeit, mit nur einem Kommando eine HTTP-Anfrage mit Standardwerten zu beispielsweise Retry- oder Timeout-Einstellungen durchzuführen.

Als Rückgabewerte der Funktion erhalten Sie ein `*http.Response` und einen eventuell aufgetretenen `error`.

Den `*http.Response` können Sie auswerten und z. B. über die Felder `Status` und `Body` die Rückgabewerte des Servers nutzen. Am Ende der Verarbeitung muss das `Body`-Feld über die Methode `Close()` geschlossen werden. Nutzen Sie hier am besten `defer`.

In Listing 3.27 ist ein Client implementiert, der den HTTP-Statuscode der Antwort sowie die HTML-Antwort selbst auf der Kommandozeile ausgibt.

```
package main

import (
    "fmt"
    "io/ioutil"
    "net/http"
)

func main() {
    res, err := http.Get("https://google.com")
    if err != nil {
        panic(err)
    }
    defer res.Body.Close()
    fmt.Println(res.Status)
    bites, _ := ioutil.ReadAll(res.Body)
    fmt.Println(string(bites))
}
```

Listing 3.27 HTTP-GET-Anfrage mit Standardkonfiguration

Möchten Sie mehr Kontrolle über den HTTP-Client erhalten und z. B. Header-Werte, eine *Redirect-Policy* oder Verbindungseinstellungen wie Timeouts konfigurieren, müssen Sie selbst einen `http.Client` erzeugen und die entsprechenden Werte übergeben. In Listing 3.28 wird ein neuer `http.Client` erzeugt und mit einem `ResponseHeaderTimeout` von einer Millisekunde konfiguriert. Die Timeout-Einstellung wird im Normalfall etwas kurz sein und zu einem Fehler führen. Das ist die Intension des Beispiels.

```
package main

import (
    "net/http"
    "time"
)

func main() {
    client := http.Client{Transport: &http.Transport{
        ResponseHeaderTimeout: 1 * time.Millisecond,
    }}
    res, err := client.Get("https://google.com")
    if err != nil {
        panic(err)
```

```
    }
    defer res.Body.Close()
}
```

Listing 3.28 HTTP-Client mit eigener Transport-Konfiguration

Für die Arbeit in einem Firmennetzwerk, in dem Sie über einen Proxy mit dem Internet kommunizieren müssen, haben Sie verschiedene Möglichkeiten, um diese Proxy-Einstellung vorzunehmen:

- Konfiguration über die Umgebungsvariablen `HTTP_PROXY` bzw. `HTTPS_PROXY`
- Setzen der entsprechenden Umgebungsvariablen innerhalb Ihres Codes
- Konfiguration des `http.Client`

Mit den beiden ersten Varianten können Sie für alle `http.Clients` in Ihrer Anwendung den gleichen Proxy setzen. Nur in der dritten Variante haben Sie auch die Möglichkeit, pro Client eine separate Konfiguration zu verwenden. Setzen Sie den Proxy über den `http.Client`, werden die eventuell gesetzten Umgebungsvariablen nicht berücksichtigt.

Listing 3.29 zeigt eine clientseitige Proxy-Konfiguration.

```
proxy, _ := url.Parse("http://proxy.source-fellows.com:8080")
client := http.Client{Transport: &http.Transport{
    Proxy: http.ProxyURL(proxy),
}}
```

Listing 3.29 Proxy-Konfiguration für einen HTTP-Client vornehmen

Absicherung des HTTP-Clients

In Abschnitt 3.1.2, »Mit Fehlern leben lernen – Resilient Design«, haben wir gesehen, dass falsch konfigurierte HTTP-Clients eine große Auswirkung auf eine Microservice-Umgebung haben können. Durch falsch konfigurierte Timeouts oder das Fehlen einer Absicherung können sich kleinere Probleme schnell hochschaukeln und Kettenreaktionen auslösen. Mit den Design-Patterns *Bulkhead* und *Circuit Breaker* können Sie Ihre `http.Client`-Umsetzung verbessern und sicherer gegen Ausfälle machen.

Das *Bulkhead-Pattern*, bei dem die Zugriffe auf einzelne Backend-Systeme in jeweilige Pools isoliert werden, können Sie mit einer separaten `http.Transport`-Konfiguration pro Anbindung umsetzen. Die Pools fungieren in diesem Fall, wie der Name des Pattern ausdrücken soll, wie Schotten innerhalb eines Schiffsrumpfs. Läuft ein Pool über, sinkt nicht gleich das ganze Schiff.

Als *Curcuit Breaker*-Implementierung können Sie auf einige Open-Source-Bib iotheken zurückgreifen. Ein Beispiel ist von SONY und befindet sich in GitHub unter: *https://github.com/sony/gobreaker*

HTTP-Client für »Training Fellow«

In unserer Beispielanwendung »Training Fellow« werden die Daten innerhalb eines Form-POST-Requests erwartet. Zum Übermitteln der Daten kann die Funktion `http.PostForm` aus dem `http`-Package verwendet werden.

Die einzelnen Formularwerte müssen Sie innerhalb eines Objekts vom Typ `url.Values` übergeben, bei dem es sich um eine Map mit einem Schlüsselwert vom Typ `String` und einen String-Array als Wert (`map[string][]string`) handelt. Der Client in Listing 3.30 führt denselben Request durch wie der REST-Client aus Abbildung 3.8.

```
package main

import (
    "log"
    "net/http"
    "net/url"
)

func main() {
    data := url.Values{
        "Firstname":              {"Peter"},
        "Lastname":               {"Lustig"},
        "DatenschutzAkzeptiert": {"true"},
    }
    res, err := http.PostForm("http://localhost:8080/registrierung", data)
    if err != nil {
        panic(err)
    }
    log.Println(res.Status)
}
```

Listing 3.30 HTTP-Client für Registrierung der »Training Fellow«-Anwendung

Einfache fachliche Lasttests für Ihre Anwendung

Den HTTP-Client können Sie für einfache Lasttests einsetzen. Im Zusammenspiel mit Go-Routinen haben Sie die Möglichkeit, speziell an die Anwendung angepasste Anfragen in großer Anzahl zu erzeugen.

3.2.3 Zwischen Services kommunizieren – das Protokoll gRPC

Wie wir bereits in Abschnitt 3.1.1, »Den Architekturstil umsetzen«, gesehen haben, bietet sich gRPC als Alternative zu einer HTTP-basierten REST-Kommunikation an. Im Folgenden wollen wir eine entsprechende Implementierung mit Go vornehmen.

Installation der Protocol-Buffers-Umgebung

Startpunkt der Implementierung eines gRPC-basierten Service ist immer eine Interface Definition (IDL) in Form einer *Protocol Buffers*-Datei. Sie beschreibt, welche Daten übertragen werden und welche Funktionen auf dem Server zur Verfügung gestellt werden bzw. werden sollen.

Mit Hilfe des *Protocol Buffers Compilers* wird im Anschluss für diese als *.proto* abgespeicherte Datei Quellcode generiert. Für die verschiedenen Programmiersprachen müssen zusätzlich sogenannte *Compiler-Plugins* installiert sein, die den für die entsprechende Programmiersprache spezifischen Code erzeugen.

Die Generierung von statischem Sourcecode macht aus dem Grund Sinn, da durch eine dynamische Auswertung der Daten zur Laufzeit mittels Reflection Geschwindigkeit eingebüßt werden würde.

Nach der Generierung des gRPC-Codes können Sie diesen in Ihre Anwendung einbinden und nutzen. Für Go schauen wir uns gleich ein Beispiel an.

Den Protocol Buffers Compiler können Sie entweder über die Downloadseite des GitHub-Projekts beziehen und installieren, oder Sie nutzen unter Linux und Mac Ihren Packagemanager für die Installation. Achten Sie auf jeden Fall auf eine aktuelle Version des Compilers.

Die Downloadseite befindet sich unter:

https://github.com/protocolbuffers/protobuf/releases

Unter einem Debian-basierten Linux können Sie die Installation mittels

```
apt install -y protobuf-compiler
```

duchführen. Für MacOS mit Homebrew lautet das Kommando:

```
brew install protobuf
```

Für Windows können Sie die ZIP-Datei von der Downloadseite herunterladen und in einem separaten Verzeichnis entpacken. Nehmen Sie danach das *bin*-Verzeichnis der Distribution in Ihre Pfadvariable auf, damit Sie das Kommando überall ausführen können.

Nach der erfolgreichen Installation können Sie mit dem Kommando `protoc -version` die Versionsangabe des Compilers prüfen.

```
C:\Users\Kristian>protoc --version
libprotoc 3.12.3
```

Listing 3.31 Beispiel Versionsausgabe des Protocol Buffers Compilers

Für die Erzeugung des Go- sowie des gRPC-Quellcodes benötigen Sie zusätzlich die beiden entsprechenden *Protobuf Compiler Plugins*. Diese können Sie jeweils über einen `go get`-Aufruf installieren.

```
go get github.com/golang/protobuf/protoc-gen-go
go get google.golang.org/grpc/cmd/protoc-gen-go-grpc
```

Die Projektverzeichnisse der Plugins befinden sich im Anschluss in Ihrem Go-Workspace und die zugehörigen Kompilate im *GOPATH/bin*-Verzeichnis.

Warum benötigt man zwei Plugins zur Codeerzeugung?

Aktuell sind zwei Plugins für die Codeerzeugung nötig. Das soll sich in zukünftigen Versionen ändern, dann soll nur noch ein Plugin nötig sein. Für die Übergangszeit müssen Sie beide Plugins installieren.

Damit der *Protocol Buffers Compiler* die Plugins finden kann, muss sich das *GOPATH/bin*-Verzeichnis in der Pfad-Umgebungsvariablen befinden.

Mit Protobuf eine Service-Schnittstelle definieren

Die Definition der Service-Schnittstelle befindet sich in einer *.proto*-Datei und beginnt immer mit der Protobuf-Versionsangabe. Danach folgen die einzelnen Nachrichten- oder Service-Beschreibungen.

Das Beschreibungsformat ist unabhängig von einem konkreten Übertragungs- und Serialisierungsformat. Im Folgenden werden wir den wahrscheinlich häufigsten Fall, die Generierung von gRPC-Code und einer binären Übertragung, näher betrachten.

Falls Sie lediglich Daten im Protobuf-Format ablegen wollen, können Sie auch nur den Serialisierungsmechanismus nutzen und auf eine Service-Beschreibung verzichten. Das macht dann Sinn, wenn Sie die Daten z. B. innerhalb einer asynchronen Übertragung als Teil einer Nachricht übergeben wollen.

Jede definierte Nachricht kann aus mehreren Feldern, die jeweils eine eindeutige Nummer erhalten, bestehen. Diese eindeutigen Nummern dienen dazu, die Felder im binären Datenstrom wiederzufinden. Wenn Sie einmal Nachrichten im Einsatz haben, sollten Sie aus Gründen der Abwärtskompatibilität diese Nummern für die Felder nicht mehr ändern. Ansonsten können Nachrichten in einem alten Format, die eventuell noch von einem älteren Client geschickt werden, nicht mehr verarbeitet werden.

```
syntax="proto3";

message HelloMessage {
    string messageText = 1;
}
```

Listing 3.32 Definition einer Nachricht im Protocol-Buffers-Format

In Listing 3.32 wird die Nachricht `HelloMessage` mit einem String-Feld `messageText` definiert. Als eindeutiger Identifier ist hier die Zahl `1` eingetragen.

Neben skalaren Datentypen können Sie auch Enumerationen, Listen oder andere zusammengesetzte Datentypen verwenden. Die komplette Spezifikation finden Sie unter *https://developers.google.com/protocol-buffers/docs/proto3*.

Service-Definitionen werden mit dem Schlüsselwort `service` eingeleitet und können mehrere RPC-Methoden enthalten. Jede Methodendefinition muss hierbei einen Parameter und einen Rückgabewert angeben. Dies kann entweder ein Stream oder ein definierter Nachrichtentyp sein.

Methoden, die keinen Wert erwarten oder kein Ergebnis liefern, müssen trotzdem einen Message-Typ angeben. Für diese Fälle können Sie entweder einen eigenen neuen Datentyp, wie in Listing 3.33 gezeigt, anlegen, oder Sie nutzen den Typ `google.protobuf.Empty`, den Sie über einen Import in Ihre *Protobuf*-Datei importieren können.

In Listing 3.34 ist eine komplette Service-Beschreibung des `HelloWorldService` gezeigt. Der Service besitzt die RPC-Methode `sayHello`, die einen leeren Parameter erwartet und als Antwort eine `HelloMessage` an den Client zurückliefert. In dieser Nachricht ist ein `messageText` vom Typ `String` enthalten.

```
message Void {}
```

Listing 3.33 Definition eines eigenen leeren Datentyps

```
syntax="proto3";

package hello;
import "google/protobuf/empty.proto";

message HelloMessage {
    string messageText = 1;
}

service HelloWorldService {
    rpc sayHello(google.protobuf.Empty) returns (HelloMessage);
}
```

Listing 3.34 Komplette Protocol-Buffers-Datei mit einem Service und einer Nachricht

Protocol-Buffers-Dateien in VSCode

Mit Hilfe der `vscode-proto3`-Extension können Sie komfortabel in Visual Studio Code *.proto*-Dateien editieren. Die Extension bietet Ihnen beispielsweise Unterstützung in Bezug auf Syntax-Hervorhebung, Validierung oder Codevervollständigung. Sie finden die Extension im Marketplace unter dem Namen `vscode-proto3`.

Einen gRPC-Server erzeugen und starten

Über den Protocol Buffers Compiler und die installierten Plugins können Sie nun den Go-Quellcode erzeugen.

Damit die Implementierungen für das richtige Go-Package erzeugt werden, müssen Sie in die *.proto*-Datei zusätzlich noch die Option `go_package` aufnehmen, um darüber das voll qualifizierte Ziel-Package zu spezifizieren.

Die `go_package`-Optionen setzen Sie über das Feld `option`, mit dem in *Protocol-Buffers-Dateien* Metainformationen an verschiedene Werkzeuge weitergegeben werden können.

```
package grpcserver;
option go_package = "golang.source-fellows.com/samples/grpc/hello";
import "google/protobuf/empty.proto";
```

Listing 3.35 Zusätzliche Aufnahme der Ausgabeoption für das Go-Compiler-Plugin

Initialisieren Sie vor einer Generierung noch ein Go-Modul-Projekt, in dem der generierte gRPC-Quellcode abgelegt werden soll. Das Kommando lautet:

```
go mod init golang.source-fellows.com/samples/grpc/hello
```

Somit passt die Paketangabe, und das `hello`-Package wird korrekt generiert.

Wenn Sie das mit der `go_package`-Option angepasste Beispiel aus Listing 3.34 in die Datei *hello-message.proto* speichern, können Sie mit dem folgenden Kommando aus Listing 3.36 den gRPC-Code generieren lassen.

Ausführen müssen Sie das Kommando in dem Verzeichnis, in dem sich die *.proto*-Datei befindet.

```
protoc --go_out=.  \
       --go-grpc_out=. \
       --go_opt=paths=source_relative \
       --go-grpc_opt=paths=source_relative \
       hello-message.proto
```

Listing 3.36 Kommando zum Erzeugen des gRPC-Codes durch den Protocol Buffers Compiler

Nach der Generierung befinden sich zwei neue Go-Dateien im Projektverzeichnis:

- *hello-message.pb.go*
- *hello-message_grpc.pb.go*

In der ersten Datei befindet sich der Typ `HelloMessage`, die zweite generierte Datei mit der Endung *grpc.pb.go* enthält den Code für eine gRPC-Client- und Server-Implementierung.

Im nächsten Schritt können Sie ein weiteres, neues Go-Modul mit der Server-Implementierung erstellen, in das Sie das gerade generierte Package importieren.

Initialisieren Sie hierzu in einem neuen Verzeichnis ein Projekt mit dem folgenden Kommando:

```
go mod init golang.source-fellows.com/samples/grpc/server
```

In der *main.go*-Datei im *cmd*-Verzeichnis des neuen Projekts können Sie den gRPC-Server starten und auf Anfragen warten. Das ist, wie in Listing 3.37, über `grpc.NewServer()`, `net.Listen` und `srv.Serve` möglich.

Der Server wird in diesem Fall mit Standardwerten gestartet und ist nicht abgesichert. Gebunden wird er auf alle Netzwerkinterfaces auf Port 8080.

```
package main

import (
    "log"
    "net"

    "google.golang.org/grpc"
)

func main() {
    srv := grpc.NewServer()
    listener, _ := net.Listen("tcp", ":8080")
    log.Println("Starting Server ...")
    log.Fatal(srv.Serve(listener))
}
```

Listing 3.37 Rumpfimplementierung eines gRPC-Servers ohne Business-Funktionalität

Jetzt fehlt die eigentliche Geschäftsfunktionalität und deren Anmeldung am Server, die in unserem Beispiel überschaubar ist. Sie besteht aus der Rückgabe eines fixen Textes.

Als Teil der Codegenerierung wurde vom Protocol Buffers Compiler das Interface `HelloWorldServiceServer` aus Listing 3.39 erzeugt. Hierbei handelt es sich um das Server API des `HelloWordService`, das Sie implementieren müssen. Eine entsprechende Instanz muss im Anschluss am Server registriert werden.

Verlinken der lokalen Go-Module

Für die Entwicklung des gRPC-Beispiels benötigen Sie drei verschiedene Module. Ein Modul enthält das `hello`-Package mit dem generierten Code, im zweiten Modul wird der Server entwickelt, und im dritten Modul wird sich später der Client befinden.

Die Server- und die Client-Implementierung besitzen jeweils eine Abhängigkeit zum Modul mit dem generierten Quellcode. In der *go.mod*-Datei muss das `hello`-Package dementsprechend als Abhängigkeit für diese Projekte eingetragen sein.

Wenn Sie das Projekt allerdings nicht im Workspace angelegt oder in dem entsprechenden Git Repo gespeichert haben, wird es lokal nicht gefunden. Um dieses Problem zu lösen, können Sie in der *go.mod*-Datei eine `replace`-Anweisung aufnehmen, mit der die Adresse einer Abhängigkeit umgestellt werden kann.

Im Beispiel in Listing 3.38 wird ein relativer Pfad zum Auflösen der Abhängigkeit eingetragen.

```
require (
    golang.source-fellows.com/samples/grpc/hello v0.0.0
)
replace golang.source-fellows.com/samples/grpc/hello => ./../hello
```

Listing 3.38 Beispiel einer Replace-Anweisung innerhalb einer go.mod-Datei zum lokalen Auflösen von Abhängigkeiten

In welcher Struktur Sie die Quelldateien in Ihrer Versionsverwaltung ablegen, spielt keine Rolle. Sie können die Dateien entweder in einem *Mono-Repo* – also alle Projekte bzw. Module in einem großen Repository – oder jedes Modul in einem separaten Repository, mit dem sogenannten *Multi-Repo-Ansatz*, ablegen.

```
package hello
type HelloWorldServiceServer interface {
    SayHello(context.Context, *empty.Empty) (*HelloMessage, error)
    mustEmbedUnimplementedHelloWorldServiceServer()
}
```

Listing 3.39 Generiertes Interface für die Server-Implementierung

Die Methode mustEmbedUnimplementedXX

In das Server-Interface wurde die Methode `mustEmbedUnimplementedXX` generiert, und Sie werden gezwungen, eine Interface-Implementierung in Ihre eigene Implementierung als *embedded struct* aufzunehmen.

Dieser Ansatz soll die Aufwärtskompatibilität der Interface-Implementierungen sicherstellen.

Erzeugt der Protocol Buffers Compiler neue Methoden im Service Interface, kann er diese ebenfalls in seine eigene Implementierung mit aufnehmen. Da Sie diese zwangsweise in Ihrer Implementierung als embedded struct mit eingebunden haben, implementiert Ihr Typ immer auch gleichzeitig die neuen Methoden, und Sie müssen nicht zwangsweise tätig werden.

Eine Beispielimplementierung, die einen fixen Text als Teil der Antwortnachricht zurückliefert, ist in Listing 3.40 gezeigt. Instanzen des `HelloService` implementieren das `HelloWorldServiceServer`-Interface und können in einem weiteren Schritt am gRPC-Server registriert werden.

```
package server

import (
    context "context"

    empty "github.com/golang/protobuf/ptypes/empty"
    "golang.source-fellows.com/samples/grpc/hello"
)

type HelloService struct {
    hello.UnimplementedHelloWorldServiceServer //embedded struct
}

func (hs *HelloService) SayHello(context.Context, *empty.Empty) (*hello.Hello ⮐
Message, error) {
    msg := &hello.HelloMessage{MessageText: "Hello World"}
    return msg, nil
}
```

Listing 3.40 Server-API-Implementierung mit Geschäftsfunktionalität

Die Registrierung der Implementierung am gRPC-Server erfolgt ebenfalls über eine generierte Methode aus dem `hello`-Package.

```
hello.RegisterHelloWorldServiceServer(srv, &server.HelloService{})
```

Listing 3.41 Registrierung einer Service-Instanz am gRPC-Server

Den kompletten Start des Servers können Sie Listing 3.42 entnehmen.

```
package main

import (
    "log"
```

```
    "net"

    "golang.source-fellows.com/samples/grpc/hello"
    "golang.source-fellows.com/samples/grpc/server"
    "google.golang.org/grpc"
)

func main() {
    srv := grpc.NewServer()
    hello.RegisterHelloWorldServiceServer(srv, &server.HelloService{})
    listener, _ := net.Listen("tcp", ":8080")
    log.Println("Starting Server ...")
    log.Fatal(srv.Serve(listener))
}
```

Listing 3.42 Komplettbeispiel der Initialisierung des gRPC-Servers mit der Anmeldung einer generierten Service-Implementierung

Mit einem gRPC-Client auf einen Server zugreifen

Für die Client-Implementierung können Sie ebenfalls auf das generierte `hello`-Package zurückgreifen, das Sie ebenfalls über einen Import einbinden können.

Mit der Funktion `NewHelloWorldServiceClient()` aus dem generierten Package kann eine neue Instanz eines Clients für den Service erzeugt werden. Als Parameter muss eine konfigurierte `ClientCon` übergeben werden. Im kompletten Beispiel in Listing 3.43 wird, wie schon beim Server, auf Sicherheitseinstellungen verzichtet und eine `ClientCon`-Instanz auf Port 8080 erstellt.

Nachdem der Client angelegt wurde, kann die Service-Methode `SayHello` mit dem entsprechenden Parameter aufgerufen werden. Da wir eine leere Nachricht vom Typ `Empty` in der Protobuf-Datei angegeben haben, müssen wir diese hier auch übergeben. Den zweiten Parameter `context.Context` schauen wir uns in Kapitel 5, »Best Practices – idiomatisches und effektives Go«, noch genauer an.

```
package main

import (
    "context"
    "log"

    "golang.source-fellows.com/samples/grpc/hello"
    "google.golang.org/grpc"
    "google.golang.org/protobuf/types/known/emptypb"
)
```

```
func main() {
    con, _ := grpc.Dial(":8080", grpc.WithInsecure())
    client := hello.NewHelloWorldServiceClient(con)
    ctx := context.Background()
    answer, err := client.SayHello(ctx, &emptypb.Empty{})
    if err != nil {
        log.Fatal(err)
    }
    log.Println(answer.GetMessageText())
}
```

Listing 3.43 Client-Anwendung für den Zugriff auf einen gRPC-Service

3.2.4 Ereignisbasierte Kommunikation – Messaging als Interaktionsmodell

In Abschnitt 3.1.3, »Die Vorteile der asynchronen Kommunikation«, haben wir uns die Vorteile einer asynchronen Kommunikation und das *Messaging-Pattern* angesehen, bei dem Nachrichten über Nachrichtenkanäle, sogenannte *Messaging Channels*, ausgetauscht werden.

Mit Hilfe von verschiedenen Messaging-Lösungen bzw. -Produkten haben Sie die Möglichkeit, die unterschiedlichen Messaging-Styles wie z. B. *Publish/ Subscribe* oder *Request/Asynchronous response* umzusetzen.

Als Teil der Cloud Native Computing Foundation wird das Projekt NATS umgesetzt. Es ist selbst in Go implementiert und beschreibt sich selbst als leichtgewichtige, hoch performante cloud-native Infrastruktur für Messaging-Systeme. Das Projekt finden Sie im Internet unter *https://nats.io*.

Wir wollen im Folgenden einen Nachrichtenaustausch über NATS implementieren, da die Einbindung in Go-Anwendungen sehr einfach und die Nutzung von Sprachfeatures, wie Channels, integraler Bestandteil des Client-Codes ist.

Der Name NATS

Das Akronym NATS steht für *Neural Autonomic Transport System* und soll auf seine Funktionsweise als Koordinator und Vermittler, wie ein zentrales Nervensystem, anspielen.

NATS als Messaging-System nutzen

Auf der Downloadseite des Projekts können Sie ein Installationspaket für den NATS-Server herunterladen und diesen installieren. Einfacher wird die Installation, wenn Sie – nach einer gegebenenfalls nötigen Installation von Docker – das offizielle Docker-Image nutzen. Für erste Tests ist nur eine minimale Konfiguration nötig.

NATS-Demo-Server für Tests

Wenn Sie den Aufwand der Installation eines NATS-Servers scheuen oder bisher keine Docker-Umgebung installiert haben, können Sie auch die Demo-Server des NATS-Projekts nutzen. Diese finden Sie unter *nats://demo.nats.io* bzw. *tls://demo.nats.io:4443*.

Das Docker-Image können Sie mit den Befehlen aus Listing 3.44 herunterladen, starten und wieder stoppen. Der Server exponiert drei verschiedene Ports, von denen Sie für unsere Konfiguration nur den Port 4222 benötigen. Die beiden anderen Ports 8222 und 6222 sind für HTTP-Monitoring-Zugriffe bzw. das Cluster Routing gedacht.

```
docker pull nats
docker run -d --name nats-main -p 4222:4222 nats
//wieder stoppen
docker stop nats-main
```

Listing 3.44 Installation und Start des NATS-Docker-Containers mit Portfreigabe

NATS überwachen

Zur Überwachung eines NATS-Servers können Sie das Tool *Nats-Top* einsetzen, das Ihnen eine gute Übersicht über den aktuellen Zustand sowie eine Auflistung aller aktuellen Verbindungen Ihres NATS-Servers bietet.

Siehe: *https://github.com/nats-io/nats-top*

Die Go-Client-Bibliothek können Sie über `go get` installieren.

```
go get github.com/nats-io/nats.go/
```

Listing 3.45 Installation des Go-NATS-Clients

Um aus Go Codenachrichten an den NATS-Server zu schicken, müssen Sie zuerst eine Verbindung zum Server aufbauen. Hierzu ist die Funktion `nats.Connect` vorgesehen. In Listing 3.46 wird als Parameter eine Standard-URL in Form von `nats.DefaultURL` übergeben. Diese Einstellung können Sie verwenden, wenn Ihr Server über die URL *nats://127.0.0.1:4222* erreichbar ist. Das ist der Fall, wenn Sie das Docker-Image mit dem oben genannten Kommando lokal gestartet haben.

Als Rückgabewert der `nats.Connect`-Funktion erhalten Sie eine Verbindung in Form einer `nats.Conn` sowie einen potenziell aufgetretenen Fehler. Mit diesem Verbindungsobjekt können Sie nun die verschiedenen Aktionen durchführen.

Im Beispiel wird eine binäre Nachricht an das *Subject* `foo` versendet. In unserem Beispiel können Sie das Subject mit dem Begriff des *Topics*, den Sie vielleicht aus anderen Messaging-Lösungen kennen, vergleichen.

Subject-Namen sollten nur aus alphanumerischen Zeichen bestehen und können hierarchisch aufgebaut werden. Setzen Sie dazu einen Punkt in den Namen des Subjects.

NATS-Clients können sich durch die Angabe einer Wildcard für mehrere Subjects registrieren und deren Nachrichten auswerten.

```
package main

import (
    "log"

    "github.com/nats-io/nats.go"
)

func main() {
    nc, err := nats.Connect(nats.DefaultURL)
    if err != nil {
        log.Fatalf("Could not connect to server because of %v", err)
    }
    defer nc.Close()
    nc.Publish("foo", []byte("Hello World"))
}
```

Listing 3.46 Senden einer einfachen Nachricht an einen NATS-Server

Möchten Sie die Nachricht in einem Client empfangen und verarbeiten, müssen Sie auch dort eine Verbindung zu einem NATS-Server aufbauen. Das unterscheidet sich nicht von der Sender-Implementierung.

Für das Empfangen haben Sie unterschiedliche Möglichkeiten. Der Client in Listing 3.47 setzt auf eine synchrone API beim Empfang der Nachrichten und wartet maximal 20 Sekunden, bis eine Nachricht eintrifft. Alternativ können Sie mit Ihrem Client Nachrichten über eine asynchrone API verarbeiten oder eine sogenannte *Channel-Subscription* nutzen, die Ihnen einen Go Channel nach einer Anmeldung zurückgibt (siehe auch Abschnitt 3.5, »Die Nebenläufigkeit mit Go – Concurrency«).

Bitte achten Sie am Ende der Verarbeitung darauf, dass sich Ihre Clients durch einen Aufruf von `nc.Close` wieder vom Server abmelden bzw. die Verbindung schließen.

Wenn Ihr Client eine *Subscription* durchgeführt hat, sollten Sie, bevor Sie die Verbindung schließen, noch `nc.Drain` nutzen. Dadurch werden Nachrichten, die noch in einer lokalen *Queue* vorhanden sind, verarbeitet. Würden Sie die Verarbeitung nur mit einem Aufruf von `nc.Close` beenden, würden die Nachrichten, unabhängig von ihrem Zustand, in der Queue gelöscht. Ohne den `nc.Drain`-Aufruf besteht die Gefahr, dass Sie Nachrichten verlieren.

```
package main

import (
    "log"
    "time"

    "github.com/nats-io/nats.go"
)

func main() {
    nc, err := nats.Connect(nats.DefaultURL)
    if err != nil {
        log.Fatalf("Could not connect to server because of %v", err)
    }
    defer nc.Close()
    sub, err := nc.SubscribeSync("foo")
    if err != nil {
        log.Fatalf("Could not subscribe because of %v", err)
    }
    m, err := sub.NextMsg(20 * time.Second)
    if m == nil {
        log.Println("No messages available")
        return
    }
    log.Println(m.Subject)
    log.Println(string(m.Data))
    sub.Unsubscribe()
    sub.Drain()
}
```

Listing 3.47 Synchroner NATS-Client

NATS in der »Training Fellow«-Anwendung

In der Beispielanwendung »Training Fellow« soll die Kommunikation zwischen dem Registrierungsservice und dem Vorbereitungsservice asynchron über einen NATS-Server implementiert werden. Der Registrierungsservice soll eine Nachricht über eine neue Anmeldung an den Vorbereitungsservice weitergeben. Als Inhalt werden die Registrierungsdaten weitergegeben. Im Unterschied zu dem vorherigen Beispiel sollen die Daten als JSON-String weitergegeben werden.

Der NATS-Go-Client bietet die Möglichkeit, pro Verbindung einen Encoder für die Nachrichten zu konfigurieren, so dass diese automatisch in das entsprechende Format gewandelt werden. Da der `nats.JSON_ENCODER` intern die Go-Standardbibliothek zum Enkodieren und Dekodieren nutzt, können Sie die Meta-Tags aus Abschnitt 3.2.1, »RESTful HTTP-Services mit Go umsetzen«, verwenden.

Das neue Interface `RegistrierungsNotifier` soll in der Beispielanwendung eine klare Schnittstelle zur Nachrichtenübermittlung darstellen. Es befindet sich im Root-Verzeichnis der Anwendung unter *registrierungsNotifier.go*. Listing 3.48 zeigt die Definition.

```
package registrierung

//RegistrierungsNotifier gibt Informationen zu Registrierungen weiter
type RegistrierungsNotifier interface {
    //InformAboutNewRegistrierung informiert über eine neue Registrierung
    InformAboutNewRegistrierung(reg *Registrierung)
}
```

Listing 3.48 Interface für die Nachrichtenübermittlung im Registrierungsservice

In Kapitel 5, »Best Practices – idiomatisches und effektives Go«, werden wir die Organisation von Go-Projekten näher betrachten. Das »Training Fellow«-Beispielprojekt orientiert sich an einem weit verbreiteten Vorschlag, bei dem sich, grob gesagt, die Business-Logik im Root-Verzeichnis der Anwendung befindet und technische Implementierungen in entsprechenden Unterverzeichnissen. Die Projektstruktur werden wir in einem weiteren Beispiel ebenfalls anpassen.

Starten Sie mit der Implementierung für eine NATS-Anbindung im Package `nats`. Erstellen Sie die Datei *notifier.go* mit einer Implementierung des `RegistrierungsNotifier`-Interface wie in Listing 3.149.

Die Implementierung enkodiert die Daten im JSON-Format und übergibt sie dem Server für das hierarchisch aufgebaute Subject `"traingfellow.registrierung.neu"`.

```
package nats

import (
    "log"

    "github.com/nats-io/nats.go"
    "golang.source-fellows.com/trainingfellow/registrierung"
)

type Notifier struct{}

func (nn *Notifier) InformAboutNewRegistrierung(registrierung *registrierung. ⮐
Registrierung) error {
    log.Println("Inform about new Registrierung")
    nc, err := nats.Connect(nats.DefaultURL)
    if err != nil {
        log.Println("Could not connect to server: ", err)
```

```
        return err
    }
    defer nc.Close()
    c, _ := nats.NewEncodedConn(nc, nats.JSON_ENCODER)
    defer c.Close()
    return c.Publish("traingfellow.registrierung.neu", registrierung)
}
```

Listing 3.49 Implementierung des RegistrierungsNotifier-Interface mit NATS-Client

Die Einbindung des `nats.Notifier` soll nicht direkt im HTTP-Handler stattfinden, da wir ansonsten technische Aspekte, wie das Auslesen von Daten aus einem HTTP-Request, mit der Business-Logik vermischen. Stattdessen erstellen wir eine Service-Implementierung, die die Orchestrierung der Geschäftslogik übernimmt.

Dieser `RegistrierungsService` soll in der Datei *service.go* im Root-Verzeichnis des Projekts entstehen und in der Methode `HandleNewRegistrierung` die entsprechende Implementierung des `RegistrierungsNotifier` aufrufen. Die Implementierung ist in Listing 3.50 gezeigt.

Abbildung 3.9 stellt den kompletten Aufbau des Registrierungs-Microservice in Form eines UML-Diagramms dar, während Abbildung 3.10 die Verzeichnisstruktur des Projekts abbildet.

```
package registrierung

type RegistrierungsService struct {
    Notifier RegistrierungsNotifier
}

func (rs *RegistrierungsService) HandleNewRegistrierung(registrierung *Registrierung) error {
    return rs.Notifier.InformAboutNewRegistrierung(registrierung)
}
```

Listing 3.50 Erste Version des Registrierungsservice im Registrierungs-Microservice

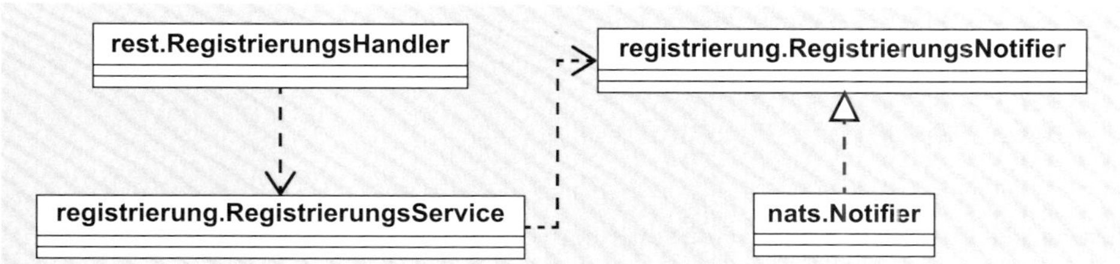

Abbildung 3.9 Aufbau des »Training Fellow«-Registrierungsservice

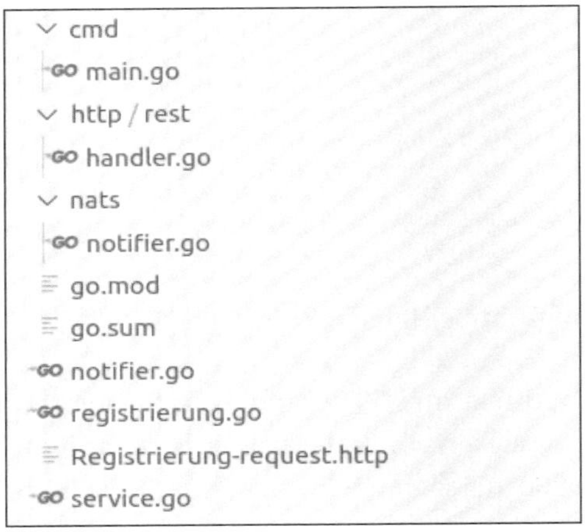

Abbildung 3.10 Projektaufbau des »Training Fellow«-Registrierungsservice

Wie in den obigen Abbildungen zu erkennen, ist zusätzlich die HTTP-Handler-Implementierung unter dem Dateinamen *handler.go* in das Package `rest` gewandert und soll den `RegistrierungsService` aufrufen. Wir folgen auch hier dem Ansatz, technische Aspekte – wie das HTTP-Request-Handling – in separaten Unterverzeichnissen zu implementieren.

In der Folge muss der Handler um ein entsprechendes Feld vom Typ `RegistrierungsService` erweitert werden und diesen aufrufen, wenn eine neue Registrierung verarbeitet werden soll.

```
type RegistrierungsHandler struct {
    Service *registrierung.RegistrierungsService
}

func (rh *RegistrierungsHandler) ServeHTTP(rw http.ResponseWriter, req *http.Request) {
    ...    //alte Implementierung
    err = rh.Service.HandleNewRegistrierung(registrierung)
    if err != nil {
        log.Printf("Could not handle Registrierung: %v", err)
        rw.WriteHeader(http.StatusInternalServerError)
        return
    }
    rw.WriteHeader(http.StatusCreated)
}
```

Listing 3.51 Angepasste Implementierung des HTTP-REST-Handlers des Registrierungs-Microservice

Sichtbarkeit der Felder

Im Codebeispiel in Listing 3.51 wird das Feld `Service` vom Typ `RegistrierungsService` exportiert und ist somit von überall zugreifbar. Aus Gründen der Kapselung der Komponenten sollten Sie versuchen, solche globalen Zugriffe zu unterbinden. In weiteren Beispielen werden wir auf dieses Thema noch einmal eingehen und uns Alternativen anschauen.

Die Konfiguration der Anwendung geschieht wie bisher in der *main.go*-Datei. Über *Dependency Injection* können Sie die einzelnen Anwendungskomponenten zusammenbringen. In Listing 3.52 werden ein `nats.Notifier`, ein `registrierung.RegistrierungsService` und ein `rest.registrierungsHandler` erzeugt und über Setzen der entsprechenden Felder als Abhängigkeiten konfiguriert.

```
package main

import (
    "net/http"

    "github.com/gorilla/mux"
    "golang.source-fellows.com/trainingfellow/registrierung"
    "golang.source-fellows.com/trainingfellow/registrierung/http/rest"
    "golang.source-fellows.com/trainingfellow/registrierung/nats"
)

func main() {
    notifier := &nats.Notifier{}
    service := &registrierung.RegistrierungsService{Notifier: notifier}
    regHandler := &rest.RegistrierungsHandler{Service: service}
    r := mux.NewRouter()
    r.PathPrefix("/").Methods("POST").Handler(regHandler)
    http.ListenAndServe(":8080", r)
}
```

Listing 3.52 Dependency Injection im Main-Package des Registrierungs-Microservice

3.2.5 Loggings konfigurieren und auswerten

Um in einer Server-Anwendung auftretende Fehler sofort oder im Nachhinein besser nachvollziehen zu können, sind Log-Files unerlässlich. Für Systemadministratoren sind sie oftmals auch die einzige Möglichkeit, den Zustand einer Anwendung zu überwachen. Werden z. B. zu viele Fehler in ein Log-File geschrieben, ist die Wahrscheinlichkeit hoch, dass etwas mit der Anwendung nicht in Ordnung ist.

Die Go-Standardbibliothek bietet im Package `log` Funktionen, mit denen man Log-Ausgaben erzeugen und ausgeben kann. Allerdings ist der Funktionsumfang im Vergleich zu anderen Open-Source-Bibliotheken stark eingeschränkt und bietet z. B. keine Möglichkeit, Logs im JSON-Format auszugeben.

Logrus zum Logging einsetzen

Bei Logrus handelt es sich um eine verbreitete Logging-Bibliothek mit großem Funktionsumfang, die auch in Bezug auf die Schnittstelle als Ersatz für das Log-Package aus der Go-Standardbibliothek eingesetzt werden kann. In beiden Implementierungen sind die Funktionen `Print`, `Fatal` oder `Error` in ihren verschiedenen Ausprägungen vorhanden.

Durch eine Anpassung beim Import-Statement können Sie schnell von der Standardbibliothek zu Logrus wechseln. Mit einem Import-Alias für Logrus, wie in Listing 3.53 dargestellt, können Sie Ihren restlichen Code ohne Anpassung weiter nutzen.

```
import "log"
// wechseln zu
import log "github.com/sirupsen/logrus"
```

Listing 3.53 Umstellung Standardbibliotheks-Logging zu Sirupsen Logrus

Schon die Standardausgabe von Logrus unterscheidet sich von der Ausgabe der Go-Standardbibliothek. Während die Standardbibliothek nur das Datum inklusive Uhrzeit mit der Log-Meldung ausgibt, liefert Logrus bereits ein strukturiertes Format inklusive Log-Level-Angabe, wie in Abbildung 3.11 zu sehen.

Je nachdem, in welcher Umgebung Logrus eingesetzt wird, kann auch eine farbige Log-Ausgabe erzeugt werden.

```
kkoehler@precision:~/work/golang/workspace/src/golang.source-fellows.com/samples/logging$ go run main.
INFO[0000] Hello World
INFO[0000] A group of walrus emerges from the ocean      animal=walrus size=10
WARN[0000] The group's number increased tremendously!    number=122 omg=true
FATA[0000] The ice breaks!                               number=100 omg=true
exit status 1
```

Abbildung 3.11 Strukturierte Log-Ausgabe über Logrus

Möchten Sie die Log-Statements als JSON-Ausgabe erhalten, müssen Sie den *Formatter* auf den eingebauten `log.JSONFormatter` umstellen. Diesen können Sie über `log.SetFormatter` setzen.

```
log.SetFormatter(&log.JSONFormatter{})
```

Listing 3.54 Umstellen auf ein JSON-basiertes Log-Format bei Logrus

Formatierung der Logrus-JSON-Logs

Die Logrus-JSON-Ausgabe erfolgt über die Go-Standardbibliothek. Möchten Sie spezielle Ausgaben für Ihre Objekte haben, müssen Sie dies über die entsprechenden *Field Tags* konfigurieren oder die Werte zuerst, z. B. mit der Funktion `strconv`, umwandeln.

Der große Vorteil eines strukturierten Logs ist, dass Sie nicht sämtliche zu loggenden Informationen innerhalb eines Textes, sondern in separaten Feldern ausgeben können. Das erspart Ihnen später die Interpretation der Log Messages und ein eventuell aufwendigeres Parsen. Pro Anwendungsfall können Sie passende Daten mitgeben und Ihre Log-Files passend dazu auswerten.

Jedem `log.Entry` bei Logrus können Sie beliebig viele weitere Felder hinzufügen, die später mit ausgegeben werden. Möchten Sie mehreren Log-Ausgaben solche Metainformationen hinzufügen, können Sie das erreichen, indem Sie einen erzeugten `log.Entry` weiterverwenden.

```
// zusätzliche Felder an log.Entry anhängen
log.WithFields(log.Fields{
    "importId": "ka18s",
    "size":     10,
}).Info("Starte den Import")
// Wiederverwenden von log.Entry, damit alle weiteren
// Aufrufe ebenfalls Felder bekommen
contextLogger := log.WithFields(log.Fields{
    "importId": "0815s",
    "other":    "Ich werde geloggt",
})
contextLogger.Info("Bei mir gibt's mehr!")
contextLogger.Info("")
```

Listing 3.55 Strukturierte Daten mit Logrus nutzen

In Kombination mit der JSON-Ausgabe entstehen Logs, die Sie sehr gut maschinell auswerten und sehr gut an zentrale Log-Lösungen wie Splunk oder Logstash weitergeben können.

```
{"importId":"ka18s","level":"info","msg":"Starte den Import","size":10, ⮐
"time":"2020-.."}
{"importId":"0815s","level":"info","msg":"Bei mir gibt’s mehr!","other": ⮐
"Ich werde geloggt","time":"2020-.."}
{"importId":"0815s","level":"info","msg":"Fertig.","other":"Ich werde ⮐
geloggt","time":"2020-.."}
```

Listing 3.56 JSON-Ausgabe von strukturierten Log-Daten über Logrus

./jq – leichtgewichtiger Kommandozeilenprozessor für JSON

Möchten Sie auf der Kommandozeile JSON-Daten auswerten, können Sie dies elegant mit dem Kommandozeilenwerkzeug `jq` bewerkstelligen. Es handelt sich dabei um ein schlankes Tool, das sich selbst als »`sed` für JSON-Daten« beschreibt.

Über eine Abfragesyntax können Sie beispielsweise einzelne Elemente aus einer JSON-Datei herausfiltern und daraus neue Dokumente erstellen.

```
jq '.[] | {message: .commit.message, name: .commit.committer.name}'
```

Listing 3.57 Beispiel eines jq-Befehls zum Erzeugen einer neuen JSON-Struktur aus einem bestehenden Dokument

Das Projekt finden Sie im Internet unter: *https://stedolan.github.io/jq/*

Logging der »Training Fellow«-Anwendung überarbeiten

In der Beispielanwendung »Training Fellow« haben wir bisher Logs über die Standardbibliothek erstellt. Dies wollen wir auf Logrus umstellen und den Log-Ausgaben mehr Informationen mitgeben. Der `nats.Notifier` enthält z. B. die Log-Ausgabe aus Listing 3.58.

```
log.Println("Inform about new Registrierung")
```

Listing 3.58 Log-Ausgabe des nats.Notifier der »Training Fellow«-Anwendung

Finden Sie später diese Log-Zeile im Log, können Sie damit nur bedingt etwas anfangen. Es fehlt der Kontext, zu dem diese Log-Ausgabe gehört. Das gleiche Problem haben Sie bei der Fehlerausgabe in Listing 3.59. Sie können nicht so leicht feststellen, bei welchem Registrierungsaufruf Probleme aufgetreten sind.

```
log.Printf("Could not handle Registrierung: %v", err)
```

Listing 3.59 Log-Ausgabe eines Fehlers im nats.Notifier

Aus diesem Grund können Sie einen speziellen Logger für den `nats.Notifier` anlegen, für den Sie die Registrierung als Feld setzen. So bekommen Sie bei jeder Log-Ausgabe den entsprechenden Aufrufkontext der Registrierung mit ausgegeben.

```
notifierLogger := log.WithField("Registrierung", registrierung)
notifierLogger.Info("Inform about new Registrierung")
..
notifierLogger.WithError(err).Error("Could not connect to server.")
```

Listing 3.60 Logger mit Kontextinformation

An dieser Stelle geben Sie sehr viele Daten aus. Besser wäre eine Lösung, die beim Eintreffen des HTTP-Requests einen eindeutigen Identifier erzeugt und diesen weitergibt. Dazu müssten Sie die Registrierung nur einmal ins Log schreiben. Diese Möglichkeit werden wir uns im Rahmen des `context`-Packages anschauen.

3.2.6 Aspektorientierte Funktionalität mit Middlewares

Der Begriff der *Aspektorientierten Programmierung* beschreibt in der *objektorientierten Programmierung* ein Programmierparadigma, bei dem einzelne Aspekte einer Anwendung in eigenständigen Komponenten entwickelt und eingesetzt werden. Beispiele für solche Aspekte sind Logging, Transaktionssteuerung oder Funktionalität zur Sicherheitsüberprüfung. Man spricht auch von sogenannten *Cross-Cutting-Concerns*.

Meist handelt es sich bei Aspekt-Implementierungen um generische Lösungen, die sich für mehrere Anwendungskomponenten oder ganze Anwendungen einsetzen lassen.

Mit dem *Middleware-Pattern* können Sie in Go einen aspektorientierten Ansatz für HTTP-Handler umsetzen und gemeinsam benötigte Funktionalität in eigenständigen Komponenten entwickeln. Es spielt hierbei keine Rolle, ob Sie Code vor oder nach der eigentlichen Verarbeitung des Requests in der Applikationslogik ausführen möchten.

Middlewares implementieren das `http.Handler`-Interface und werden direkt am Router bzw. am `http.ServerMux`, wie jeder andere Handler auch, registriert. Die Aufrufkette beim Einsatz von *Middlewares* ist in Abbildung 3.12 dargestellt. Werden mehrere Funktionalitäten benötigt, können Middlewares auch verkettet werden.

Abbildung 3.12 Aufrufkette beim Einsatz des Middleware-Patterns

Wie wir bisher gesehen haben, müssen Applikations-Handler, die Sie am Server anmelden möchten, das `http.Handler`-Interface implementieren. Entweder implementieren Sie das Interface direkt oder nutzen eine `http.HandlerFunc`.

Eine recht elegante Variante ist die Umsetzung der Handler-Implementierung in Form eines *Closure*. Dabei werden die benötigten Abhängigkeiten oder Werte als Parameter einer Funktion übergeben, die eine anonyme, innere `http.HandlerFunc` erstellt. Diese Funktion wird, wie in Listing 3.61 dargestellt, über einen Aufruf von `http.HandlerFunc` zu einem `http.Handler` konvertiert und zurückgeliefert.

Das Vorgehen erspart Ihnen viele – eventuell globale – Variablen für Abhängigkeiten, die Sie in mehreren `HandlerFunc`-Umsetzungen benötigen.

Im Beispiel wird der auszugebende String als Parameter übergeben.

```
package main

import (
    "log"
    "net/http"
)

func businessLogic(text string) http.Handler {
    myFunc := func(res http.ResponseWriter, req *http.Request) {
        res.Write([]byte(text))
    }
    return http.HandlerFunc(myFunc)
}

func main() {
    http.Handle("/", businessLogic("Hello World!"))
    http.ListenAndServe(":8080", nil)
}
```

Listing 3.61 Closure zur Implementierung eines http.Handlers

Dieses *Closure-Pattern* können Sie für die Implementierung einer *Middleware* einsetzen. In diesem Fall können Sie als Parameter der Methode zum Anlegen des `http.Handlers` einen weiteren `http.Handler` verwenden, der als Nächstes in einer Kette aufgerufen werden soll.

Im Beispiel in Listing 3.62 ist eine Middleware-Implementierung umgesetzt, die den Eintritt und den Austritt aus einem Handler im Log protokolliert. Auf die separate Definition der Funktion, wie in der Funktion `businessLogic`, wurde verzichtet.

```
package main

import (
    "log"
    "net/http"
)

func businessLogic(text string) http.Handler {
    myFunc := func(res http.ResponseWriter, req *http.Request) {
        res.Write([]byte(text))
```

```
    }
    return http.HandlerFunc(myFunc)
}

func middleWare(wrapped http.Handler) http.Handler {
    return http.HandlerFunc(func(re http.ResponseWriter, rq *http.Recuest) {
        log.Println("before request")
        wrapped.ServeHTTP(re, rq)
        log.Println("after request")
    })
}

func main() {
    http.Handle("/", middleWare(businessLogic("Hello World")))
    if err := http.ListenAndServe(":8080", nil); err != nil {
        log.Printf("error with server %v", err)
    }
}
```

Listing 3.62 Middleware zum Loggen des Requests

Einige Open-Source-Projekte stellen verschiedene Middleware-Implementierungen zur Verfügung, die Sie in Ihren eigenen Projekten einsetzen können.

Das Projekt `gorilla/handlers` stellt z. B. auf seiner GitHub-Seite Handler für folgende Einsätze bereit:

- Request-Logging im Apache *Common Log Format*
- Komprimieren von Responses
- Sicherstellen von *Content-Types*
- Sicherstellen der HTTP-Methoden für Applikations-Handler
- Setzen der richtigen Header bei Proxy-Anfragen
- Hostnamenbasierte Weiterleitungen
- Abfangen von Programmfehlern
- Setzen der korrekten `Access-Control`-HTTP-Header für CORS

Content-Type-Check für »Training Fellow«

Der Registrierungs-Microservice der Beispielanwendung »Training Fellow« erwartet die HTTP-Anfrage mit dem Content-Type `"application/x-www-form-urlencoded"`, damit die Formulardaten korrekt verarbeitet werden können. Aus diesem Grund wollen wir den `ContentTypeHandler` des `gorilla/handlers`-Projekts in unser Projekt einbinden.

Installieren Sie die Abhängigkeit für `gorilla/handlers` mit folgendem Kommando:

```
go get github.com/gorilla/handlers
```

Listing 3.63 Installation der Abhängigkeiten für die Middleware

Erstellen Sie im Package `http` des Projekts die neue Funktion `NewMiddlewareChain`, die die konfigurierte Middleware für das Projekt zurückgibt. In unserem Fall ist es noch keine Kette an Middlewares. Aber was noch nicht ist, kann ja noch werden.

```
package http

import (
    "net/http"

    "github.com/gorilla/handlers"
)

func NewMiddlewareChain(handler http.Handler) http.Handler {
    return handlers.ContentTypeHandler(handler, "application/x-www-form- ⮐
urlencoded")
}
```

Listing 3.64 Funktion im golang.source-fellows.com/registration/http-Package, die die komplette konfigurierte Middleware zurückliefert

In der `main`-Funktion können Sie nun die Implementierung einbinden.

```
package main

import (
    "net/http"

    "github.com/gorilla/mux"
    "golang.source-fellows.com/trainingfellow/registrierung"
    myhttp "golang.source-fellows.com/trainingfellow/registrierung/http"
    "golang.source-fellows.com/trainingfellow/registrierung/http/rest"
    "golang.source-fellows.com/trainingfellow/registrierung/nats"
)

func main() {
    notifier := &nats.Notifier{}
    service := &registrierung.RegistrierungsService{Notifier: notifier}
    regHandler := &rest.RegistrierungsHandler{Service: service}
    middle := myhttp.NewMiddlewareChain(regHandler)
```

```
    r := mux.NewRouter()
    r.PathPrefix("/").Methods("POST").Handler(middle)
    http.ListenAndServe(":8080", r)
}
```


Listing 3.65 Angepasste main-Funktion des Registrierungs-Microservice

3.2.7 Fremdbibliotheken einsetzen

In den vorherigen Beispielen haben Sie gesehen, dass man mit der Standardbibliothek von Go bereits recht einfach HTTP-basierte Microservices erstellen kann.

Von anderen Programmiersprachen sind Sie es eventuell gewöhnt, immer ein Framework für die Umsetzung eines Microservice zu verwenden. In Go ist das, wie Sie gesehen haben, nicht immer notwendig.

Um allerdings etwas mehr Komfort bei der Entwicklung zu erhalten, können Sie alternativ auf verschiedene Open-Source-Bibliotheken zurückgreifen. In diesen Implementierungen finden Sie bereits Lösungen zu gängigen Vorgehensweisen wie das Ausliefern von JSON als Request-Antwort. Das mussten wir in den Beispielen bisher selbst implementieren bzw. einbinden.

Zu den beliebtesten Open-Source-Bibliotheken, mit denen man Microservices umsetzen kann, zählen:

- gin – *https://github.com/gin-gonic/gin*
- beego – *https://github.com/astaxie/beego*
- echo – *https://echo.labstack.com/*
- fiber – *https://gofiber.io/*

Jedes dieser Frameworks bietet spezielle Vor- und Nachteile. In manchen Fällen orientieren sich die Frameworks an einem Framework aus einer anderen Programmiersprache, was eventuell einen Einstieg bei entsprechenden Vorkenntnissen erleichtert. Vor der Auswahl eines Frameworks sollten Sie auf jeden Fall Ihre Anforderungen den Funktionen des entsprechenden Frameworks gegenüberstellen.

Im Folgenden wollen wir uns als Beispiel das Gin Web Framework genauer anschauen.

Gin Web Framework

Das *Gin Web Framework* ist eine Bibliothek, mit der man Go-basierte Web-Services bzw. ganze Web-Applikationen umsetzen kann. Neben der Funktionalität zum Erstellen von Services können Sie mit Gin auch Webseiten ausliefern.

Für den Aufbau von komplexeren APIs können Sie wie bei `gorilla/mux` den eingebauten Router feingranulär konfigurieren und Mappings z. B. über Pfadparameter, Query-Parameter, HTTP-Methoden oder HTTP-Header-Werte nutzen.

In der Default-Konfiguration sind bereits zwei Middlewares für Logging und Fehlerbehandlung eingebunden. Weitere Middlewares für z. B. Authentifizierung sind vorhanden, und Sie können diese über die Konfiguration einbinden.

Beim Ausliefern von HTML-Seiten haben Sie die Möglichkeit, die dynamischen Anteile über Templates zu konfigurieren. Genutzt wird in der Standardkonfiguration der Template-Mechanismus aus dem Package `text/template` der Standardbibliothek.

Die Installation der Bibliothek erfolgt über folgendes Kommando:

```
go get github.com/gin-gonic/gin
```

Listing 3.66 Installation des Gin Web Frameworks über go get

Nachdem Sie die Abhängigkeit lokal verfügbar haben, können Sie einen neuen Gin-Server starten.

Gin nutzt für die Handler-Implementierungen nicht das Interface `http.Handler`, sondern die eigene Typdefinition `gin.HandlerFunc`. Die Definition ist in Listing 3.67 dargestellt und besteht aus einer Funktion mit nur einem Parameter vom Typ `gin.Context`.

```
type HandlerFunc func(*gin.Context)
```

Listing 3.67 Definition der gin.HandlerFunc

Der `gin.Context` ist von zentraler Bedeutung. Über ihn können z. B. Daten zwischen Middlewares ausgetauscht, der Nachrichtenfluss innerhalb der Anwendung gesteuert oder Datenvalidierungen durchgeführt werden. Die Felder `Request` und `Writer` bieten Ihnen zusätzlich die Möglichkeit, direkt auf den `http.Request` und einen `gin.ResponseWriter` zuzugreifen.

Eine neue *Gin Engine*, der Einstiegspunkt zu einer Gin-Anwendung, können Sie über den Aufruf von `gin.Default()` mit Defaultwerten initialisieren und im Anschluss über `Run()` starten.

Mit den Funktionen `GET`, `POST` etc. der `gin.Engine` können Sie Ihre `gin.HandlerFuncs` anmelden. Im Beispiel in Listing 3.68 wird unter dem Pfad */ping* ein Handler angemeldet, der als Rückgabe einen HTTP-Response-Code 200 und ein JSON-Dokument liefert.

```
package main

import "github.com/gin-gonic/gin"
```

```
func main() {
    r := gin.Default()
    r.GET("/ping", func(c *gin.Context) {
        c.JSON(200, gin.H{
            "message": "pong",
        })
    })
    r.Run()
}
```

Listing 3.68 Anwendung Gin Web Framework mit einem REST-Endpunkt

Der zweite Parameter der `GET`-Methode ist auf `interface{}` typisiert, und Sie können somit jegliche Datentypen übergeben. Im Beispiel wird der Map-Alias-Typ `gin.H` verwendet. Die Typdefinition von `gin.H` ist `type H map[string]interface{}`.

Der Aufruf per HTTP ist in Listing 3.69 gezeigt.

```
GET http://localhost:8080/ping HTTP/1.1

HTTP/1.1 200 OK
Content-Type: application/json; charset=utf-8
Date: Mon, XX XXX 2020 XX:XX:4XX GMT
Content-Length: 18
Connection: close

{
  "message": "pong"
}
```

Listing 3.69 HTTP-Anfrage und -Antwort des Gin-Beispiel-Service

In dieser Konfiguration startet Gin in einem sogenannten *Debug Mode*, der nur für die Entwicklung gedacht ist. Es werden beim Start der Anwendung z. B. alle registrierten Routen ausgegeben und kein Cache für das Rendern von Webseiten verwendet.

Möchten Sie die Server im *Release Mode* starten, können Sie entweder die Umgebungsvariable `GIN_MODE` auf den Wert `release` setzen oder, wie in Listing 3.70 gezeigt, den Modus über die API in der Anwendung definieren.

```
gin.SetMode(gin.ReleaseMode)
r := gin.Default()
```

Listing 3.70 Gin im Release Mode starten

```
[GIN-debug] [WARNING] Creating an Engine instance with the Logger and Recovery middleware already attached.

[GIN-debug] [WARNING] Running in "debug" mode. Switch to "release" mode in production.
 - using env:   export GIN_MODE=release
 - using code:  gin.SetMode(gin.ReleaseMode)

[GIN-debug] GET    /ping                     --> main.main.func1 (3 handlers)
[GIN-debug] Environment variable PORT is undefined. Using port :8080 by default
[GIN-debug] Listening and serving HTTP on :8080
[GIN] 2020/07/07 - 06:00:27 | 200 |      85.599µs |             ::1 | GET      "/ping"
[GIN] 2020/07/07 - 06:00:27 | 404 |        849ns |             ::1 | GET      "/favicon.ico"
[GIN] 2020/07/07 - 06:00:46 | 200 |      40.259µs |             ::1 | GET      "/ping"
[GIN] 2020/07/07 - 06:00:47 | 200 |      17.805µs |             ::1 | GET      "/ping"
[GIN] 2020/07/07 - 06:00:47 | 200 |      19.219µs |             ::1 | GET      "/ping"
[GIN] 2020/07/07 - 06:00:57 | 404 |        868ns |             ::1 | GET      "/ping1"
[GIN] 2020/07/07 - 06:00:59 | 404 |        516ns |             ::1 | GET      "/ping2"
[GIN] 2020/07/07 - 06:01:01 | 200 |      15.004µs |             ::1 | GET      "/ping"
[GIN] 2020/07/07 - 06:01:01 | 200 |      28.456µs |             ::1 | GET      "/ping"
[GIN] 2020/07/07 - 06:01:02 | 200 |      15.074µs |             ::1 | GET      "/ping"
```

Abbildung 3.13 Log-Ausgabe der Gin-Beispielanwendung

Gin für die »Training Fellow«-Anwendung

Obwohl der Registrierungs-Microservice der »Training Fellow«-Anwendung recht überschaubar ist und wir bisher mit der Standardbibliothek ausgekommen sind, bringt eine Portierung zu Gin Vorteile. Zum einen wird das Auswerten der HTML-Formulardaten durch einen Binding-Mechanismus vereinfacht, und zum anderen kann direkt eine HTML-Seite mit dem Eingabeformular ausgeliefert werden.

Aktualisieren Sie die *go.mod*-Datei, indem Sie die neue Gin-Abhängigkeit wie in Listing 3.66 per `go get` hinzufügen.

Im nächsten Schritt können Sie die Handler-Implementierung umstellen. Bisher hat der `RegistrierungsHandler` das Interface `http.Handler` implementiert. Für Gin muss die Handler-Implementierung, wie bereits weiter oben beschrieben, eine `gin.HandlerFunc` sein.

Kombiniert mit einem *Closure* können Sie, wie in Listing 3.71, eine Funktion erstellen, die als Parameter den `RegistrierungsService` erhält und als Rückgabewert eine `gin.HandlerFunc` liefert.

Für das Binden der Formulardaten an eine Registrierung können Sie die Funktion `Bind` des `gin.Context` nutzen. Mit ihr werden die gesendeten Daten automatisch in ein Registrierungsobjekt validiert, eventuell konvertiert und übernommen.

```
package rest

import (
    "net/http"

    "github.com/gin-gonic/gin"
    log "github.com/sirupsen/logrus"
    "golang.source-fellows.com/trainingfellow/registrierung"
)
```

```
func NewHandler(ser *registrierung.RegistrierungsService) gin.HandlerFunc {
    return func(c *gin.Context) {
        log.Info("new Registration call reached server")
        registrierung := &registrierung.Registrierung{}
        err := c.Bind(registrierung)
        if err != nil {
            log.Errorf("Could not bind Registrierung: %v", err)
            c.Writer.WriteHeader(http.StatusBadRequest)
            return
        }
        err = ser.HandleNewRegistrierung(registrierung)
        if err != nil {
            log.Errorf("Could not handle Registrierung: %v", err)
            c.Writer.WriteHeader(http.StatusInternalServerError)
            return
        }
        c.Writer.WriteHeader(http.StatusCreated)
    }
}
```

Listing 3.71 Umstellung der Handler-Implementierung zu einem Gin-HTTP-Handler

Für das Binding, die Validierung und die Konvertierung der Formulardaten können Sie mit Tags am Registrierungs-Struct arbeiten. Gin wertet diese aus und übernimmt die Daten entsprechend. Dadurch wird die Handler-Implementierung sehr übersichtlich.

In Listing 3.72 sehen Sie, dass sich der Datentyp des `Datum`-Feldes zu `time.Time` geändert hat. Die Konvertierung geschieht, wie auch beim booleschen Wert `DatenschutzAkzeptiert`, nun über Gin.

```
package registrierung

import "time"

type Registrierung struct {
    Firstname             string    `form:"Firstname" binding:"required"`
    Datum                 time.Time `form:"Datum" binding:"required" time_ ⮐
format:"01.02.2006"`
    DatenschutzAkzeptiert bool      `form:"DatenschutzAkzeptiert" binding: ⮐
"required"`
    ..
}
```

Listing 3.72 Registrierung mit Binding-Informationen über Tags

Im nächsten Schritt müssen Sie die `main`-Funktion anpassen. Auch hier sind die Anpassungen übersichtlich. Die Konfiguration der Anwendungslogik ist von der Umstellung nicht betroffen.

```
package main

import (
    "github.com/gin-gonic/gin"
    "golang.source-fellows.com/trainingfellow/registrierung"
    "golang.source-fellows.com/trainingfellow/registrierung/http/rest"
    "golang.source-fellows.com/trainingfellow/registrierung/nats"
)

func main() {
    e := gin.Default()
    notifier := &nats.Notifier{}
    service := &registrierung.RegistrierungsService{Notifier: notifier}
    e.POST("/", rest.NewHandler(service))
    e.Run()
}
```

Listing 3.73 Angepasste main-Funktion mit Umstellung auf Gin

Das HTML-Formular können Sie direkt über Gin ausliefern lassen. Erstellen Sie hierzu die Template-Datei *registrierung.tmpl* im *templates*-Verzeichnis des Projekts. In Listing 3.74 wird ein Ausschnitt der Datei gezeigt. Die restlichen Felder können Sie analog ergänzen.

```
{{ define "registrierung.tmpl" }}
<html>
    <h1>
    {{ .title }}
    </h1>
    <form action="{{ .action }}" method="POST">
        <label for="Firstname">Vorname:</label>
        <input type="text" name="Firstname" placeholder="Vorname" />
...
```

Listing 3.74 HTML-Template für Dateneingabe

Für die Auslieferung des Templates müssen Sie dieses in Gin laden und mit einer Routeninformation anmelden. Beides kann in der `main`-Funktion der Anwendung stattfinden. Die Template-Parameter können Sie bei der Anmeldung wieder vom Typ `interface{}` übergeben. Im Beispiel in Listing 3.75 wird hierfür erneut der Map-Alias `gin.H` verwendet.

```
e.LoadHTMLGlob("templates/*")
e.GET("/registrierung", func(c *gin.Context) {
    c.HTML(http.StatusOK, "registrierung.tmpl", gin.H{
        "title":  "Schulungsregistrierung",
        "action": "/registrierung",
    })
})
```


Listing 3.75 Laden und Anmelden eines HTML-Templates in Gin

3.3 Go-Services im Microservice-Umfeld

In den bisherigen Kapiteln haben wir Services implementiert, die wir lokal sehr gut ausführen konnten. Für die Ausführung in einem produktiven Microservice-Umfeld sind allerdings weitere Punkte wichtig.

3.3.1 Die Fehlerbehandlung auf Client-Seite

In Abschnitt 3.2.2, »Als Client einen HTTP-Service aufrufen«, haben wir bereits einen HTTP-basierten Client entwickelt, der Anfragen an eine bestimmte URL schickt. Auf eine besondere Fehlerbehandlung haben wir in den Beispielen verzichtet.

In produktiven Umgebungen sollte Ihre Client-Implementierung immer dafür sorgen, dass Fehler ausgewertet und entsprechend darauf reagiert wird. Mit dem *Circuit Breaker* haben wir in Abschnitt 3.1.2, »Mit Fehlern leben lernen – Resilient Design«, beispielsweise ein Pattern kennengelernt, bei dem Serverfehler von fachlichen Anwendungsfehlern unterschieden werden müssen und daraufhin entschieden werden muss, ob eine Ressource weiter aufgerufen werden kann oder nicht.

In verschiedenen Kontexten können Fehler unterschiedliche Auswirkungen haben. Bekommen Sie z. B. von einem Service eine HTTP-401-»Unauthorized«-Fehlermeldung zurück, ist es davon abhängig, mit welchen Anmeldeinformationen Sie den Service aufgerufen haben. Haben Sie den Service z. B. mit einem Client-Token aufgerufen, das Ihr Service selbst von einem Client bekommen hat, ist eine gewisse Wahrscheinlichkeit vorhanden, dass ein anderer Client nicht abgewiesen wird. Rufen Sie allerdings den Service mit den Anmeldeinformationen Ihres Service auf, ist die Wahrscheinlichkeit eines erfolgreichen Wiederholungsversuchs recht gering.

Statuscode und Problemdetails

Ein HTTP-basierter REST-Service sollte immer einen passenden HTTP- Statuscode zurückliefern. Allerdings ist dieser oftmals nicht aussagekräftig genug, um den Fehler korrekt zu beschreiben.

Mit dem RFC 7807 soll dieses Problem gelöst werden, und Services sollen über das beschriebene Dokumentenformat nähere Informationen zum Fehler liefern können. In Listing 3.76 ist ein Beispieldokument im JSON-Format dargestellt. Das wichtigste Feld zur maschinellen Auswertung ist das Feld `type`, das eine dereferenzierbare, also eine tatsächlich aufrufbare, URL liefern sollte, unter der weitere Informationen zu diesem Fehlertyp bezogen werden können.

```
HTTP/1.1 403 Forbidden
Content-Type: application/problem+json
Content-Language: en
{
 "type": "https://example.com/probs/out-of-credit",
 "title": "You do not have enough credit.",
 "detail": "Your current balance is 30, but that costs 50.",
 "instance": "/account/12345/msgs/abc",
 "balance": 30,
 "accounts": ["/account/12345",
              "/account/67890"]
}
```

Listing 3.76 Beispiel einer RFC-7807-Antwort

Den HTTP-Statuscode für einen Client-Aufruf, den Sie mit dem `http`-Package durchgeführt haben, können Sie recht einfach wie in Listing 3.77 auswerten. Zum Vergleich der Rückgabewerte sind Konstanten mit den HTTP-Statuscodes definiert.

```
if res.StatusCode == http. StatusBadRequest {
}
```

Listing 3.77 Statuscode-Auswertung des HTTP-Clients

Möchten Sie innerhalb Ihres Quellcodes Fehlerantworten auswerten, die dem RFC-7807-Dokumentformat entsprechen, können Sie das selbst implementieren oder auf mehrere Open-Source-Bibliotheken zurückgreifen.

Ein Beispiel ist die Bibliothek `problems`, die Sie in GitHub unter *https://github.com/moogar0880/problems* finden.

In Listing 3.78 ist ein Client dargestellt, der mit der genannten Bibliothek einen *Problem+JSON-Fehler* auswertet.

```
package main

import (
    "encoding/json"
    "io/ioutil"
```

```
    "log"
    "net/http"

    "github.com/moogar0880/problems"
)

func main() {
    res, err := http.Get("http://localhost:8080/a")
    //.. Fehlerbehandlung
    if res.StatusCode != http.StatusOK {
        problem := &problems.DefaultProblem{}
        bites, _ := ioutil.ReadAll(res.Body)
        json.Unmarshal(bites, problem)
        log.Println(problem.ProblemTitle())
    } else {
        log.Println("ok")
    }
}
```

Listing 3.78 Problem+JSON-Implementierung auf Client-Seite

Retry-Mechanismus mit der Go-http-Bibliothek

Bei kurzzeitigen Ausfällen oder Netzwerkfehlern kann es sinnvoll sein, einen Client-Aufruf erneut zu versuchen.

Das `http`-Package der Go-Standardbibliothek enthält allerdings nur einen sehr eingeschränkten *Retry-Mechanismus* für HTTP-Anfragen. Nur sicher idempotente Anfragen werden automatisch wiederholt. Darunter fallen die HTTP-Methoden *HEAD*, *OPTIONS* oder *TRACE* sowie *GET-Anfragen* ohne Body. Alternativ muss einer der Header-Werte `Idempotency-Key` oder `X-Idempotency-Key` gesetzt sein, damit die Anfrage als idempotent markiert ist.

Mehr Möglichkeiten bieten externe Bibliotheken wie z. B. `retryablehttp` von HashiCorp, die Sie in GitHub unter *https://github.com/hashicorp/go-retryablehttp* finden.

Die Bibliothek umschließt die Go-Standardbibliothek und kann als Ersatz für diese eingesetzt werden. Ihr Client-Code muss (siehe Listing 3.79) nur in Bezug zur Konfiguration des Clients angepasst werden. Im Beispiel wird ein *Retry-Count* von 10 konfiguriert.

```
import "github.com/hashicorp/go-retryablehttp"
...
retryClient := retryablehttp.NewClient()
retryClient.RetryMax = 10
```

```
standardClient := retryClient.StandardClient()

res, err := standardClient.Get("http://localhost:8080/")
```

Listing 3.79 Austausch des HTTP-Clients durch HashiCorps retryablehttp

Die Bibliothek `retryablehttp` wiederholt in bestimmten Fällen automatisch HTTP-Anfragen mit einem vorkonfigurierten *Backoff*. Zu den Fehlern zählen Verbindungsprobleme und alle 500er Serverfehler. Ausnahme ist der HTTP-Statuscode 501 »Not Implemented«.

Rufen Sie z. B. einen Service auf, der schlecht erreichbar ist und zusätzlich viele Fehler liefert, sieht eine Log-Ausgabe beispielhaft so aus:

```
[DEBUG] GET http://localhost:8080/ (status: 500): retrying in 1s (10 left)
[DEBUG] GET http://localhost:8080/ (status: 500): retrying in 2s (9 left)
[ERR] GET http://localhost:8080/ request failed: Get "http://localhost:8080/ ⮐
": dial tcp 127.0.0.1:8080: connect: connection refused
[DEBUG] GET http://localhost:8080/: retrying in 4s (8 left)
[DEBUG] GET http://localhost:8080/ (status: 500): retrying in 8s (7 left)
[DEBUG] GET http://localhost:8080/ (status: 500): retrying in 16s (6 left) ⮐
200 OK
```

Listing 3.80 Ausgabe des Retryable-HTTP-Clients von HashiCorp

In Ihrer Client-Implementierung müssen Sie nur auf den Fehler reagieren, wenn tatsächlich nach all den Wiederholungen kein Erfolg vom Server zurückgemeldet wurde.

3.3.2 Anwendungen mit Prometheus-Monitoren

Spätestens nach der Produktivnahme des eigenen Go-basierten Microservice ist es sinnvoll, den Service kontinuierlich zu überwachen. Eine einfache und effektive Möglichkeit besteht darin, Monitoringdaten periodisch in einer *Timeseries-Datenbank* (TSDB) zu speichern und anschließend die Daten zu visualisieren.

Klassische Monitoringwerkzeuge wie *Nagios* oder *Icinga* stoßen bei der Überwachung von sehr dynamischen, kontainerbasierten Cloud-Services schnell an ihre Grenzen. In Cloud-native-Umgebungen setzen sich aus diesem Grund immer mehr Monitoringsysteme mit TSDBs und hoher dynamischer Konfigurationsmöglichkeit durch.

Ein Beispiel eines solchen Systems ist das Open-Source-Projekt Prometheus, das selbst in Go implementiert ist und eine Datenbank sowie ein schlankes Frontend zur Anzeige der Daten bereitstellt. Für die Abfrage der Daten wurde eine eigene Abfragesprache, die sogenannte *PromQL*, entwickelt.

Zusätzlich können Benachrichtigungen beim Unter- oder Überschreiten von Schwellenwerten versendet werden.

Prometheus fragt periodisch bei der Anwendung die Monitoringdaten ab und speichert diese mit einem Zeitstempel in der Datenbank. Bei Abfragen kann immer ein Zeitintervall angegeben werden, um den Verlauf einzelner Kennzahlen zu betrachten. Um eine Anwendung zu überwachen, muss diese ihre Daten an einem konfigurierbaren *Endpoint* in einem textbasierten Format bereitstellen. Das übernehmen in der Regel sogenannte *Exporter* oder *Prometheus-Exporter*.

In dieser Textdatei werden alle Metriken, die von Prometheus erfasst werden sollen, mit einem eindeutigen Namen und einer optionalen Beschriftung aufgelistet. Optionale *Labels* helfen dabei, einzelne Metriken zu gruppieren und gemeinsam auszuwerten. Mögliche Labels sind zum Beispiel Servernamen oder URI-Pfade von Anfragen eines Handlers.

Im Beispiel in Listing 3.81 werden mehrere Metriken mit entsprechenden Werten geliefert. Der Wert der Metrik `process_open_fds` ist im Beispiel aktuell bei 55. Die Zeilen mit dem vorangestellten Hash-Zeichen dienen als Kommentare und zur Beschreibung des Datenformats.

```
# HELP go_threads Number of OS threads created.
# TYPE go_threads gauge
go_threads 8
# HELP process_cpu_seconds_total Total user and system CPU...
# TYPE process_cpu_seconds_total counter
process_cpu_seconds_total 0
# HELP process_max_fds Maximum number of open file descriptors.
# TYPE process_max_fds gauge
process_max_fds 4096
# HELP process_open_fds Number of open file descriptors.
# TYPE process_open_fds gauge
process_open_fds 55
```

Listing 3.81 Ausschnitt aus einer Prometheus-Metrik, die vom Anwendungs-Server in dieser Form geliefert wird

Unterschieden werden vier verschiedene Metriktypen, die Sie nutzen können.

- *Counter* – ein *Counter* ist ein Wert, der sich über die Laufzeit immer monoton erhöht und nur durch einen Neustart der Anwendung zurückgesetzt wird. Ein Beispiel hierfür wäre die Anzahl an Anfragen, die von einem HTTP-Handler verarbeitet wurden.

- *Gauge* – bei einem *Gauge* handelt es sich um einen Wert, der sich über die Laufzeit positiv oder negativ verändern kann. Ein Beispiel wäre eine Temperaturangabe oder der aktuelle Speicherverbrauch einer Anwendung.
- *Histogram* – bei einem *Histogram* werden beobachtete Werte in sogenannten *Buckets* abgespeichert und können ausgewertet werden. Ein solcher Wert kann z. B. die Dauer einer HTTP-Anfrage oder die Größe eines Uploads sein. Ein *Histogram* liefert immer mehrere Metriken wie die Summe aller Werte in einem *Bucket* oder deren Anzahl.
- *Summery* – *Summery*-Werte sind ähnlich wie *Histogram*-Werte, bieten allerdings noch mehr Einzelmetriken wie beispielsweise die Gesamtsumme aller Werte an.

Die Prometheus-Go-Client-Bibliothek einbinden

Damit Ihre Anwendung von Prometheus überwacht werden kann, können Sie die Prometheus-Go-Client-Bibliothek im Projekt installieren und den Prometheus-`InstrumentMetricHandler` einbinden. Listing 3.82 zeigt die Integration.

```
package main

import (
    "net/http"

    "github.com/prometheus/client_golang/prometheus/promhttp"
)

func main() {
    http.HandleFunc("/", func(rs http.ResponseWriter, rq *http.Request) {
        rs.WriteHeader(http.StatusOK)
    })
    http.Handle("/metrics", promhttp.Handler())
    http.ListenAndServe(":8080", nil)
}
```

Listing 3.82 Eingebundener InstrumentMetricHandler von Prometheus

Nach dem Start der Anwendung können Sie über die URL *http://localhost:8080/metrics* die Daten im Prometheus-Textformat abfragen und die Integration testen. Mit einer entsprechenden Middleware könnten Sie zusätzlich den Endpoint, falls nötig, absichern.

Den Prometheus-Server starten und nutzen

Den Prometheus-Server selbst können Sie, nach einer gegebenenfalls nötigen Docker-Installation, am einfachsten wieder über einen Docker Container ausführen. Das Projekt stellt unter dem Tag `prom/prometheus` ein entsprechendes Docker-Image zur Verfügung.

Beim Start des Containers müssen Sie den Port 9090 veröffentlichen und dem Server eine Prometheus-Konfigurationsdatei zur Verfügung stellen.

```
docker pull prom/prometheus
docker run \
    -p 9090:9090 \
    -v /<pfad>/prometheus.yml:/etc/prometheus/prometheus.yml \
    prom/prometheus
```

Listing 3.83 Beziehen und Starten des Prometheus-Servers als Docker Container

Teil der Konfigurationsdatei ist mindestens eine sogenannte *Scrape-Config*, mit der Sie den Job konfigurieren, der die Daten von den zu überwachenden Servern einsammelt. Eintragen können Sie beliebig viele Jobs, die jeweils Daten sammeln.

Im Beispiel in Listing 3.84 wird unter dem Jobnamen `application` der Server mit der Adresse *172.17.0.1:8080* abgefragt. Standardmäßig nutzt Prometheus den URL-Pfad */metrics*, den wir in unserer Anwendung bereits angegeben haben. Möchten Sie diesen Metrikpfad ändern, setzen Sie die Eigenschaft `metrics_path` auf den angepassten Wert.

```
global:
  scrape_interval:     5s
  external_labels:
    monitor: 'sample-monitor'
scrape_configs:
  - job_name: 'application'
    static_configs:
      - targets: ['172.17.0.1:8080']
```

Listing 3.84 Prometheus-Konfigurationsdatei mit einer Scrape-Konfiguration

Anwendung aus Docker Container erreichen

Um Ihre Anwendung aus dem Prometheus-Docker-Container heraus zu erreichen, haben Sie mehrere Möglichkeiten. Ein Zugriff auf *http://localhost* wird scheitern, da in diesem Fall auf den Docker Container, in dem Prometheus läuft, zugegriffen wird.

Unter Windows und Mac können Sie über den DNS-Namen *host.docker.internal* auf den Docker-Host zugreifen. Unter Linux müssen Sie die IP-Adresse des Hosts angeben.

Alternativ können Sie Ihre Anwendung über *docker-compose* initialisieren und die einzelnen Container über ihre Namen referenzieren.

In der Prometheus-Web-Anwendung, die Sie unter *http://localhost:9090* erreichen, können Sie prüfen, ob alle konfigurierten Zielsysteme auch erreicht werden können. Wählen Sie hierzu aus dem Menü STATUS – TARGETS. Dort sehen Sie, wie in Abbildung 3.14 dargestellt, die Liste der überwachten Server.

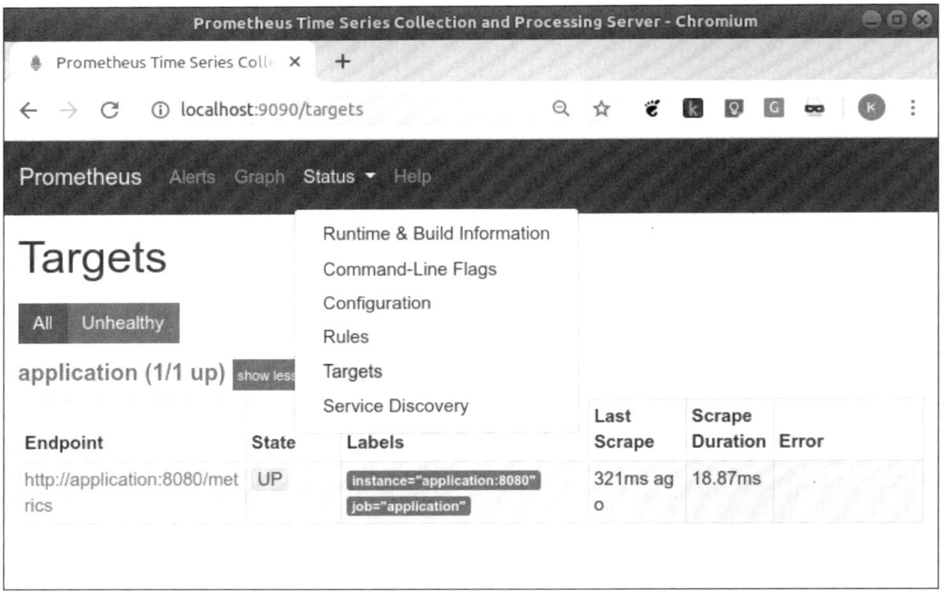

Abbildung 3.14 Übersicht über die verbundenen Server in Prometheus

In der Beispielkonfiguration in Listing 3.84 wurden die Server statisch eingetragen. Prometheus bietet darüber hinaus die Möglichkeit, die einzelnen Instanzen über Service-Discovery-Protokolle zu finden und dynamisch einzubinden. Das macht vor allem in Cloud-Umgebungen Sinn, in denen sich die Instanzanzahl der einzelnen Anwendungen schnell ändert.

Möchten Sie sich die Werte eine Metrik über einen Zeitraum grafisch darstellen lassen, wählen Sie den Menüpunkt GRAPH. Dort wählen Sie in der Dropdown-Listbox neben dem EXECUTE-Knopf die entsprechende Metrik.

In Abbildung 3.15 ist das z. B. die Metrik `go_memstats_alloc_bytes`. Zur Darstellung der Grafik wählen Sie nun im unteren Bereich den Reiter GRAPH.

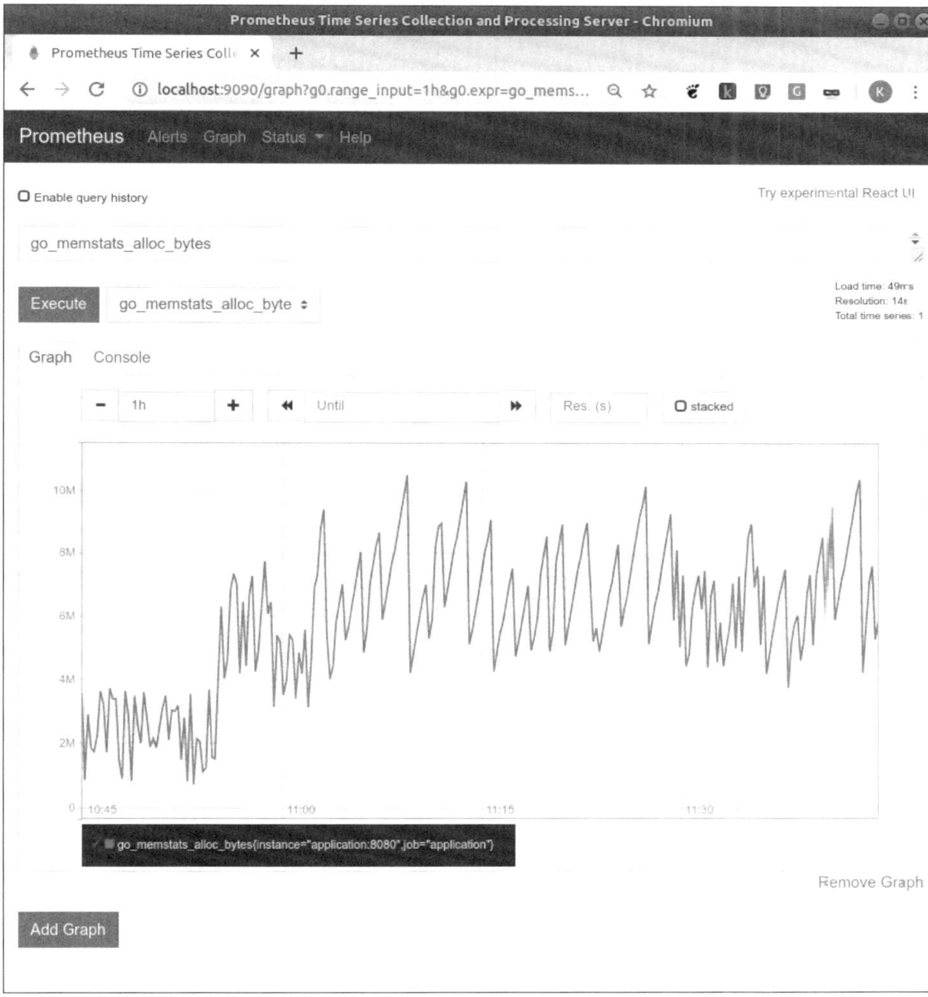

Abbildung 3.15 Grafische Darstellung einer Metrik im Prometheus-GUI

Daten visualisieren mit Grafana

Mit Grafana, einem Open-Source-Werkzeug zur grafischen Darstellung von Daten aus verschiedenen Quellen, lassen sich sehr flexibel gutaussehende Dashboards erstellen (siehe Abbildung 3.16).

Eine mögliche Datenquelle für Grafana ist Prometheus: Sie können Ihre Metriken, die Sie in Prometheus erfasst haben, mit Hilfe von Grafana aufbereiten.

Neben den klassischen Linien- oder Balkendiagrammen stehen hier auch Darstellungskomponenten z. B. für Kreisdiagramme, Tachometer oder Wertaggregationen pro Zeiteinheit zur Verfügung.

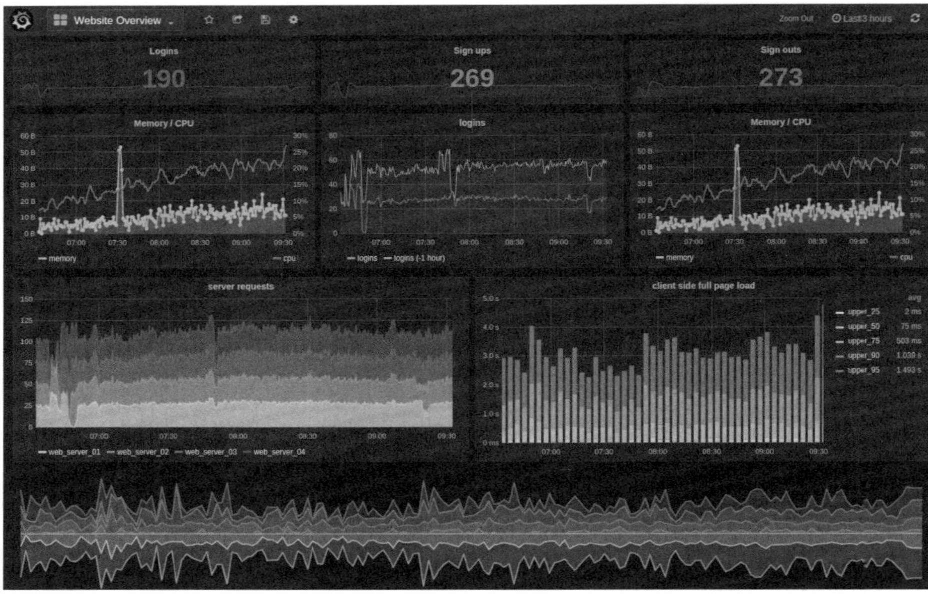

Abbildung 3.16 Beispiel eines Grafana-Dashboards

Grafana können Sie wieder recht einfach über einen Docker Container starten und konfigurieren. Und mit den folgenden Kommandos können Sie den Container für das Beispiel herunterladen und starten:

```
docker pull grafana/grafana
docker run --rm -p 3000:3000 grafana/grafana
```

In dieser Konfiguration werden keine Daten lokal gespeichert, und alle Änderungen sind nach einem Beenden des Containers verloren. Vor einem produktiven Einsatz von Grafana sollten Sie die Dokumentation zum Docker-Image studieren.

Unter *http://localhost:3000* erreichen Sie nun den Grafana-Host, und mit dem initialen User `admin` und dem Passwort `admin` können Sie sich dort anmelden.

Der erste Schritt innerhalb der Grafana-Oberfläche sollte die Anlage einer neuen Datenquelle sein. Nur so können Daten visualisiert werden. Klicken Sie links im Menü auf CONFIGURATION / DATA SOURCES, und richten Sie eine neue Verbindung zu einem Prometheus-Server ein. Spätere Datenabfragen werden an diesen Server weitergeleitet.

Nach der Konfiguration der sogenannten *Data Source* können Sie über DASHBOARD / MANAGE ein neues Dashboard mit einem sogenannten *Panel* anlegen, das die Anzeige der Daten übernimmt. Für dieses Panel kann im Anschluss die entsprechende Metrik ausgewählt und grafisch dargestellt werden (siehe Abbildung 3.17).

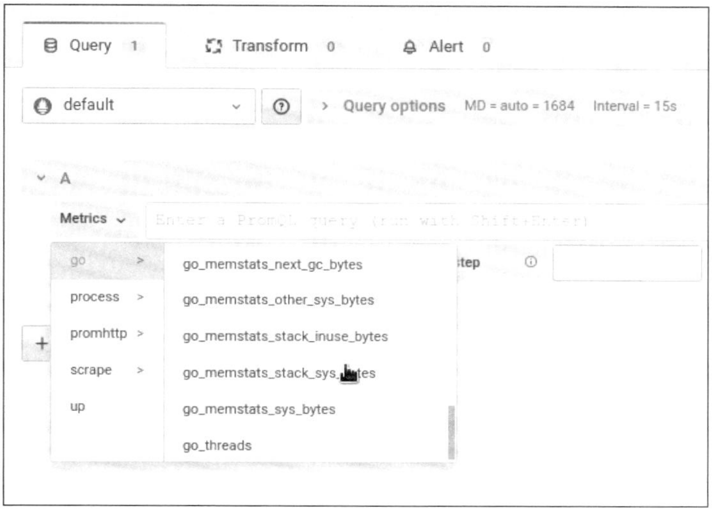

Abbildung 3.17 Go-Metriken in Grafana einbinden

Eigene Metriken für Prometheus erstellen

In den meisten Fällen werden die bereits in den Prometheus-Client eingebauten Metriken nicht ausreichen, um eine Anwendung gut überwachen zu können. Eigene Metriken können Ihnen helfen, einen besseren Einblick in Ihre Anwendung zur Laufzeit zu erhalten.

Mit der Prometheus-Go-Client-Bibliothek lassen sich recht einfach Metriken definieren und in die eigene Anwendung integrieren.

Ein eigener *Counter* kann über den Aufruf `promauto.NewCounter` erstellt und konfiguriert werden. Die Konfiguration geschieht hierbei über den Parameter vom Typ `prometheus.CounterOpts`, den Sie bei der Initialisierung mitgeben. Den eigentlichen Wert des Counters können Sie zur Laufzeit mit der Methode `Add` um einen beliebigen Wert erhöhen.

Das Beispiel in Listing 3.85 erzeugt zwei Counter, die jeweils die Anzahl der Aufrufe mit einer gewissen HTTP-Methode zählen sollen. Beide Counter werden mit einem eindeutigen Namen und einem Hilfetext initialisiert und innerhalb der Handler-Implementierung verwendet. Durch den Aufruf von `postCallsCounter.Add(1)` bzw. `getCallsCounter.Add(1)` wird der entsprechende Wert erhöht.

```
package main

import (
    "fmt"
    "net/http"
```

```
    "github.com/prometheus/client_golang/prometheus"
    "github.com/prometheus/client_golang/prometheus/promauto"
    "github.com/prometheus/client_golang/prometheus/promhttp"
)

var (
    postCallsCounter = promauto.NewCounter(prometheus.CounterOpts{
        Name: "myapp_processed_post_total",
        Help: "The total number of POST requests",
    })
    getCallsCounter = promauto.NewCounter(prometheus.CounterOpts{
        Name: "myapp_processed_get_total",
        Help: "The total number of GET requests",
    })
)

func main() {
    http.HandleFunc("/do", func(rs http.ResponseWriter, rq *http.Request) {

        if rq.Method == http.MethodPost {
            postCallsCounter.Add(1)
        } else if rq.Method == http.MethodGet {
            getCallsCounter.Add(1)
        }

        fmt.Fprintln(rs, "Hello World")
    })
    http.Handle("/metrics", promhttp.Handler())
    http.ListenAndServe(":8080", nil)
}
```

Listing 3.85 Erzeugen eines Prometheus-Counters zum Zählen von Aufrufen mit unterschiedlichen HTTP-Methoden

Die Abfrage der Prometheus-Metriken enthält, wie in Listing 3.86 zu sehen, die einzelnen Werte mit Hilfetexten und Typangabe.

```
# HELP myapp_processed_get_total The total number of GET requests
# TYPE myapp_processed_get_total counter
myapp_processed_get_total 1
# HELP myapp_processed_post_total The total number of POST requests
# TYPE myapp_processed_post_total counter
myapp_processed_post_total 0
```

Listing 3.86 Auszug aus der Metrikausgabe der Anwendung mit eigenen Metriken

Überwachung der »Training Fellow«-Anwendung

Die Beispielanwendung »Training Fellow« soll über Prometheus überwacht werden können. Zusätzlich zur Standardfunktionalität des Prometheus-Clients sollen eigene Metriken erstellt werden.

Wir interessieren uns für den Ausgang der Verarbeitung innerhalb des Registrierungs-Handlers. Vier Counter-Metriken sollen die entsprechenden Werte erfassen:

- eingetroffene Aufrufe
- beim Binden der Werte fehlgeschlagene Aufrufe
- beim Versender der Nachricht fehlgeschlagene Aufrufe
- erfolgreiche Aufrufe

Die Anzahl der eingetroffenen Aufrufe könnten Sie auch aus der Summe aller anderen Aufrufe errechnen. Für eine leichtere Abfrage bzw. Auswertung ist diese Metrik mit aufgenommen.

In Listing 3.87 sehen Sie den angepassten Handler mit den Aufrufen der einzelnen Metriken. Der Übersichtlichkeit halber ist das Anlegen der einzelnen `Counter` im Beispiel gekürzt. Durch den jeweiligen Aufruf der `Add`-Methode am `Counter` werden die Werte der Metriken aktualisiert.

```
package rest

import (
    "net/http"

    "github.com/gin-gonic/gin"
    "github.com/prometheus/client_golang/prometheus"
    "github.com/prometheus/client_golang/prometheus/promauto"
    log "github.com/sirupsen/logrus"
    "golang.source-fellows.com/trainingfellow/registrierung"
)

var registrationCounter = promauto.NewCounter(prometheus.CounterOpts{
    Name: "trainingfellow_registration_handler_total",
    Help: "The total number of requests",
})
var bindingErrorCounter = .. //analog zu oben
var registrationErrorCounter = .. //analog zu oben
var registrationSuccessFulCounter = .. //analog zu oben

func NewHandler(ser *registrierung.RegistrierungsService) gin.HandlerFunc {
    return func(c *gin.Context) {
```

```
        log.Info("new Registration call reached server")
        registrationCounter.Add(1)
        registrierung := &registrierung.Registrierung{}
        err := c.Bind(registrierung)
        if err != nil {
            log.Errorf("Could not bind Registrierung: %v", err)
            bindingErrorCounter.Add(1)
            c.Writer.WriteHeader(http.StatusBadRequest)
            return
        }
        err = ser.HandleNewRegistrierung(registrierung)
        if err != nil {
            log.Errorf("Could not handle Registrierung: %v", err)
            registrationErrorCounter.Add(1)
            c.Writer.WriteHeader(http.StatusInternalServerError)
            return
        }
        registrationSuccessFulCounter.Add(1)
        c.Writer.WriteHeader(http.StatusCreated)
    }
}
```

Listing 3.87 Prometheus-Metriken in der »Training Fellow«-Beispielanwendung

Damit der Prometheus-Server die Metriken von unserem Service abfragen kann, müssen Sie einen *Prometheus-Exporter* konfigurieren. Hier können Sie z. B. auf die Prometheus-Standardimplementierung zurückgreifen, die wir bereits in Listing 3.82 eingesetzt haben.

In Listing 3.88 wird zur Registrierung innerhalb des Gin-Routers die `gin.WrapH`-Methode verwendet. Mit ihr können Sie `http.Handler`-Implementierungen in den Gin-eigenen Typ `gin.HandlerFunc` verwandeln und nutzen.

```
router := gin.Default()
..
router.GET("/metrics", gin.WrapH(promhttp.Handler()))
router.Run()
```

Listing 3.88 Anmelden des Prometheus-Handlers an Gin

Alternativ zum Einsatz der Prometheus-eigenen Implementierung haben Sie die Möglichkeit, auf weitere externe Bibliotheken, wie z. B. *https://github.com/zsais/go-gin-prometheus* zurückzugreifen. Sie bieten Ihnen bei einer Integration etwas mehr Möglichkeiten und erstellen zusätzlich Metriken für Gin selbst.

In Listing 3.89 ist die »Training Fellow«-Beispielanwendung so angepasst, dass sie den go-gin-prometheus-Metrik-Exporter nutzt. Über den Port 9900 können Sie nun die Prometheus-Metriken abfragen.

```
package main

import (
    "net/http"

    "github.com/gin-gonic/gin"
    ginprometheus "github.com/zsais/go-gin-prometheus"
    "golang.source-fellows.com/trainingfellow/registrierung"
    "golang.source-fellows.com/trainingfellow/registrierung/http/rest'
    "golang.source-fellows.com/trainingfellow/registrierung/nats"
)

func main() {
    router := gin.Default()
    p := ginprometheus.NewPrometheus("gin")
    p.SetListenAddress(":9900")
    p.Use(router)
    notifier := &nats.Notifier{}
    service := &registrierung.RegistrierungsService{Notifier: notifier}
    router.POST("/registrierung", rest.NewHandler(service))
    router.Run()
}
```

Listing 3.89 Einbindung der Bibliothek go-gin-prometheus in die »Training Fellow«-Beispielanwendung

Zusätzlich zu den Standardmetriken der Go-Runtime und unseren eigenen Metriken werden Metriken zu Gin angemeldet. Die wichtigste ist für uns im Augenblick die Metrik `gin_requests_total`.

In dieser Metrik werden alle Aufrufe zu Gin selbst erfasst. Handler-Namen, URL und Statuscode sind jeweils als Label an der Metrik erfasst und können ausgewertet werden.

Listing 3.90 zeigt die Metrik mit den Labels `code`, `handler`, `method` und `url` zum Registrierungs-Handler. Mit diesen Labels können Sie die Daten im Prometheus-Server z. B. filtern oder gruppieren.

```
# HELP gin_requests_total How many HTTP requests processed, \
  partitioned by status code and HTTP method.
# TYPE gin_requests_total counter
```

```
gin_requests_total{code="500", handler="golang.source-fellows.com/
trainingfellow/registrierung/http/rest.NewHandler.func1",host=
"localhost:8080",method="POST",url="/registrierung"} 1
```

Listing 3.90 Automatisch erstellte Metrik durch Go-Gin-Prometheus

Für unseren aktuellen Registrierungs-Microservice würde diese Art der Metrik vollkommen ausreichen, da wir jede Fallunterscheidung in der Handler-Implementierung mit einem speziellen HTTP-Statuscode zurückmelden.

- Status 400 – Fehler beim Binden der Werte
- Status 500 – Fehler beim Versenden der Registrierungsnachricht
- Status 200 – Erfolg

Somit könnten Sie sich die einzelnen eigenen Metriken sparen.

3.3.3 HTTPS auf Server- und Client-Seite

Die Verschlüsselung von Kommunikationsverbindungen zwischen einzelnen Services ist heutzutage Standard und in Unternehmensumgebungen oftmals verpflichtend. In der Regel wird hierzu das *TLS(Transport Layer Security)*-Protokoll, das oftmals noch nach seinem Vorgänger *SSL (Secure Socket Layer)* benannt wird, eingesetzt.

Das TLS-Protokoll, das auch als Basis bei HTTPS verwendet wird, bietet neben der reinen Verschlüsselung die Möglichkeit einer geschützten Identifikation und Authentifizierung der Kommunikationspartner. Für beide Fälle wird ein Zertifikat benötigt.

In diesem Abschnitt wollen wir beide Aspekte betrachten – also die Verschlüsselung wie auch die Authentifizierung von Clients.

Microservice und TLS

Je nachdem wie Sie Ihren Service ausführen oder erreichbar machen, muss der Service sich selbst um SSL- bzw. TLS-Verbindungen kümmern oder nicht.

Mit dem Einsatz eines sogenannten *TLS/SSL Termination Proxy* müssen sich Ihre Services z. B. nicht mehr selbst um den *SSL-Handshake* kümmern. Ein vorgeschalteter *Reverse Proxy* entschlüsselt in diesem Setup sämtliche verschlüsselte Verbindungen zum Service und leitet diese unverschlüsselt an die einzelnen Services weiter.

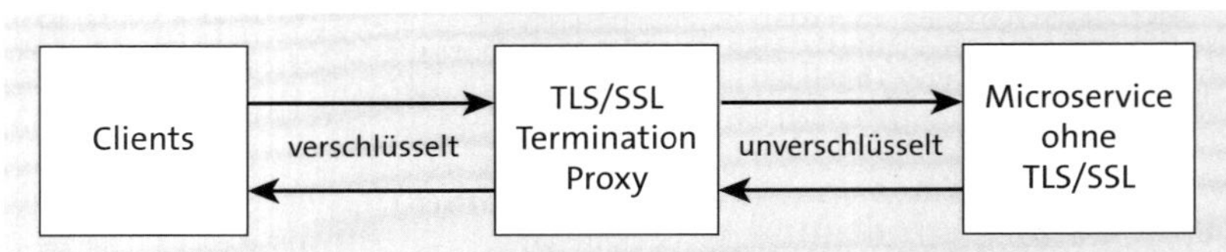

Abbildung 3.18 TLS/SSL Termination Proxy

Eine solche Konfiguration macht nur dann Sinn, wenn die Kommunikationsverbindung zwischen Proxy und Service als sicher betrachtet werden kann. Das ist z. B. der Fall, wenn Sie Ihren Service und Proxy als Docker Container ausführen und nur der *TLS/SSL Termination Proxy* über das private, interne Docker-Netzwerk auf den entsprechenden Service zugreifen kann.

In modernen Microservice-Umgebungen kann ein solcher Reverse Proxy ebenfalls z. B. über das sogenannte *Sidecar-Pattern* umgesetzt werden, und die Cloud-Plattformen der großen Hersteller bieten in ihren Infrastrukturen bereits vorgefertigte Komponenten, die für die entsprechenden Services nur noch konfiguriert werden müssen. In diesem Fall kann die Kommunikation zwischen *Sidecar* und Service ebenfalls als sicher betrachtet werden.

Der Nachteil dieser Vorgehensweisen ist die gesteigerte Komplexität Ihres Service in Bezug auf die Konfiguration und die Installation, da der Microservice nun aus mindestens zwei Komponenten besteht, die gepflegt werden müssen. Zusätzlich liegen zentral beim Proxy eventuell mehrere Zertifikate von unterschiedlichen Anwendungen an einer Stelle.

Umsetzungen in anderen Programmiersprachen verwenden oftmals diesen Proxy-Ansatz, da die jeweilige Programmiersprache nicht so performant mit SSL umgehen kann und man sich durch den Einsatz eine bessere Performance verspricht. In vielen Fällen ist es eher eine Geschmackssache, welchen Ansatz man verfolgt. Jeder Ansatz zur SSL-Handhabung bringt seine Vor- und Nachteile mit sich.

Wir wollen uns in den folgenden Abschnitten mit dem TLS/SSL-Handling innerhalb von Anwendungen auf Server- und Client-Seite beschäftigen. Eine alternative Konfiguration innerhalb einer Cloud-Umgebung werden wir nicht vornehmen.

Öffentliches Zertifikat für eigenen Service mit Let's encrypt

Wenn Sie Clients, die mit Ihrem Service kommunizieren, die Möglichkeit geben möchten, die Authentizität des Service zu überprüfen, benötigt Ihr Service ein Zertifikat, mit dem er seine Identität darstellt. Dieses Zertifikat muss von einer sogenannten Zertifizierungsstelle ausgestellt worden sein, die vom Client als vertrauenswürdig eingestuft ist.

Beim Aufruf des Service kann der Client prüfen, ob das ihm vom Service bereitgestellte Zertifikat von einer ihm bekannten und vertrauenswürdigen Zertifizierungsstelle stammt und ob eine Verbindung aufgebaut bzw. abgelehnt werden soll. In jedem TLS-Client sind bereits verschiedene Zertifizierungsstellen vorkonfiguriert, und Sie können immer eigene Zertifizierungsstellen in die Konfiguration aufnehmen.

Wenn Ihr Service allerdings öffentlich im Internet zur Verfügung stehen soll und nicht jeder Client die Daten Ihrer Zertifizierungsstelle zuerst importieren soll, bieten sich Zertifizierungsstellen an, die bereits in den entsprechenden Clients vorkonfiguriert wurden.

Ende 2015 hat die Zertifizierungsstelle *Let's encrypt* ihren Betrieb aufgenommen und stellt seitdem kostenlos X.509-Zertifikate für TLS-Verbindungen aus. Ziel der *Internet Security Research Group*, die hinter Let's encrypt steht, ist es, die verschlüsselte Kommunikation im Internet zum Normalfall zu machen. Die Daten der Zertifizierungsstelle finden Sie in so gut wie jedem TLS-Client bereits vorkonfiguriert.

Über einen hohen Automatisierungsgrad bei der Verwaltung von Zertifikaten wurden langwierige, zum Teil manuelle Prozesse abgekürzt. Die Nutzung von Zertifikaten wurde einfach und steht für alle kostenlos zur Verfügung.

Mit dem Kommandozeilenwerkzeug `certbot`, das im Rahmen des Let's-encrypt-Projekts entstanden ist, benötigen Sie im Idealfall nur einen Aufruf, um ein Zertifikat für Ihren Service zu beantragen, in Ihrem Webserver bzw. Service einzurichten und eine automatische Erneuerung zu konfigurieren.

Voraussetzungen für Let's encrypt

Voraussetzung für den Einsatz von Let's-encrypt-Zertifikaten ist ein gültiger Domänenname, der in einem öffentlich zugänglichen DNS-Server eingetragen ist und auf den entsprechenden Server verweist. Dieser Server muss über den HTTPS-Standardport 443 erreichbar sein.

Teil des Prozesses zur Ausstellung neuer Zertifikate ist ein *Challenge-Response-Verfahren*, mit dem überprüft wird, ob der beantragende Server tatsächlich über den angegebenen DNS-Namen verfügt. Das verwendete Protokoll wird als *Automatic Certificate Management Environment* (ACME) bezeichnet.

Ist Ihr Server nicht aus dem Internet mit einem DNS-Namen erreichbar, können Sie für diesen Server keine Let's-encrypt-Zertifikate beantragen und nutzen.

Glücklicherweise gibt es auch für Go eine Client-Implementierung, mit der Sie ein Let's-encrypt-Zertifikat in Ihren Services nutzen können. In Listing 3.91 ist ein kompletter Service dargestellt, der die TLS-Kommunikation mittels Let's-encrypt-Zertifikat verschlüsselt. Im Hintergrund wird hierzu ein neues Zertifikat beantragt, verwendet und periodisch aktualisiert.

Der Aufruf von `autocert.NewListener` erstellt einen neuen `net.Listener`, der auf allen Netzwerkschnittstellen auf Port 443 hört und mit einem Let's-encrypt-Zertifikat zur Verschlüsselung konfiguriert ist. Möchten Sie über diese Standardkonfiguration hinaus mehr Details einstellen, können Sie alternativ die `autocert.Manager`-Implementierung verwenden.

```
package main

import (
    "fmt"
    "log"
    "net/http"

    "golang.org/x/crypto/acme/autocert"
)

func main() {
    http.HandleFunc("/", func(w http.ResponseWriter, r *http.Request) {
        fmt.Fprintln(w, "Hello World")
    })
    log.Fatal(http.Serve(autocert.NewListener("x.source-fellows.com"), nil))
}
```

Listing 3.91 Mit TLS-Zertifikat von Let's encrypt abgesicherter Service

Alle verwendeten Zertifikate werden lokal zwischengespeichert und müssen nicht bei jedem Neustart der Anwendung erneut von Let's encrypt abgefragt werden. Die weitere Implementierung Ihres Service bleibt wie gehabt.

Eigene TLS/SSL-Zertifikate für eigene Services nutzen

Alternativ zum Let's-encrypt-Beispiel können Sie auch selbst ausgestellte oder Zertifikate anderer Zertifizierungsstellen für die Konfiguration einer verschlüsselten Verbindung verwenden.

> **Eigene Zertifikate erstellen**
>
> Testzertifikate können Sie sich über OpenSSL selbst ausstellen. Auch wenn die Syntax nicht immer einfach ist, lassen sich im Internet viele entsprechende Anleitungen finden.
>
> Die Kommandos für das Beispiel finden Sie unter:
>
> *https://github.com/SourceFellows/gobuch/tree/master/microservices/httpsserver*

Bisher hatten wir immer die Funktion `http.ListenAndServe` eingesetzt und damit einen unverschlüsselten Server gestartet. Möchten Sie hingegen verschlüsselte Verbindungen zulassen, müssen Sie die Funktion `http.ListenAndServeTLS` verwenden. Als Parameter übergeben Sie, wie in Listing 3.92 gezeigt, den Dateinamen Ihres Server-Zertifikats und den Ihres entsprechenden privaten Server-Schlüssels.

Das Server-Zertifikat muss hierbei die komplette Zertifikatskette bis zum ausstellenden Stamm- bzw. *Root-Zertifikat* enthalten. Schlüssel und Zertifikat müssen als Textdatei im PEM-Format vorliegen.

```
package main

import (
    "fmt"
    "net/http"
)

func main() {
    http.HandleFunc("/", func(w http.ResponseWriter, r *http.Request) {
        fmt.Fprintln(w, "Hello World")
    })
    certFile := "./certs/test.example.crt"
    keyFile := "./certs/test.example.key"
    http.ListenAndServeTLS(":8443", certFile, keyFile, nil)
}
```

Listing 3.92 SSL-Kommunikation auf Server-Seite konfigurieren

PEM-Format für Zertifikate

Dateien im PEM-Format enthalten Zertifikate in einem Base64-encodierten Textformat. Die Einträge sind jeweils mit einem beginnenden

`-----BEGIN CERTIFICATE-----`

und einem schließenden

`-----END CERTIFICATE-----`

umschlossen. Die Dateien können mehrere Zertifikate sowie ganze Zertifikatsketten enthalten.

SSL-Client-Zertifikate in Services verlangen

Zusätzlich zu einer Verschlüsselung kann Ihr Service auch eine Client-Authentisierung über SSL-Client-Zertifikate verlangen. Hierzu ist etwas mehr Arbeit nötig.

Neben dem Server-Zertifikat und dem Schlüssel müssen Sie zusätzlich das Zertifikat der Zertifizierungsstelle, von der die Client-Zertifikate ausgestellt sind, mitgeben.

In Listing 3.93 ist ein HTTPS-Server dargestellt, der von aufrufenden Clients zwingend ein SSL-Zertifikat verlangt.

Das erreichen Sie, indem Sie einen eigenen `http.Server` erzeugen und diesen mit einer `tls.Config` entsprechend konfigurieren und starten.

Setzen Sie die Eigenschaft ClientAuth der tls.Config auf tls.RequireAndVerifyClientCert, und fordern Sie somit die Clients des Service auf, zwingend ein Client-Zertifikat beim Aufruf mitzugeben. Die Validierung der Zertifikate findet gegen die in der Eigenschaft ClientCAs angegebene Zertifizierungsstellen statt. Diese müssen Sie in Form eines x509.CertPool in der tls.Config angeben.

Einen neuen x509.CertPool können Sie über die Funktion x509.NewCertPool erstellen. Neue bzw. weitere Zertifikate oder Zertifikatsketten können Sie über die Funktion AppendCertsFromPEM dem CertPool hinzufügen. Wie im Beispiel zu sehen, müssen Sie diesmal die entsprechende PEM-codierte Datei als []byte übergeben. Mit der ReadFile-Funktion aus dem ioutil-Package kann sehr komfortabel eine Datei in ein []byte eingelesen werden.

```
package main

import (
    "crypto/tls"
    "crypto/x509"
    "fmt"
    "io/ioutil"
    "log"
    "net/http"
)

func main() {
    http.HandleFunc("/", func(w http.ResponseWriter, r *http.Request) {
        fmt.Fprintln(w, "Hello World")
    })
    certPool := x509.NewCertPool()
    pem, err := ioutil.ReadFile("ca.crt")
    if err != nil {
        panic(err)
    }
    certPool.AppendCertsFromPEM(pem)
    tlsConfig := &tls.Config{
        ClientAuth: tls.RequireAndVerifyClientCert,
        ClientCAs:  certPool,
    }
    srv := http.Server{
        Addr:      ":8443",
        TLSConfig: tlsConfig,
    }
```

```
    log.Fatal(srv.ListenAndServeTLS("certs/test.example.crt",
        "certs/test.example.key"))
}
```

Listing 3.93 Server mit Validierung von Client-Zertifikaten

Testen können Sie die Server-Verbindung entweder über Ihren Browser oder z. B. über das Kommandozeilenwerkzeug `curl`. Für Tests im Browser müssen das entsprechende Zertifikat sowie die ausstellende Zertifizierungsstelle in den Zertifikats-Speicher importiert werden (siehe Abbildung 3.19).

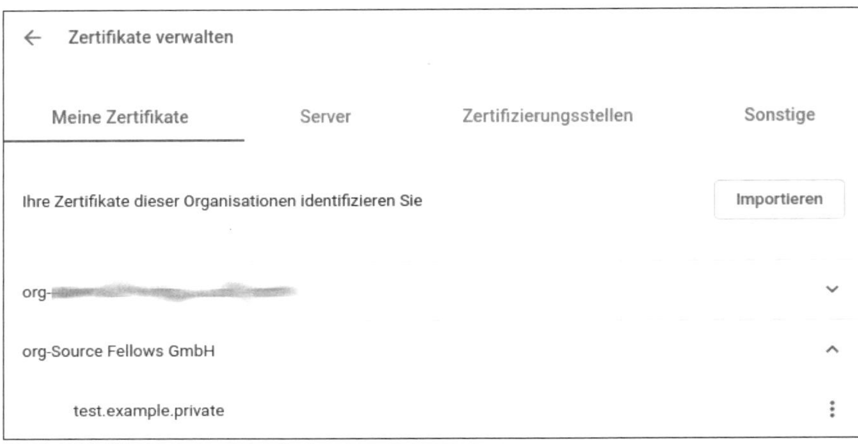

Abbildung 3.19 Importiertes Test-Zertifikat in Chromium-Browser

Ist kein entsprechendes Zertifikat verfügbar, wird die Verbindung abgewiesen, und auf Server-Seite wird eine Fehlermeldung ausgegeben.

```
http: TLS handshake error from 127.0.0.1:58536: tls: client didn't provide
a certificate
```

Listing 3.94 Fehlermeldung, wenn der Client kein Client-Zertifikat beim Aufbau der Verbindung mitgibt

Bei `curl` können Sie das Client-Zertifikat und den zugehörigen privaten Schlüssel per Kommandozeilenparameter angeben.

```
curl --cacert ./certs/myRoot.crt \
     --cert ./certs/user.crt \
     --key ./certs/user.key
     -v https://test.example.private:8443
```

Listing 3.95 Aufruf der Anwendung über curl im Verbose-Modus

Eigene http-Clients mit Client-Zertifikaten ausstatten

Clients, die keine spezielle SSL-Konfiguration benötigen, unterscheiden sich in der Programmierung nicht von unverschlüsselten Clients. Ein Beispiel dafür ist in Listing 3.27 zu sehen. Das ist z. B. dann der Fall, wenn die verwendete Zertifizierungsstelle bereits auf dem System bekannt ist.

Etwas aufwendiger wird es, wenn Sie die SSL-Verbindung konfigurieren wollen, um z. B. ein Client-Zertifikat oder eigene Zertifizierungsstellen einzusetzen.

Ähnlich wie bei der Server-Anwendung muss die Konfiguration in Form einer `tls.Config` vorgenommen werden. Für eine Client-Anwendung setzen Sie allerdings die beiden Felder `RootCAs` und `Certificates`. Im Feld `RootCA` geben Sie, wie der Name das schon erahnen lässt, das Zertifikat der ausstellenden *Certificate Authority* an. Über das Feld `Certificates` geben Sie in Form eines `[]tls.Certificate` alle Client-Zertifikate mit, die für diese Konfiguration verwendet werden sollen. In Listing 3.96 wird nur ein Client-Zertifikat geladen und konfiguriert. Auch hier können Sie die Dateinamen des Zertifikats und des privaten Schlüssels zum Laden verwenden. Beides muss in diesem Fall wieder im PEM-Format vorliegen.

Um die `tls.Config` zu nutzen, legen Sie einen `http.Transport` an, um damit einen `http.Client` zu erstellen. Jetzt sind Sie am Ziel und können die eigentliche HTTP-Verbindung aufbauen und den Call durchführen.

```
package main

import (
    "crypto/tls"
    "crypto/x509"
    "fmt"
    "io/ioutil"
    "net/http"
)

func main() {
    certPool := x509.NewCertPool()
    crt, _ := ioutil.ReadFile("./certs/myRoot.crt")
    certPool.AppendCertsFromPEM(crt)
    keyPair, _ := tls.LoadX509KeyPair("user.crt", "user.key")
    clientCerts := []tls.Certificate{keyPair}
    tlsConfig := &tls.Config{
        RootCAs:      certPool,
        Certificates: clientCerts,
    }
    transport := &http.Transport{
```

```
        TLSClientConfig: tlsConfig,
    }
    client := http.Client{Transport: transport}
    res, err := client.Get("https://test.example.private:8443")
    if err != nil {
        panic(err)
    }
    bites, err := ioutil.ReadAll(res.Body)
    fmt.Printf("response is: %v", string(bites))
}
```

Listing 3.96 HTTPS-Client mit Nutzung eines Client-Zertifikats

SSL für den Gin-Service der »Training Fellow«-Anwendung

Für die Beispielanwendung »Training Fellow« soll die Kommunikation über SSL verschlüsselt werden. Eine Client-Zertifikat-Authentifizierung macht allerdings keinen Sinn, da das Registrierungsformular frei im Internet verfügbar sein soll.

Die SSL-Server-Konfiguration für Gin können Sie entweder mit Standardwerten über `router.RunTLS` starten, oder Sie konfigurieren Ihre Verbindung über einen `http.Server` analog zum Beispiel aus Listing 3.93.

Bei der Variante über die Methode `RunTLS` übergeben Sie als Parameter die Bind-Adresse, das Server-Zertifikat und den privaten Schlüssel. Auch hier müssen die Dateien im PEM-Format codiert sein.

```
router.RunTLS(":8443", "./reg.tf.crt", "./reg.tf.key")
```

Listing 3.97 Einfache Variante für die Konfiguration einer SSL-Server-Verbindung mit Gin

Möchten Sie mehr Einfluss auf die Konfiguration der SSL-Verbindung nehmen, verwenden Sie den `http.Server`, wie in Listing 3.98 gezeigt. Hier haben Sie nun die Möglichkeit, sämtliche Einstellungen vorzunehmen und eventuell auch eine Client-Authentifizierung einzubauen.

```
package main

import (
    "crypto/tls"
    "net/http"
    "time"

    "github.com/gin-gonic/gin"
)
```

```
func main() {
    router := gin.Default()
    ... // restliche Konfiguration ausgelassen
    tlsConfig := &tls.Config{}
    s := &http.Server{
        Addr:           ":8443",
        TLSConfig:      tlsConfig,
        ReadTimeout:    10 * time.Second,
        WriteTimeout:   10 * time.Second,
        MaxHeaderBytes: 1 << 20,
        Handler:        router,
    }
    s.ListenAndServeTLS(
        "./certs/registrierung.tf.crt",
        "./certs/registrierung.tf.key")
}
```

Listing 3.98 SSL-Server-Konfiguration für Gin-Anwendung

Für die Beispielanwendung verwenden wir die erste, einfachere Variante.

3.3.4 Services konfigurieren

So gut wie jeder Service muss abhängig von der Laufzeitumgebung, in der er ausgeführt wird, unterschiedlich konfiguriert werden.

Wenn Sie nach den Prinzipien einer *12-Faktor-App* vorgehen, konfigurieren Sie Ihre Anwendung über Umgebungsvariablen des Betriebssystems. Setzen Sie auf Konfigurationsdateien, müssen Sie diese entweder im Projekt selbst speichern oder beim Start der Anwendung mitgeben. Alternativ können Sie Ihre Anwendung über Kommandozeilenparameter konfigurieren.

Umgebungsvariablen auswerten

Möchten Sie ausschließlich Umgebungsvariablen in Ihrer Anwendung auswerten, haben Sie die Wahl zwischen dem `os`-Package aus der Go-Standardbibliothek und externen Bibliotheken wie z. B. der bei GitHub verwalteten Bibliothek `envconfig`.

Beim Einsatz der Standardbibliothek können Sie wie in Listing 3.99 mit der Funktion `os.GetEnv` beliebige Umgebungsvariablen einlesen und in Ihrer Anwendung verwenden.

```
package main

import (
```

```
    "fmt"
    "os"
)

func main() {
    configValue := os.Getenv("HELLO")
    fmt.Printf("Hello %v\n", configValue)
}
```

Listing 3.99 Umgebungsvariablen über die Standardbibliothek nutzen

Wenn Sie etwas mehr Komfort beim Einlesen der Werte möchten, bietet sich der Einsatz der Bibliothek envconfig an. Sie bietet unter anderem beispielsweise die Möglichkeit, Werte von Umgebungsvariablen direkt in *Structs* zu speichern.

Für das Namens-Mapping zwischen Umgebungsvariablen und Struct-Feldern werden entweder die Feldnamen oder optional angegebene *Field Tags* verwendet. Zusätzlich können mit Hilfe der *Field Tags* einzelne Felder mit Standardwerten ausgestattet oder diese als erforderlich gekennzeichnet werden.

Das Beispiel in Listing 3.100 nutzt die Angabe von *Field Tags* für ein Namens-Mapping sowie den Hinweis, dass die Angaben zu Port und Host erforderlich sind.

```
package applicationconfiguration

type Config struct {
    Server struct {
        Port string `envconfig:"SERVER_PORT" required:"true"`
        Host string `envconfig:"SERVER_HOST" required:"true"`
    }
    Database struct {
        Username string `envconfig:"DB_USERNAME"`
        Password string `envconfig:"DB_PASSWORD"`
    }
}
```

Listing 3.100 Konfigurationsobjekt mit Field Tags von envconfig

Das Einlesen der Werte erfolgt durch den Funktionsaufruf envconfig.Process, der insgesamt zwei Parameter erwartet. Im ersten Parameter können Sie ein Namens-Prefix angeben, das den Umgebungsvariablen vorangestellt sein muss, wenn kein explizites Namens-Mapping mit *Field Tags* erfolgt. Im zweiten Parameter müssen Sie das Objekt übergeben, in das die Werte gespeichert werden sollen.

Im Beispiel in Listing 3.101 wird ein `Config`-Objekt aus dem vorherigen Beispielcode befüllt und ausgegeben. Die Anwendung müssen Sie mit den gesetzten Umgebungsvariablen `SERVER_PORT` und `SERVER_HOST` aufrufen.

```
package main

import (
    "fmt"

    "github.com/kelseyhightower/envconfig"
    "golang.source-fellows.com/samples/applicationconfiguration"
)

func main() {

    cfg := applicationconfiguration.Config{}
    err := envconfig.Process("", &cfg)
    if err != nil {
        panic(err)
    }
    fmt.Println(cfg.Server.Port)
}
```

Listing 3.101 Auswerten von Umgebungsvariablen mit der Bibliothek envconfig

Konfigurationsdateien auswerten

Wollen Sie zusätzlich oder alternativ zu den Umgebungsvariablen Konfigurationsdateien auslesen, können Sie ebenfalls auf eine Fülle von externen Bibliotheken zurückgreifen. Auch hier lohnt der Einsatz gegenüber der Standardbibliothek wegen des gebotenen Komforts und der Flexibilität.

Mit Hilfe des Projekts *https://github.com/spf13/viper* können Sie Ihre Konfigurationen nicht nur aus Umgebungsvariablen und Konfigurationsdateien einlesen, sondern unter anderem auch zentrale Lösungen wie *etcd* oder *Consul* nutzen.

Die Konfigurationsdateien können in sechs verschiedenen Formaten, je nach Vorliebe, formatiert sein. Unterstützt werden: *JSON*, *TOML*, *YAML*, *HCL*, *envfile* und *Java-Property-Dateien*. Beim Einlesen muss kein expliziter Dateiname bzw. kein explizites Format angegeben werden. Die Bibliothek prüft, welches Format vorhanden ist, und liest dies dementsprechend ein.

In Listing 3.102 wird im aktuellen Ausführungsverzeichnis nach Dateien mit dem Namens-Prefix *config* und einer entsprechenden Dateierweiterung gesucht. Diese werden eingelesen und ausgewertet.

In einem zweiten Schritt werden zusätzlich mit dem Funktionsaufruf `viper.AutomaticEnv` Umgebungsvariablen gelesen, die in unserem Fall die eventuell mit gleichem Namen bereits eingelesenen Werte aus den Dateien überschreiben.

```
package main

import (
    "fmt"
    "strings"

    "github.com/spf13/viper"
)

func main() {
    viper.SetConfigName("config")
    viper.AddConfigPath(".")
    err := viper.ReadInConfig()
    if err != nil {
        panic(fmt.Errorf("fatal error config file: %s", err))
    }
    replacer := strings.NewReplacer(".", "_")
    viper.SetEnvKeyReplacer(replacer)
    viper.AutomaticEnv()
    fmt.Println(viper.Get("server.host"))
}
```

Listing 3.102 Einlesen von Werten aus Konfigurationsdateien und Umgebungsvariablen

Die passende Konfigurationsdatei ist in Listing 3.103 dargestellt. Diese muss sich als *config.yml* im Projekt-Rootverzeichnis befinden.

```
server:
    host: localhost
```

Listing 3.103 config.yml der Beispielanwendung

Konfiguration in der »Training Fellow«-Beispielanwendung

In der »Training Fellow«-Beispielanwendung müssen ebenfalls einige Konfigurationen, wie beispielsweise die URL des NATS-Servers, vorgenommen werden. Später werden wir zusätzlich die Persistenz der Anwendung konfigurieren müssen.

Im Main-Package nehmen wir einen `Configuration`-Struct auf, der alle Konfigurationen der Anwendung aufnehmen und speichern soll. Da es sich im ersten Schritt nur um drei Konfigurationswerte handelt, werden wir diese direkt als Struct-Felder aufnehmen.

```
type configuration struct {
    natsURL         string
    sslCertFileName string
    sslKeyFileName  string
}
```

Listing 3.104 Konfigurationsobjekt der »Training-Fellow«-Anwendung

Den neuen Struct befüllen wir durch die zusätzliche Funktion `readConfig` im Main-Package. Im ersten Schritt wird die Konfigurationsdatei eingelesen, und im zweiten Schritt werden die Umgebungsvariablen ausgewertet. Durch diesen Ablauf überschreiben die angegebenen Umgebungsvariablen die Werte aus der Konfigurationsdatei, und es ist möglich, Standardwerte in einer Konfigurationsdatei anzugeben und diese umgebungsabhängig durch Umgebungsvariablen zu überschreiben.

```
func readConfig() configuration {
    viper.SetConfigName("config")
    viper.AddConfigPath(".")
    err := viper.ReadInConfig()
    if err != nil {
        panic(fmt.Errorf("fatal error with config file: %v", err))
    }
    replacer := strings.NewReplacer(".", "_")
    viper.SetEnvKeyReplacer(replacer)
    viper.AutomaticEnv()
    return configuration{
        natsURL:         viper.GetString("nats.url"),
        sslCertFileName: viper.GetString("server.ssl.certFile"),
        sslKeyFileName:  viper.GetString("server.ssl.keyFile"),
    }
}
```

Listing 3.105 Neue Konfigurationsfunktion im Main-Package

Nutzen können wir die neue Konfiguration, indem wir die Werte des `configuration`-Objekts an den entsprechenden Stellen auswerten.

```
func main() {
    config := readConfig()
    //...
    router.RunTLS(":8443", config.sslCertFileName, config.sslKeyFileName)
}
```

Listing 3.106 Nutzung der neuen Konfiguration in der »Training Fellow«-Anwendung

3.3.5 Services absichern und stabilisieren

In Produktionsumgebungen sollte Ihr Ziel sein, einen Service möglichst sicher und stabil zu betreiben.

Wie bei der Verschlüsselung und Authentisierung über TLS/SSL können auch hier Teile in die Infrastruktur, z. B. in ein API-Gateway, ausgelagert werden. Im Folgenden wollen wir uns direkte Umsetzungen in den Services anschauen.

Den Service mit JSON Web Token (JWT) absichern

Zur Absicherung Ihrer Services haben Sie in Abschnitt 3.3.3, »HTTPS auf Server- und Client-Seite«, bereits den Einsatz von SSL-Client-Zertifikaten in Go kennengelernt. Im Microservice-Umfeld hat sich – zusätzlich zur Absicherung einer Kommunikation auf Transportebene, wie es bei SSL der Fall ist – der Einsatz von Security-Tokens zur Übertragung von Authentifizierungsinformationen etabliert.

Im Gegensatz zu statusbehafteten Sessions, die innerhalb eines Service verwaltet werden müssen, ist der Einsatz eines Security-Tokens auf Service-Ebene statuslos möglich. Verbreitete Standards, die den Ablauf einer Token-Ausstellung und -Validierung beschreiben, sind beispielsweise *OAuth* bzw. *OpenID Connect*.

In der OAuth-Spezifikation werden verschiedene Authentisierungsabläufe für unterschiedliche Anwendungsfälle definiert. Für Web-basierte synchrone Online-Anwendungen ist der sogenannte *Authorization Code Flow* gedacht, den wir uns in einer einfacheren Variante anschauen wollen.

Ablauf einer Token-Authentisierung

Ein sogenannter *Token-Provider* oder auch *Identity-Provider* stellt, nach einer erfolgreichen Anmeldung, für einen Client ein personalisiertes Token aus. Mit diesem Token kann sich der Client anschließend bei weiteren Services ausweisen.

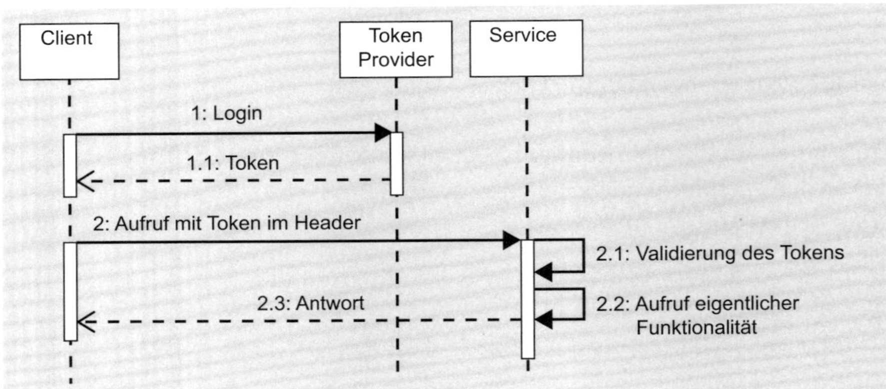

Abbildung 3.20 Ablauf einer Token-Authentisierung

Jeder aufgerufene Service kann das Token anhand einer enthaltenen Signatur validieren und so einem Client-Zugriff erlauben (siehe Abbildung 3.20).

Der in der *OAuth-Spezifikation* beschriebene Ablauf enthält eine sehr umfassende Beschreibung, wie ein Client ein Token erhalten kann. Zusätzlich wird während des Ablaufs zwischen einem *Access* und einem *Refresh Token* unterschieden.

Access Tokens haben nur eine eingeschränkte Gültigkeit und müssen nach ihrem Ablauf mit Hilfe eines Refresh Tokens vom Client erneuert werden.

Trotz der ausführlichen Beschreibung lässt die OAuth-Spezifikation einige Punkte in ihrer Protokollbeschreibung bewusst offen, obwohl sie für eine Umsetzung benötigt werden. Die Spezifikationen von *OpenID Connect* und *JWT* schließen diese Lücke.

Das JSON Web Token

Die Spezifikation *JSON Web Token (RFC 7519)*, oder abgekürzt *JWT*, beschreibt ein JSON-basiertes Übertragungsformat für Access Tokens und ermöglicht die Übertragung von sogenannten verifizierbaren *Claims*, den eigentlichen Informationen über den Client.

Ein JWT-Token besteht immer aus drei Teilen:

- *Header*, der das Token beschreibt
- *Payload*, die eigentlichen Nutzdaten
- *Signatur* von Header und Payload

Mit dem dritten Bestandteil, der Signatur, können die beiden anderen unverschlüsselt übertragenen Bestandteile des Tokens innerhalb eines aufgerufenen Service verifiziert werden.

> **Online-Validierung der JWT Token**
>
> JWT Tokens können im Internet unter *https://jwt.io* angezeigt und validiert werden. Auf der genannten Internetseite finden Sie auch Verweise zu JWT-Implementierungen für Go oder andere Programmiersprachen.

Wir wollen uns den Einsatz eines JWT Tokens in Go anhand der Bibliothek `github.com/SermoDigital/jose` anschauen. Verwendet werden soll eine einfache Signatur der Tokens mit einem vorgegebenen, fest hinterlegten Schlüssel.

In produktiven Umgebungen sollten Sie auf die Signatur mit Zertifikaten, wie sie z. B. in der *OpenID-Connect-Spezifikation* beschrieben sind, zurückgreifen.

Eine ausführlichere Implementierung von *OpenID Connect* liefert beispielsweise die Bibliothek *https://github.com/coreos/go-oidc*. Für das Betreiben eines eigenen Servers kann z. B. das Projekt Hydra (*https://github.com/ory/hydra*) oder auch die Java-basierte Lösung Keycloak (*https://www.keycloak.org/*) genutzt werden.

Go-Service mit Token-Validierung implementieren

Das Beispiel in Listing 3.107 ist eine Implementierung, die ein Token für einen Anwender erstellt und deren Signatur validieren kann. Durch eine Integration als Middleware in Ihrem HTTP-Service können Sie *JWT Tokens* verarbeiten und so Ihren Service schützen.

```
package jwt

import (
    "time"

    "github.com/SermoDigital/jose/crypto"
    "github.com/SermoDigital/jose/jws"
)

var key = []byte("meinGeheimerSchlüssel")

func CreateToken(user string) ([]byte, error) {
    claims := jws.Claims{}
    claims.SetAudience("source-fellows.com")
    claims.SetIssuer(user)
    claims.SetExpiration(time.Now().Add(time.Minute * 10))
    token := jws.NewJWT(claims, crypto.SigningMethodHS256)
    return token.Serialize(key)
}

func ValidateToken(token []byte) error {
    newToken, err := jws.ParseJWT(token)
    if err != nil {
        return err
    }
    return newToken.Validate(key, crypto.SigningMethodHS256)
}
```

Listing 3.107 JWT-Handling mit jose

Den Service mit einem Überlastungsschutz stabil halten – Rate Limiting

Manche Hochlastsituationen von Services werden leider nicht durch echte Benutzerzugriffe, sondern durch Fehlverhalten oder auch gezielte *Denial of Service*-Angriffe hervorgerufen. Es ist unbedingt ratsam, den eigenen Service und die Umgebung vor Überlastung zu schützen und dadurch stabil zu halten.

Mit einem sogenannten *Rate Limiter* können Sie die Anfrageanzahl Ihres Service innerhalb eines Zeitintervalls beschränken.

Für die Umsetzung mit Go können Sie beispielsweise die Bibliothek `ulule/limiter` verwenden, die Sie bei GitHub finden.

In einem Beispiel soll die maximale Anfrageanzahl eines HTTP-Service auf zehn Anfragen pro Sekunde von einer Client-IP-Adresse beschränkt werden. Wird das Limit überschritten, soll ein HTTP-Statuscode 429 »Too many requests« zurückgegeben werden.

Die IP-Adressen der Clients können bei der `ulule/limiter`-Bibliothek entweder lokal im Speicher oder in einer Redis-Datenbank gespeichert werden. Diese können Sie zu Testzwecken mit einem einfachen Befehl lokal über Docker starten:

```
docker run --rm -p 6379:6379 redis
```

Listing 3.108 Start einer Redis-Datenbank über Docker

Das Beispiel in Listing 3.109 zeigt einen Simple-HTTP-Service, der über eine Standard-HTTP-Middleware mit einem Rate Limiter ausgestattet wurde. Der Service nimmt maximal vier Anfragen in der Sekunde von einer IP-Adresse an und erzeugt beim Überschreiten einen HTTP-Statuscode 429. Die Zwischenspeicherung der Client-Adressen erfolgt dabei in einer Redis-Datenbank.

```
package main

import (
    "net/http"

    libredis "github.com/go-redis/redis/v7"
    "github.com/ulule/limiter/v3"
    "github.com/ulule/limiter/v3/drivers/middleware/stdlib"
    "github.com/ulule/limiter/v3/drivers/store/redis"
)

func handleRequest(res http.ResponseWriter, req *http.Request) {
    res.Write([]byte("Hello World!"))
}

func rateLimitMiddleWare(handler http.HandlerFunc) http.Handler {
    rate, err := limiter.NewRateFromFormatted("4-S")
    if err != nil {
        panic(err)
    }
    // Redis-Client anlegen
    option, err := libredis.ParseURL("redis://localhost:6379/0")
    if err != nil {
```

```
        panic(err)
    }
    client := libredis.NewClient(option)
    // Store mit Redis konfigurieren
    store, err := redis.NewStoreWithOptions(client, limiter.StoreOptions{
        Prefix:   "limiter_http_example",
        MaxRetry: 3,
    })
    if err != nil {
        panic(err)
    }
    middleware := stdlib.NewMiddleware(limiter.New(store, rate, limiter. ⮐
WithTrustForwardHeader(true)))
    return middleware.Handler(handler)
}

func main() {
    http.Handle("/", rateLimitMiddleWare(http.HandlerFunc(handleRequest)))
    http.ListenAndServe(":8080", nil)
}
```

Listing 3.109 Beispiel eines Rate Limiters mit Redis-Backend

> **Schneller Lasttest**
>
> Möchten Sie einen kurzen, einfach Lasttest durchführen, können Sie z. B. auf Apache Bench (ab) oder eine eigene Go-Implementierung zurückgreifen.
>
> In Abschnitt 3.2.2, »Als Client einen HTTP-Service aufrufen«, hatten wir uns die Implementierung eines HTTP-Clients angeschaut.

3.4 Datenbankanbindung

Go bietet mit dem Package `database/sql` eine Datenbankabstraktion, mit deren Hilfe Sie herstellerunabhängig auf SQL-basierte Datenbanken zugreifen können. Für NoSQL-basierte Datenbanken sind Sie auf spezielle Bibliotheken für das entsprechende Produkt angewiesen.

Die Kommunikation zu einer SQL-Datenbank übernehmen Datenbanktreiber, die vorab in Ihrer Anwendung geladen werden müssen. Zur Datenabfrage oder Manipulation verwenden Sie anschließend den Typ `sql.DB`, der die entsprechenden Zugriffsmethoden enthält.

3.4.1 SQL-Treiber auswählen und installieren

Für jede Datenbank wird ein passender Datenbanktreiber benötigt, der in die Anwendung geladen werden muss.

Die Go-Standardbibliothek bringt keine eigene Datenbanktreiber-Implementierung mit und Sie können sich zwischen mehreren Treibern entscheiden.

Eine Liste von unterstützten Datenbanken mit entsprechenden Treibern finden Sie im Projekt-Wiki unter: *https://github.com/golang/go/wiki/SQLDrivers*. Unter den unterstützten Datenbanken befinden sich:

- Oracle
- MSSQL Server
- MySQL
- Postgres
- DB2
- SAP HANA
- SQLLite

Für manche Datenbanken gibt es mehrere Implementierungen, die sich in der grundsätzlichen Umsetzung unterscheiden. Manche Treiber sind vollständig in Go implementiert und benötigen keine weiteren Abhängigkeiten. Andere wiederum nutzen *cgo*, die Anbindung an C-Bibliotheken, und rufen intern native, plattformabhängige Datenbankbibliotheken auf.

Die Installation von komplett in Go umgesetzten Treibern ist in den meisten Fällen deutlich einfacher, da keine weiteren Abhängigkeiten wie C-Compiler oder Ähnliches installiert werden müssen. Auf der anderen Seite versprechen die über cgo eingebundenen Treiber eine gute Performance, da es sich hierbei um, eventuell auch vom Hersteller implementierte, native Bibliotheken handelt.

Für eine Oracle-Datenbank sind z. B. aktuell drei Treiber auf der Wiki-Seite gelistet, die alle über cgo das native *Oracle Database Programming Interface for C* (ODPI-C) verwenden. Das heißt, dass jeweils eine Oracle-Client-Installation vorhanden sein muss.

Im Gegensatz dazu haben Sie beim Zugriff auf MSSQL-Datenbanken z. B. die Wahl zwischen einem komplett in Go implementierten Datenbanktreiber und einem Treiber, der eine native C-Bibliothek für die Kommunikation mit der Datenbank nutzt.

Für die Auswahl eines Datenbanktreibers sollte allerdings die Funktionalität des Treibers ausschlaggebend sein. Auch diese kann bei den Treibern unterschiedlich sein.

Mit der Go-Version 1.8 wurde die Schnittstelle des Packages `database/sql` derart angepasst, dass neben den bestehenden Methoden zusätzliche Methoden aufgenommen wurden, die in Ihrer Signatur einen weiteren Parameter vom Typ `context.Context` erwarten. Über diesen Kontext ist es beispielsweise möglich, aufgerufene Funktionen nach einer bestimmten Zeit abzubrechen, da sie zu lange dauern. Leider unterstützt noch nicht jeder Treiber diese Funktionalität.

Die Context-Funktionalität werden wir uns in Kapitel 5, »Best Practices – idiomatisches und effektives Go«, noch genauer anschauen.

Im Folgenden werde ich Ihnen die Installation des Oracle-Datenbanktreibers `godror` zeigen. Mit Hilfe der *Visual Studio Code Remote – Containers* werden wir eine Umgebung einrichten, bei der Sie keine lokalen Treiberinstallationen durchführen müssen.

Dieses Vorgehen können Sie angepasst auch auf andere Datenbankprodukte anwenden.

Installation des Oracle-Datenbanktreibers godror

Für den Zugriff auf eine Oracle-Datenbank wird neben der Go-Implementierung, wie oben bereits erwähnt, ein nativ installierter Oracle-Client bzw. die C-basierten Oracle-Client-Bibliotheken ODPI benötigt. Für unser Beispiel ist das *ODPI-»Basic Light«-Paket* ausreichend.

Die Downloadlinks für die Pakete sowie eine Installationsanleitung für die verschiedenen Betriebssysteme finden Sie unter: *https://oracle.github.io/odpi/doc/installation.html*.

Den Go-Treiber `godror` können Sie wie jede andere Bibliothek auch über den `go get`-Befehl installieren.

```
go get github.com/godror/godror
```

Listing 3.110 Go-get-Befehl für die Installation des Oracle-godror-Treibers

Lokale Oracle-Datenbank

Oracle stellt mit dem Docker-Image `store/oracle/database-enterprise` eine vollständige Enterprise-Edition-basierte Datenbank zur Verfügung. Zum Download bei Docker-Hub müssen Sie über einen gültigen Oracle- und Docker-Hub-Account verfügen. Für den Download des Docker-Images müssen Sie dann bei Docker-Hub angemeldet sein.

Die offizielle Dokumentation zu den Oracle-Docker-Images finden Sie auf folgender GitHub-URL: *https://github.com/oracle/docker-images*

Starten können Sie das Image über:

```
docker run -name oracle \
       -p 1521:1521 -p 5500:5500 \
       store/oracle/database-enterprise:12.2.0.1
```

Danach kann die Datenbank über den integrierten sqlplus-Kommandozeilen-Client konfigurieren werden. Starten Sie hierzu im Docker Container eine interaktive Shell, und rufen Sie den Befehl sqlplus auf.

```
docker exec -it oracle /bin/bash    //Shell starten
sqlplus / as sysdba
```

Eine neue Datenbank kann z. B. mit folgendem SQL-Skript angelegt werden:

```
CREATE TABLESPACE APP DATAFILE 'app.dat' SIZE 100M AUTOEXTEND ON;
ALTER DATABASE DEFAULT TABLESPACE APP;
ALTER session set "_ORACLE_SCRIPT"=true;
CREATE USER app IDENTIFIED BY app DEFAULT TABLESPACE APP;
ALTER USER app quota unlimited ON APP;
GRANT create session TO app;
GRANT create table TO app;
GRANT create view TO app;
GRANT create any trigger TO app;
GRANT create any procedure TO app;
GRANT create sequence TO app;
GRANT create synonym TO app;
```

Danach können Sie sich mit dem User app und dem Passwort app bei der Datenbank anmelden.

Der Ressourcenverbrauch der Datenbank ist zwar nicht unerheblich, aber für eine lokale Umgebung ist der Einsatz recht praktisch.

Visual Studio Code Remote – Container für Datenbanktreiber

Möchten Sie keine Oracle-Client-Installation auf Ihrer lokalen Entwicklungsumgebung installieren, bietet sich, wenn Sie mit Visual Studio Code arbeiten, die Erweiterung *Visual Studio Code Remote – Containers* an. Dabei können Sie einen Docker Container als vollwertige Entwicklungsumgebung nutzen und mit der IDE nahtlos darauf zugreifen.

Wie in Abbildung 3.21 zu sehen, wird die Entwicklungsumgebung Visual Studio Code weiterhin lokal ausgeführt. Allerdings wird in einem parallel gestarteten Docker Container der sogenannte Visual Studio Code Server installiert und gestartet. Die lokale Umgebung nimmt Befehle entgegen und führt diese nicht lokal, sondern über den Visual Studio Code Server innerhalb des Docker Containers aus.

Starten Sie die Anwendung oder ein Terminal innerhalb von Visual Studio Code, werden diese nicht mehr lokal bei Ihnen ausgeführt, sondern innerhalb des Docker Containers. Das Arbeiten läuft transparent weiter, und Sie merken nichts von der Remote-Ausführung.

Der Dateizugriff auf Ihren Workspace erfolgt über ein Docker *Volume Mount*, und der Docker Container erhält direkten Zugriff auf die Dateien, die Sie in der lokalen Umgebung editieren.

Für den Oracle-Datenbanktreiber heißt das, dass er nur noch innerhalb der Docker-Umgebung installiert werden muss. In Ihrer lokalen Umgebung müssen Sie nichts anpassen.

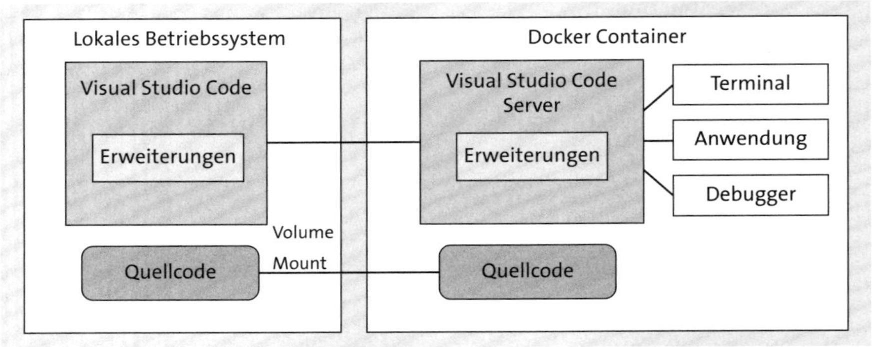

Abbildung 3.21 Schematische Darstellung der Visual-Studio-Remote-Container-Erweiterung

Zum Ausführen der Remote-Container in Visual Studio Code müssen die Erweiterung `ms-vscode-remote.remote-containers` und Docker zum Ausführen der Container installiert sein.

Ist dies der Fall, finden Sie unten links ein Doppelpfeil-Symbol, mit dem Sie einen neuen Remote-Container erstellen und starten können.

Abbildung 3.22 Ganz links unten in Visual Studio Code finden Sie den Link zur Remote-Containers-Erweiterung.

Klicken Sie auf das *Remote-Container-Symbol*, öffnet sich die Command-Palette, und Sie haben die Möglichkeit, eine Aktion auszuwählen.

Hat das aktuelle Projekt noch keine *Remote-Container-Konfiguration*, können Sie über REOPEN IN CONTAINER oder OPEN FOLDER IN CONTAINER... einen neuen Container anlegen (siehe Abbildung 3.23).

Im nächsten Schritt (siehe Abbildung 3.24) können Sie einen der vordefinierten Container-Typen auswählen. Für unser Beispiel wählen Sie den Go-Container und warten, bis dieser konfiguriert und gestartet ist. Das nimmt etwas Zeit in Anspruch, da für den Visual Studio Code Server einige Abhängigkeiten installiert werden müssen.

Abbildung 3.23 Remote-Container in VSCode öffnen bzw. erzeugen

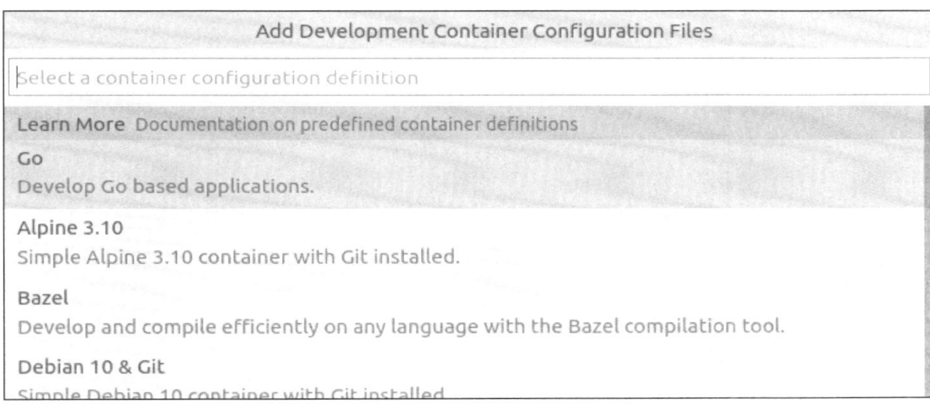

Abbildung 3.24 Auswahl eines Remote-Containers in VSCode

Nach der Installation und dem Start des Containers sehen Sie im Projektverzeichnis das Verzeichnis *.devcontainer*, in dem sich zwei Konfigurationsdateien befinden. Die erste Datei, *devcontainer.json*, beschreibt die Umgebung des Remote-Containers, bei der anderen Datei handelt es sich um das *Dockerfile*, mit dem der *Dev-Container* bzw. *Remote-Container* erstellt wurde.

Wenn Sie sich das *Dockerfile* etwas genauer anschauen, werden Sie feststellen, dass bereits sehr viele Go-Werkzeuge installiert wurden und die Umgebung vorkonfiguriert wurde.

Starten Sie ein neues Terminal im unteren Bereich, können Sie Kommandos im Docker Container ausführen. Durch den Aufruf von `go version` testen Sie, ob die Go-Umgebung lauffähig ist.

Gleiche Umgebung für alle Entwickler

Mit den VSCode-Remote-Containers haben Sie die Möglichkeit, die Projektkonfiguration mit in die Versionsverwaltung einzuchecken und jedem Entwickler die gleiche Umgebung zur Verfügung zu stellen.

Entwickelt wird in einem Docker Container, dessen Konfiguration geteilt wird. Die manuelle Installation auf jedem Entwicklerrechner kann entfallen, und Sie stellen sicher, dass jeder Entwickler – wie auch in unserem Beispiel – mit der gleichen Oracle-Client-Version arbeitet.

Nachteil dieser Variante sind die Go-Abhängigkeiten, die im `GOPATH` gespeichert werden. Diese sind nach einem Neustart verloren und müssen erneut heruntergeladen werden.

Um nun den Oracle-Client in die Entwicklungsumgebung zu bringen, können Sie den »Schnipsel« aus Listing 3.111 ans Ende des Dev-Containers *Dockerfile* kopieren und den Remote-Container noch einmal starten. Das erreichen Sie, indem Sie erneut auf das Symbol unten links klicken und REOPEN LOCALLY und direkt danach wieder REOPEN IN CONTAINER auswählen.

```
#Install Oracle Client
RUN apt-get update &&\
    apt-get -y install unzip libaio1 && \
    mkdir /opt/oracle &&\
    curl -o /opt/oracle/oracle.zip https://download.oracle.com/otn_software/ ⤵
linux/instantclient/19600/instantclient-basiclite-linux.x64- ⤵
19.6.0.0.0dbru.zip &&\
    cd /opt/oracle &&\
    unzip oracle.zip

ENV LD_LIBRARY_PATH=/opt/oracle/instantclient_19_6:$LD_LIBRARY_PATH
```

Listing 3.111 Installation des Oracle-Basic Lite-Clients innerhalb einer Docker-Umgebung – hier VSCode-Remote-Container

Nach dem Neustart finden Sie im Docker-Image unter */opt/oracle* die Installationsdateien des Instant-Clients und in den Umgebungsvariablen den erweiterten `LD_LIBRARY_PATH`, der nun auf die Oracle-Client-Bibliothek verweist. Damit findet der Treiber `godror` später die C-Abhängigkeiten.

Bei der folgenden Entwicklung müssen Sie darauf achten, dass Ihre Anwendung innerhalb eines Docker Containers ausgeführt wird und die Netzwerkadresse *localhost* sich nicht auf Ihren lokalen Arbeitsplatzrechner, sondern auf den Docker Container bezieht. Haben Sie die Datenbank lokal gestartet, müssen Sie über eine entsprechende IP-Adresse oder einen DNS-Namen zugreifen.

Der Einsatz der Remote-Container erspart Ihnen eventuell Unterschiede zwischen der Entwicklungsumgebung und der Ausführungsumgebung auf dem Server – je nachdem, unter welchem Betriebssystem Sie die Anwendung entwickelt haben und unter welcher Umgebung Sie diese später betreiben möchten.

3.4.2 Das Package database/sql

Zugriffe auf die Datenbank erfolgen über das Package `database/sql`, das nur eine Handvoll Typen und Funktionen definiert und eine Abstraktionsschicht für SQL-basierte Datenbankzugriffe implementiert. Die eigentlichen Zugriffe werden, wie bereits beschrieben, über eine konkrete Datenbanktreiber-Implementierung durchgeführt.

Für Datenbankaktionen, die Sie mit der Datenbank ausführen möchten, verwenden Sie den Typ `sql.DB`. Er stellt Methoden zur Verfügung, mit denen Sie SQL-Befehle ausführen, Ergebnisse verarbeiten und Transaktionen verwenden können. Schlussendlich dient er zusätzlich dazu, eine Verbindung zur Datenbank zu öffnen und wieder zu schließen.

Der Typ `sql.DB` repräsentiert allerdings nicht nur eine Verbindung zur Datenbank, sondern nutzt intern einen Verbindungspool, um mit der Datenbank zu kommunizieren. Sie müssen sich nicht explizit um dessen Konfiguration kümmern.

Ein konkurrierender Zugriff auf `sql.DB` von mehreren *Go-Routinen* ist ausdrücklich möglich.

Zusätzlich zum Import des Packages `database/sql` müssen Sie den entsprechenden Treiber laden. Im Normalfall geschieht das über ein Import-Statement mit dem entsprechenden Treiber-Package und dem Einsatz eines *Blank Identifier*, da das Package nicht explizit verwendet wird.

```
import (
    "database/sql"
    _ "github.com/godror/godror"
)
```

Listing 3.112 Import-Statement für SQL-Package sowie Oracle-Treiber

Ein explizites Laden des Treibers ist nicht notwendig. Die Initialisierung und die Anmeldung des Treibers geschehen, wenn Sie das Treiber-Package einbinden.

Verbindung zur Datenbank aufbauen und schließen

Mit der Funktion `sql.Open` können Sie eine neue `slq.DB`-Instanz öffnen. Als Parameter geben Sie den Namen des Datenbanktreibers sowie den sogenannten `dataSourceName` mit. Hinter diesem String verbergen sich in der Regel der Datenbankname und weitere Verbindungsinformationen wie Hostname, Username und Passwort. Der `dataSourceName` wird auch als Datenbank-URL-String bezeichnet.

Die `sql.Open`-Funktion führt nicht zum sofortigen Verbindungsaufbau mit einer Datenbank. Dieser findet erst dann statt, wenn Sie tatsächlich auf die Datenbank zugreifen möchten.

In Listing 3.113 wird z. B. eine Verbindung zu einer Oracle-Datenbank mit Hilfe des Treibers `godror` aufgebaut. Als `dataSourceName` dient hier ein Oracle-spezifischer String. Das Format ist von Treiber zu Treiber unterschiedlich, und Sie müssen sich in der entsprechenden Treiber-Dokumentation über die korrekte Syntax informieren.

```
db, err := sql.Open("godror", "app/app@(DESCRIPTION=(ADDRESS_LIST=(ADDRESS= ⮐
(PROTOCOL=tcp)(HOST=172.17.0.1)(PORT=1521)))(CONNECT_DATA=(SID=ORCLCDB)))")
if err != nil {
    fmt.Println(err)
    return
}
defer db.Close()
```

Listing 3.113 Aufbauen einer Datenbankverbindung

Am Ende Ihrer Arbeit mit der Datenbank müssen Sie die Verbindung explizit wieder schließen, da ansonsten Datenbankressourcen eventuell nicht wieder korrekt freigegeben werden. Am besten verwenden Sie hierzu das Schlüsselwort `defer` mit einem `db.Close()`-Statement.

Lebensdauer von sql.DB

Sie sollten nicht für jeden einzelnen Datenbankzugriff ein neues `sql.DB`-Objekt anlegen und nach Beenden des Zugriffs wieder schließen. Der Typ `sql.DB` ist für eine längere Lebensdauer gedacht.

Initialisieren Sie das Objekt `sql.DB` einmalig, und stellen Sie den Methoden mit kurzen Zugriffen eine entsprechende Referenz zur Verfügung. Sie können das Objekt `sql.DB` länger geöffnet lassen.

Wie Sie gesehen haben, ist die `sql.DB`-Implementierung auch für konkurrierende Zugriffe gedacht und kann mehrfach gleichzeitig verwendet werden.

Wie oben erwähnt, wird beim Aufruf der `sql.Open`-Funktion noch keine physikalische Verbindung zur Datenbank aufgebaut. Mit der Methode `db.Ping` können Sie das allerdings forcieren und testen, ob eine Datenbankverbindung korrekt aufgebaut werden kann. Liefert die Methode keinen Fehler, ist alles in Ordnung, und Sie können Daten von der Datenbank abfragen bzw. schreiben.

```
package main

import (
    "database/sql"
    "fmt"

    _ "github.com/godror/godror"
)

func main() {
    db, err := sql.Open("godror", "app/app@(..)")
    if err != nil {
        fmt.Println(err)
        return
    }
    defer db.Close()
    err = db.Ping()
    if err != nil {
        panic(err)
    }
}
```

Listing 3.114 Datenbankverbindung aufbauen und Konnektivität prüfen

SQL-Abfragen durchführen und auswerten

Daten aus der Datenbank können Sie mit den folgenden Methoden des Typs `sql.DB` abfragen:

- `Query`
  Abfrage einer Ergebnismenge
- `QueryRow`
  Abfrage von maximal einer Ergebniszeile
- `Prepare`
  Vorbereiten von wiederholten Abfragen mit unterschiedlichen Parametern

Für jede dieser Methoden ist eine entsprechende Methode mit der Endung `Context` vorhanden. Diese wurden in der Go-Version 1.8 eingeführt und unterscheiden sich insofern voneinander, als sie zusätzlich einen Parameter vom Typ `context.Context` aufnehmen können. In Kapitel 5, »Best Practices – idiomatisches und effektives Go«, werden wir uns dieses Konstrukt im Detail anschauen. Hier sei nur erwähnt, dass es mit einem `context.Context` möglich wird, eine laufende Aktion abzubrechen oder Timeouts für die Ausführung mitzugeben.

Als Rückgabewert der Methoden bekommen Sie immer einen spezifischen Rückgabetyp, wie `*sql.Rows`, `*sql.Row` oder `*sql.Stmnt`, sowie einen potenziell aufgetretenen Fehler.

Bei den `Query`-Methoden erhalten Sie das Ergebnis in Form eines `*sql.Rows`-Objekts, über das Sie iterieren können.

Die Anwendung in Listing 3.115 fragt Angestelltendaten aus einer Oracle-Beispieldatenbank ab und liest diese in den Typ `Angestellter` ein. Die Datenbank wurde mit der Datenbankdefinition aus Listing 3.116 angelegt und mit Beispieldaten gefüllt.

```
package main

import (..)

type Angestellter struct {
    id                int
    Name              string
    Einstellungsdatum time.Time
}

func main() {
    db, err := sql.Open("godror", ..)
    //Fehlerbehandlung und Close ausgelassen!
    rows, err := db.Query("select EMPNO, ENAME, HIREDATE from EMP")
    if err != nil {
        log.Fatalf("Fehler bei Query: %v", err)
    }
    defer rows.Close()
    for rows.Next() {
        angestellter := &Angestellter{}
        err = rows.Scan(&angestellter.id,
            &angestellter.Name,
            &angestellter.Einstellungsdatum)
        if err != nil {
            log.Fatalf("Fehler beim Laden: %v", err)
        }
        log.Println(angestellter)
    }
}
```

Listing 3.115 Auslesen der Beispieldaten

```
CREATE TABLE EMP
       (EMPNO NUMBER(4) NOT NULL,
        ENAME VARCHAR2(10),
        JOB VARCHAR2(9),
        MGR NUMBER(4),
        HIREDATE DATE,
        SAL NUMBER(7, 2),
        COMM NUMBER(7, 2),
        DEPTNO NUMBER(2));
```

Listing 3.116 SQL für die Beispieltabelle EMP

Mit der `db.Query`-Methode und einem SQL-Ausdruck als Parameter starten Sie die Datenbankabfrage. Nachdem Sie sich überzeugt haben, dass bei der Abfrage kein Fehler aufgetreten ist, sollten Sie mit `defer` sicherstellen, dass das `sql.Rows`-Objekt wieder geschlossen wird.

Da für die Ausführung der Datenabfrage eine physikalische Verbindung zur Datenbank benötigt wird, wird diese beim Aufruf von `sql.Query` auch tatsächlich aufgebaut bzw. aus dem darunterliegenden Pool verwendet. Bis Sie das `sql.Rows`-Objekt wieder mit `rows.Close` schließen, ist diese Verbindung in Verwendung und für andere Clients blockiert. Schließen Sie die Objekte nicht korrekt, werden Sie eventuell sehr schnell Probleme mit zu vielen Verbindungen bekommen.

Die Methode `rows.Next()` liefert beim Aufruf solange `true`, bis das Ende der Ergebnismenge erreicht ist. Gestartet wird vor der ersten Ergebniszeile, so dass Sie beim ersten Aufruf zum ersten Ergebnis weiterschalten.

Die Rückgabedaten der SQL-Ausführung können Sie über die Methode `rows.Scan` in Anwendungsvariablen einlesen bzw. kopieren. Im Beispiel wird aus den Werten ein `Angestellter` befüllt. Auch hier können Fehler auftreten, die Sie behandeln sollten. Es ist nicht sichergestellt, dass die komplette Liste ohne Fehler verarbeitet werden kann.

Die Parameteranzahl der `rows.Scan`-Methode muss mit der Anzahl der beim SQL-Abruf zurückgelieferten Werte übereinstimmen.

Beim Auslesen bzw. Kopieren der Daten mit `rows.Scan` können diese automatisch in folgende Go-Ziel-Datentypen konvertiert werden:

- `string`
- `[]byte`
- `int`, `*int8`, `*int16`, `*int32`, `*int64`
- `uint`, `*uint8`, `*uint16`, `*uint32`, `*uint64`
- `bool`
- `float32`, `*float64`

- `interface{}`
- `RawBytes`
- `Rows` – Datenbankzeiger/Cursor
- jeder Datentyp, der das Interface `sql.Scanner` implementiert

Für jeden der Typen sind Konvertierungsregeln hinterlegt. Konvertierungen zwischen numerischen Typen und Strings sind immer so lange möglich, wie keine Genauigkeit verloren geht. Der String-Wert »300« kann z. B. nicht in einen `uint8`-Wert kopiert werden.

Eine Konvertierung, unabhängig vom Datenbanktyp, in einen Zieltypen-String ist immer möglich.

Im Beispiel haben wir den Datumswert der Spalte `HIREDATE` in einen `time.Time`-Typ konvertiert. Das funktioniert, da in der Datenbank ebenfalls ein Datumstyp konfiguriert ist.

Lassen Sie sich die Typkonvertierung von `rows.Scan` abnehmen. Das erspart häufige Konvertierungen der Daten. Wenn es sich z. B. beim Quelltyp um einen `integer`, `boolean` oder `string` und beim Zieltyp um eine Pointerreferenz handelt, werden die Werte nicht kopiert, sondern nur der Pointer zugwiesen.

Möchten Sie der `Query`-Methode Parameter mitgeben, können Sie das über weitere Parameter beim Methodenaufruf tun. Das Auswerten der Daten unterscheidet sich nicht.

```
rows, _ := db.Query("select EMPNO, HIREDATE from EMP where ENAME = :0", val)
```

Listing 3.117 Parameter für eine SQL-Abfrage übergeben

Prepared Statements

Eine weitere Möglichkeit, Daten abzufragen, haben Sie mit *Prepared Statements*. Dabei erzeugen Sie ein SQL-Statement mit Platzhaltern für die eventuell benötigten Parameter. Auf dieses Statement können Sie zu einem späteren Zeitpunkt zurückgreifen und nur noch die entsprechenden Parameter mitgeben.

Warum Prepared Statements oder Queries mit expliziten Parametern?

Prepared Statements, aber auch Abfragen mit explizit angegebenen Parametern haben neben dem geringeren Ressourcenverbrauch einen deutlichen Sicherheitsvorteil: Durch ihren Einsatz wird die sogenannte *SQL-Injection* ausgeschlossen, bei der z. B. boshafte Benutzereingaben zu einem Datenverlust führen können.

Siehe hierzu auch: *https://de.wikipedia.org/wiki/SQL-Injection*

Prüfen Sie immer, ob Sie die Parameter einer SQL-Abfrage getrennt vom SQL-Befehl an die Datenbank schicken können. Das sollte Standard sein.

In Listing 3.118 wird ein *Prepared Statement* mit einem Abfrage-Parameter erzeugt und ausgeführt. Da wir mit SQL arbeiten, das 1:1 an die Datenbank weitergegeben wird, unterscheidet sich die Syntax zur Parameterangabe leider von Datenbank zu Datenbank.

Das Beispiel arbeitet mit einer Oracle-Datenbank, die Parameter in der Form `:<Parameterbezeichnung><Zahl>` fordert. Bei MySQL müssen Fragezeichen verwendet werden, Postgres erwarten hingegen die Parameter in Form von `$1` usw.

Um eine bessere Zuordnung der Parameter zu erreichen, können Sie der `Query`-Methode einen `sql.NamedArg` mit Namen und Wert des Parameters übergeben. Erzeugen können Sie diesen durch den Aufruf der `sql.Named`-Funktion.

Zwingend erforderlich sind die `sql.NamedArg`-Parameter nicht. Allerdings können Sie durch den Einsatz die Position der Parameter im SQL-Befehl nachträglich verändern, ohne beim Auslesen Probleme zu bekommen.

```
stmt, err := db.Prepare("select * from EMP where EMPNO = :param1")
if err != nil {
    log.Fatalf("Fehler bei Query: %v", err)
}
defer stmt.Close()
rows, err := stmt.Query(sql.Named("param1", 7499))
if err != nil {
    log.Fatal(err)
}
defer rows.Close()
```

Listing 3.118 Nutzen eines Prepared Statements zur Datenabfrage

Als Ergebnis von `stmt.Query` erhalten Sie wieder einen `sql.Rows`-Pointer, über den Sie die Daten lesen können.

Daten in die Datenbank schreiben

Das Schreiben bzw. Ändern von Daten in einer Datenbank kann entweder über die `Exec`-Methode von `sql.DB` oder ein *Prepared Statement* durchgeführt werden.

In Listing 3.119 ist ein Ausschnitt zu sehen, der die `db.Exec`-Methode zum Schreiben verwendet.

```
res, err := db.Exec("INSERT INTO EMP (EMPNO, ENAME, HIREDATE) VALUES(:id1, ⮐
:name1, :date1)", 1, "WURST", time.Now())
if err != nil {
    log.Fatalf("Fehler bei Exec: %v", err)
```

```
}
count, _ := res.RowsAffected()
log.Printf("Updated %v row", count)
```

Listing 3.119 Schreiben der Daten mittels db.Exec

Für das wiederholte Einfügen von Datensätzen verwenden Sie erneut ein *Prepared Statement*. Im Beispiel in Listing 3.120 werden mehrere Datensätze in einer Schleife angelegt.

```
stmt, err := db.Prepare("INSERT INTO EMP (EMPNO, ENAME, HIREDATE) VALUES ⮐
(:id1, :name2, :date3)")
if err != nil {
    log.Fatalf("Fehler bei Statement: %v", err)
}
for i := 10; i < 100; i++ {
    _, err = stmt.Exec(
        sql.Named("id1", i),
        sql.Named("name2", "JOE"),
        sql.Named("date3", time.Now()))

    if err != nil {
        log.Fatalf("Fehler bei Exec: %v", err)
    }
}
defer stmt.Close()
```

Listing 3.120 Einfügen von Daten über ein Prepared Statement

Datenbankpool und Verbindungseinstellungen

Einen Pool an Datenbankverbindungen müssen Sie nicht explizit konfigurieren, da der Typ `sql.DB` diese Aufgabe transparent für Sie im Hintergrund übernimmt.

Mit den Methoden `SetMaxOpenConns`, `SetMaxIdleConns` und `SetConnMaxLifetime` haben Sie die Möglichkeit, diesen internen Verbindungspool zu konfigurieren und dadurch die Verarbeitungsgeschwindigkeit zu beeinflussen.

Im Datenbankpool wird zwischen aktiven und inaktiven Verbindungen unterschieden. Bei inaktiven Verbindungen handelt es sich um Verbindungen zur Datenbank, die aufgebaut, verwendet und vom Client wieder geschlossen werden. Der Datenbankpool hat allerdings beim `Close`-Aufruf des Clients diese Verbindung zur Datenbank nicht geschlossen, sondern für einen späteren Einsatz bei sich aufgenommen.

Fordert ein Client eine neue Verbindung an, wird diese inaktive Verbindung wieder aktiviert und dem Client zugewiesen. Sie zählt nun wieder zu den aktiven, offenen Verbindungen. Als aktive Verbindung zählen alle Verbindungen, die von Clients aus dem Pool angefordert wurden und von ihm noch nicht zurückgegeben bzw. geschlossen wurden.

Mit den genannten Eigenschaften können Sie die einzelnen Poolgrößen und darüber die parallele Verarbeitung von Datenbankzugriffen beeinflussen.

SetMaxOpenConns

Die Einstellung `MaxOpenConns` schränkt die Zahl der maximal aktiven, offenen Verbindungen zur Datenbank ein.

Die Standardeinstellung ist 0 und (auf Client-Seite) nicht limitiert.

SetMaxIdleConns

Die Einstellung `MaxIdleConns` schränkt die Zahl der inaktiven Verbindungen im Datenbankpool ein.

Die Standardeinstellung ist 2.

SetConnMaxLifetime

Die Einstellung `ConnMaxLifetime` gibt die Zeitspanne vor, in der eine Verbindung maximal wiederverwendet werden kann.

Die Zeitspanne geben Sie in Form eines `time.Duration`-Wertes an.

```
db.SetMaxIdleConns(10)
db.SetMaxOpenConns(100)
db.SetConnMaxLifetime(2 * time.Hour)
```

Listing 3.121 Konfiguration des internen Datenbankpools

Haben Sie z. B. eine Anwendung, die zu bestimmten Zeiten eine große Verbindungsanzahl benötigt und ansonsten mit recht wenigen Verbindungen auskommt, können Sie die `MaxOpenConns` auf einen entsprechend hohen Wert konfigurieren und die `MaxIdleConns` auf einen deutlich kleineren Wert einstellen.

Im Normalbetrieb können Anfragen zügig beantworten werden, da nicht immer eine Datenbankverbindung aufgebaut werden muss, und für Lastspitzen werden in dieser Konfiguration nicht permanent offene Verbindungen vorgehalten.

Transaktionen einsetzen

Für die bisherigen Datenbankoperationen haben wir kein explizites Transaktionshandling verwendet. Das heißt, dass jedes Statement für sich auf der Datenbank ausgeführt wurde.

Möchten Sie hingegen eine Datenbanktransaktion starten und mehrere SQL-Anfragen zusammenfassen, können Sie mit `db.Begin` bzw. `db.BeginTx` jeweils eine neue Transaktion starten. Als Rückgabewert der Aktion erhalten Sie ein Transaktionsobjekt, das dieselben Methoden wie `sql.DB` implementiert und dieses nahtlos in Ihrem Code ersetzen kann.

Der Datenbankpool stellt für alle Aktionen, die über dieses Transaktionsobjekt durchgeführt werden, sicher, dass sie über dieselbe physikalische Datenbankverbindung ausgeführt werden. Bei den bisherigen Beispielen konnte die Pool-Implementierung jedes Statement über eine andere Verbindung ausführen.

Am Ende einer Transaktion muss diese entweder wie in Listing 3.122 mit `Commit` festgeschrieben oder durch ein `Rollback` zurückgerollt werden.

```
tx, err := db.Begin()
stmt, err := tx.Prepare("INSERT INTO EMP (EMPNO, ENAME, HIREDATE)
//.. Code wie bisher
defer stmt.Close()
tx.Commit()
```

Listing 3.122 Explizite Transaktionen verwenden

Achten Sie darauf, dass Sie innerhalb einer Transaktion immer mit der Referenz zum `sql.Tx`-Objekt arbeiten und nicht mehr mit `sql.DB`. Ansonsten werden Ihre Kommandos nicht innerhalb des Transaktionskontexts ausgeführt.

Spezielle Transaktionseinstellungen wie das *Isolation Level* können bei der Methode `db.BeginTx` als Parameter in Form von `sql.TxOptions` übergeben werden.

3.4.3 ORM Mapper für Golang

In den bisherigen Datenbankzugriffs-Beispielen wurde deutlich, dass man mit dem Umfang der Go-Standardbibliothek eine Datenbankzugriffsschicht erstellen kann.

Ähnlich wie bei den Bibliotheken für die HTTP-Kommunikation haben Sie auch hier die Möglichkeit, den Komfort bei der Entwicklung durch den Einsatz von externen Bibliotheken zu erhöhen.

Zwei beliebte Open-Source-Bibliotheken sind:

- `gorm` – *http://gorm.io/*
- `sqlboiler` – *https://github.com/volatiletech/sqlboiler*

Die beiden Bibliotheken unterscheiden sich grundlegend in ihrer Herangehensweise an die Datenbankzugriffsschicht.

`gorm` verfolgt einen sogenannten Code-first-Ansatz, bei dem davon ausgegangen wird, dass man zuerst den Quellcode entwickelt und in einem zweiten Schritt speziell dafür die Datenbank anlegt.

Im Gegensatz dazu setzt `sqlboiler` darauf, dass die Datenbankstruktur bereits vorhanden ist und der Code darauf zugreift.

gorm – OR-Mapper für Go verwenden

Mit einem sogenannten *Objektrelationalen Datenbank-Mapper* (ORM) können Domänenmodelle einer Anwendung in einer relationalen Datenbank abgespeichert und wieder geladen werden. Im Idealfall findet der Zugriff auf die Daten wie bei einer objektorientierten Datenbank über die Objekte und deren Referenzen statt.

Die `gorm`-Bibliothek implementiert einen solchen OR-Mapper für Go und bietet unter anderem:

- ORM-Funktionalität
- Abbildung von Beziehungen zwischen Objekten
- eine Definition von Methoden, die vor oder nach Datenbankzugriffen ausgeführt werden sollen, sogenannte *Hooks*
- automatische Anlage oder Aktualisierung der Datenbankstruktur
- Plugins zur eigenen Erweiterung
- Fluent-API durch Methodenverkettung
- Integration in Prometheus für Metriken

Wahrscheinlich besteht der größte Nachteil von `gorm` in der eingeschränkten Datenbankunterstützung. Aktuell werden nur vier Datenbankdialekte offiziell unterstützt: MySQL, Postgres, sqlite und MSSQL. Eigene, alternative Dialekte können erstellt werden und müssen das `Dialect`-Interface implementieren.

Starten wir mit einem Beispiel in Listing 3.123, in dem wir einen Kunden in einer Datenbank speichern. Zum Einsatz kommt in diesem Fall eine SQLLite-Datenbank, die im Projekt selbst abgelegt ist. Das reduziert die Komplexität des Beispiels, da keine Netzwerkzugriffe nötig sind und keine zusätzliche Installation oder Rechteprüfungen benötigt werden.

Modelldefinition

Der Kunde vom Typ `Customer` besitzt zwei Felder und den optionalen *embedded Typ* `gorm.Model`. Durch die Integration des `gorm.Model` erhält der Kunde vier weitere Felder, die `gorm` automatisch befüllt und aktualisiert.

- `ID` vom Typ `uint`
- `CreatedAt` vom Typ `time.Time`

- UpdatedAt vom Typ time.Time
- DeletedAt vom Typ *time.Time

Sie könnten den Typ Customer auch ohne den *embedded Typ* gorm.Model umsetzen, müssen dann allerdings einen eigenen Primärschlüssel für den Typ definieren. Am einfachsten funktioniert das über den Namen des Feldes. Wenn Sie den Namen ID verwenden und keine weiteren Informationen vorhanden sind, wird dieses Feld automatisch als Primärfeld verwendet.

```
package main

import (
    "fmt"
    "log"

    "github.com/jinzhu/gorm"
    _ "github.com/jinzhu/gorm/dialects/sqlite"
)

type Customer struct {
    gorm.Model
    FirstName string
    LastName  string
}

func main() {
    db, err := gorm.Open("sqlite3", "test.db")
    if err != nil {
        panic("failed to connect database")
    }
    defer db.Close()
    // LogMode enable
    db.LogMode(true)
    // Migrate the schema
    err = db.AutoMigrate(&Customer{}).Error
    if err != nil {
        log.Fatalf("error migrating ", err)
    }
    // Create
    customer := Customer{FirstName: "Hans", LastName: "Wurst"}
    db.Create(&customer)
}
```

Listing 3.123 Datenablage mit gorm

Daten speichern

Zum Speichern der Daten benötigen Sie eine Datenbankverbindung, die analog zu einer SQL-Datenbankverbindung mit `gorm.Open` geöffnet und mit `db.Close` wieder geschlossen werden muss.

Wenn die Verbindung aufgebaut ist, können Sie die für die Entwicklung sehr hilfreiche Funktion der automatischen Migration des Datenbankschemas nutzen. Als Parameter der Methode `AutoMigrate` geben Sie alle Typen an, für die das Datenbankschema aktualisiert werden soll.

In unserem Fall können wir den Typ `Customer` als Parameter übergeben, damit beim Start der Anwendung das SQL-Skript aus Listing 3.124 erzeugt und ausgeführt wird.

```
CREATE TABLE "customers" ("id" integer primary key autoincrement,"created_ ⮐
at" datetime,"updated_at" datetime,"deleted_at" datetime,"first_ ⮐
name" varchar(255),"last_name" varchar(255) )
CREATE INDEX idx_customers_deleted_at ON "customers"(deleted_at)
```

Listing 3.124 Automatisch generiertes SQL zum Anlegen des Customer-Typs

Das Speichern des Kunden erfolgt durch einen einfachen Aufruf von `db.Create` mit dem Kunden als Parameter. Im Hintergrund erzeugt `gorm` das passende SQL-Statement (siehe Listing 3.125) und führt dieses aus. Primärschlüssel werden in der Standardkonfiguration automatisch generiert. Im SQL-Skript des Beispiels sehen Sie z. B. die *autoincrement*-Angabe.

```
INSERT INTO "customers" ("created_at","updated_at","deleted_at","first_ ⮐
name","last_name") VALUES ('2020-07-12 19:33:35','2020-07- ⮐
12 19:33:35',NULL,'Hans','wurst2');
DELETE FROM customer;
```

Listing 3.125 Ausgeführtes generiertes SQL-Statement

Falls Sie das Mapping der Daten in der Datenbank anpassen möchten, können Sie über *Struct-Field-Tags* weitere Metadaten, wie Spaltenname oder Eindeutigkeit in der Datenbank, an den einzelnen Feldern Ihrer Domänenobjekte definieren. Soll zum Beispiel der Nachname des Kunden eindeutig sein, können Sie ein `UNIQUE`-Tag an das Feld anbringen:

```
type Customer struct {
    gorm.Model
    FirstName string
    LastName  string `gorm:"UNIQUE"`
}
```

Listing 3.126 Angepasster Customer mit Struct-Field-Tag für UNIQUE-Constraint

Eine Liste der unterstützten Tags finden Sie auf der Projektseite unter: *https://gorm.io/docs/models.html#Supported-Struct-tags*.

Error Handling in gorm

Die Auswertung von Fehlern unterscheidet sich vom sonstigen Vorgehen bei Go. Bei den Datenbankzugriffen bekommen Sie den Fehler nicht direkt als Rückgabewert der aufgerufenen Methode zurück. Grund dafür ist das *Fluent-Interface* von `gorm`, bei dem einzelne Aufrufe verkettet werden können.

> **Fluent-Interface**
>
> Ziel eines Fluent-Interface ist es, eine gut verständliche und lesbare Schnittstelle zu schaffen, mit der die Programmierung gewissermaßen »dahinfließen« kann. Im besten Fall soll der Programmcode wie natürliche Sprache gelesen werden.
>
> ```
> meetingTime := fiveOClock.Until(sixOClock);
> ```
>
> Eine Umsetzungsvariante ist das sogenannte *Method-Chaining*. Bei ihm liefert die aufgerufene Methode immer den eigenen Typ bzw. eine Referenz auf das gerade aufgerufene Objekt zurück. Für den Client ist es dadurch möglich, mehrere Methoden (siehe Listing 3.128) hintereinander aufzurufen.

Statt des zweiten Rückgabewertes einer Methode gibt es ein Error-Feld im Objekt `*gorm.DB`, das Sie, wie in Listing 3.127, explizit abfragen müssen. Sämtliche Methoden liefern eine Antwort als `*gorm.DB`.

```
err = db.Delete(&foundCustomer).Error
if err != nil {
    panic(err)
}
```

Listing 3.127 Beispielauswertung eines Fehlers bei gorm

Für den Fall, dass mehrere Fehler in einer Verarbeitung auftreten, können Sie über `GetErrors()` sämtliche Fehler abrufen. Das ist bei verketteten Aufrufen unter Umständen der Fall.

```
db.First(&user).Limit(10).Find(&users).GetErrors()
```

Listing 3.128 Auswertung mehrerer Fehler bei gorm

Daten abfragen

Die Datenabfrage kann ebenfalls über eine eigene, objektorientierte Abfragesprache erfolgen. SQL-Statements sind nicht zwingend erforderlich, aber möglich.

Suchen Sie z. B. einen Kunden, können Sie einen »Vorlage-Kunden« bzw. Template-Kunden erstellen, den Sie als Suchschablone für die Methode `Where` als Parameter mitgeben. Den ersten Treffer erhalten Sie mit der Methode `First`. Jetzt können Sie das Ergebnis in eine eigene Instanz kopieren lassen.

```
var foundCustomer Customer
// Template
db.Where(&Customer{FirstName: "Hans"}).First(&foundCustomer)
```

Listing 3.129 Abfrage über Template-Kunden

Wenn es nicht möglich ist, ein Such-Template als eigenständigen Typ anzugeben, kann auch mit einem generischen Parameter vom Typ `map` gearbeitet werden (siehe Listing 3.130 mit einem Beispiel aus der `gorm`-Dokumentation).

```
db.Where(map[string]interface{}{"name": "jinzhu", "age": 20}).Find(&users)
```

Listing 3.130 Beispiel einer gorm-Suchanfrage mit einer map als Parameter

Wenn Sie auf die Angabe von SQL nicht verzichten möchten, können Sie der `First`-Methode eine Such-Einschränkung in Form eines SQL-Schnipsels mitgeben und damit die Suche beeinflussen.

```
var foundCustomer Customer
// Plain SQL
db.First(&foundCustomer, "First_Name = ?", "Hans")
```

Listing 3.131 Einsatz eines SQL-Statements zur Datenabfrage in gorm

Beziehungen zwischen Objekten definieren

Beziehungen in Domänenmodellen sind elementar und müssen in OR-Mappern möglichst gut umsetzbar sein. `gorm` unterstützt verschiedene Arten von Beziehungen zwischen den Objekten:

- gehört zu (belongs to)
- hat ein (has one)
- hat viele (has many)
- Menge gehört zu Menge (many to many)

Alle diese Beziehungen werden über das Domänenmodell durch Felder in den Structs modelliert und können über Metadaten weiter konfiguriert werden. Die Metadaten werden in diesem Fall wieder als Struct-Field-Tags an den einzelnen Feldern angegeben.

Im Beispiel in Listing 3.132 gehört eine Kreditkarte genau zu einem Kunden. Um das abzubilden, wurde der Kunde um die Felder `CreditCard` und `CreditCardId` erweitert. Der Typ `CreditCard` wurde ebenfalls ergänzt.

Die Aufnahme des Fremdschlüssels `CreditCardId` als neues Feld im Kunden ist bei `gorm` zwingend erforderlich. Der Name des Feldes ist, soweit Sie es nicht mit Struct-Field-Tags umkonfigurieren, durch den Namen des referenzierten Objekts vorgegeben. Für das Feld `Customer` muss der Fremdschlüssel `CustomerId` heißen. Zusätzlich muss der angegebene Typ des Fremdschlüssels dem Primärschlüsseltyp des verknüpften Objekts entsprechen.

Da standardmäßig eine Primärschlüsselgenerierung aktiviert ist, müssen Sie sich um das Setzen der Schlüsselwerte nicht kümmern.

```
type Customer struct {
    gorm.Model
    FirstName    string
    LastName     string
    CreditCard   CreditCard
    CreditCardId uint
}

type CreditCard struct {
    gorm.Model
    Number string
}
```

Listing 3.132 gorm bildet belongs-to-Beziehungen durch Objektreferenzen ab

Zum Initialisieren der Datenbank können Sie wieder die Methode `AutoMigrate` nutzen, um die Datenbankstruktur zu definieren.

Wenn Sie einen Kunden mit zugehöriger Kreditkarte in der Datenbank anlegen möchten, können Sie das über einen einfachen `db.Create`-Aufruf erreichen. Das abhängige Objekt Kreditkarte wird automatisch mit abgespeichert. Listing 3.133 zeigt diesen Vorgang.

```
// Migrate the schema
db.AutoMigrate(&CreditCard{}, &Customer{})
// Create
customer := Customer{FirstName: "Hans", LastName: "wurst"}
customer.CreditCard = CreditCard{Number: "123-123-123"}
db.Create(&customer)
```

Listing 3.133 Speichern des Kunden inklusive CreditCard

Das Verhalten, wie mit den Objektreferenzen umgegangen wird, können Sie konfigurieren – entweder über einen *Struct-Tag* oder explizit im Code. Beide Varianten sind in Listing 3.134 gegenübergestellt.

Zwei Konfigurationsoptionen stehen Ihnen zur Verfügung:

- gorm:association_autocreate
- gorm:association_autoupdate

Bei autocreate wird das angehängte Objekt automatisch neu angelegt, wenn es noch keinen Primärschlüssel besitzt und Sie das Elternobjekt, also das Objekt, von dem die Beziehung ausgeht, speichern. Ist die Option autoupdate aktiviert, findet ein Update des angehängten Objekts statt, wenn Sie das Elternobjekt speichern.

Beide Optionen sind standardmäßig aktiviert. Wenn Sie möchten, dass z. B. die Kreditkarteninformationen im Beispiel nicht aktualisiert werden, wenn Sie den Kunden speichern, dann setzen Sie die Option gorm:association_autoupdate auf false.

```
db.Set("gorm:association_autoupdate", false)
  .Set("gorm:association_autocreate", false)
  .Create(&customer)
//oder
type Customer struct {
    gorm.Model
    FirstName    string
    LastName     string
    CreditCard   CreditCard `gorm:"association_autoupdate:false;association_ ⮐
autocreate:false`
    CreditCardId uint
}
```

Listing 3.134 Konfigurationsmöglichkeiten bei Abhängigkeiten

Das Auslesen von Relationen findet explizit statt. Sie können nicht, wie Sie das eventuell von anderen OR-Mappern gewohnt sind, über den Objektbaum eines eingelesenen Objekts navigieren. Die Relationen müssen explizit mit der Methode Related nachgeladen werden.

Möchten Sie mit Domänenobjekten in gorm arbeiten, können Sie diese mit der Methode Model mit gorm verknüpfen und danach mit der *Fluent-API* arbeiten. In Listing 3.135 wird ein Kunde mit dem Vornamen Hans gesucht und anschließend dessen Kreditkarteninformation geladen und ausgegeben.

```
var foundCustomer Customer
var foundCreditCard CreditCard
```

```
db.Where(&Customer{FirstName: "Hans"}).First(&foundCustomer)
db.Model(&foundCustomer).Related(&foundCreditCard)
fmt.Println("Gefunden wurde:", foundCreditCard.Number)
```

Listing 3.135 Mit Relationen in gorm arbeiten

Automatische Methoden

Zusätzlich zu den Methoden, die Sie über `gorm` direkt aufrufen können, haben Sie die Möglichkeit, spezielle Methoden in den Modeltypen zu implementieren, die von `gorm` automatisch während der Arbeit mit den Objekten aufgerufen werden.

Diese sogenannten *Hooks* müssen einen von `gorm` vorgegebenen Namen und eine bestimmte Signatur besitzen und an den zu speichernden Objekten gebunden sein. Als Parameter können Sie entweder einen `*gorm.Scope` oder ein `*gom.DB` verwenden. Über beide Parameter haben Sie jeweils Zugriff auf die Daten der aktuellen Aktion. Nutzen Sie den Parameter `*gorm.DB`, können Sie auf den aktuellen Zustand innerhalb der laufenden Transaktion zugreifen.

Für folgende Aktionen haben Sie die Möglichkeit, *Hook-Methoden* zu definieren:

- Objekt-Anlage
- Aktualisierung von Objekten
- Löschen von Objekten
- Abfrage von Objekten

Möchten Sie z. B. für den Kunden aus den vorherigen Beispielen eine *Hook-Methode* definieren, die vor einer Aktualisierung des Objekts aufgerufen wird, müssen Sie eine entsprechende `BeforeUpdate`-Methode implementieren.

```
type Customer struct {
    gorm.Model
    FirstName string
    LastName  string
}

func (u *Customer) BeforeUpdate() (err error) {
    fmt.Println("before update")
    return nil
}
```

Listing 3.136 Kunde mit BeforeUpdate-Hook-Methode

Die folgenden Methoden sind in `gorm` definiert:

- `BeforeSave` – wird immer vor `BeforeCreate` aufgerufen
- `AfterSave` – wird immer nach `AfterCreate` aufgerufen

- `BeforeCreate`
- `AfterCreate`
- `BeforeUpdate`
- `AfterUpdate`
- `BeforeDelete`
- `AfterDelete`
- `AfterFind`

3.4.4 No-SQL-Datenbanken

Neben den klassischen relationalen, SQL-basierten Datenbanken haben sich die sogenannten *No-SQL-Datenbanken* verbreitet. Sie speichern ihre Daten nicht in einem relationalen Datenbankschema und verzichten meist auf die harten Regeln des *ACID*-Paradigmas.

ACID

ACID steht im Englischen für *atomic, consistency, isolation, durability* und beschreibt die Eigenschaften einer Transaktion, die sie in einer klassischen relationalen Datenbank haben sollte bzw. muss.

Eine Transaktion sollte immer atomar, konsistent, isoliert von anderen parallellaufenden Transaktionen und dauerhaft ausgeführt werden.

Bei der Ablage der Daten in einer No-SQL-Datenbank werden Referenzen zwischen den einzelnen Datensätzen möglichst vermieden und, falls nötig, durch Redundanz aufgelöst. Verknüpfte Anfragen über mehrere Datensätze hinweg, wie Sie es eventuell von *Joins* in relationalen Datenbanken kennen, sind in No-SQL-Datenbanken nicht erwünscht und manchmal gar nicht vorgesehen.

Durch den Wegfall von Referenzen zwischen den Datensätzen und die Aufweichung des ACID-Paradigmas können No-SQL-Datenbanken meist sehr gut horizontal skaliert werden.

Bei einer etwaigen Verteilung der Daten auf mehrere physikalische Rechner, den sogenannten Knoten, muss keine Rücksicht auf die Referenzen zwischen den Daten genommen werden, und bei Schreibzugriffen müssen immer nur einzelne Datensätze betrachtet werden.

No-SQL-Datenbanken werden meist in Bereichen eingesetzt, in denen ein hoher Datendurchsatz mit vielen parallelen Zugriffen erfolgen muss oder auch die Ablage in relationalen Datenbanken durch ein striktes Datenbankschema sehr einschränkt.

In den vergangenen Jahren sind viele No-SQL-Datenbanken für die verschiedensten Einsatzzwecke entstanden. Im Gegensatz zu den relationalen Datenbanken unterscheiden sich die No-SQL-Datenbanken allerdings stark in ihrem Aufbau und bei den für die Speicherung der Datensätze verwendeten Datenmodellen. Vier Hauptkategorien sind entstanden:

- *dokumentenorientierte Datenbanken*
- *Key-Value-Datenbanken*
- *Graphdatenbanken*
- *spaltenorientierte Datenbanken*

Bei den *dokumentenorientierten Datenbanken* werden die Datensätze in Form einzelner Dokumente abgelegt. Jedem Dokument können Sie zusätzlich zu den Nutzdaten Metadaten zuordnen, auf deren Basis die Inhalte der Dokumente besser verarbeitet werden können.

In der folgenden Tabelle sind beispielhaft zwei Implementierungen von dokumentenorientierten Datenbanken mit entsprechendem Go-Treiber aufgeführt. Auf dem Markt sind viele weitere Produkte vorhanden. Jeder der großen Cloud-Anbieter hat noch ein eigenes Produkt im Angebot, für das Sie einen Go-Treiber bekommen.

Datenbankprodukt	Go-Treiber
MongoDB	*https://github.com/mongodb/mongo-go-driver*
Couchbase Server	*https://github.com/couchbase/go-couchbase*

Tabelle 3.3 Beispiel für dokumentenorientierte No-SQL-Datenbanken mit Go-Treibern ohne Cloud

Bei *Key-Value-Datenbanken* werden einzelne Werte unter bestimmten Schlüsseln abgelegt. Die Struktur der Werte ist ebenfalls nicht vorgegeben, und sie kann sich auch von Datensatz zu Datensatz unterscheiden. Zugriffe auf die Daten müssen immer über den Schlüssel des Datensatzes erfolgen.

Die Einfachheit von *Key-Value-Datenbanken* ermöglicht sehr performante Zugriffe und einfache Client-Implementierungen. Auch hier haben die großen Anbieter eigene Implementierungen in ihren Cloud-Umgebungen. In der Liste sind beispielhaft zwei Produkte aufgeführt.

Datenbankprodukt	Go-Treiber
Redis	*https://github.com/go-redis/redis*
Aerospike	*https://github.com/aerospike/aerospike-client-go*

Tabelle 3.4 Beispiel für Key-Value-Stores mit Go-Treibern ohne Cloud

Mit Hilfe einer *Graphdatenbank* können Beziehungen zwischen Datensätzen in Form eines Beziehungsgeflechts abgebildet werden. Über Knoten und Kanten beschreiben sie hierbei die einzelnen Beziehungen zwischen den Objekten.

Auch hier nur zwei Beispiele für Graphdatenbanken:

Datenbankprodukt	**Go-Treiber**
Neo4J	*https://neo4j.com/developer/go/*
DGraph	*https://dgraph.io/docs/clients/*

Tabelle 3.5 Beispiel für Graphdatenbanken mit Go-Treibern ohne Cloud

Im Gegensatz zu *relationalen Datenbanken* speichern *spaltenorientierte Datenbanken* ihre Datensätze in Spalten und nicht in Zeilen. Das heißt, dass jeder Datensatz in eine Spalte geschrieben wird, die einzelnen Felder dann in Zeilen.

Diese Ablageform ist dann von Vorteil, wenn Sie bei der Auswertung Ihrer Daten auf einzelne Kategorien oder Felder mehrerer Datensätze zugreifen wollen, da genau hierfür die Lesezugriffe und die Datenablage optimiert sind.

Datenbankprodukt	**Go-Treiber**
Apache Cassandra	*https://github.com/gocql/gocql*
ClickHouse	*https://github.com/ClickHouse/clickhouse-go*

Tabelle 3.6 Beispiel für spaltenorientierte Datenbanken mit Go-Treibern ohne Cloud

Im folgenden Abschnitt wollen wir die Domänenobjekte Kunde und Kreditkarte aus den vorherigen Beispielen in einer dokumentenorientierten Datenbank speichern. Verwenden wollen wir MongoBD.

Zugriffe auf MongoDB

Die Datenbank MongoDB, deren Name vom englischen *humongous* (zu Deutsch »gigantisch«) stammt, ist eine der am weitesten verbreiteten dokumentenorientierten No-SQL-Datenbanken.

Ein MongoDB-Server kann eine oder mehrere Datenbanken definieren, in denen Sie Ihre Daten organisieren können. Gespeichert werden die einzelnen Datensätze in sogenannten Sammlungen, oder englisch *Collections*, die man mit Tabellen einer relationalen Datenbank vergleichen kann.

Der eigene MongoDB-Server

Wenn Sie noch keinen MongoDB-Server im Zugriff haben, können Sie recht einfach mit Docker eine eigene Instanz auf Ihrem lokalen Computer starten. Ein offizielles Docker-Image finden Sie bei Docker-Hub, das Sie auf Ihren Computer herunterladen und starten können.

```
docker pull mongo                             #optional
docker run --rm -p 27017:27017 mongo
```

Listing 3.137 Installation und Start des MongoDB-Docker-Images

Nach dem Start der Datenbank können Sie sich mit dieser verbinden. Wenn Sie nicht über den MongoDB-Kommandozeilen-Client arbeiten möchten, können Sie auf externe Tools wie z. B. Robo3T oder Mongo Express zurückgreifen. Beim ersten Tool Robo3T handelt es sich um eine GUI-Applikation, mit der Sie sich mit einer MongoDB-Instanz verbinden können. Mongo Express ist eine Web-Anwendung, mit der Sie sich ebenfalls mit einer MongoDB-Instanz verbinden können. Für Mongo Express erhalten Sie wiederum ein Docker-Image, das Sie lokal einsetzen können.

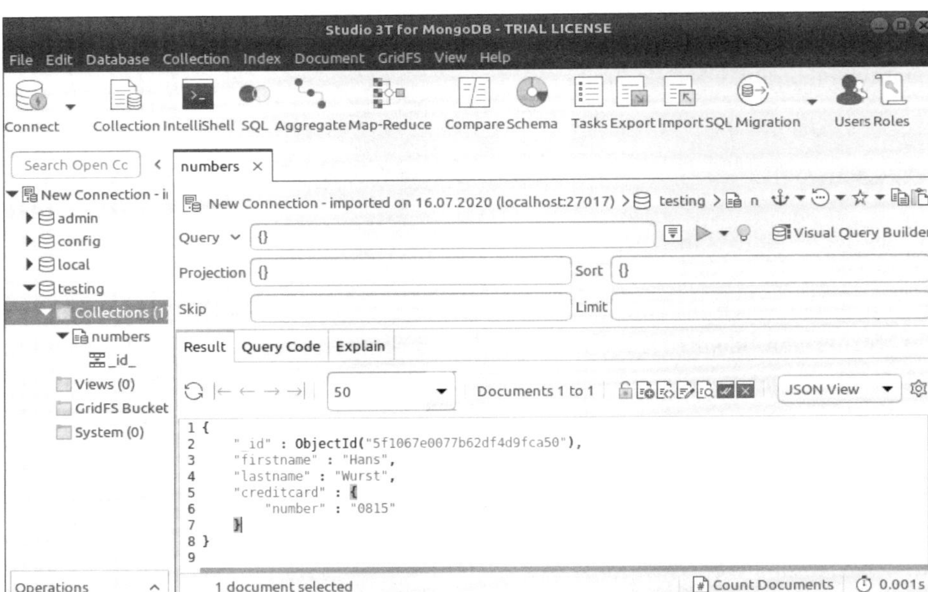

Abbildung 3.25 Robo3T von Studio 3T für den Zugriff auf MongoDB

Da Sie beim lokalen Einsatz von Mongo Express eine Netzwerkverbindung zwischen zwei Docker Containern aufbauen müssen, kann eine docker-compose-Konfiguration wie in Listing 3.138 hilfreich sein.

Im Beispiel wird der MongoDB-Server unter dem Namen `mongodb` gestartet und die Ports 27017 bis 27019 exponiert. Zusätzlich wird das mongo-express-Image mit Zugriff auf den MongoDB-Server eingerichtet.

Der Wert der Umgebungsvariablen `ME_CONFIG_MONGODB_SERVER` bezieht sich hierbei auf den Namen des MongoDB-Servers. Username und Passwort sind ebenfalls für beide Container definiert.

Wenn Sie docker-compose installiert haben, können Sie die beiden Container mit dem Befehl `docker-compose up` starten.

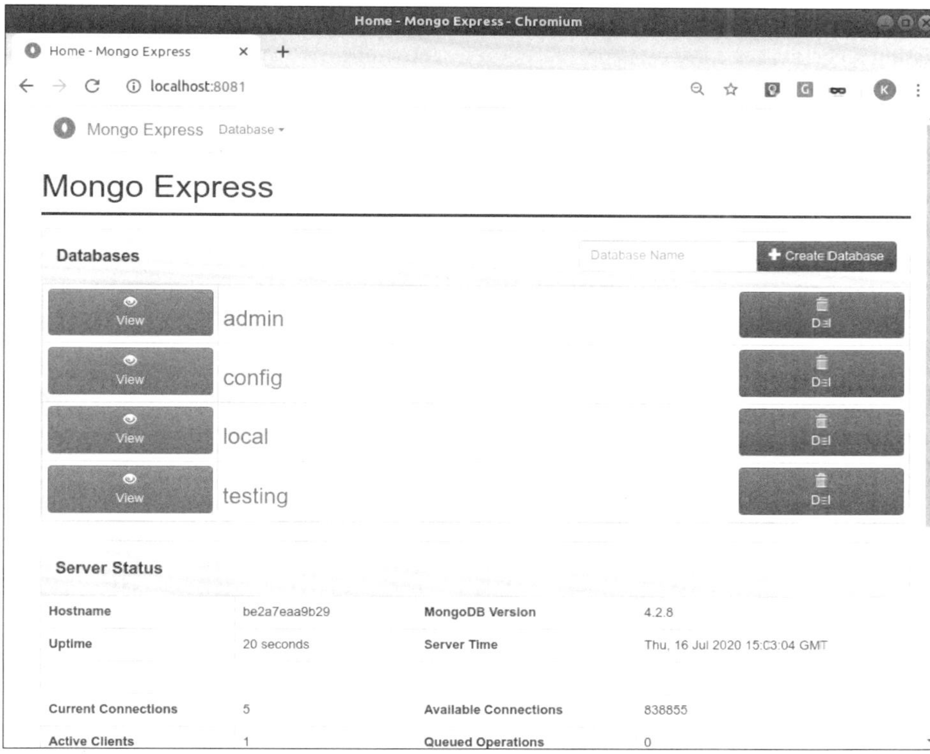

Abbildung 3.26 mongo-express-Anwendung für Zugriff auf MongoDB

```
version: '3'
services:
  mongodb:
    image: 'mongo'
    container_name: 'mongo-container'
    environment:
      - MONGO_INITDB_DATABASE=mongodb
      - MONGO_INITDB_ROOT_USERNAME=mongorootuser
      - MONGO_INITDB_ROOT_PASSWORD=mongorootpw
```

```
    ports:
      - '27017-27019:27017-27019'
  mongo-express:
    image: mongo-express
    environment:
      - ME_CONFIG_MONGODB_SERVER=mongodb
      - ME_CONFIG_MONGODB_ADMINUSERNAME=mongorootuser
      - ME_CONFIG_MONGODB_ADMINPASSWORD=mongorootpw
    ports:
      - 8081:8081
```

Listing 3.138 docker-compose-Konfiguration für MongoDB und Mongo Express

MongoDB-Client

Die Kommunikation mit MongoDB können Sie über den offiziellen Go-Client aufbauen. Dazu müssen Sie diesen mit `go get` installieren.

```
go get go.mongodb.org/mongo-driver/mongo
```

Listing 3.139 Installation des MongoDB-Go-Clients

In Listing 3.140 wird mit der MongoDB Client Bibliothek eine Verbindung zu einem MongoDB-Server aufgebaut.

Im ersten Schritt müssen Sie mit der Funktion `mongo.NewClient` eine neue `mongo.Client`-Instanz erzeugen. Als Parameter der Methode geben Sie die Verbindungseinstellungen in Form eines `options.ClientOptions`-Objekts mit. Im Beispiel wird ausschließlich die URL des Servers inklusive Anmeldeinformationen mitgegeben. Allerdings gibt es auch die Möglichkeit, über die URL Einstellungen wie z. B. Verschlüsselungs-Zertifikate anzugeben. Eine komplette Referenz für den Connection-String finden Sie im Internet unter:

https://docs.mongodb.com/manual/reference/connection-string/

Wenn Sie einen Client erstellt haben, können Sie mit der Methode `Connect` eine Verbindung zum Server vorbereiten. Vergessen Sie nicht, am Ende der Verarbeitung, wenn Sie nicht mehr mit dem Client arbeiten wollen, die Verbindung wieder zu schließen. Ansonsten riskieren Sie offene Verbindungen und hängende Ressourcen. Im Beispiel übernimmt eine `defer`-Funktion diese Aufgabe.

Wichtig ist, dass der `Connect`-Aufruf noch keine physikalische Verbindung zum Server aufbaut. Im Hintergrund werden zuerst Go-Routinen für die Überwachung gestartet. Eine echte Verbindung zum Server können Sie mit einem Aufruf von `client.Ping` initiieren.

Beim Auf- und Abbau der Verbindung sowie beim Server-Ping benötigen Sie jeweils ein Objekt `context.Context` als Parameter. In Kapitel 5, »Best Practices – idiomatisches und effektives Go«, werden wir uns das Package `context` näher anschauen.

In diesem Fall definieren wir ein Context-Objekt mit einer Timeout-Einstellung von 30 Sekunden. Da wir den Kontext als Parameter für alle Aktionen übergeben, müssen alle Aktionen innerhalb dieser 30 Sekunden durchgeführt sein. Ist dies nicht der Fall, wird der Kontext und somit die Methoden abgebrochen.

```
package main

import (
    "context"
    "time"

    "go.mongodb.org/mongo-driver/mongo"
    "go.mongodb.org/mongo-driver/mongo/options"
    "go.mongodb.org/mongo-driver/mongo/readpref"
)

func main() {
    client, err := mongo.NewClient(
        options.Client().
            ApplyURI("mongodb://mongorootuser:mongorootpw@localhost:27017"))
    if err != nil {
        panic(err)
    }
    ctx, cancel := context.WithTimeout(context.Background(), 30*time.Second)
    defer cancel()
    err = client.Connect(ctx)
    if err != nil {
        panic(err)
    }
    defer func() {
        if err = client.Disconnect(ctx); err != nil {
            panic(err)
        }
    }()
    err = client.Ping(ctx, readpref.Primary())
    if err != nil {
        panic(err)
    }
}
```

Listing 3.140 Verbindungsaufbau zu MongoDB

Daten speichern

Nachdem die Verbindung zur Datenbank erfolgreich aufgebaut ist, können Daten gespeichert werden.

Im Beispiel wollen wir mit den Domänenobjekten Kunde und Kreditkarte aus Listing 3.141 arbeiten. Es handelt sich um normale Structs, die Sie bereits bei den SQL-Beispielen gesehen haben.

Im Unterschied zur Implementierung mit `gorm` haben wir keine expliziten Primärschlüssel spezifiziert. Diese werden im Hintergrund für uns angelegt und automatisch gefüllt.

```
type Customer struct {
    FirstName  string
    LastName   string
    CreditCard CreditCard
}

type CreditCard struct {
    Number string
}
```

Listing 3.141 Domänenobjekte Kunde und Kreditkarte

Bevor Sie allerdings die Daten speichern können, müssen Sie noch die *Datenbank* sowie die *Collection* auswählen, in denen die Dokumente landen sollen. Mit der Methode `InsertOne` können Sie im nächsten Schritt die beiden Go-Objekte als ein Dokument in der MongoDB-Datenbank speichern.

```
collection := client.Database("shop").Collection("customer")
customer := Customer{FirstName: "Hans", LastName: "wurst"}
customer.CreditCard = CreditCard{Number: "123-123-123"}
collection.InsertOne(ctx, customer)
```

Listing 3.142 Speichern von Domänenobjekten in MongoDB

Die MongoDB-Implementierung wandelt die Objekte über einen Standard-Serialisierungsmechanismus zu binären *JSON-Dokumenten*, sogenannten *BSON-Dokumenten*, die in der entsprechenden Collection gespeichert werden.

Über eigene Encoder bzw. Decoder könnten Sie zusätzlich das Serialisierungs- und Deserialisierungsverhalten der Client-Bibliothek anpassen und somit die Datenmenge und das Format beeinflussen.

Abbildung 3.27 Darstellung eines gespeicherten Kunden in MongoDB

Daten laden

Das Auslesen bzw. Finden der Daten ist ebenfalls über den Client recht einfach möglich. Haben Sie bereits eine Collection gewählt, können Sie direkt eine Suchanfrage mit `Find` absetzen. Als Parameter geben Sie wieder einen `context.Context` und die eigentlichen Suchparameter mit. Als dritten optionalen Parameter können Sie weitere `options.FindOptions` angeben, mit denen Sie z. B. die Rückgabemenge beschränken können.

Im Beispiel in Listing 3.143 wird eine Suchanfrage gestellt, die alle Dokumente in der Collection liefern soll, in denen das Attribut `firstname` den Wert »Hans« besitzt.

```
cursor, err := collection.Find(ctx, bson.D{{"firstname", "Hans"}})
if err != nil {
    panic(err)
}
defer cursor.Close(ctx)

for cursor.Next(ctx) {
    var result bson.M
    err := cursor.Decode(&result)
    if err != nil {
        panic(err)
    }
    fmt.Printf("result is %v\n", result)
```

```
}
if err := cursor.Err(); err != nil {
    panic(err)
}
```

Listing 3.143 Suchanfrage und Iteration über Ergebnismenge

Als Ergebnis der Suchmethode erhalten Sie einen *Cursor*, über den Sie die Daten auslesen können. Mit `cursor.Next` setzen Sie den Zeiger des *Cursors* auf das nächste Element in der Ergebnisliste und können diesen im Anschluss mit `cursor.Decode` wieder von *BSON* in ein entsprechendes Objekt wandeln. Im Beispiel ist das ein Objekt vom Typ `bson.M`, das eine ungeordnete Liste von BSON-Attributen enthält.

Möchten Sie nur einzelne Dokumente als Ergebnis haben, ist die Methode `FindOne` die richtige Wahl.

```
err = collection.FindOne(ctx, filter).Decode(&result)
```

Listing 3.144 Einzelnes Dokument in MongoDB finden

Am Ende der Arbeit mit dem Cursor muss auch dieser wieder geschlossen werden.

Daten aktualisieren und löschen

Haben Sie einzelne Dokumente in der Datenbank gefunden, können Sie diese auch über die `mongo.Collection` aktualisieren oder löschen.

Für eine Aktualisierung verwenden Sie z. B. die Methode `collection.UpdateOne`. Als Parameter müssen Sie neben dem obligatorischen `context.Context` einen Suchfilter und das zu aktualisierende Dokument mitgeben. Der Suchfilter entspricht dem bei einer Suche und kann wieder vom Typ `bson.D`, also ein unsortiertes BSON-Dokument, sein. Das entsprechend zu aktualisierende Dokument muss zu den Nutzdaten zusätzlich einen *Update Modifier* enthalten, der beschreibt, wie das Dokument zu interpretieren ist.

In Listing 3.145 wird z. B. mit dem *Update Modifier* `$set` angegeben, dass bei einem Update neue Felder in das Dokument aufgenommen werden sollen und die bestehenden aktualisiert werden. Alternativ könnten Sie auch den *Update Modifier* `$unset` verwenden, um einzelne Werte aus einem Dokument zu löschen. Als Parameter würden Sie nur die Felder mitgeben, die gelöscht werden sollen.

```
filter := bson.D{{"firstname", "Hans"}}
updated := bson.M{
    "$set": Customer{FirstName: "Peter", LastName: "Lustig"},
}
res, err := collection.UpdateOne(ctx, filter, updated)
```

```
if err != nil {
    panic(err)
}
fmt.Println(res.MatchedCount)

collection.FindOneAndUpdate(ctx, filter, updated)
collection.FindOneAndDelete(ctx, filter)
```

Listing 3.145 Aktualisieren von Dokumenten in MongoDB

Mehrere Dokumente können Sie mit der Methode `UpdateMany` aktualisieren. Die Semantik entspricht hierbei der `UpdateOne`-Methode.

Möchten Sie Dokumente wieder aus der Collection löschen, verwenden Sie die Methoden `DeleteOne` bzw. `DeleteMany`, die analog zu den `Update`-Methoden eingesetzt werden können.

Der MongoDB-Client bietet Ihnen auch die *Convenience-Methoden* `FindOneAndUpdate` und `FindOneAndDelete`, bei denen Sie die Objekte, die aktualisiert bzw. gelöscht werden, als Rückgabewert erhalten. Die Daten entsprechen den Werten vor der Aktion.

Registrierungen speichern in der »Training Fellow«-Beispielanwendung

In der Beispielanwendung »Training Fellow« haben wir bisher vor allem den Registrierungsservice ausgebaut. Dieser nimmt Registrierungen über ein HTTP-Request entgegen und erzeugt ein Event über neu eingetroffene Schulungsregistrierungen

In diesem Schritt wollen wir den Prozess derart anpassen, dass die Registrierungen von einem Sachbearbeiter noch einmal geprüft werden müssen, bevor über eine neue Registrierung informiert wird.

Auf einer Übersichtsseite soll dem Sachbearbeiter eine Liste aller noch zu bestätigenden Registrierungen gezeigt werden. Diese kann er einzeln freigeben, und erst dann soll die Nachricht über eine neue Registrierung versendet werden.

Zur Zwischenspeicherung der Registrierungen wollen wir MongoDB einsetzen, und für die Darstellung im Frontend soll ein JavaScript-basierter Client verwendet werden. Diese Implementierung werden wir hier jedoch nicht betrachten. Wir wollen uns auf die Umsetzung der REST-Services konzentrieren, die vom JavaScript-Client verwendet werden können.

Folgende Anpassungen müssen an der »Training Fellow«-Anwendung vorgenommen werden:

- Registrierungen werden beim Eintreffen in MongoDB gespeichert.
- Kein Nachrichtenversand mehr, wenn neue Registrierungen über den REST-Service eintreffen.

- Neuen Rest-Handler zum Auslesen aller nicht bestätigten Registrierungen anlegen.
- Neuen Rest-Handler zum Bestätigen von Registrierungen anlegen.
- Der Nachrichtenversand für neue Registrierungen soll nach einer Bestätigung durch den Sachbearbeiter erfolgen.

Für den Zugriff auf die Persistenz definieren Sie im Root-Package der Anwendung in der Datei *repository.go* das Interface `RegistrierungsRepository`, das Sie im angepassten `RegistrierungsService` nutzen können.

```
type RegistrierungsRepository interface {
    SaveRegistrierung(*Registrierung) error
    GetUnconfirmedRegistrierung() ([]*Registrierung, error)
    ConfirmedRegistrierung(registrierungId string) (*Registrierung, error)
}
```

Listing 3.146 Repository-Interface für die Speicherung und zum Auslesen von Registrierungen

Der `RegistrierungsHandler` aus Listing 3.71 ruft die Methode `HandleNewRegistrierung` der Service-Implementierung auf. Dort wurde bisher das Interface `RegistrierungsNotifier` aus Listing 3.48 aufgerufen und eine Information über eine neu eingetroffene Registrierung versendet.

Die neue Implementierung des `RegistrierungsService` soll nur noch die Daten über das `RegistrierungsRepository`-Interface speichern. Dafür erhält der Service weitere Methoden zum Auflisten aller noch nicht bestätigten Registrierungen (`GetUnconfirmedRegistrierung`) und zum Bestätigen dieser Registrierungen (`ConfirmRegistration`). Der Aufruf des `RegistrierungsNotifier` ist, wie in der angepassten Implementierung in Listing 3.147 zu sehen, von der Methode `HandleNewRegistrierung` in die Methode `ConfirmRegistration` gewandert.

```
package registrierung

type RegistrierungsService struct {
    Repository RegistrierungsRepository
    Notifier   RegistrierungsNotifier
}

func (rs *RegistrierungsService) HandleNewRegistrierung(reg *Registrierung) ⮐
error {
    return rs.Repository.SaveRegistrierung(reg)
}
```

```
func (rs *RegistrierungsService) ConfirmRegistration(regId string) error {
    registrierung, err := rs.Repository.ConfirmedRegistrierung(regId)
    if err != nil {
        return err
    }
    return rs.Notifier.InformAboutNewRegistrierung(registrierung)
}

func (rs *RegistrierungsService) GetUnconfirmedRegistrierung() ⮐
([]*Registrierung, error) {
    return rs.Repository.GetUnconfirmedRegistrierung()
}
```

Listing 3.147 Angepasste Service-Implementierung der »Training Fellow«-Anwendung

In der *handler.go*-Datei im `rest`-Package können Sie zwei neue Handler für die beiden neuen Service-Methoden aufnehmen. Im Beispiel in Listing 3.148 sind diese jeweils wieder über ein *Closure* implementiert. Die Serialisierung der unbestätigten Registrierungen zu JSON übernimmt `gin` für Sie, wenn Sie diese als Liste der `JSON`-Methode übergeben.

```
func NewUnconfirmedListHandler(ser *registrierung.RegistrierungsService) ⮐
gin.HandlerFunc {
    return func(c *gin.Context) {
        registrations, err := ser.GetUnconfirmedRegistrierung()
        if err != nil {
            log.Errorf("Could not find unconfirmed registrations: %v", err)
            c.Writer.WriteHeader(http.StatusInternalServerError)
            return
        }
        c.JSON(http.StatusOK, registrations)
    }
}

func NewConfirmationHandler(ser *registrierung.RegistrierungsService) ⮐
gin.HandlerFunc {
    return func(c *gin.Context) {
        registrierungsID := c.DefaultPostForm("registrierungsID", "")
        err := ser.ConfirmRegistration(registrierungsID)
        if err != nil {
            log.Errorf("Could not handle confirmation: %v", err)
            c.Writer.WriteHeader(http.StatusInternalServerError)
            return
        }
```

```
        c.Writer.WriteHeader(http.StatusOK)
    }
}
```

Listing 3.148 Neue REST-Handler-Implementierungen für das Auflisten und Bestätigen von Registrierungen

Die beiden Handler melden Sie in der `main`-Funktion der *cmd/main.go*-Datei wie bisher am `gin.Router` an, damit sie auch aufrufbar sind.

```
router.POST("/confirmations", rest.NewConfirmationHandler(service))
router.GET("/confirmations", rest.NewUnconfirmedListHandler(service))
```

Listing 3.149 Anmeldung der beiden neuen Handler-Implementierungen am Gin-Router

Jetzt steht noch die Implementierung des `RegistrierungsRepository`-Interface aus, die wir im Package `mongodb` in der Datei *repository.go* vornehmen.

Da für alle drei Methoden mit der MongoDB kommuniziert wird, ist es sinnvoll, den Code zum Verbindungsaufbau wiederzuverwenden.

Eine Möglichkeit besteht über die Implementierung einer Template-Methode, die sich um die Verbindung zur MongoDB kümmert und die eigentlich auszuführende Logik in Form einer separaten Funktion als Parameter erwartet.

Wenn Sie wie in Listing 3.150 den Typ `mongoCall` definieren und diesen in der `executeInClient`-Methode entsprechend verwenden, können Sie später die eigentliche Funktionalität in Form eines Closure übergeben und müssen sich an der entsprechenden Stelle nicht mehr um den Verbindungsaufbau kümmern. Die `defer`-Methoden werden in diesem Fall auch zum richtigen Zeitpunkt aufgerufen.

```
type mongoDBRepositoy struct {
    url string
}

func NewRepo(url string) registrierung.RegistrierungsRepository {
    return &mongoDBRepositoy{url: url}
}

type mongoCall func(*mongo.Collection) error

func (m *mongoDBRepositoy) executeInClient(ctx context.Context, callback ⮐
mongoCall) error {
    client, err := mongo.NewClient(
        options.Client().
            ApplyURI(m.url))
```

```
    if err != nil {
        return err
    }
    err = client.Connect(ctx)
    if err != nil {
        return err
    }
    defer func() {
        if err = client.Disconnect(ctx); err != nil {
            panic(err)
        }
    }()
    collection := client.Database("tf").Collection("registration")
    return callback(collection)
}
```

Listing 3.150 Implementierung einer Template-Methode

Die Implementierung des Interface ist nun nicht mehr aufwendig, und Sie können die eigentliche Funktionalität wie in Listing 3.151 als *Closure* implementieren.

```
func (m *mongoDBRepositoy) SaveRegistrierung(registrierung *registrierung. ⮐
Registrierung) error {
    ctx, cancel := context.WithTimeout(context.Background(), 2*time.Second)
    defer cancel()
    return m.executeInClient(ctx, func(col *mongo.Collection) error {
        registrierung.ID = primitive.NewObjectID().Hex()
        _, err := col.InsertOne(ctx, registrierung)
        return err
    })

}
```

Listing 3.151 Speichern einer Registrierung innerhalb der »Training Fellow«-Beispielanwendung

Der Typ `Registrierung` enthält nun ein zusätzliches Feld `confirmed`, in dem die Information zur Bestätigung gespeichert wird und zur besseren Verwaltung eine `ID`, die in den folgenden Prozessen die Registrierung identifizieren soll und über ein *BSON-Tag* für die MongoDB auch als Primärschlüssel gesetzt wird.

```
package registrierung

type Registrierung struct {
```

```
    ID                    string    `bson:"_id, omitempty"`
    ...
    Confirmed             bool
}
```

Listing 3.152 Erweiterungen an der Registrierung

3.5 Die Nebenläufigkeit mit Go – Concurrency

Die Entwicklung von nebenläufigem Code ist in vielen Programmiersprachen schwierig und fehleranfällig. Oftmals wird ein gemeinsamer Speicherbereich genutzt, dessen Zugriff von unterschiedlichen konkurrierenden Clients umständlich und aufwendig synchronisiert werden muss.

Als Entwickler müssen Sie sich mit *Semaphoren*, *Sperren* und *Barrieren* beschäftigen, um mehrere Threads und deren Zugriffe auf diese Speicherbereiche unter Kontrolle zu halten.

In Go ist Nebenläufigkeit ein zentraler Sprachbestandteil, und die benötigten Bausteine sind bereits in der Sprache bzw. der Go-Standardbibliothek integriert. Für die Entwicklung können Sie auf eine einfache, eingebaute Syntax zurückgreifen und müssen keine zusätzlichen Bibliotheken einbinden.

Drei Punkte zeichnen die Nebenläufigkeits-Funktionen in Go besonders aus:

- Grundkonzepte sind einfach zu verstehen.
- Es ist einfach zu benutzen.
- Entstandener Code kann gut erfasst und verstanden werden.

Mit den Konzepten der Nebenläufigkeit können Sie Anwendungen erstellen, die aus unabhängig voneinander laufenden Prozessen bestehen und diese untereinander kommunizieren lassen. Nebenläufigkeit bedeutet nicht zwangsweise Parallelität.

Wenn Ihr Computer nur über eine CPU verfügt, kann Ihre Anwendung trotzdem nebenläufige Prozesse enthalten. In diesem Fall werden sie nicht parallel ausgeführt, sondern zur Ausführung eingeteilt.

Die Konzepte der Nebenläufigkeit können zu einem Softwareentwicklungsmodell führen, das hilft, Sourcecode besser zu strukturieren und Probleme aus der »echten Welt« besser abbilden zu können. Im wahren Leben laufen auch sehr viele Dinge unabhängig voneinander ab und müssen gelegentlich miteinander kommunizieren.

Möchten Sie in Go Nebenläufigkeit entwickeln, sind zwei Punkte wichtig:

- Go-Routinen
- Kommunikationskanäle, die sogenannten *Channels*

3.5.1 Was sind Go-Routines?

Nebenläufige Prozesse werden in der Go-Laufzeitumgebung als sogenannte *Go-Routines* ausgeführt. Im Gegensatz zu anderen Programmiersprachen bzw. Laufzeitumgebungen werden Go-Routinen jedoch nicht als native Betriebssystemprozesse ausgeführt, sondern komplett von der Laufzeitumgebung verwaltet. Nur im Bedarfsfall werden neue Threads im Betriebssystem gestartet.

Vorstellen können Sie sich *Go-Routinen* wie Threads, allerdings sind sie deutlich ressourcenschonender.

In modernen *Java-VMs* wird z. B. pro Thread ein Speicherbereich mit fixer Größe für den Stack reserviert. Somit ist die Anzahl der möglichen Threads durch den Hauptspeicher begrenzt. Die Größe des Speicherbereiches können Sie zwar beim Start der JVM mitgeben, sie ist allerdings dann für jeden Thread gleich groß, egal was er macht. Die Ausgabe in Listing 3.153 zeigt eine typische Ausgabe einer JVM, bei der zu viele Threads gestartet wurden. Wie Sie sehen, konnten auf dieser Hardware mit der genutzten Java-VM-Version insgesamt 10.074 Threads gestartet werden.

```
create native thread 10074
java.lang.OutOfMemoryError: unable to create new native thread
        at java.lang.Thread.start0(Native Method)
        at java.lang.Thread.start(Thread.java:717)
        at Main$1.run(Main.java:28)
        at java.lang.Thread.run(Thread.java:748)
```

Listing 3.153 Ausgabe eines Java-Beispiels beim Anlegen von vielen Threads

Go-Routinen besitzen hingegen eine dynamische Stack-Größe, die zur Laufzeit pro Routine angepasst wird. In Produktivumgebungen sind hunderttausende nebenläufig ausgeführter Go-Routinen keine Seltenheit.

Die hohe Anzahl an Go-Routinen in betriebenen Anwendungen entsteht sicher auch daraus, dass es recht einfach ist, neue Routinen zu starten und Prozesse nebenläufig zu konzipieren.

Starten können Sie eine neue Go-Routine, indem Sie das Schlüsselwort `go` vor einen beliebigen Funktionsaufruf setzen. Im Grunde funktioniert es anlog zu einem `&`-Zeichen in einer *Unix Shell*, mit dem Prozesse im Hintergrund ausgeführt werden können. Nach dem Aufruf mit einem vorangestellten `go` geht es in Ihrem Programm weiter. Auf ein Ergebnis wird nicht gewartet.

```
# ./longRunning.sh &
```

Listing 3.154 Starten eines Kommandos im Hintergrund unter Unix

Nehmen wir das Beispiel aus Listing 3.155 als Ausgangsbasis. Die `main`-Funktion ruft eine weitere Funktion auf, in der innerhalb einer Schleife Text ausgegeben wird. Die Ausgabe erfolgt zeitverzögert mit einer zufälligen Wartezeit.

In diesem Beispiel wird noch keine Go-Routine aktiv gestartet.

```
package main

import (
    "fmt"
    "math/rand"
    "time"
)

func printOut() {
    for i := 0; i < 10; i++ {
        fmt.Printf("Print %v\n", i)
        time.Sleep(time.Duration(rand.Intn(500)) * time.Millisecond)
    }
}

func main() {
    printOut()
}
```

Listing 3.155 Nicht nebenläufiges Beispiel zur Ausgabe von Text

Wenn Sie nun die `main`-Methode anpassen und vor den Funktionsaufruf das Schlüsselwort `go` schreiben, wird die Ausführung der `printOut`-Funktion in einer separaten Go-Routine gestartet.

```
func main() {
    go printOut()
}
```

Listing 3.156 Starten einer Go-Routine

Bei einem erneuten Start der Anwendung wird Ihnen auffallen, dass keine Ausgabe mehr erscheint. Das hat den einfachen und wichtigen Grund, dass das Beenden der `main`-Funktion die Anwendung mit allen Go-Routinen beendet.

Durch das Schlüsselwort `go` starten Sie im Beispiel eine neue Go-Routine, und Ihre Anwendung läuft weiter. Da es sich allerdings bei diesem Aufruf um das letzte Statement in der `main`-Funktion handelt, wird die Anwendung danach sofort beendet.

Damit Sie doch noch eine Ausgabe erhalten, kann in der `main`-Funktion zusätzlich noch ein `time.Sleep`, wie in der oben gezeigten Schleife, eingebaut werden.

```
func main() {
    go printOut()
    time.Sleep(5 * time.Second)
}
```

Listing 3.157 Starten einer Go-Routine und Warten auf deren Abarbeitung

In diesem einfachen Beispiel sehen wir bereits, dass das Starten von Funktionen als nebenläufiger Prozess einfach ist, aber zusätzlich eine Kommunikation zwischen den Beteiligten benötigt wird. In der `main`-Funktion wäre es deutlich besser, so lange zu warten, bis die Abarbeitung der `printOut`-Funktion beendet ist.

Innerhalb des `sync`-Packages sind einige Synchronisationsfunktionen umgesetzt, mit denen Sie Prozesse synchronisieren könnten. Eine bessere Alternative stellen allerdings die Channels dar, die wir uns im nächsten Abschnitt anschauen.

3.5.2 Wie nutze ich Channels?

Um zwischen einzelnen nebenläufigen Prozessen zu kommunizieren oder diese zu synchronisieren, können Sie in Go sogenannten Channels nutzen. *Channels* sind typisierte Kommunikationskanäle, in die Sie auf der einen Seite Daten hineinschreiben und aus denen Sie auf der anderen Seite Daten wieder auslesen können.

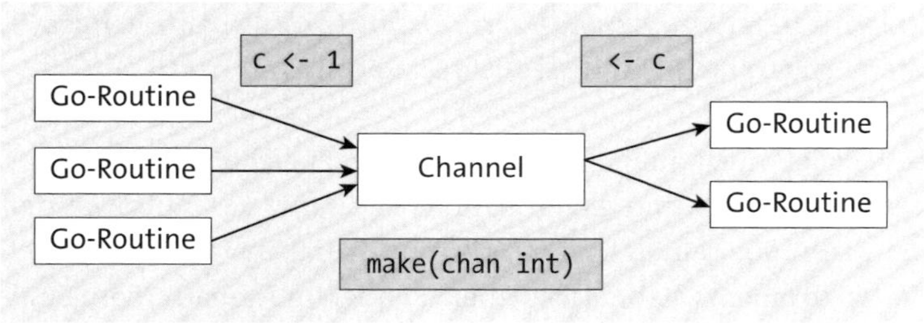

Abbildung 3.28 Go Channels

Die Schreib- und Leseoperationen in bzw. aus einem Channel werden über Pfeile in die jeweilige Richtung der Operation ausgedrückt.

Möchten Sie zum Beispiel den Wert `1` in einen Kanal `c` schreiben, verwenden Sie den Ausdruck `c <- 1`. Das Lesen aus dem Kanal `c` erfolgt mittels `<- c`. Je nachdem, was Sie mit dem gelesenen Wert machen möchten, können Sie ihn entsprechend zuweisen.

Anlegen können Sie einen neuen Kanal, wie in Listing 3.158 gezeigt, mit `make` und der Angabe des entsprechenden Datentyps.

```
//neuen Channel erzeugen
c := make(chan string)
// in den Channel schreiben
c <- "Hello World!"
// aus dem Channel lesen
fmt.Println(<-c)
wert := <-c
// Channel wieder schließen
close(c)
```

Listing 3.158 Grundlegende Arbeit mit Channels

Die Schreib- und Leseoperationen auf einen Kanal sind blockierend. Das heißt, dass eine schreibende Go-Routine so lange blockiert, bis eine zweite Go-Routine den Wert ausliest.

Dieses Verhalten ermöglicht die Synchronisation von Go-Routinen und stellt auch ein Grundprinzip der nebenläufigen Programmierung in Go dar.

Die Konzepte hinter der nebenläufigen Programmierung

Das Konzept der nebenläufigen Programmierung mit der Kommunikation und Synchronisation über Kanäle in Go unterscheidet sich grundlegend von vielen anderen Ansätzen in weiteren Programmiersprachen. Die Ideen dahinter sind allerdings nicht neu, sondern gehen auf Prinzipien z. B. der *communicating sequential processes* (CSP) von Tony Hoare oder auf Edsger Dijkstras *guarded commands* zurück.

Im Internet finden Sie z. B. unter *http://www.usingcsp.com/cspbook.pdf* die Abhandlung von Tony Hoare zu den communicating sequential processes.

Nebenläufige Prozesse sollen nicht auf einen gemeinsamen Speicherbereich zugreifen, der aufwendig synchronisiert und gegen parallelen Zugriff geschützt werden muss, sondern sollen Daten über einen Kommunikationskanal austauschen. Durch die Weitergabe der Daten in einem Channel mit einem Sender und genau einem Empfänger für diese Daten muss darauf keine Synchronisation erfolgen.

> *Don't communicate by sharing memory, share memory by communicating.*
> *– Rob Pike*

Nicht blockierende Zugriffe auf Channels

Mit sogenannten *Buffered Channels* können Sie nicht blockierende Zugriffe auf Channels ermöglichen. Bei der Anlage eines neuen Kanals geben Sie hierzu eine Kapazität mit, wie viele Datensätze zwischengespeichert werden sollen. Erst wenn diese Kapazität aufgebraucht und der Puffer voll ist bzw. der Kanal leer, blockieren die Aufrufe wieder.

Mit dem Einsatz von Buffered Channels verlieren Sie die Synchronisation zwischen lesender und schreibender Go-Routine.

```
c := make(chan int, 5)
```

Listing 3.159 Buffered Channel anlegen

Wir können nun das Beispiel aus Listing 3.157 anpassen und einen Channel zur Synchronisation und zum Datenaustausch nutzen.

Die `printOut`-Methode gibt nun keine Werte mehr direkt über `fmt.Println` aus, sondern schreibt die erzeugten Texte in einen Channel, der in der `main`-Funktion entsprechend initialisiert wird.

Nachdem die `printOut`-Funktion als separate Go-Routine gestartet wurde, können Sie in einer weiteren Schleife die Textwerte aus dem Channel auslesen und ausgeben.

```
package main

import (
    "fmt"
    "math/rand"
    "time"
)

var c chan string

func printOut() {
    for i := 1; ; i++ {
        c <- fmt.Sprintf("Print %v", i)
        time.Sleep(time.Duration(rand.Intn(500)) * time.Millisecond)
    }
}

func main() {
    c = make(chan string)
    go printOut()
    for i := 0; i < 10; i++ {
        fmt.Println(<-c)
    }
}
```

Listing 3.160 Kommunikation über Channel zur Synchronisation und zum Datenaustausch

In dem Beispiel verwenden wir im Sender `printOut` eine Endlosschleife zum Schreiben der Werte. Wenn Sie nur eine bestimmte Anzahl an Werten in einen Channel schreiben möchten, können Sie diesen mit `close` schließen und somit dem Empfänger mitteilen, dass keine weiteren Werte mehr zu erwarten sind.

Auf Empfängerseite können Sie beim Auslesen eines Channels mit einem zweiten Rückgabewert ermitteln, ob der Channel bereits geschlossen wurde.

Das Beispiel können Sie dementsprechend so umstellen:

```
var c chan string

func printOut() {
    for i := 1; i < 10; i++ {
        c <- fmt.Sprintf("Print %v", i)
        time.Sleep(time.Duration(rand.Intn(500)) * time.Millisecond)
    }
    close(c)
}

func main() {
    c = make(chan string)
    go printOut()

    for {
        t, open := <-c
        if open {
            fmt.Println(t)
        } else {
            break
        }
    }
}
```

Listing 3.161 Schließen eines Channels und Prüfung, ob Channel geschlossen ist

Eleganter gehen die Prüfung und das Auslesen eines Channels mit Hilfe des Range-Statements der `for`-Schleife. Sie können den Ausdruck dazu nutzen, die Werte eines Kanals auszulesen. Wird der Channel geschlossen, wird auch die Schleifenbearbeitung beendet.

```
func main() {
    c = make(chan string)
    go printOut()
    for t := range c {
        fmt.Println(t)
    }
}
```

Listing 3.162 Auslesen eines Channels mittels Range-Statement

3.5.3 Typische Vorgehensweisen von Routinen und Channels mit Go

Mit den eingebauten Möglichkeiten der nebenläufigen Programmierung lassen sich gängige Probleme elegant lösen, und es haben sich einige Lösungen mit Go-Routinen und Channels verbreitet.

Ein paar von ihnen wollen wir uns hier anschauen, um Go-Routinen und Channels besser zu verstehen.

Generator Function

In den vorherigen Beispielen haben wir immer einen global definierten Channel verwendet. Da Channels normale Datentypen wie Strings oder Integer sind, können sie auch als Parameter oder Rückgabewerte verwendet werden.

Eine sogenannte *Generator Function* erzeugt intern Werte und schreibt diese in einen Channel. Diesen Channel liefert die Funktion als Rückgabewert, damit Clients daraus lesen können. Durch eine Typisierung des Rückgabewertes auf einen nur lesenden Kanal kann zusätzlich kein Client in diesen Channel Daten schreiben.

Das vorherige Beispiel kann dementsprechend auch wie in Listing 3.163 implementiert werden. Die Funktion `printOut` startet intern eine neue anonyme Funktion als Go-Routine, die in einen Kanal schreibt und diesen als Rückgabewert zurückliefert. Der Kanal ist nicht mehr global definiert, und ein Client kann diesen Kanal direkt auslesen und mit den Werten arbeiten.

```
func printOut() <-chan string {
    c := make(chan string)
    go func() {
        for i := 1; ; i++ {
            c <- fmt.Sprintf("Print %v", i)
            time.Sleep(time.Duration(rand.Intn(500)) * time.Millisecond)
        }
    }()
    return c
}

func main() {
    c := printOut()
    for i := 1; i < 10; i++ {
        fmt.Println(<-c)
    }
}
```

Listing 3.163 Implementierung einer Generator Function

Multiplexer – Fan-in

Wenn Sie von mehreren Service-Aufrufen jeweils einen Channel als Rückgabewert erhalten und diese zusammenführen möchten, können Sie einen sogenannten *Fan-in Multiplexer* einsetzen.

Im Beispiel in Listing 3.164 wird z. B. die oben beschriebene Generator Function zweimal aufgerufen. In einer Schleife sollen die Werte beider Channels ausgegeben werden. Allerdings blockiert die Verarbeitung beider Kanäle, wenn in einem der beiden Kanäle keine Daten vorhanden sind, da es sich jeweils um blockierende Leseoperationen handelt.

```
func main() {
    c1 := printOut()
    c2 := printOut()
    for i := 1; i < 10; i++ {
        fmt.Println(<-c1)
        fmt.Println(<-c2)
    }
}
```

Listing 3.164 Mehrfacher Aufruf der Generator Function

Eine Lösung dieses Problems kann ein Fan-in-Multiplexer sein, den Sie wie in Listing 3.165 erstellen können. Dabei werden in einer `join`-Funktion zwei Go-Routinen gestartet, deren Aufgabe darin besteht, Werte aus einem Eingangskanal in einen Ausgangskanal zu schreiben. Die `join`-Funktion ist in diesem Fall wieder als Generator Function ausgelegt.

Die beiden Ausführungen der `printOut`-Funktionen werden entkoppelt und können vollständig nebenläufig ausgeführt werden.

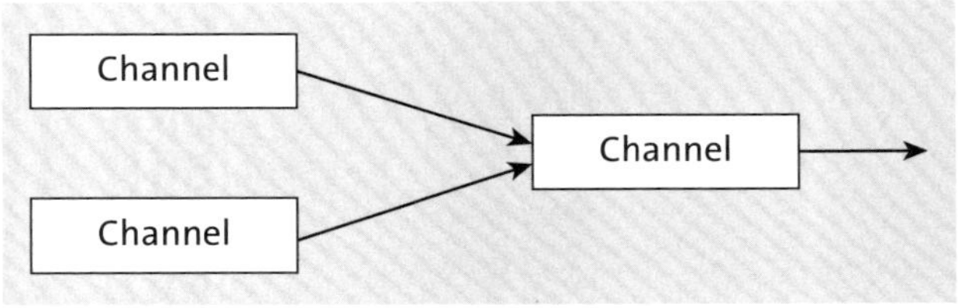

Abbildung 3.29 Go Channel Fan-in-Multiplexer

```
func join(in1, in2 <-chan string) <-chan string {
    out := make(chan string)
    go func() {
        for {
            out <- <-in1
```

```
        }
    }()
    go func() {
        for {
            out <- <-in2
        }
    }()
    return out
}

func main() {
    c1 := printOut()
    c2 := printOut()
    c3 := join(c1, c2)
    for i := 1; i < 10; i++ {
        fmt.Println(<-c3)
    }
}
```

Listing 3.165 Zusammenführen von Kanälen

Alternativ können Sie die `join`-Funktion mit einem Select-Statement ausstatten und dafür eine Go-Routine einsparen.

Mit einem Select-Statement kann Ihre Go-Routine auf die Antwort mehrerer Kanäle warten bzw. reagieren. Das Select-Statement ohne `default`-Angabe blockiert so lange, bis Daten aus einem Kanal gelesen werden können. Sind mehrere Kanäle bereit, wird einer zufällig ausgewählt.

```
func join(in1, in2 <-chan string) <-chan string {
    out := make(chan string)
    go func() {
        for {
            select {
            case t := <-in1:
                out <- t
            case t := <-in2:
                out <- t
            }
        }
    }()
    return out
}
```

Listing 3.166 Select-Ausdruck zum Channel auslesen

Timeouts

Durch den Einsatz von Select-Statements und Kanalrückgaben können Sie elegante Implementierungen erstellen, die nach einer gewissen Zeit abgebrochen werden.

Die Funktion `time.After` aus dem `time`-Package liefert z. B. einen Channel, der nach der angegebenen Zeit einen Wert zurückgibt. Bis dahin stehen keine Daten zur Verfügung, und das Lesen aus dem Kanal blockiert.

Wenn Sie nun in einer Schleife zum einen Ihren Datenkanal und zum anderen den Timeout-Kanal auslesen, wird, bis der Timeout-Kanal einen Wert liefert, der andere Kanal ausgewertet. Nach dem angegebenen Timeout-Wert wird abgebrochen.

```
timeout := time.After(3 * time.Second)
for {
    select {
    case t := <-c3:
        fmt.Println(t)
    case <-timeout:
        return
    }
}
```

Listing 3.167 Implementierung eines Timeouts mit Select-Ausdruck

Blockierende Antwort zum Synchronisieren

In manchen Fällen wollen Sie eventuell in Ihrem Sender auf eine Bestätigung des Empfängers warten, und erst dann soll mit der weiteren Verarbeitung fortgefahren werden. Es handelt sich um nichts anderes als eine Synchronisation.

Da es sich bei Channels um normale Typen handelt, können Sie auch innerhalb eines Channels einen Channel zum Empfänger transportieren und ihn Nachrichten schicken lassen.

Im Beispiel in Listing 3.168 sendet die Funktion `printOut` eine Antwort in Form einer `Message` in den Rückgabekanal. Diese Nachricht besteht zum einen wie bisher aus dem eigentlichen Text und zusätzlich aus einem neuen Kanal, der innerhalb der Funktion erstellt wird.

In der Verarbeitung der `printOut`-Methode wird das eigene Ergebnis als `Message` an den Empfänger versendet und anschließend auf irgendeine Nachricht auf dem Kanal gewartet. Der Sender blockiert so lange, bis eine Nachricht eintrifft.

Der Empfänger liest auf der anderen Seite des Kanals die Nachrichten aus und schickt wiederum nach seiner Verarbeitung über den Kanal in der `Message` eine Nachricht an den Sender. Dieser kann nun mit der Verarbeitung fortfahren.

Die beiden Go-Routinen wurden synchronisiert.

```
type Message struct {
    text string
    wait chan interface{}
}

func printOut() <-chan Message {
    finish := make(chan interface{})
    c := make(chan Message)
    go func() {
        for i := 1; ; i++ {
            c <- Message{fmt.Sprintf("Print %v", i), finish}
            time.Sleep(time.Duration(rand.Intn(9000)) * time.Millisecond)
            <-finish
        }
    }()
    return c
}

func main() {
    c1 := printOut()
    c2 := printOut()
    c3 := join(c1, c2)
    for i := 1; i < 20; i++ {
        message1 := <-c3
        message2 := <-c3
        fmt.Println(message1.text)
        fmt.Println(message2.text)
        message1.wait <- ""
        message2.wait <- ""
    }
}
```

Listing 3.168 Message-Objekt für die Antwort mit Synchronisationskanal

Kapitel 4
Die Qualitätssicherung

In diesem Kapitel erfahren Sie, wie Sie Unit-Tests und Benchmarks für Ihre Go-Anwendungen erstellen und wie Sie Ihre Anwendung mit den mitgelieferten Tools optimieren können.

Mit Hilfe von *Softwaretests* können Sie Code auf die Erfüllung bestimmter, zuvor definierter Anforderungen prüfen und die Qualität einer Anwendung messen und langfristig sicherstellen.

Durch eine zusätzliche kontinuierliche Ausführung der Tests – beispielsweise im Rahmen einer kontinuierlichen Integration (*Continuous Integration*) – lässt sich die Qualität somit auch nachhaltig verbessern und die Wartungskosten minimieren.

Tests geben Ihnen zusätzlich bei Refactorings die Gewissheit, dass nach den durchgeführten Änderungen sämtliche Anforderungen an die Anwendung weiterhin erfüllt werden.

In welchem Rahmen Sie die Tests schreiben, spielt technisch gesehen, eine untergeordnete Rolle. Sie können die Tests im Rahmen eines *Test-Driven-Developments* vorab oder *klassisch* parallel bzw. nachträglich implementieren. Wichtig in Ihrem Entwicklungsprozess sollte sein, dass Tests geschrieben und regelmäßig ausgeführt werden.

Test-Driven-Development

Unter dem Begriff *Test-Driven-Development* versteht man eine Software-Entwicklungsmethode, die oftmals in agilen Projekten eingesetzt wird. Tests werden *vor* der Implementierung der eigentlichen Komponente erstellt und kontinuierlich weiterentwickelt. In einem »festen«, sich wiederholenden Ablauf entstehen Tests, die erst im Anschluss durch eine passende Implementierung erfüllt werden. Dies wird auch als *test-first-Ansatz* bezeichnet.

Bekannt wurde die Methode im Zusammenhang mit dem Ansatz des *Extreme Programmings* und Kent Becks Buch »Test-Driven-Development«.

Der test-first-Ansatz hilft oftmals dabei, während der Entwicklung ein besseres Verständnis für die Schnittstelle und die Clients der Komponente zu erhalten. Schließlich ist der entwickelte Unit-Test nichts anderes als ein Client, der die Komponente verwendet.

Auch wenn der ursprüngliche Gedanke des Test-Driven-Developments auf Unit-Tests ausgerichtet war, kann der test-first-Ansatz bei REST-basierten Services helfen, eine klarere Schnittstelle zu erarbeiten und diese durch Tests abzusichern. Entwickler machen sich potenziell mehr Gedanken, welche Ein- und Ausgabedaten für die Schnittstelle benötigt werden.

Durchgesetzt hat sich in den meisten Projekten mittlerweile, dass Unit-Tests im Rahmen einer Continuous Integration nach jedem Commit in der Versionsverwaltung durch einen sogenannten *Build-Server* ausgeführt werden. Somit erhalten Sie früh eine Rückmeldung, ob eine Änderung Fehler verursacht.

Die Testabdeckung einer Software sollte für Sie ein Qualitätsmerkmal sein. Für Go schauen wir uns die Erstellung eines entsprechenden Reports an.

Das Argument, dass keine Zeit zur Implementierung von Tests vorhanden ist, zählt nicht. Je später ein Fehler entdeckt wird, desto teurer wird die Behebung. Ist die Software schon ausgeliefert, muss z. B. ein Update mit allen eventuell nötigen Freigaben bereitgestellt werden.

Im schlimmsten Fall wurden bereits Workarounds in Komponenten umgesetzt, die nach einer Fehlerbeseitigung in der ursprünglichen Bibliothek nicht mehr funktionieren und ihrerseits zu Fehlern führen.

In jedem Fall bedeutet das Auftreten eines Fehlers Aufwand, den Sie mit getesteter Software umgehen können.

4.1 Das Unit-Test Framework

In der Go-Standardbibliothek befindet sich das Package `testing`, mit dessen Hilfe Unit-Tests in Go geschrieben werden. Die Tests können dann auf der Kommandozeile mit dem Tool `go test` ausgeführt werden.

Unit-Tests müssen bei Go in separate Dateien implementiert werden und die Dateiendung *_test.go* besitzen. Sie befinden sich im Normalfall im gleichen Verzeichnis wie die Quelldateien und müssen nicht wie z. B. bei Java mit Maven in einem separaten Verzeichnisbaum abgelegt werden.

Abhängig davon, was Sie testen möchten, empfiehlt es sich, die Testdateien entweder im gleichen Package oder in einem separaten Package zu definieren.

Möchten Sie beispielsweise die externe Schnittstelle des Packages testen, können Sie den Test außerhalb des zu testenden Packages implementieren. Der Testcode nutzt in diesem Fall die Schnittstelle des Packages wie ein echter Client des Packages. Möchten Sie interne Details testen, ist die Ablage im gleichen Package sinnvoll.

Eine verbreitete Empfehlung ist, die Unit-Tests im gleichen Package wie den zu testenden Quellcode abzulegen.

Im Normalfall spiegelt sich bei Go der Package-Name im Verzeichnisnamen wider. Das heißt, dass Go-Dateien, die z. B. dem Package `blublu` zugeordnet sind, sich auch in einem Verzeichnis mit dem Namen *blublu* befinden. In einem Verzeichnis darf immer nur ein Go-Package definiert sein.

Als Ausnahme von dieser Regel können separate Test-Packages das Namens-Suffix *_test* tragen und sich ebenfalls im zu testenden Package-Verzeichnis befinden.

Als Beispiel können Unit-Tests in einer Go-Datei *add_test.go* im Verzeichnis *blublu* gespeichert werden – allerdings mit folgender Package-Deklaration:

```
package blublu_test
```

Listing 4.1 Package-Definition eines Test-Packages

Go-Dateien mit der Endung *_test.go* werden bei einem normalen Kompilierungslauf über `go run` oder `go build` nicht übersetzt oder ausgeführt. Hierzu müssen Sie das Tool `go test` verwenden.

4.1.1 Unit-Tests erstellen

Die eigentlichen Unit-Tests werden in Testfunktionen implementiert und müssen folgenden Aufbau besitzen:

- Der Funktionsname muss mit dem Prefix `Test` beginnen und dem Namensmuster `TestXxx` entsprechen, wobei `Xxx` nicht mit einem Kleinbuchstaben beginnen darf.
- Die Testfunktion darf genau einen Parameter vom Typ `*testing.T` besitzen.

Für ein Beispiel soll der Code in Listing 4.2 mit Hilfe eines Unit-Tests auf Korrektheit überprüft werden. Das Package ist Teil des Go-Moduls `golang.source-fellows.com/samples/unittest` und besitzt folglich den kompletten Import-Path: `golang.source-fellows.com/samples/unittest/math`. Die Implementierung ist in der Datei *add.go* enthalten.

```
package math

// Add adds to integer values.
func Add(a int, b int) int {
    return a + b
}
```

Listing 4.2 Funktion Add, für die ein Unit-Test implementiert werden soll

Entsprechend den beschriebenen Vorgaben müssen Sie eine Datei mit der Endung *_test.go* anlegen und dort Ihre Unit-Tests implementieren. Im Beispiel bietet sich der Dateiname *add_test.go* an. In Listing 4.3 ist der Inhalt dieser Datei dargestellt.

```
package math_test

import (
    "testing"

    "golang.source-fellows.com/samples/unittest/math"
)

func TestAdd(t *testing.T) {
    res := math.Add(1, 2)
    if res != 3 {
        t.Fatalf("Not the excected result %v", res)
    }
}
```

Listing 4.3 Unit-Test für die Add-Funktion aus vorherigem Beispiel

Bei der Funktion `TestAdd` handelt es sich um den eigentlichen Unit-Test. Wie bereits beschrieben, sind das Namensmuster und der Parameter der Testfunktion vorgegeben.

Testfunktionen melden ihren Status – also die Information darüber, ob ein Test fehlgeschlagen ist oder nicht – über den Typ `T` an die Ausführungsumgebung zurück. Die Testausführung endet, wenn entweder das Ende der Testfunktion erreicht wurde oder eine der folgenden Methoden am Parameter vom Typ `T` aufgerufen wurde:

- `FailNow`
- `Fatal` bzw. `Fatalf`
- `SkipNow`
- `Skip` bzw. `Skipf`

Das Go-Team hat sich explizit gegen die Einführung von speziellen *Assert-Methoden*, wie sie z. B. in Javas JUnit oder Node.js' Mocha vorhanden sind, entschieden. Es sollte keine separate Sprache oder Syntax für Tests entstehen, die man zusätzlich erlernen muss. Assert-Methoden lassen sich laut Go-Team wunderbar mit einem If-Statement ausdrücken.

Die Testausführung für das Beispiel kann über das Tool `go test` im *math*-Unterverzeichnis gestartet werden:

```
$ cd math
$ go test
PASS
ok      golang.source-fellows.com/samples/unittest/math 0.001s
```

Listing 4.4 Ausführung von go test im math-Package

Alternativ haben Sie auch die Möglichkeit, im Projekt-Rootverzeichnis `go test math` aufzurufen, um nur die Tests im `math`-Package durchzuführen.

Lassen Sie den Test fehlschlagen, indem Sie das erwartete Ergebnis auf einen falschen Wert setzen, erhalten Sie eine Fehlermeldung mit Details zum fehlgeschlagenen Test:

```
$ go test
--- FAIL: TestAdd (0.00s)
    add_test.go:13: Not the excected result 3
FAIL
exit status 1
FAIL    golang.source-fellows.com/samples/unittest/math 0.001s
```

Listing 4.5 Fehlgeschlagene Ausführung eines Unit-Tests

Innerhalb der IDEs GoLand und VSCode lassen sich die Tests einfach über eingeblendete Ausführungsaktionen starten. Bei GoLand wird links neben der Testfunktion ein grüner Ausführungsknopf dargestellt (siehe Abbildung 4.1), innerhalb von VSCode werden über der entsprechenden Testfunktion Links zur Ausführung dargestellt (siehe Abbildung 4.2).

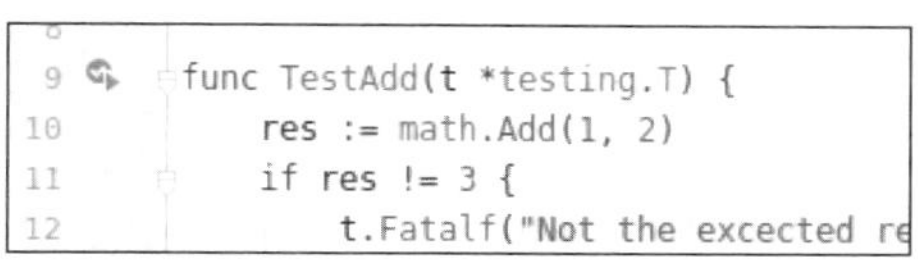

Abbildung 4.1 Testausführungsaktion in GoLand

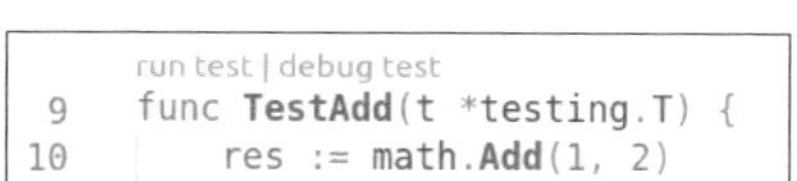

Abbildung 4.2 Testausführungsaktion in VSCode

4.1.2 Table-Driven-Tests

In vielen Situationen ist es sinnvoll, nicht nur einzelne Werte in Unit-Tests zu überprüfen, sondern mehrere Testfälle durch das mehrmalige Aufrufen der gleichen Logik mit unterschiedlichen Parametern durchzuführen.

Für diesen Test-Anwendungsfall können Sie in Go sogenannte *Table-Driven-Tests* implementieren. Hierbei werden in einem Array verschiedene Aufrufparameter mit zugehörigen erwarteten Ergebnissen abgelegt. Bei der Testausführung wird über dieses Array iteriert und der entsprechende Test ausgeführt. In Listing 4.6 ist ein Table-Driven-Test für die Add-Funktion dargestellt.

```
var testdata = []struct {
    param1 int
    param2 int
    result int
}{
    {1, 2, 3},
    {2, 3, 5},
}
func TestTableAdd(t *testing.T) {
    for _, tt := range testdata {
        result := math.Add(tt.param1, tt.param2)
        if result != tt.result {
            t.Errorf("%v not expected. Expected: %v", result, tt.result)
        }
    }
}
```

Listing 4.6 Einfacher Table-Driven-Test in Go mit Testdaten

Im Unterschied zum ersten Beispiel wird der Status des Tests nicht mit der Funktion Fatalf, sondern mit Errorf zurückgemeldet. Die ErrorF-Methode bricht die Verarbeitung eines Tests nicht ab, und die weiteren Testfälle werden trotzdem ausgeführt. Das Go-Unit-Test-Framework sammelt die aufgetretenen Fehler und gibt diese am Ende der Ausführung gesammelt aus. Listing 4.7 zeigt das Beispiel einer fehlerhaften Testausführung, nachdem die Testdaten aus dem Beispiel aus Listing 4.6 falsch erweitert wurden.

```
$ go test
--- FAIL: TestTableAdd (0.00s)
    add_test.go:32: 5 is not the expected result. Expected: 6
    add_test.go:32: 5 is not the expected result. Expected: 7
FAIL
exit status 1
FAIL    golang.source-fellows.com/samples/unittest/math 0.001s
```

Listing 4.7 Fehlerhafte Testausführung eines Table-Driven-Tests ohne Namen

Die Zuordnung eines Fehlers zu den entsprechenden Testdaten wird mit steigender Testfallanzahl immer schwerer. Die Ausgabe unterhalb der FAIL-Ausgabe ist nicht immer zielführend.

Für eine bessere Übersicht und Steuerung der Testausführung ist es möglich, den auszuführenden Testfällen entsprechende Bezeichnungen zu geben. Führen Sie hierzu den Testfall innerhalb eines *Closure* aus. Diesen übergeben Sie in der Testschleife mit einem passenden Namen als Parameter der t.Run-Methode (siehe Listing 4.8). Die einzelnen Testfälle werden dann als eigene Untertests der umschließenden Testfunktion ausgeführt.

```
var testdata = []struct {
    name   string
    param1 int
    param2 int
    result int
}{
    {"positiv1", 1, 2, 3},
    {"positiv2", 2, 3, 5},
    {"negativ1", -2, 3, 5},
    {"negativ2", 2, -3, 7},
}
func TestTableAdd(t *testing.T) {
    for _, tt := range testdata {
        t.Run(tt.name, func(t *testing.T) {
            result := math.Add(tt.param1, tt.param2)
            if result != tt.result {
                t.Errorf("%v not expected. Expected: %v", result, tt.result)
            }
        })
    }
}
```

Listing 4.8 Table-Driven-Test mit t.Run und Namen für Testfälle

Bei der Ausführung sehen Sie nun die neue Struktur sowie die neuen Namen der Testfälle. Der Test TestTableAdd besteht weiterhin. Es kamen die Untertests TestTableAdd/negativ1 und TestTableAdd/negativ2 hinzu.

```
$ go test
--- FAIL: TestTableAdd (0.00s)
    --- FAIL: TestTableAdd/negativ1 (0.00s)
        add_test.go:34: 1 not expected. Expected: 5
    --- FAIL: TestTableAdd/negativ2 (0.00s)
```

```
        add_test.go:34: -1 not expected. Expected: 7
FAIL
exit status 1
FAIL    golang.source-fellows.com/samples/unittest/math 0.002s
```

Listing 4.9 Ausführung eines Table-Driven-Tests mit Testfallnamen

Über den Parameter `-run` können Sie beim Aufruf des `go test`-Tools zusätzlich einen Filterausdruck angeben, über den Sie beschreiben, welche Tests ausgeführt werden sollen. Möchten Sie z. B. nur die Tests mit positiven Zahlen ausführen, geben Sie den Namensfilter `.*/positiv.*` mit. Der Filterausdruck bezieht sich auf den vollen Testnamen, also in unserem Beispiel auf `TestTableAdd/negativ1`.

```
go test -run .*/positiv.*
PASS
ok      golang.source-fellows.com/samples/unittest/math 0.003s
```

Listing 4.10 Selektive Testausführung über Filter

4.1.3 Parallele Ausführung der Unit-Tests

In der Go-Umgebung können Sie Ihre Testfälle auch parallel ausführen lassen. Allerdings müssen Sie hierfür den Methodenaufruf `t.Parallel()` in die Testimplementierung aufnehmen, um der Umgebung mitzuteilen, dass dieser Test parallel ausführbar ist. Im vorliegenden Beispiel sieht die Anpassung wie in Listing 4.11 gezeigt aus.

```
func TestTableAdd(t *testing.T) {
    for _, tt := range testdata {
        t.Run(tt.name, func(t *testing.T) {
            tt := tt
            t.Parallel()
            result := math.Add(tt.param1, tt.param2)
            time.Sleep(time.Second * 1)
            if result != tt.result {
               t.Errorf("%v not expected. Expected: %v", result, tt.result)
            }
        })
    }
}
```

Listing 4.11 Als parallel ausführbar markierter Testfall

Achten Sie bei den Code-Änderungen auf die Neuzuweisung der Variablen `tt`. Dies ist nötig, da die Tests in Go-Routinen nebenläufig ausgeführt werden und es zur Laufzeit nur eine Instanz der Variablen `tt` gibt. Diese wird innerhalb der For-Schleife für jeden

Schleifendurchlauf wiederverwendet, und die anonyme Testfunktion referenziert nur diese eine Variable bzw. den zum Ausführungszeitpunkt der Go-Routine zugewiesenen Wert. Dieser Umstand führt zu Problemen, wenn die Go-Routinen, wie auf aktueller Hardware üblich, parallel ausgeführt werden.

Entfernen Sie die Neuzuweisung der Variablen, können Sie sich die Auswirkungen ansehen. Die Neuzuweisung führt dazu, dass eine Kopie des Wertes beim aktuellen Schleifendurchlauf erstellt wird und in der Testfunktion, die später in einer Go-Routine ausgeführt wird, diese Kopie des Wertes und nicht die Referenz auf die ursprüngliche Variable verwendet wird.

4.1.4 Testabdeckung

Ein wichtiger Bestandteil bei der Prüfung der eigenen Testqualität ist die Bestimmung der Testabdeckung: Welcher Code wird durch einen Test überprüft und welcher nicht?

Das `go test`-Tool bietet mit der Kommandozeilenoption `-coverprofile` die Möglichkeit, einen *Coverage Report* zu erstellen, der in einem zweiten Schritt zu einem HTML-Bericht umformatiert werden kann.

Rufen Sie die Testausführung mit der Option `-coverprofile` auf, wird eine Textdatei, in der die Informationen zur Testausführung enthalten sind, erzeugt. Den Dateinamen geben Sie als Parameter mit.

Mit Hilfe des Kommandos `go test cover` kann diese Textdatei anschließend über den Standardbrowser ausgegeben oder als HTML-Datei umformatiert und gespeichert werden.

```
go test -cover -coverprofile=coverage.out golang.source-fellows.com/samples/
unittest/math
go tool cover -html=coverage.out -o coverage.html
```

Listing 4.12 Erzeugen eines Coverage Reports und Generierung eines entsprechenden HTML-Reports

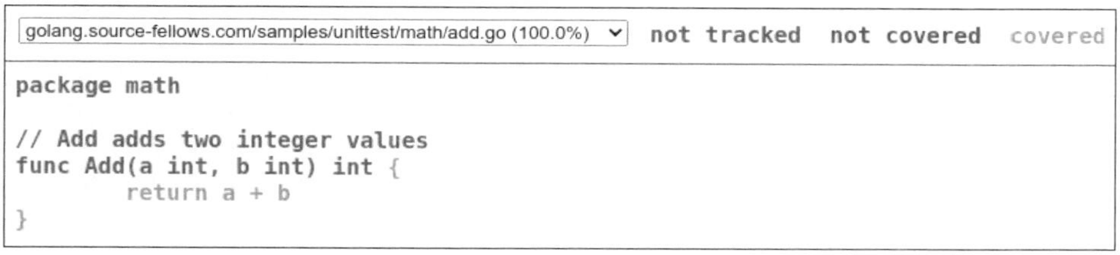

Abbildung 4.3 Erzeugter HTML-Coverage-Report

In den beiden IDEs VSCode und GoLand haben Sie jeweils die Möglichkeit, sich Testcode erzeugen zu lassen.

4.2 Benchmarks für Go erstellen

Neben den Unit-Tests lassen sich mit dem Go-Standardumfang auch *Code-Benchmarks* umsetzen und ausführen. Mit ihnen haben Sie die Möglichkeit, Ihre Implementierungen in Bezug auf die Ausführungsgeschwindigkeit auszuwerten und gegebenenfalls zu optimieren.

Führen Sie diese *Benchmark-Tests* regelmäßig aus, erhalten Sie zusätzlich eine Aussage darüber, wie sich Code-Änderungen in Bezug auf die Ausführungsgeschwindigkeit auswirken und wie sich eventuell das Laufzeitverhalten Ihrer Anwendung über die Zeit entwickelt hat.

4.2.1 Benchmarks implementieren

Benchmarks werden wie Tests in den *_test.go*-Dateien implementiert und nutzen ebenfalls die Funktionalität des `testing`-Packages.

Die Hauptunterschiede eines Benchmarks zu einem Unit-Test sind:

- Funktionsnamen beginnen mit `Benchmark` anstelle von `Test`.
- Benchmark-Funktionen werden mehrmals ausgeführt, bis der Benchmark-Runner mit der Stabilität des Ergebnisses zufrieden ist.

Der generelle Aufbau eines Benchmark-Tests ist in Listing 4.13 dargestellt. Das Namensmuster entspricht dem eines Tests, und als Parameter bekommt die Funktion einen Pointer auf `testing.B` übergeben. In der Variablen `N` des übergebenen Parameters ist die aktuelle Anzahl der Testläufe vermerkt. In den Benchmark-Tests müssen Sie Ihre zu testende Funktionalität in einer Schleife aufrufen.

```
func BenchmarkXXX(b *testing.B) {
    for i := 0; i < b.N; i++ {
        //Aufruf der Funktion, die getestet werden soll
    }
}
```

Listing 4.13 Genereller Aufbau eines Benchmark-Tests

Für das obige Beispiel sieht ein Benchmark-Test dementsprechend wie in Listing 4.14 dargestellt aus.

```
var result int
func BenchmarkAdd(b *testing.B) {
    var r int
    for i := 0; i < b.N; i++ {
        r = math.Add(i, 2)
    }
    result = r
}
```

Listing 4.14 Benchmark-Test der Add-Funktion

Starten können Sie die Ausführung über den Kommandozeilenaufruf des Tools `go test` mit dem Parameter `-bench=.`.

```
$ go test -bench=.
goos: linux
goarch: amd64
pkg: golang.source-fellows.com/samples/unittest/math
BenchmarkAdd-8          1000000000              0.288 ns/op
PASS
ok      golang.source-fellows.com/samples/unittest/math 1.326s
```

Listing 4.15 Beispielausgabe einer Benchmark-Testausführung

Die Ausgabe sagt aus, dass die Testfunktion 1.000.000.000-mal ausgeführt wurde und jeder Durchlauf 0,288 Nanosekunden gedauert hat.

Falls Ihre Tests für eine Initialisierung etwas länger benötigen, kann die Zeitmessung mit `b.ResetTimer()` zurückgesetzt werden, um die Initialisierung nicht mit in das Ergebnis einfließen zu lassen.

```
func BenchmarkLongInit(b *testing.B) {
    ref := NewSomething()
    b.ResetTimer()
    for i := 0; i < b.N; i++ {
        ref.CallMeUnderBench()
    }
}
```

Listing 4.16 Beispiel einer langen Initialisierung und Zurücksetzen des Timers

4.2.2 Parallele Ausführung von Benchmarks

Wie bei den Tests haben Sie auch bei den Benchmarks die Möglichkeit, diese parallel auszuführen. Über die Methode `b.RunParallel` können Sie Benchmarks separat in eigenen Go-Routinen starten. Mit der Option `-cpu` als Kommandozeilenparameter beim Aufruf des `go test`-Tools können Sie hierzu zusätzlich die Ausführung auf die Anzahl der CPUs steuern.

Jeder *Benchmark* wird mindestens eine Sekunde lang ausgeführt. Ist nach einem Schleifendurchlauf diese Zeit noch nicht erreicht, wird die Variable `N` des übergebenen `testing.B`-Objekts erhöht, so dass die Testausführung weiterläuft. Wenn Sie diese Testlaufzeit beeinflussen wollen, können Sie beim Aufruf des Tools den Parameter `-benchtime=Xs` mitgeben.

Bei der Ausführung von Benchmarks sollten Sie immer auf vergleichbare Werte achten. In der Normalkonfiguration Ihres Rechners werden höchstwahrscheinlich beispielsweise Stromsparfunktionen und *CPU-Throttling*, also die automatische Anpassung der Taktfrequenz, konfiguriert sein. Konfigurieren Sie Ihren Rechner so, dass Sie immer eine vergleichbare Ausführungsumgebung haben.

4.2.3 Optimierungen unterdrücken

Eventuell ist Ihnen aufgefallen, dass innerhalb des Beispiels in Listing 4.14 innerhalb des Schleifendurchlaufs die Zuweisung des Rückgabewertes in eine Variable aufgenommen wurde. Im ersten Moment scheint diese Zuweisung unnötig zu sein, da der Wert nicht mehr verwendet wird.

Der Compiler führt allerdings Optimierungen durch, die dazu führen können, dass Code entfernt wird, der nur interne Zuweisungen vornimmt und keine Auswirkung auf den Rest der Anwendung hat. Im für die Laufzeit der Anwendung besten Fall würde die komplette Schleife entfernt werden und das Testergebnis verfälscht.

4.3 Microservices testen und optimieren

Der Start einer Microservice-Anwendung findet entweder asynchron oder synchron über einen direkten Aufruf eines Clients statt. Findet ein Call synchron über die Go-HTTP-Implementierung statt, können Sie mit Hilfe des Packages `net/http/httptest` recht komfortabel Unit-Tests für Ihre Services erstellen.

Für das Beispiel in Listing 4.17 wollen wir einen Unit-Test erstellen und auch einen Blick auf das Laufzeitverhalten werfen.

Das Beispiel prüft bei einem HTTP-Request, ob die aufgerufene URL den Text `/json/` enthält. Ist dies nicht der Fall, wird ein HTTP-Statuscode 501 (not implemented) zurückgegeben. Wurde der Text gefunden, wird in einem zweiten Schritt der restliche Pfadbestandteil der Anfrage als Attribut `Name` in eine neue Instanz vom Typ `Result` übernommen. Diese Instanz wird anschließend über JSON serialisiert und an den Client geliefert.

```
package main

import (
    "encoding/json"
    "net/http"
    "regexp"
)

type Result struct {
    Name string
}

func myHandler(writer http.ResponseWriter, req *http.Request) {
    path := req.URL.Path
    re := regexp.MustCompile("^/json/(.*)$")
    if !re.MatchString(path) {
        writer.WriteHeader(http.StatusNotImplemented)
        return
    }
    parts := re.FindStringSubmatch(path)
    res := &Result{Name: parts[1]}
    bites, err := json.Marshal(*res)
    if err != nil {
        writer.WriteHeader(500)
        return
    }
    writer.Header().Add("Content-Type", "application/json")
    writer.Write(bites)
}

func main() {
    http.HandleFunc("/", myHandler)
    http.ListenAndServe(":8080", nil)
}
```

Listing 4.17 Beispiel REST-Service mit JSON-Antwort zum Testen und Optimieren

Eine Anfrage an die gestartete Anwendung unter *http://localhost:8080/json/test* liefert z. B. ein JSON-Dokument mit folgendem Inhalt:

```
{
    "Name": "test"
}
```

Listing 4.18 Antwort des Beispiel-Service

4.3.1 Unit-Test für einen HTTP-Service

Das Erstellen eines Unit-Tests für den Service unterscheidet sich nicht von dem Vorgehen bei einem normalen Unit-Test. Mit Hilfe des Packages `net/http/httptest` können Sie allerdings recht einfach einen Test-`http.Request` erzeugen, den Sie als Parameter an Ihre zu testende Handler-Funktion übergeben können.

```
func NewRequest(method, url string, body io.Reader) (*Request, error)
```

Listing 4.19 Signatur der NewRequest-Funktion aus dem httptest-Package, mit deren Hilfe ein Test-Request erstellt werden kann

Zur Auswertung der Ergebnisse bzw. der Antwort Ihrer Handler-Implementierung können Sie sich aus dem Package `httptest` einen speziellen `http.ResponseWriter` erzeugen lassen. Der sogenannte `ResponseRecorder` speichert alle Werte, die ihm während eines Handler-Aufrufs übergeben wurden, und Sie können diese im Anschluss überprüfen.

```
func NewRecorder() *ResponseRecorder
```

Listing 4.20 Signatur der NewRecorder-Funktion aus dem httptest-Package, mit deren Hilfe ein ResponseWriter erstellt werden kann

Der grundsätzliche Aufruf sieht dann wie in Listing 4.21 aus.

```
request, _:= http.NewRequest(http.MethodGet, url, nil)
recorder := httptest.NewRecorder()
myHandler(recorder, request)
if recorder.Result().StatusCode != status {..}
```

Listing 4.21 Grundsätzlicher Ablauf eines Handler-Tests ohne Fehlerhandling

Integrieren Sie diesen Ablauf in einen Table-Driven-Test, so können Sie Ihre Handler-Implementierung ausführlich testen.

```
package main

import (
    "net/http"
    "net/http/httptest"
    "strings"
    "testing"
)

func Test_myHandler(t *testing.T) {
    type args struct {
```

```
        url          string
        expectedName string
        status       int
    }
    tests := []struct {
        name string
        args args
    }{
        {"t1", args{"/json/test", "test", http.StatusOK}},
        {"t2", args{"/x/y", "", http.StatusNotImplemented}},
    }
    for _, tt := range tests {
        t.Run(tt.name, func(t *testing.T) {
            url := tt.args.url
            expectedName := tt.args.expectedName
            req, err := http.NewRequest(http.MethodGet, url, nil)
            if err != nil {
                t.Errorf("could't... %v", tt.args.url)
            }
            recorder := httptest.NewRecorder()
            myHandler(recorder, req)
            if recorder.Result().StatusCode != tt.args.status {
                t.Errorf("Wrong... %v", recorder.Result().StatusCode)
            }
            if !strings.Contains(recorder.Body.String(), expectedName) {
                t.Errorf("response... %v", expectedName)
            }
        })
    }
}
```

Listing 4.22 HTTP-Unit-Test mit Test-Request und Recorder

4.3.2 Profiling von HTTP-Services

Neben der rein fachlichen Funktionalität eines Microservices kann auch das Lastverhalten wichtig sein. Soll der Microservice eine hohe Last aushalten und viele Anfragen parallel bearbeiten können, sind regelmäßige Lasttests unabdingbar.

Teil der Go-Umgebung ist das Profiling-Werkzeug pprof, mit dem Sie Ihre Implementierungen hinsichtlich der Leistungsfähigkeit optimieren können. Mit dem Tool haben Sie die Möglichkeit, im Detail in die Go-Laufzeitumgebung zu schauen. Die Ergebnisse lassen sich im Anschluss grafisch aufarbeiten.

Für einen kleinen Lasttest wollen wir an dieser Stelle das *Apache HTTP server benchmarking tool* (ab) verwenden, mit dem recht einfach viele Anfragen an den kleinen Beispiel-Service gestellt werden können. Über Kommandozeilenparameter haben Sie die Möglichkeit, die Anzahl der Threads sowie die Aufrufanzahl zu steuern.

Am Ende der Ausführung erhalten Sie einen Report mit der Angabe, wie viele Anfragen in welcher Zeit verarbeitet werden konnten.

Der Aufruf des ab-Tools sieht für 10.000 Wiederholungen und drei parallel ausgeführte Aufrufe wie in Listing 4.23 aus.

```
ab -n 10000 -c 3 http://localhost:8080/json/test
```

Listing 4.23 Aufruf Apache-ab-Tool

Das Ergebnis stellt ab nach einem Aufruf wie in Abbildung 4.4 textuell dar. In unserem Fall konnten im Schnitt 18.777 Anfragen pro Sekunde durchgeführt werden.

```
Server Software:
Server Hostname:        localhost
Server Port:            8080

Document Path:          /json/test
Document Length:        15 bytes

Concurrency Level:      3
Time taken for tests:   0.533 seconds
Complete requests:      10000
Failed requests:        0
Total transferred:      1230000 bytes
HTML transferred:       150000 bytes
Requests per second:    18777.76 [#/sec] (mean)
Time per request:       0.160 [ms] (mean)
Time per request:       0.053 [ms] (mean, across all concurrent requests)
Transfer rate:          2255.53 [Kbytes/sec] received

Connection Times (ms)
              min  mean[+/-sd] median   max
Connect:        0    0   0.0      0       0
Processing:     0    0   0.0      0       1
Waiting:        0    0   0.0      0       1
Total:          0    0   0.1      0       1
```

Abbildung 4.4 Ergebnis eines Apache-ab-Aufrufs

Apache http server benchmarking tool

Das *Apache http server benchmarking tool* (ab) ist Teil einer Apache-Installation. Unter Linux oder Mac können Sie das Tool auch über die Paketverwaltungen separat installieren. Bei Ubuntu heißt das zu installierende Paket apache2-utils.

Alternativ zu einer direkten Installation können Sie das Docker-Image jordi/ab verwenden und per Kommandozeile aufrufen. Sie müssen bei dieser Variante allerdings beachten, dass das Kommando innerhalb eines Docker Containers ausgeführt wird und Sie als Zieladresse nicht `localhost` verwenden können. Die Angabe `localhost` bezieht sich in diesem Fall auf den Docker Container selbst und nicht auf den Docker-Host, den Sie ansprechen wollen.

```
docker pull jordi/ab
docker run --rm jordi/ab http://172.17.0.1:8080/json/test
```

Unter Windows und Mac steht Ihnen die Adresse `docker.host.internal` und unter Ubuntu Linux die `172.17.0.1` für den Zugriff auf den Docker-Host zur Verfügung.

Die Dokumentation zum Apache http server benchmarking tool finden Sie unter *https://httpd.apache.org/docs/2.4/programs/ab.html*.

Profile-Analyse mit pprof

Eine genauere Analyse der Laufzeitumgebung können wir mit dem erwähnten `pprof`-Tool aus dem Go-Standardumfang vornehmen. Hierzu nehmen Sie bei den Imports das Package `net/http/pprof` auf. Damit der Compiler sich nicht beschwert, müssen Sie den Blank Identifier voranstellen, da keine direkte Referenz auf das Package benötigt wird.

```
import _ "net/http/pprof"
```

Listing 4.24 Aufnahme des pprof-Tools durch Import-Statement

Das `pprof`-Tool meldet nun beim Start im Hintergrund einen eigenen HTTP-Handler an der Umgebung an, den Sie unter *http://localhost:8080/debug/pprof/* erreichen können. In der zugehörigen Web-Oberfläche kann der aktuelle Zustand aller Go-Routinen abgefragt oder ausgegeben werden, welche Objekte allokiert wurden.

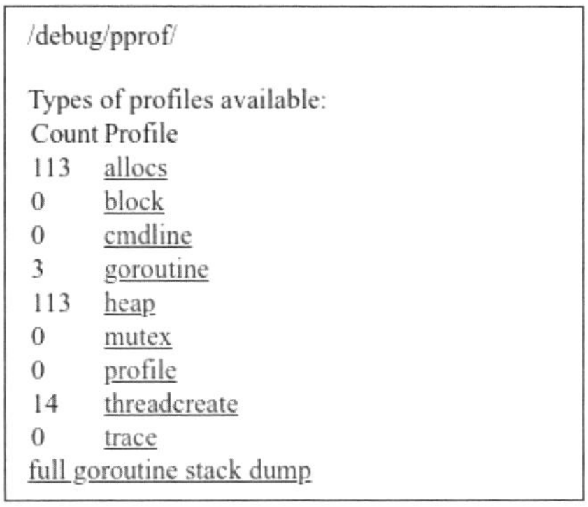

Abbildung 4.5 Web-Oberfläche des pprof-Tools

Das `pprof`-Tool bietet zusätzlich die Möglichkeit, über eine definierte Zeitspanne Werte abzufragen und daraus einen Bericht zu generieren.

Folgender Aufruf generiert über eine Zeitspanne von 15 Sekunden eine *Profile-Datei*, die später ausgewertet werden kann.

```
go tool pprof -seconds=15 localhost:8080/debug/pprof/profile
```

Listing 4.25 Aufruf des periodischen Abrufs von pprof

Führen Sie die Anwendung Apache `ab` und den `pprof`-Abruf parallel durch, erhalten Sie eine Profile-Datei, die aufzeigt, was unter Last mit dem Server passiert und an welcher Stelle in der Anwendung Zeit verbraucht wird.

Das Ausführen des in Listing 4.25 gezeigten Kommandos erzeugt beispielsweise folgende Ausgabe:

```
Fetching profile over HTTP from http://localhost:8080/debug/pprof/profile?
seconds=15
Please wait... (15s)
Saved profile in /.../pprof.main.samples.cpu.001.pb.gz
```

Listing 4.26 Ausgabe des pprof-Tools nach der Aufzeichnung einer Profile-Datei

Die erzeugte Profile-Datei können Sie über eine Web-Oberfläche grafisch aufbereiten und sich ausgeben lassen. Hierzu benötigen Sie die Installation des Open-Source-Tools Graphviz, das die Aufbereitung der Daten als Grafik übernimmt.

```
go tool pprof -http=":8081" /…/pprof.main.samples.cpu.001.pb.gz
```

Listing 4.27 Anzeige des Reports

In der *pprof-Web-UI* haben Sie Zugriff auf verschiedene Ansichten. In der GRAPH-Ansicht (siehe Abbildung 4.6) werden die Bestandteile der Anwendung mit ihrer prozentuellen zeitlichen Beteiligung dargestellt. Je mehr Zeit verbraucht wurde, desto größer die Blöcke.

Das FLAME GRAPH-Diagramm (siehe Abbildung 4.7) zeigt die gleichen Daten etwas anders grafisch aufbereitet. Hier werden die Laufzeiten als Balken dargestellt, und untereinanderstehende Blöcke stellen Verschachtelungen des Programmcodes dar.

Sie erhalten eine recht gute Übersicht über die Anwendung. Durch einen Klick auf den Handler-Namen im *Flame Graph* können Sie sich Details zu unserer Implementierung darstellen lassen. Es fällt auf, dass der Handler ca. 15 % der Laufzeit benötigt und darin der Aufruf von `regexp.MustCompile` einen gewaltigen Anteil einnimmt (in der Darstellung sind die Prozentangaben und Zeiten nicht aufgeführt, aber von 4,38 Sekunden werden 3,64 Sekunden für die Regular-Expressions-Implementierung verwendet).

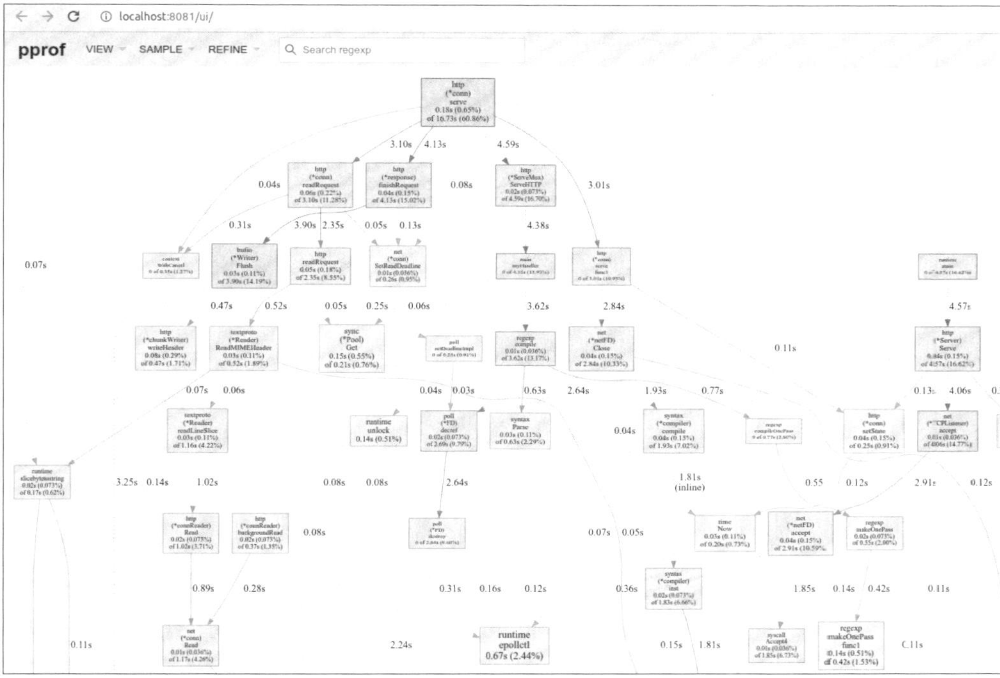

Abbildung 4.6 Graph-Ansicht der pprof-Web-UI

Abbildung 4.7 Flame-Graph-Ansicht des pprof-Web-UI

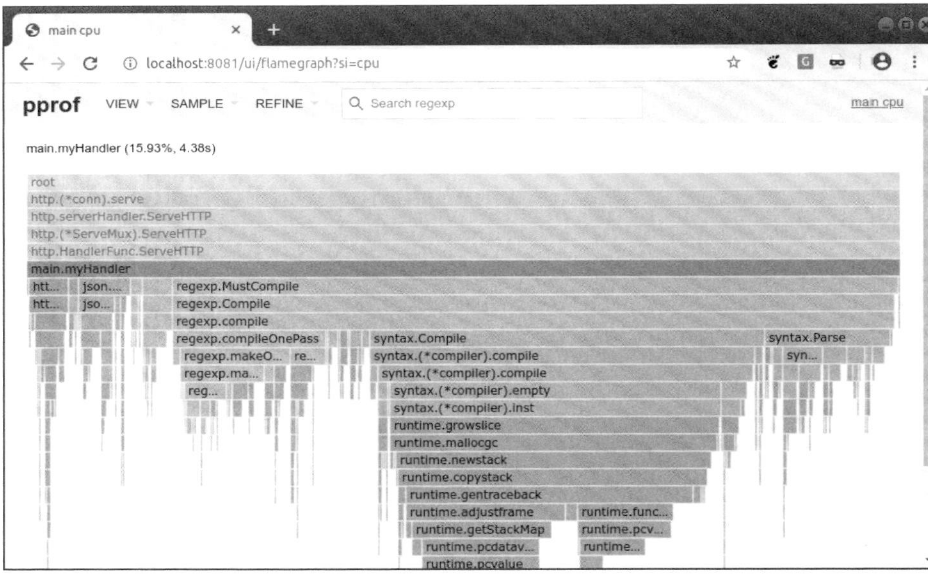

Abbildung 4.8 Zoom in Flame Graph

Für die Implementierung stellt sich also die Frage, ob dieser Code optimiert werden kann.

Aus dem Code in Listing 4.17 ist ersichtlich, dass der eingesetzte reguläre Ausdruck bei jedem Handler-Aufruf erneut kompiliert wird. Nehmen Sie das Kompilieren des Ausdrucks aus einem normalen Handler-Aufruf heraus und initialisieren ihn außerhalb der Handler-Methode, verändert sich auch das Laufzeitverhalten deutlich.

Wie Sie in Abbildung 4.9 erkennen können, wird viel weniger Zeit in der Handler-Implementierung verbraucht.

Allerdings stellt sich weiterhin die Frage, ob der Einsatz des regulären Ausdrucks überhaupt notwendig ist. Die Prüfung, ob ein String mit einer bestimmten Zeichenkette beginnt, kann man auch alternativ lösen und das Ausschneiden einer Zeichenkette auch. Das sind die zwei Funktionen, die in Listing 4.17 mit dem regulären Ausdruck gemacht werden.

Ersetzen Sie den regulären Ausdruck komplett und setzen auf direkte String-Vergleiche, ergibt sich der *Flame Graph*-Ausschnitt aus Abbildung 4.10.

```
if len(path) < 6 || path[:6] != "/json/" {
    writer.WriteHeader(http.StatusNotImplemented)
    return
}
res := &Result{Name: path[6:]}
```

Listing 4.28 Ausschnitt der Anpassung zum Entfernen des regulären Ausdrucks

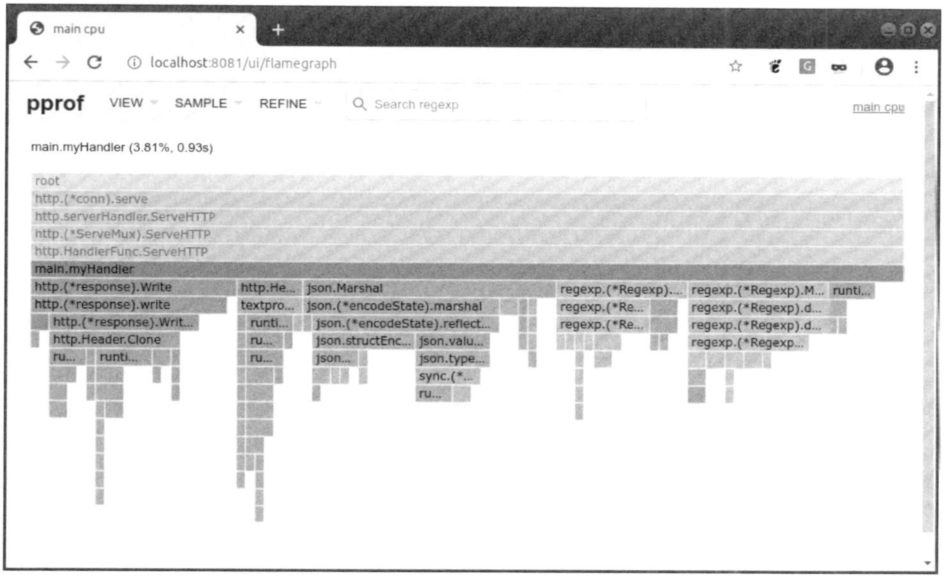

Abbildung 4.9 Zoom in Flame Graph nach Anpassung des regulären Ausdrucks

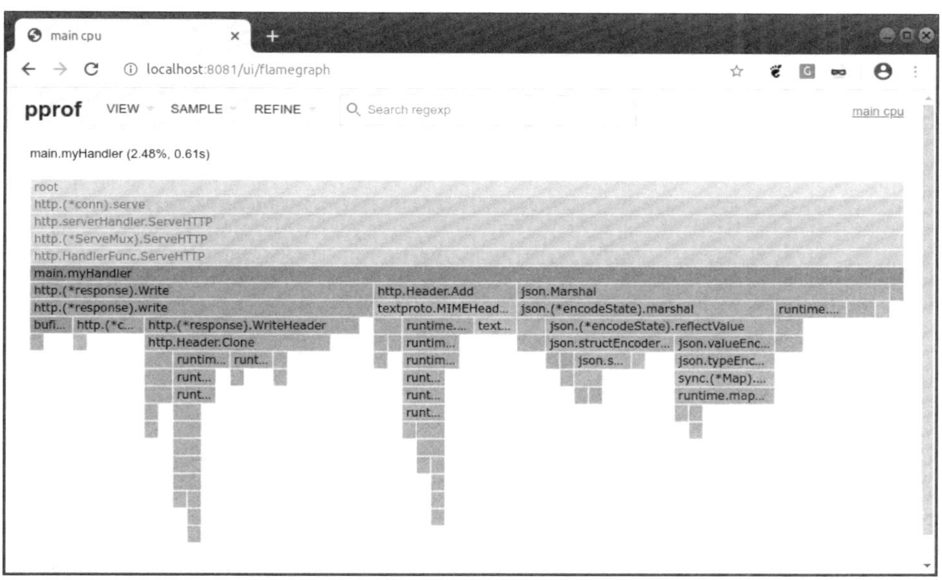

Abbildung 4.10 Zoom in Flame Graph ohne regulären Ausdruck

Nach der Anpassung des regulären Ausdrucks fällt der JSON-Marshal-Aufruf auf, der jetzt die meiste Zeit verbraucht. Entfernen Sie nun noch diesen Aufruf und ersetzen ihn durch eine alternative Implementierung, können Sie noch einmal etwas Geschwindigkeit herausholen.

Im Beispiel wird direkt ein `[]byte` für die Rückgabe zusammengesetzt.

```
bites := make([]byte, 20)
bites = append(bites, jsonDoc1...)
bites = append(bites, path[6:]...)
bites = append(bites, jsonDoc2...)
```

Listing 4.29 Code-Schnipsel als Ersatz für JSON-Marshal

Das Beispiel soll zeigen, wie man mit dem *Profiling-Tool* arbeiten kann und nicht unbedingt, wie Sie Ihre Anwendung programmieren sollen. Das direkte Zusammenbauen des JSON-Dokuments macht im Normalfall wenig Sinn. Lassen Sie sich von der Go-Standardbibliothek helfen, und nutzen Sie die eingebaute Funktionalität.

Überlegen Sie allerdings immer, ob Sie tatsächlich den richtigen Hammer für Ihren Nagel gefunden haben. In unserem Beispiel haben wir gesehen, dass das Ausbauen des regulären Ausdrucks Sinn ergeben hat. In anderen Fällen mag das anders sein. Reguläre Ausdrücke sind nicht per se schlecht oder langsam.

Abbildung 4.11 Zoom in Flame Graph ohne JSON-Handling

Kapitel 5
Best Practices – idiomatisches und effektives Go

In diesem Kapitel lernen Sie Implementierungsansätze und Lösungsvarianten kennen, die sich in der Go-Community verbreitet haben.

Das Interesse eines jeden Entwicklers ist es, »guten« Code zu schreiben. Kein Entwickler wird sich mit der Vorgabe an die Arbeit machen, schlechten Code zu erstellen. Doch welche Eigenschaften Code genau haben sollte bzw. muss, darüber kann, solange die Anwendung fehlerfrei funktioniert, ausgiebig gestritten werden.

In der Go-Community hat sich der Begriff des *Idiomatic Go* verbreitet, mit dem Code-Blöcke bzw. Code-Schnipsel bezeichnet werden, die für die Sprache üblich und »natürlich« sind. Es handelt sich um Go-Code, der der Sprache »entspricht« und die drei Grundprinzipien von Go einhält:

- einfach
- lesbar
- orthogonal

Idiomatic Go unterliegt dem Zeitgeist und dadurch auch Veränderungen – wie bei einer gesprochenen Sprache, die sich ebenfalls über die Zeit wandeln kann. Nehmen Sie die Vorschläge als Rahmen und nicht als absolute Blaupause für alle Anwendungsfälle. In die bisherigen Beispiele sind solche Ansätze bereits mit eingeflossen.

In diesem Kapitel möchte ich Ihnen Implementierungsansätze und Lösungsvarianten vorstellen, die sich in der Go-Community entwickelt haben. Dabei ist die Liste bei weitem nicht vollständig, und es handelt sich ausschließlich um eine kleine Auswahl.

Auf der Go-Projektseite bekommen Sie z. B. einen guten Überblick über gängige Vorgehensweisen und Ansätze:

https://golang.org/doc/effective_go.html.

Rob Pike prägte in einem Vortrag zusätzlich den Begriff der *Go-Proverbs*, die Sie im Internet z. B. unter *https://go-proverbs.github.io/* finden können. Es handelt sich dabei um kurze, prägnante Aussagen zur Sprache Go, zum Umgang mit ihr und zu ihrem Einsatz. Ein solches Proverb von Rob Pike haben Sie bereits in Abschnitt 3.5, »Die Nebenläufigkeit mit Go – Concurrency«, kennengelernt: »*Don't communicate by sharing memory, share memory by communicating*«.

Auch wenn hier die einzelnen Proverbs nicht weiter thematisiert werden, lohnt ein Blick auf die Liste und den zugehörigen Vortrag von Rob Pike, den Sie ebenfalls auf der genannten Internetseite verlinkt finden.

5.1 Context-Package einsetzen

Mit Hilfe des Typs `context.Context` können Go-Anwendungen über API- oder Prozessgrenzen hinweg Informationen zu Deadlines, Abbrüchen oder kontextabhängigen Variablen austauschen.

Die Grundidee hinter dem `context`-Package ist einfach und besteht darin, dass jeder eintreffende Remote-Request in einer separaten *Go-Routine* ausgeführt wird und diesem ein eigener Kontext zugeordnet werden soll. Über diesen Kontext sollen zum einen kontextabhängigen Werte wie beispielsweise Benutzerinformationen, Daten zum Anwendungsfall oder Metainformationen zum Aufruf an weitere Komponenten gegeben werden, und zum anderen soll über Abbrüche eines Prozesses informiert werden.

Startet beispielsweise ein Handler, wie in Abbildung 5.1 zu sehen, weitere Go-Routinen, um z. B. nebenläufig Daten aus Backend-Systemen zu laden, kann es in verschiedenen Situationen nötig werden, einen bereits gestarteten Aufruf bzw. eine Go-Routine über einen Abbruch zu informieren:

- Der aufrufende Client hat seine Anfrage abgebrochen, und die Antwort wird nicht mehr ausgewertet.
- Die bereits eingetroffene Antwort eines Service ist ausreichend, und die Ergebnisse des zweiten Service sind nicht mehr relevant.
- Ein oder beide Service-Aufrufe haben zu lange gedauert, und es kam zu einem Timeout.

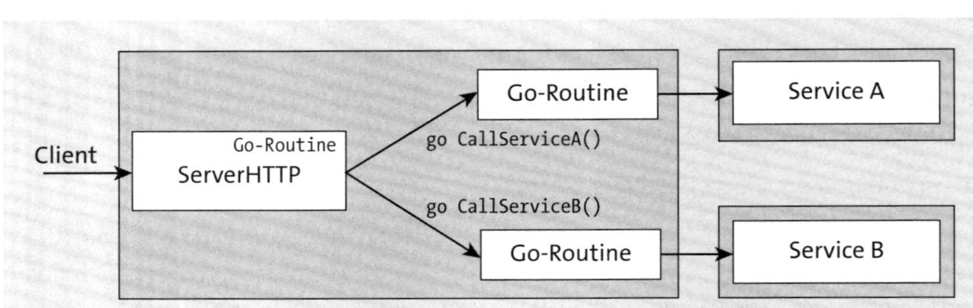

Abbildung 5.1 Der HTTP-Handler startet neue Go-Routinen, um weitere Services aufzurufen.

Da sich in den beschriebenen Fällen kein Client mehr für das Ergebnis der entsprechenden Aktion interessiert, kann durch die Information über einen Abbruch unnötige Arbeit vermieden werden. Das schont die Ressourcen Ihrer Umgebung.

Die Information, dass es zu einem Abbruch kam bzw. kommen soll, sollte innerhalb des Systems – und am besten über Systemgrenzen hinweg – weiter propagiert werden. Damit haben auch die aufgerufenen Services ihrerseits die Möglichkeit, ihre Arbeit abzubrechen.

Im Idealfall erstellt jeder eintreffende Remote-Aufruf einen neuen Kontext, der, bis zu einem eventuell stattfindenden ausgehenden Remote-Aufruf, durch das System propagiert und entsprechend verwendet wird.

Der Abbruch eines Kontextes stellt lediglich ein Signal dar, das über die Abbruchsituation informiert. Jede Komponente muss dieses Signal entsprechend verarbeiten und darauf reagieren. Ein harter Abbruch, z. B. von einer Go-Routine, mittels `panic`-Aufruf oder Ähnlichem findet nicht statt.

Das `context`-Package entstand ursprünglich bei Google und wurde unterhalb des Packages `golang.org/x/net/context` gepflegt. Erst in der Go-Version 1.7 wurde es in das Package `context` der Go-Standardbibliothek übernommen. APIs innerhalb der Bibliothek wurden daraufhin erweitert.

Sie können nun einen zusätzlichen Parameter vom Typ `context.Context` entgegennehmen und entsprechend verwenden. Aus Gründen der Abwärtskompatibilität wurden die alten Signaturen, wie in Listing 5.1 am Beispiel des `net.Dialer` zu sehen ist, ebenfalls beibehalten.

Sie sollten immer versuchen, die neuen Signaturen der Go-Standardbibliothek mit dem zusätzlichen Parameter vom Typ `Context` zu verwenden.

```
type Dialer struct {    ...
}
//alte Methode
func (d *Dialer) Dial(network, address string) (Conn, error)
//Methode mit context.Context
func (d *Dialer) DialContext(ctx context.Context, network, address string) ↩
(Conn, error)
```

Listing 5.1 Beispiel einer angepassten Signatur des net.Dialer

Die Go-Standardbibliothek unterstützt z. B. Kontextabbrüche bei Netzwerkkommunikation über HTTP oder gRPC und innerhalb der Datenbankzugriffsschicht im Package `database/sql`.

Externe Bibliotheken müssen immer vor einem Einsatz darauf geprüft werden, ob mit einem `context.Context` gearbeitet werden kann oder nicht. Wird kein Kontext unterstützt, muss auf dessen Funktionalität verzichtet werden, und es macht dann eventuell Sinn, zu einer alternativen Implementierung zu greifen.

5.1.1 Context-Interface

Innerhalb des `context`-Packages befindet sich das zentrale Interface `context.Context` mit seinen vier Methoden (siehe Listing 5.2).

```
type Context interface {
    Done() <-chan struct{}
    Deadline() (deadline time.Time, ok bool)
    Err() error
    Value(key interface{}) interface{}
}
```

Listing 5.2 Das komplette Interface context.Context

Done

Die Methode `Done` liefert als Rückgabewert einen Channel, der nach dem Abbruch des Kontextes eine Nachricht erhält. Bis dahin blockiert der Aufruf.

Deadline

Die Methode `Deadline` liefert zwei Rückgabewerte. Der erste Wert vom Typ `time.Time` liefert den Zeitpunkt, zu dem dieser Kontext abläuft, und der zweite Wert gibt Auskunft darüber, ob es überhaupt möglich ist, dass dieser Kontext ablaufen kann.

Liefert der zweite Rückgabewert `false`, handelt es sich um einen Kontext, der ohne Timeout-Einstellungen initialisiert wurde.

Err

Die Methode `Err` liefert solange einen `nil`-Wert, bis der Kontext geschlossen bzw. bis im *Done-Channel* eine Nachricht versendet wurde. Der zurückgelieferte Fehler beinhaltet eine Begründung, warum der Kontext geschlossen wurde, also ob z. B. ein Timeout stattgefunden hat.

Value

Mit der Methode `Value` können Sie kontextabhängige Werte aus dem Context-Objekt auslesen. Die Ablage der Werte erfolgt über eine Verschachtelung von unveränderbaren Context-Objekten.

5.1.2 Einen Kontext und davon abgeleitete Kontexte erstellen

Ein neuer Context kann über die Funktion context.Background() angelegt werden. Als Rückgabewert erhalten Sie ein leeres Context-Objekt ohne Timeout- oder Deadline-Konfiguration.

Die Deadline-Methode liefert als zweiten Rückgabewert false, und ein Aufruf der Methode Done blockiert für immer.

```
bg := context.Background()
fmt.Println(bg.Deadline()) //0001-01-01 00:00:00 +0000 UTC false
fmt.Println(bg.Err())      //<nil>
fmt.Println(<-bg.Done())   //blockiert für immer!
```

Listing 5.3 Arbeit mit einem leeren Context-Objekt

Context-Objekte sind unveränderbar und können dadurch in mehreren Go-Routinen ohne Synchronisation gleichzeitig verwendet werden.

Möchten Sie kontextabhängige Werte oder Timeout- bzw. Deadline-Einstellungen konfigurieren, müssen Sie einen neuen, abgeleiteten sogenannten *derived Context* erstellen. Die Funktionen WithCancel, WithDeadline, WithTimeout und WithValue aus dem context-Package ermöglichen dies.

Als Parameter für alle Methoden muss immer der Eltern-Kontext, also der Kontext von dem abgeleitet werden soll, übergeben werden. Wird ein Eltern-Kontext abgebrochen, wird das Abbruchsignal auch an alle seine Kinder weitergegeben. Diese werden dementsprechend auch abgebrochen.

In Listing 5.4 wird ein neuer, abgeleiteter Kontext mit einer Timeout-Einstellung von fünf Sekunden angelegt. Das Lesen aus dem Done-Channel blockiert so lange, bis die fünf Sekunden abgelaufen sind. Erst dann wird in den Channel eine Nachricht verschickt, und die Verarbeitung kann weiterlaufen.

Als zweiten Rückgabewert der WithTimeout-Funktion wird eine *Cancel-Funktion* geliefert, durch deren Aufruf der Kontext explizit abgebrochen werden kann.

Sie sollten sicherstellen, dass die Cancel-Funktion auf jeden Fall aufgerufen wird, da dadurch wieder Ressourcen freigegeben werden. Am besten verwenden Sie hierzu das Schlüsselwort defer.

```
bg := context.Background()
ctx, cancel := context.WithTimeout(bg, 5*time.Second)
defer cancel() //regulärer Aufruf mittels defer
<-ctx.Done()
fmt.Println("Ende")
```

Listing 5.4 Abgeleiteten Kontext mit Timeout-Konfiguration erstellen

5.1.3 Methoden mit einem Timeout ausstatten

In Abschnitt 3.5, »Die Nebenläufigkeit mit Go – Concurrency«, haben Sie das Prinzip einer *Generator Function* kennengelernt. Die `loop`-Funktion aus dem Beispiel in Listing 5.5 ist eine solche Generator Function und schreibt jede Sekunde nebenläufig einen Wert in den *Rückgabe-Channel* der Funktion.

```
package main

import (
    "context"
    "log"
    "time"
)

func loop() <-chan string {
    c := make(chan string)
    go func() {
        for {
            c <- "Hello World!"
            time.Sleep(1 * time.Second)
        }
    }()
    return c
}

func main() {
    for s := range loop() {
        log.Println(s)
    }
}
```

Listing 5.5 Nebenläufige Endlosschleife zur Ausgabe von Text

Das Beispiel soll nun so angepasst werden, dass die Verarbeitung innerhalb der `loop`-Funktion durch einen Kontext gesteuert und nach einem Timeout von fünf Sekunden abgebrochen wird.

Als neuen Parameter erhält die Funktion einen `context.Context`, dessen *Done-Channel* innerhalb der For-Schleife ausgewertet wird. Über ein Select-Statement wird hierbei geprüft, ob im Channel Werte vorhanden sind und somit der Kontext abgebrochen wurde. Liegen keine Werte im Channel vor, blockiert die *Channel-Operation*, und das Select-Statement fährt mit dem `default`-Fall fort. Es werden also so lange Werte in den Rückgabe-Channel geschrieben, bis der als Parameter übergebene `Context` abgebrochen wurde.

```
func loop(ctx context.Context) <-chan string {
    c := make(chan string)
    go func() {
        for {
            select {
            case <-ctx.Done():
                close(c)
                return
            default:
                c <- "Hello World!"
            }
            time.Sleep(1 * time.Second)
        }
    }()
    return c
}
```

Listing 5.6 Angepasste loop-Funktion

context.WithTimeout

Für den Aufruf in der `main`-Funktion muss nun noch ein entsprechender Kontext mit passender Timeout-Einstellung erstellt und übergeben werden. Die For-Schleife mit dem Range-Statement muss nicht angepasst werden, da bei einem Kontextabbruch der Rückgabe-Channel in der `loop`-Funktion geschlossen wird und somit auch die For-Schleife beendet wird.

```
func main() {
    ctx, cancel := context.WithTimeout(context.Background(), 5*time.Second)
    defer cancel()
    for s := range loop(ctx) {
        log.Println(s)
    }
}
```

Listing 5.7 Angepasste main-Funktion mit Übergabe des Timeout-Kontextes

context.WithDeadline

Die Funktion `context.WithDeadline` unterscheidet sich nur in übergebenen Parametern von der Funktion `context.WithTimeout`. Bei der Funktion `WithDeadline` wird anstelle einer `time.Duration` ein Zeitpunkt des Abbruchs in Form eines `time.Time`-Objekts übergeben.

context.WithCancel

Bei der Funktion `context.WithCancel` erhalten Sie ausschließlich eine Cancel-Funktion als Rückgabewert, mit der der Kontext abgebrochen werden kann. Das Beispiel in Listing 5.8 nutzt zusätzlich die Funktion `time.AfterFunc`, um die Cancel-Funktion nach einer bestimmten Zeit aufzurufen.

```
ctx, cancel = context.WithCancel(context.Background())
time.AfterFunc(5*time.Second, cancel)
for s := range loop(ctx) {
    log.Println(s)
}
```

Listing 5.8 Angepasste main-Funktion mit context.WithCancel

Die Kombination von Go-Routinen mit einem `context.Context` ermöglicht recht schlanke, übersichtliche Funktionen, die mit Abbruchsignalen umgehen können.

Die Funktionalität finden Sie, wie erwähnt, an vielen Stellen in der Go-Standardbibliothek. Im folgenden Abschnitt werden wir uns den Einsatz in einer HTTP-Kommunikation ansehen.

5.1.4 Kontextabhängige Werte setzen

Der zweite Einsatzzweck des `context`-Packages ist die Weitergabe von kontextabhängigen Werten. Die Funktion `context.WithContext` erstellt einen neuen entsprechenden Kontext, in dem die beim Aufruf angegebenen Werte enthalten sind. Die Werte können anschließend mit der `Value`-Methode aus dem `Context`-Interface ausgelesen werden.

In Listing 5.9 wurde für den Schlüsselwert, unter dem der eigentliche Wert im Kontext gespeichert wird, ein eigener Typ `contextKey` erstellt. Das ist nicht zwingend erforderlich, da die Parameter auf das leere Interface `interface{}` typisiert sind. Allerdings kann so der Zugriff auf Werte innerhalb des Kontextes, der in verschiedene Komponenten weitergegeben wird, beschränkt werden. Der definierte Typ ist nur innerhalb des aktuellen Packages sichtbar, und die Werte können nur hier ausgelesen werden.

```
package main

import (
    "context"
    "fmt"
)

type contextKey string
```

```
func main() {
    var key contextKey = "test"
    ctx := context.Background()
    ctx = context.WithValue(ctx, key, "world")
    fmt.Println(ctx.Value(key))
}
```

Listing 5.9 Setzen und Auslesen von kontextabhängigen Werten

Kontextabhängige Werte spärlich verwenden

Verwenden Sie die kontextabhängigen Werte nicht für die Weitergabe von geschäftswichtigen Daten. Werte, die in einem Context gespeichert werden, sollten nie zur fachlichen Ausführung einer Anwendung nötig sein (siehe Listing 5.10).

```
func businessCall(username string) {
    //.. was Wichtiges
}
func main() {
    ctx := context.Background()
    vCtx := context.WithValue(ctx, usernameKey, "bob")
    //.. einiges anderes
    businessCall(vCtx.Value(usernameKey).(string))
}
```

Listing 5.10 Fachliche Werte in Context übergeben

Geben Sie Werte immer explizit an. Das macht die Anwendung lesbarer und dadurch auch wartbarer.

```
username := "bob"
//.. einiges anderes
businessCall(username)
```

Listing 5.11 Werte direkt zu übergeben hält die Anwendung übersichtlicher.

Der Einsatz kontextabhängiger Werte ist vor allem für die Weitergabe beispielsweise von *Request-* oder *Correlation-IDs* von Remote-Aufrufen sinnvoll. Diese Werte können Sie zusätzlich im Log ausgeben und damit alle Log-Statements, die zu einer Anfrage gehören, finden.

5.1.5 Context im HTTP-Handler

Jeder HTTP-Request wird in der Go-Standardbibliothek direkt mit einem neuen Context-Objekt ausgestattet, das über das Feld Context am Request-Objekt ausgelesen und weiterverwendet werden kann. Bricht ein Client z. B. die HTTP-Verbindung zum Server ab, wird auch der entsprechende `Context` abgebrochen.

Zum Testen dieses Verhaltens können Sie die Handler-Implementierung aus Listing 5.12 verwenden, die eingehende Anfragen blockiert und erst nach 20 Sekunden eine Antwort liefert. Über ein Select-Statement und den Request-Context werden z. B. Client-Abbrüche signalisiert.

```
func handleCall(res http.ResponseWriter, req *http.Request) {
    ctx := req.Context()
    select {
    case <-ctx.Done():
        fmt.Println("closing connection to client")
        return
    case <-time.After(20 * time.Second):
        fmt.Fprintln(res, "Hello World")
    }
}
```

Listing 5.12 Blockierender HTTP-Handler zum Testen von Verbindungsabbrüchen

Einen Client-Abbruch können Sie beispielsweise erreichen, indem Sie die URL in Ihrem Browser aufrufen und diesen dann schließen.

5.2 Error-Handling

Im Vergleich zu anderen Programmiersprachen werden in Go Fehler über Werte zurückgeliefert und müssen direkt an der Stelle behandelt werden, an der sie auftreten.

In Sprachen mit einem Try-Catch-Statement, wie beispielsweise Java, wird immer davon ausgegangen, dass jede Methode nur im Erfolgsfall Rückgabewerte liefert. Der Fehlerfall wird über *Exceptions* ausgedrückt und muss neben dem normalen Programmablauf behandelt werden. Welchen Ablauf das Programm nach dem Auftreten eines Fehlers nimmt, ist manchmal schwer nachzuvollziehen.

> *Reliable software cannot be written with unchecked exceptions, yet checked exceptions have never been repeated by any other language other than java.*
> *– Dave Cheney*

Go wurde für Umgebungen entwickelt, in denen Fehlersituationen an der Tagesordnung sind und zur Normalität zählen. Aus diesem Grund soll eine Fehlerbehandlung bereits so gut wie möglich in den normalen Ablauf integriert sein.

Zwei Punkte unterscheiden sich in Go von vielen anderen Sprachen:

- Fehler müssen explizit behandelt werden und sind im normalen Programmablauf verankert.
- Fehler sind Werte.

  Errors are Values – Go-Proverb

Panic und recover

Mit der Funktion `panic` und einem `recover`-Aufruf *könnten* Sie das Verhalten von *Exceptions* versuchen nachzubauen. Die beiden Funktionen sind jedoch nicht dafür gedacht, und Sie sollten Fehlersituationen explizit über Error-Werte handhaben.

Durch die Nutzung von `panic` wird der normale Programmablauf unterbrochen, und es ist nicht mehr ersichtlich, ob eine Funktion Fehler zurückliefert.

5.2.1 Fehlerbehandlung weniger ausführlich gestalten

Ein Kritikpunkt bei Go besteht darin, dass die Fehlerbehandlung ungeschickt ist und dadurch sehr umfangreich werden kann. Mit einfachen Mitteln können Sie dieser Situation in Ihrem Code entgegenwirken und diesen zusätzlich übersichtlicher gestalten. Nehmen Sie das Beispiel aus Listing 5.13 als Ausgangsbasis. Der Code schreibt Text in eine zuvor geöffnete Datei, und die von der `fmt.Fprintln`-Methode zurückgelieferten Fehler werden jeweils explizit behandelt.

```
func main() {
    f, err := os.OpenFile("test.txt", os.O_WRONLY, os.ModePerm)
    if err != nil {
        log.Fatal(err)
    }
    defer f.Close()
    _, err = fmt.Fprintln(f, "Hello World")
    if err != nil {
        log.Fatal(err)
    }
    _, err = fmt.Fprintln(f, "Hello World")
    if err != nil {
        log.Fatal(err)
    }
    fmt.Println(f)
}
```

Listing 5.13 Ausführliches Error-Handling-Beispiel

In Go sind auch *Error* Werte, mit denen programmiert werden kann. Diesen Zustand können Sie sich zu Nutze machen.

Durch eine Umstellung des Quellcodes und die Verschiebung des Schreibzugriffs in eine separate Funktion können Sie erreichen, dass der aufrufende Code nicht mehr bei jedem Schreibvorgang eine Fehlersituation abfragen muss.

In Listing 5.14 wurde die `write`-Funktion eingeführt, in der die Schreibzugriffe nun gekapselt sind und auftretende Fehler in der Variablen `err` gespeichert werden. Der aufrufende Code kann am Ende einmalig auf eine Fehlersituation prüfen.

```
var err error
var f *os.File

func write(text string) {
    if err != nil {
        return
    }
    _, err = fmt.Fprintln(f, text)
}

func main() {
    f, err = os.OpenFile("test.txt", os.O_WRONLY, os.ModePerm)
    //..Fehlerbehandlung
    write("Hello world 2")
    write("Hello world 2")
    if err != nil {
        log.Fatal(err)
    }
    fmt.Println(f)
}
```

Listing 5.14 Erweitertes Error-Handling-Beispiel mit expliziter write-Funktion

Durch eine weitere Umstellung des Quellcodes und die Auslagerung des Schreibvorgangs in einen eigenen Typ wird der aufrufende Code noch etwas übersichtlicher, und es werden nicht so viele Variablen auf Package-Ebene benötigt.

Im Beispiel in Listing 5.15 ist die gesamte Schreiblogik in den neu erstellten Typ `writer` ausgelagert. Dieser besitzt zwei Felder, in denen der aktuelle Zustand und der entsprechende `io.Writer` gespeichert sind.

Mit der zusätzlichen Methode `Err` kann am Ende der Schreibzugriffe der Zustand abgefragt und ausgewertet werden.

In der Go-Standardbibliothek wird dieser Ansatz beispielsweise analog im Typ `bufio.Scanner` angewendet, um Daten einzulesen.

```
func NewWriter(w io.Writer) *writer {
    return &writer{w, nil}
}

type writer struct {
    w   io.Writer
    err error
}

func (w *writer) write(text string) {
    if w.err != nil {
        return
    }
    _, w.err = fmt.Fprintln(w.w, text)
}

func (w *writer) Err() error {
    return w.err
}

func main() {
    f, err := os.OpenFile("test.txt", os.O_WRONLY, os.ModePerm)
    //..Fehlerbehandlung
    w := NewWriter(f)
    w.write("Hello world 3")
    w.write("Hello world 3")
    if err = w.Err(); err != nil {
        log.Fatal(err)
    }
}
```

Listing 5.15 Fehlerbehandlung im eigenen writer-Typ

5.2.2 Fehlerverhalten statt Fehlertyp

Fehlersituationen werden in Go über Fehlerwerte vom Interface-Typ `error` zurückgeliefert. Clients, die von einer Funktion einen nicht leeren Fehlerwert zurückerhalten, sollten keine Annahmen darüber treffen, welchen Zustand die restlichen Rückgabewerte besitzen – zumindest so lange nicht, bis sie ermittelt haben, um was für einen Fehlertyp es sich handelt.

In den meisten Fällen wird die genaue Fehlerursache allerdings nur eine untergeordnete Rolle spielen, da der normale Programmfluss, unabhängig vom Fehlertyp, unterbrochen werden muss. Wenn Sie allerdings z. B. bei Fehlern von Remote-Zugriffen feststellen, dass es sich um einen temporären Fehler handelt, kann eine Wiederholung der Aktion sinnvoll sein.

Eine Prüfung auf einen Fehlertyp könnte wie Listing 5.16 mittels Cast durchgeführt werden. Im Beispiel wird versucht, den Rückgabewert der Funktion in einen `net.Error`-Typ zu wandeln, um anschließend mit der Methode `Timeout` auf einen Timeout-Fehler zu prüfen.

```
err := callRemoteService()
if nerr, ok := err.(net.Error); ok && nerr.Timeout() {
    //nochmal versuchen
    //...
}
```

Listing 5.16 Prüfung auf Error-Typ mittels Cast

Dieses Vorgehen führt dazu, dass die genauen Fehlertypen oder auch Fehlercodes, auf die geprüft wird, außerhalb des aufgerufenen Packages bekannt sein müssen und somit einen weiteren Teil des exportierten APIs darstellen. Werden die Schnittstelle bzw. die Fehlercodes angepasst, müssen eventuell auch die Clients der API angepasst werden.

Unabhängig davon, ob auf einen Fehlertyp oder einen Fehlercode geprüft wird, stellt es in beiden Fällen einen direkten Vergleich mit einem konkreten Wert da, den Sie am besten vermeiden sollten.

Dave Cheney, ein bekannter *Open-Source-Contributor* und Mitglied des Go-Teams, empfiehlt einen Ansatz, bei dem nicht auf einen konkreten Typ, sondern auf ein bestimmtes Fehlerverhalten geprüft wird.

Der Vorschlag nutzt die impliziten Interface-Implementierungen von Go und stellt dadurch die Typprüfung auf eine Verhaltensprüfung um. In Listing 5.17 ist die Prüfung, ob der Fehler mit einem Timeout zu tun hat, in eine separate Funktion ausgelagert.

```
func isTimeout(err error) bool {
    type timeout interface {
        Timeout() bool
    }
    v, ok := err.(timeout)
    if !ok {
        return false
```

```
    }
    return v.Timeout()
}
```

Listing 5.17 Prüfung, ob ein Error etwas mit einem Timeout zu tun hat

Der Aufrufende vertraut in diesem Fall nicht auf Typen oder Fehlercodes des ursprünglichen Packages, sondern prüft auf ein von ihm bestimmtes Verhalten, mit einem eigenen Interface, das eventuell vom erhaltenen Fehler implizit implementiert wird.

Achten Sie bei eigenen Fehlern, die Sie aus einer API herausgeben, darauf, dass Sie Ihre Fehler mit Verhalten ausstatten und dass Sie bekannte Interface-Methoden wie z. B. `Timeout` oder `Temporary` implementieren. Diese beiden Methoden sind z. B. im `net`-Package der Go-Standardbibliothek für alle zurückgelieferten Fehler implementiert.

5.3 Projekte sinnvoll organisieren

Für die Organisation von Go-Quellcode haben sich verschiedene Ansätze verbreitet. Die Sprache selbst macht keine Vorgaben, wie *Repositories*, in denen Go-Code abgelegt ist, strukturiert sein sollen.

Grundsätzlich sollte eine Projektstruktur

- konsistent aufgebaut und über alle Projekte eingehalten werden,
- so einfach wie möglich strukturiert sein,
- lose gekoppelt sein,
- die Navigation in der Struktur einfach machen und
- die Erstellung von Unit-Tests einfach gestalten.

> *Man muß die Dinge so einfach wie möglich machen. Aber nicht einfacher.*
> *– Albert Einstein*

5.3.1 Übergreifendes

Egal wie man Projekte strukturiert – einige Ansätze, Überlegungen oder Vorgehen sind wichtig. Und einige von ihnen haben sich so weit verbreitet und durchgesetzt, dass man schon fast von einem »Standard« sprechen kann.

Das cmd-Verzeichnis

Ein Strukturelement, das sich in vielen ausführbaren Go-Projekten etabliert hat, ist das *cmd*-Verzeichnis. Für reine Bibliotheken ist das Verzeichnis nicht relevant.

Unterhalb des *cmd*-Verzeichnisses befindet sich das Main-Package mit entsprechender `main`-Funktion, um die Applikation zu starten. Sollen mehrere ausführbare Dateien entstehen, werden die entsprechenden Main-Packages in entsprechenden Unterverzeichnissen abgelegt. Jedes dieser Verzeichnisse sollte den Namen der späteren ausführbaren Datei tragen.

```
├── cmd
│   ├── myapp
│   │   └── myapp.go
│   └── mycli
│       └── mycli.go
├── handler.go
├── registration.go
└── service.go
```

Abbildung 5.2 Projektstruktur mit cmd-Verzeichnissen

Die Main-Packages sollten hierbei möglichst übersichtlich und schlank gehalten werden. Benötigter Code sollte aus den eigentlichen Anwendungs-Packages importiert werden.

Ein Beispiel für einen solchen Ansatz finden Sie z. B. im Kubernetes-Projekt:

https://github.com/kubernetes/kubernetes/tree/master/cmd

Main-Packages möglichst klein halten

Halten Sie Ihre Main-Packages und Ihre main-Funktion möglichst klein und übersichtlich.

Main-Funktionen können nicht mit Unit-Tests abgedeckt werden und sollten nur das Nötigste, wie das Auswerten von Kommandozeilenparametern und das Starten der eigentlichen Business-Funktionalität, enthalten.

Internal Packages

Go ermöglicht es, Komponenten innerhalb von Packages zu entwickeln und darin zu kapseln. Über Groß- und Kleinschreibung der Bezeichner können Bestandteile eines Packages als exportiert oder als interne Komponenten ausgezeichnet werden.

Zugriffe von außerhalb des Packages werden bei exportierten, also großgeschriebenen Bestandteilen, erlaubt. Eine weitere Unterscheidung bzw. Zugriffskontrolle findet nicht statt.

Seit der Go-Version 1.4 haben Sie allerdings die Möglichkeit, Packages als *internal* zu kennzeichnen und den Zugriff von außerhalb des Projekts zu unterbinden. Die Restriktion wird in diesem Fall nicht von der Sprache selbst definiert, sondern die Go-Tools sorgen dafür, dass ein entsprechender Import nicht möglich ist.

Internal Packages werden über den Verzeichnisnamen *internal* ausgezeichnet. Auf diese Packages kann nur aus Packages zugegriffen werden, die denselben Wurzelknoten besitzen.

Im Beispiel in Abbildung 5.3 ist das Package `a/b/c` der Wurzelknoten des `internal`-Packages. Das bedeutet, dass alle Packages unterhalb dieses Packages das `internal`-Package importieren können. Andere Packages können dies nicht.

Konkret heißt das im Beispiel: In den Dateien *runner.go* und *app.go* kann das Package `f` importiert werden. In der Datei *helper.go* ist das nicht möglich.

```
├── a
│   └── b
│       ├── c
│       │   ├── g
│       │   │   └── app.go
│       │   ├── internal
│       │   │   └── d
│       │   │       └── e
│       │   │           └── f
│       │   │               └── accessor.go
│       │   └── runner.go
│       └── g
│           └── helper.go
└── go.mod
```

Abbildung 5.3 Internal Package mit beschränktem Zugriff

Diese Aufteilung können Sie sich bei einigen Open-Source-Projekten auf GitHub.com anschauen – z. B. bei dem gRPC-Package von Golang:

https://github.com/grpc/grpc-go/tree/master/internal

Internal Packages zum Abschotten

Wenn Sie innerhalb Ihres Projekts mehrere Packages verwenden, aber nicht sämtliche Komponenten daraus über Ihre Projektgrenze hinweg exportieren möchten, setzen Sie *internal*-Packages ein. Das reduziert die öffentliche API der Projekte, und bei Änderungen innerhalb des `internal`-Packages muss keine Rücksicht auf externe Clients genommen werden.

Ein pkg-Verzeichnis

Weit verbreitetet ist auch der Ansatz, Quelldateien, die für eine externe Nutzung gedacht sind, unterhalb des Verzeichnisses *pkg* abzulegen. Manche Projekte speichern sämtliche Go-Dateien innerhalb dieses *pkg*-Verzeichnisses, um Go-Code von anderen Dateien, wie z. B. Dockerfiles oder CI/CD-Skripten, zu trennen.

Obwohl dies Auswirkungen auf den Import-Path haben kann und nicht direkt von den Go-Tools forciert wird, kann es in Projekten, in denen außer Go-Code viele andere Dateien abgelegt sind, für eine bessere Übersicht sorgen.

Das Istio-Projekt – ein weiteres bekanntes Open-Source-Projekt, das auf Go setzt – nutzt beispielsweise *pkg*-Verzeichnisse zur Organisation von Code. In Abbildung 5.4 ist ein Ausschnitt aus der Projektstruktur unterhalb des Verzeichnisses *istioctl* gezeigt, das sich im Wurzelverzeichnis des Projekts befindet.

Der Import-Pfad des Istio-Root-Packages ist `istio.io/istio`. Möchten Sie z. B. das Package `clioptions` aus dem `istioctl`-Unterverzeichnis importieren, lautet der Import-Pfad:

`istio.io/istio/istioctl/pkg/clioptions`.

```
.
├── cmd
│   ├── istioctl
│   └── testdata
├── docker
└── pkg
    ├── authz
    ├── clioptions
    └── convert
```

Abbildung 5.4 Projektstruktur des Istio-Projekts

Package-Namen

Quellcode wird in Go innerhalb von Packages organisiert, und jedes dieser Packages sollte Code für genau einen Einsatzzweck enthalten. Der Package-Name sollte prägnant, als kurz und aussagekräftig, sein und möglichst die Aufgabe des Packages beschreiben.

Die Go-Standardbibliothek gibt hier ein gutes Beispiel ab (siehe Abbildung 5.5). Ein Package-Name wie `encoding` ist kurz und sagt bereits viel über die Aufgabe dieses Packages aus. Die Komponenten in diesem Package enkodieren bzw. dekodieren Daten in und von externen Formaten.

```
archive/   compress/   debug/     fmt/     index/     mime/     reflect/  strings/   text/
bufio/     container/  encoding/  go/      internal/  net/      regexp/   sync/      time/
builtin/   context/    errors/    hash/    io/        os/       runtime/  syscall/   unicode/
bytes/     crypto/     expvar/    html/    log/       path/     sort/     testdata/  unsafe/
cmd/       database/   flag/      image/   math/      _plugin/  strconv/  testing/   vendor/
```

Abbildung 5.5 Packages der Go-Standardbibliothek

In der Go-Standardbibliothek werden zudem Packages, die ähnliche Funktionalitäten liefern, aber eine eigene Implementierung darstellen, als Kind-Packages eines übergeordneten Eltern-Packages verwaltet.

Im Beispiel des `encoding`-Packages heißt das, dass es z. B. Unter-Packages für die Enkodierung von `json`, `xml` oder `base64` enthält. Das Eltern-Package enthält lediglich Schnittstellenbeschreibungen, die von den Kind-Packages implementiert werden.

Durch einen sprechenden Package-Namen wird Ihr Code lesbarer. Nehmen Sie das Beispiel aus Listing 5.18, und versuchen Sie, die Aufgaben der einzelnen Funktionen aus den Packages `util` und `json` zu bestimmen.

```
util.ParseValue(value)
json.Marshal(data)
```

Listing 5.18 Vergleich von Package-Namen und deren Aufgabe

Der `json.Marshal`-Aufruf ist aussagefähig. Hier wird klar, dass die Daten »gemarshalt«, also serialisiert, werden sollen. Bei der Funktion `ParseValue` aus dem `util`-Package ist die Aufgabe nicht so leicht zu bestimmen, und Sie müssten sich die Implementierung etwas genauer anschauen.

Mit einem alternativen Funktionsnamen wie z. B. `ParseJSON` kann man zwar die Lesbarkeit wieder verbessern, aber der *Idiomatic-Go-Weg* besteht in einer passenden Namensvergabe für das Package.

5.3.2 Verwaltungsstile

Einzelne Go-Komponenten werden in Packages entwickelt und verwaltet. Wie viele Komponenten sich in einem Package befinden oder wie viele Packages in einem Projekt enthalten sein sollen, dazu allerdings wird von der Programmiersprache keine Aussage getroffen.

In der Folge haben sich verschiedene Verwaltungsstile entwickelt, die jeweils Vor- und Nachteile besitzen.

Im Internet finden Sie zudem eine Projektvorlage, die in der Go-Community entstanden ist und immer weiterentwickelt wird. Mit dieser Vorlage können Sie Go-Projekte starten und haben damit bereits einen gewissen Rahmen vorgegeben. Eine interne Package-Struktur wird allerdings in der Vorlage nicht dargestellt.

https://github.com/golang-standards/project-layout

Monolithische oder flache Projektstruktur

Bei einem monolithischen Projektansatz werden alle Quellen zu einem Projekt innerhalb eines einzigen Verzeichnisses gespeichert. Einzelne Komponenten werden in separaten Go-Dateien gepflegt (siehe Abbildung 5.6).

Dieser Projektstil ist der einfachste und eignet sich vor allem für kleinere Projekte, in denen wenige Komponenten enthalten sind, oder als Ausgangspunkt für ein neues Projekt, bei dem noch nicht alle Anwendungsbestandteile bekannt sind.

```
.
├── handler.go
├── main.go
├── registration.go
└── service.go
```

Abbildung 5.6 Flache Projektstruktur

Mit diesem Ansatz lassen sich schnell konkrete Probleme umsetzen, und Sie müssen nicht für jede neue Komponente erneut entscheiden, wo Sie sie ablegen. Die Navigation innerhalb des Projekts ist trivial, und die Gefahr von zyklischen Abhängigkeiten zwischen den einzelnen Komponenten besteht ebenfalls nicht.

Soll die Anwendung ausführbar sein, können Sie diesen Ansatz, wie z. B. in Abbildung 5.2 gezeigt, mit einem *cmd*-Verzeichnis ausstatten. Dadurch müssen sich die Anwendungskomponenten nicht mehr im Main-Package befinden, und sie können von anderen Packages importiert werden.

Ein Nachteil dieses Ansatzes kann in der fehlenden Kapselung der einzelnen Komponenten bestehen. Da sich alle Bestandteile in einem Package befinden, können sich diese – ohne Einschränkung – gegenseitig verwenden.

Eine weit verbreitete Empfehlung in der Go-Community besteht darin, mit einer flachen Struktur zu starten, und wenn sich das Projekt entwickelt, die Struktur entsprechend anzupassen. Auch hier greift der Ansatz: Keep it simple.

Projektname	URL
GJSON	*https://github.com/tidwall/gjson*
Go Yaml	*https://github.com/go-yaml/yaml*

Tabelle 5.1 Beispiele für Projekte, die eine flache Struktur einsetzen

Funktionsorientierte bzw. schichtenorientierte Projektstruktur

Dieser Ansatz der Projektorganisation besteht in einer funktionsorientierten bzw. schichtorientierten Ablage der Komponenten, wie sie häufig in MVC-Frameworks zum Einsatz kommt (siehe Abbildung 5.7).

Hier werden die Komponenten nach ihrer Funktion bzw. zugehörigen Anwendungsschicht in verschiedene Packages unterteilt. Das Package `handlers` enthält z. B. alle HTTP-Handler-Implementierungen.

Der Ansatz wird Ihnen bekannt vorkommen, wenn Sie bereits mit anderen Frameworks oder anderen Sprachen gearbeitet haben. In Java- oder Rails-Anwendungen ist dieser Stil weit verbreitet.

```
.
├── cmd
│   └── main.go
├── handlers
│   ├── customer.go
│   └── registration.go
├── models
│   ├── customer.go
│   └── registration.go
├── services
│   ├── customer.go
│   └── registration.go
└── storage
    ├── db.go
    └── xml.go
```

Abbildung 5.7 Funktionsorientierte Projektablage

Ein Nachteil dieses Ansatzes besteht in der Namensgebung der enthaltenen Komponenten. Der Package-Name `handlers` wird sich im Typ-Namen des User-Handlers widerspiegeln: `handlers.UserHandler`. Das wird nicht zur Übersichtlichkeit und Aussagefähigkeit des Codes beitragen.

Werden Komponenten in mehreren Schichten verwendet, muss geklärt werden, in welcher der Schichten sie abgelegt werden und wer diese Komponenten initialisieren soll.

In Anwendungen, die keine klar in eine Richtung gerichtete Abhängigkeiten besitzen, besteht die Gefahr von zyklischen Abhängigkeiten zwischen den Packages, was ein Kompilieren wie in Listing 5.19 unmöglich macht. In diesem Beispiel enthält das Package `models` eine Abhängigkeit zum Package `storage`, und das wiederum verwendet die Modeltypen für die Speicherung der Daten.

```
import cycle not allowed
package main
        imports layeredsample/models
        imports layeredsample/storage
        imports layeredsample/models
```

Listing 5.19 Zyklische Abhängigkeiten in einem funktionsorientierten Projekt

Modulbasierte Projektstruktur

Die Aufteilung der Anwendung in Anwendungsmodule stellt eine weitere Möglichkeit der Projektstrukturierung dar. Bei diesem Ansatz werden alle zu einem Modul gehörigen Bestandteile in einem Package zusammengefasst.

Einige Open-Source-Projekte setzen diese Struktur ein. Sie gibt vor allem bei Projekten Sinn, die unabhängige Aspekte implementieren, die wenige bis keine Abhängigkeiten besitzen.

Bei Microservice-basierten Anwendungen kann eine solche Projektstruktur wieder zu den Problemen mit der Namensgebung und den zyklischen Referenzen zwischen den Packages führen – wenn z. B. für eine Registrierung ein Benutzer benötigt wird oder auch umgekehrt.

```
.
├── cmd
│   └── main.go
├── registration
│   ├── handler.go
│   ├── registration.go
│   └── service.go
├── storage
│   ├── db.go
│   └── xml.go
└── user
    ├── handler.go
    ├── service.go
    └── user.go
```

Abbildung 5.8 Umgesetzte Modul-Struktur in einem Projekt

Projektname	URL
Go Cloud	*https://github.com/google/go-cloud*
Prometheus	*https://github.com/prometheus/prometheus*
Hugo	*https://github.com/gohugoio/hugo*

Tabelle 5.2 Beispiele für Projekte mit einer modulbasierten Struktur

Abhängigkeitsbasierte oder domänenbasierte Projektstruktur

Mit Vorträgen und Artikeln haben Ben Johnson und Brian Ketelsen einen weiteren Strukturierungsansatz für Go-Projekte bekanntgemacht.

Die von ihnen vorgestellten Ansätze basieren auf folgenden Grundideen:

- Im Wurzelverzeichnis befinden sich alle für die Domäne wichtigen Typen.
- Jede Abhängigkeit bekommt ein separates Package.
- Ein Mock-Package wird von allen anderen Packages zum Testen verwendet.
- Das Main-Package konfiguriert die Anwendung und bringt alles zusammen.

Diese Ansätze ähneln sehr den Prinzipien des *Domain Driven Designs* und der sogenannten *hexagonalen Architektur*, in der das Domänenmodell im Zentrum steht und Zugriffe nur über sogenannte Ports bzw. Interfaces und Adapter möglich sind.

Für Microservices mit einem klaren *Bounded Context* scheint dieser Ansatz perfekt zu passen.

```
.
├── cmd
│   └── main.go
├── http
│   └── rest
│       └── handler.go
├── postgres
│   ├── registration_service.go
│   └── user_service.go
├── registration.go
└── user.go
```

Abbildung 5.9 Abhängigkeitsbasierte Struktur

Domänenobjekt im Wurzelverzeichnis

Innerhalb des Wurzelverzeichnisses des Projekts werden nach diesem Ansatz alle für die Domäne relevanten Typen wie Structs oder fachliche Interfaces definiert. Die Typen besitzen keinerlei Abhängigkeit zu anderen Packages.

Im Beispiel aus Abbildung 5.9 werden z. B. in der Datei *user.go* ein `User` und ein entsprechendes `UserService`-Interface definiert, mit dem ein Benutzer gespeichert, geladen und gelöscht werden kann (siehe Listing 5.20).

```
package applicationx

type User struct {
    ID   int
    name string
}

type UserService interface {
    CreateUser(u *User) error
    ReadUser(id int) (*User, error)
    DeleteUser()
}
```

Listing 5.20 Inhalt der Datei user.go

Business-Funktionalität, die sich über mehrere Domänenobjekte oder Domänen-Interfaces erstreckt, wird ebenfalls im Wurzel-Package des Projekts implementiert und besitzt keine direkte Abhängigkeit zu anderen Packages.

Dieser Ansatz hält das Root-Package klar strukturiert und unabhängig von der zugrundeliegenden Technologie.

Abhängigkeiten in separaten Verzeichnissen

Benötigte Abhängigkeiten der Anwendung werden jeweils in separaten Unter-Packages durch die Umsetzung der Domänen-Interfaces eingebunden. Die in den Packages enthaltenen Implementierungen fungieren hierbei als Adapter zwischen der Anwendung und externen Bibliotheken.

Im Beispiel werden die Daten in einer SQL-basierten Postgres-Datenbank gespeichert, und entsprechend befindet sich in der Datei *user_service.go* eine Implementierung des `UserService`-Interface.

Die Abhängigkeits-Packages können Typen aus dem Domänen-Package, also dem Wurzel-Package, importieren und diese auch nutzen.

```
package postgres

import "applicationx"

//Interface-Implementierung sicherstellen
var _ applicationx.UserService = &UserService{}

type UserService struct{}

func (us *UserService) CreateUser(user *applicationx.User) error {
    //.. Impl
}

func (us *UserService) DeleteUser(id int) error {
    //.. Impl
}

func (us *UserService) ReadUser(id int) (*applicationx.User, error) {
    //.. Impl
}
```

Listing 5.21 Implementierung des UserService für Postgres

Mit diesem Ansatz sind Definition und Implementierung lose gekoppelt, und ein Austausch der entsprechenden Umsetzung ist möglich. Die Abstraktion der technischen Details ermöglicht Ihnen zusätzlich – wie wir es auch schon bei den HTTP-Middlewares gesehen haben –, ein *Decorator-Pattern* anzuwenden und weitere Funktionalität durch Konfiguration einzubauen.

Eine direkte Kommunikation zwischen den Abhängigkeiten ist in diesem Ansatz nicht angedacht und muss immer über fachliche Interfaces abstrahiert und entkoppelt werden. Die Anwendungsteile sollen möglichst unabhängig voneinander bleiben.

Soll z. B. beim Speichern eines Benutzers zusätzlich eine E-Mail versendet werden, muss ein weiteres Interface für das Senden der Nachricht erstellt und entsprechend beim Speichern aufgerufen werden – entweder aus dem `postgres`-Package heraus oder besser über einen separaten Service im Domänen-Package, der beide Aktionen, also Speichern und Senden, zusammen durchführt. Wie das tatsächliche Senden der E-Mail stattfindet, ist dann der Implementierung dieses `EMailService` überlassen. Dies muss nicht direkt geschehen, sondern kann auch über asynchrone Messages entkoppelt werden.

Für Ben Johnson sind auch Abhängigkeiten zur Go-Standardbibliothek als extern zu betrachten und müssen in separaten Packages eingebunden werden. Das Beispiel aus Abbildung 5.9 enthält aus diesem Grund das Package `http/rest`, in dem die HTTP-Handler-Implementierung des Projekts enthalten ist.

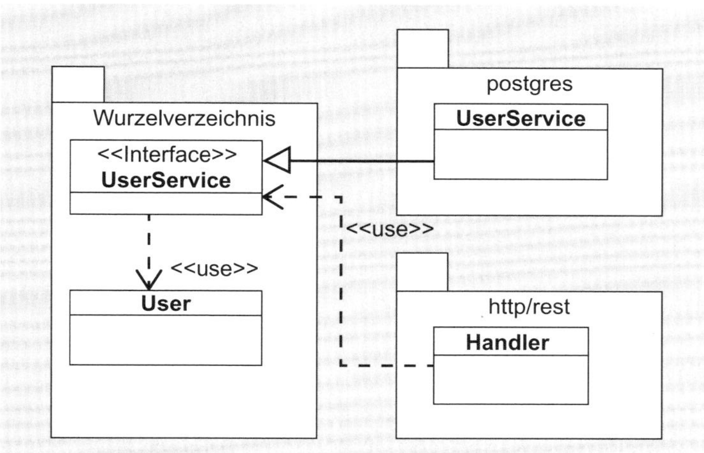

Abbildung 5.10 Abhängigkeiten innerhalb des Abhängigkeits-Projekts

Listing 5.22 zeigt eine Closure-basierte Implementierung des Handlers, die wiederum nur eine Abhängigkeit zum Domänen-Package enthält.

```
func Handler(us applicationx.UserService) http.HandlerFunc {
    return func(w http.ResponseWriter, r *http.Request) {
        user := …//Den User aus dem Request auslesen
        us.CreateUser(user)
        //Fehler behandeln und Rückgabe erzeugen
    }
}
```

Listing 5.22 Closure-basierte Handler-Implementierung

Mock-Packages zum Testen

Die Abstraktion der Schnittstellen ermöglicht nicht nur den möglichen Austausch einer Abhängigkeit, sondern auch den Einsatz von Mock-Implementierungen beim Testen. Diese sind in diesem Ansatz unterhalb des mocks-Packages untergebracht.

Mock-Implementierungen können Sie entweder selbst implementieren, oder Sie nutzen z. B. die gomock-Bibliothek, mit der Sie für ein Interface eine Mock-Implementierung erstellen lassen können.

Die Mock-Implementierung von gomock enthält dann bereits Methoden, mit denen Sie Aufrufe von Interface-Implementierungen erwarten können. Listing 5.23 zeigt ein Beispiel, in dem mindestens ein Aufruf der CreateUser-Methode durch den Handler erwartet wird.

```
func TestHandler(t *testing.T) {
    ctrl := gomock.NewController(t)
    defer ctrl.Finish()
    userService := mocks.NewMockUserService(ctrl)
    handlerFunc := Handler(userService)
    w := httptest.NewRecorder()
    r, _ := http.NewRequest("GET", "/egal", nil)
    //wird der Service überhaupt aufgerufen?
    userService.EXPECT().CreateUser(gomock.Any()).MinTimes(1)
    handlerFunc(w, r)
}
```

Listing 5.23 Das Prüfen erwarteter Aufrufe mit gomock

Main Package stellt Anwendung zusammen

Die Konfiguration der Anwendung übernimmt das Main-Package, das über *Dependency Injection* die einzelnen lose gekoppelten Komponenten zu einer Anwendung zusammenstellt.

Listing 5.24 instanziiert einen Postgres-UserService und injiziert diesen in die Handler-Implementierung. Diese wird im Anschluss am HTTP-Server angemeldet.

```
package main

import (
    "net/http"

    "applicationx/http/rest"
    "applicationx/postgres"
)
```

```
func main() {
    us := &postgres.UserService{}
    http.HandleFunc("/", rest.Handler(us))
    http.ListenAndServe(":8080", nil)
}
```

Listing 5.24 Konfiguration der Anwendung im Main-Package

5.4 Code-Schnipsel und Tipps und Tricks

In diesem Abschnitt werden wir uns verbreitete Implementierungsvarianten und kleinere Code-Schnipsel anschauen, die Ihnen bei der Entwicklung von Anwendungen helfen sollen.

Die Beispiele stammen unter anderem aus verschiedenen Artikeln und Go-Vorträgen aus der Go-Community.

Beispiele online verfügbar

Die vorgestellten Beispiele finden Sie auch online unter:

https://github.com/sourcefellows/gobuch/tree/master/best-practices

5.4.1 Dateien lesen und schreiben

Ein Thema, das bisher noch nicht betrachtet wurde, ist das Lesen und Schreiben von Dateien mit Go.

Das Package `io/ioutil` enthält einige *Convenience-Funktionen*, mit denen Sie recht einfach Dateizugriffe umsetzen können. Mit der Methode `ReadAll` können Sie zum Beispiel wie in Listing 5.25 den kompletten Inhalt einer Datei in ein `[]byte` einlesen.

```
import (
    "io/ioutil"
    ...
)

func main() {
    bites, err := ioutil.ReadFile("test.txt")
    if err != nil {
        log.Fatal(err)
    }
```

```
    fmt.Printf("%s\n", bites)
    fmt.Println(string(bites))
}
```

Listing 5.25 Dateien komplett einlesen

Einfache Schreibvorgänge lassen sich mit der `WriteAll`-Funktion umsetzen.

```
toWrite := []byte("Hello World!")
err := ioutil.WriteFile("test2.txt", toWrite, 0644)
if err != nil {
    log.Fatal(err)
}
```

Listing 5.26 Schreiben von Dateien über ioutils-Package

Größere Dateien, die nicht komplett in ein `[]byte` eingelesen werden sollen, können Sie z. B. über das Scanner-Interface aus dem `bufio`-Package zeilenweise einlesen. Die `Scan`-Methode des Interface ermittelt den nächsten Token innerhalb des übergebenen `io.Reader`s und liefert, sobald keine Tokens mehr gefunden werden, den Wert `false`.

```
f, err := os.Open("main.go")
if err != nil {
    log.Fatal(err)
}
defer f.Close()

scanner := bufio.NewScanner(f)
for scanner.Scan() {
    fmt.Println(scanner.Text())
}
```

Listing 5.27 Einlesen größerer Textdateien mit Hilfe des Scanner-Interface

Der Scanner kann auch mit alternativen Split-Methoden konfiguriert werden, so dass Sie auch wortweise iterieren können.

```
scanner.Split(bufio.ScanWords)
```

Listing 5.28 Setzen einer alternativen Split-Funktion für einen Scanner

In Abschnitt 5.4.4, »Single-Method-Interface und Function-Types«, werden wir die *Function-Types* betrachten, die in der Scanner-Schnittstelle verwendet werden.

5.4.2 Stucts auf Kommandozeile ausgeben

Die Ausgabe eines Structs auf der Kommandozeile oder innerhalb eines Log-Statements ist oftmals nötig. Werden die Daten allerdings, wie in Listing 5.29, mit einem einfachen `fmt.Println` und der Angabe des `%v`-Verbs ausgegeben, kann die Ausgabe bei größeren Structs unübersichtlich werden, da keine Feldnamen mit ausgegeben werden.

```
import "fmt"

type Tester struct {
    Name    string
    Alter   int
    Sonstwas string
}

func main() {
    t := &Tester{Name: "Dingo", Alter: 3, Sonstwas: "Wert"}
    fmt.Printf("%v\n", t)
}
```

Listing 5.29 Ausgabe eines Structs mittels fmt.Printf

Möchten Sie die Ausgabe anpassen und z. B. die Feldnamen mit ausgeben, verwenden Sie den Zusatz »+« bei der Angabe des Verbs (siehe Listing 5.30).

```
fmt.Printf("%+v\n", t)
```

Listing 5.30 Ausgabe des Stucts mit Feldnamen

Oft gibt es mehrere Möglichkeiten der Formatierung. Bevor Sie eigene Implementierungen starten, sollten Sie die umfangreiche Dokumentation des `fmt`-Packages konsultieren, z. B. unter:

https://pkg.go.dev/fmt?tab=doc

Alternativ kann durch die Implementierung einer `String()`-Funktion das Interface `fmt.Stringer` implementiert werden. Es besitzt nur diese eine Methode und wird bei den Ausgaben über `fmt`-Package zur Ausgabe von Werten herangezogen.

```
type StringTester struct {
    Name    string
    Alter   int
    Sonstwas string
}
```

```
func (st *StringTester) String() string {
    return fmt.Sprintf("StringTester %v, Alter: %v", st.Name, st.Alter)
}
```

Listing 5.31 Ausgabe eines Structs über Stringer-Interface

5.4.3 If-Statement mit Initialisierung und Bedingung

Go ermöglicht es, bei einem If-Statement eine Variablen-Initialisierung und eine anschließende Bedingungsprüfung auszuführen. In Kapitel 2 zu den Go-Grundlagen wurde die Syntax bereits dargestellt. An dieser Stelle sollen Anwendungsfälle aufgezeigt werden, in denen die Syntax eingesetzt wird bzw. eingesetzt werden kann.

Prüfung einer Map auf Inhalt

Im Beispiel in Listing 5.32 wird eine *Map* initialisiert, die für Schlüsselwerte des Typs `string` Werte, ebenfalls vom Typ `string`, zulässt. Unter dem Schlüssel `key1` wird der Wert `value1` abgelegt.

Im ersten Teil des If-Statements wird versucht, einen Wert unter dem Schlüssel `key2` aus der Map auszulesen. Die beiden Rückgabewerte des Aufrufs werden im Initialisierungsblock der If-Bedingung den neuen Variablen `v` und `ok` zugewiesen. Im Bedingungsteil des If-Statements, also nach dem Semikolon, wird nur noch der zweite Rückgabewert geprüft.

Die neu definierten Variablen sind nur innerhalb des If-Statements sichtbar und können dementsprechend nur in diesem Kontext verwendet werden.

```
m := make(map[string]string)
m["key1"] = "value1"

if v, ok := m["key2"]; ok {
    fmt.Printf("Wert %v enthalten\n", v)
}
```

Listing 5.32 Map contains Key

Fehlerprüfungen

Ein weiterer gängiger Anwendungsfall für ein erweitertes If-Statement sind Fehlerprüfungen. Das Beispiel aus Listing 5.33 stammt aus dem Package `ioutil` der Go-Standardbibliothek.

Die Funktion `f.Stat` liefert wieder zwei Rückgabewerte, die beide im Initialisierungsblock des If-Statements ausgewertet und zugewiesen werden. Die eigentliche Bedingung des Ausdrucks prüft im zweiten Schritt nur noch den zuvor zugewiesenen Fehlerwert.

```
func ReadFile(filename string) ([]byte, error) {
    f, err := os.Open(filename)
    if err != nil {
        return nil, err
    }
    defer f.Close()
    var n int64 = bytes.MinRead
    if fi, err := f.Stat(); err == nil {
        if size := fi.Size() + bytes.MinRead; size > n {
            n = size
        }
    }
    return readAll(f, n)
}
```

Listing 5.33 ReadFile-Funktion aus ioutil-Package

5.4.4 Single-Method-Interface und Function-Types

In Go ist der Einsatz von sogenannten *Single-Method-Interfaces* verbreitet, also Interfaces mit nur einer Methode. In der Go-Standardbibliothek befinden sich zahlreiche Beispiele wie die Interfaces `io.Writer` oder `io.Reader`.

Oftmals werden die Interfaces um eine Methode definiert, deren Name sich im Interface-Namen widerspiegelt. Um die Methode `Read` entstand das Interface `Reader`.

Ihr Einsatz ist sehr einfach und flexibel. Durch die orthogonale Grundidee von Go haben die Interface-Definition und zugehörige Implementierungen keine direkte Abhängigkeit zueinander. Jeder Typ kann das Interface implementieren, auch unabhängig davon, ob er es kennt oder nicht. Wenn etwas in Go mit einer `Read`-Methode mit passender Signatur ausgelesen werden kann, dann ist es auch ein `io.Reader` und kann dementsprechend verwendet werden.

Durch die Single-Method-Interfaces werden Schnittstellen auf der einen Seite sehr speziell, auf der anderen Seite hingegen auch sehr flexibel einsetzbar. Die Implementierungen dieser Interfaces sind einfach, da für einen Typ nur eine einzige Methode implementiert werden muss.

> *The bigger the interface, the weaker the abstraction. – Go-Proverb*

Neben der Implementierung eines Interface durch einen Struct-Typ haben Sie bei der Umsetzung von HTTP-Services eine weitere Variante kennengelernt. Implementierungen des `http.Handler`-Interface (siehe Listing 5.34) wurden am HTTP-Server angemeldet.

```
type Handler interface {
    ServeHTTP(ResponseWriter, *Request)
}
```

Listing 5.34 Handler-Interface

Die Implementierung des Interface fand in unseren Beispielen allerdings meist nicht innerhalb eines eigenen Stuct-Typs statt, sondern durch eine Funktion, die der Signatur eines definierten *Function-Types* entsprach. In der Folge konnte die Funktion als Implementierung des Handler-Interface verwendet werden.

In Listing 5.35 ist ein solches Konstrukt noch einmal dargestellt. Definiert wird das Interface `Logger` mit der Methode `Log`. Zusätzlich wird ein separater Function-Type namens `LoggerFunc` definiert, der mit der Methode `Log` das Interface implementiert. Hierzu wird als *Receiver* der Funktion der Function-Type angegeben und innerhalb der Implementierung der Receiver, also die eigentliche Funktion, aufgerufen.

```
type Logger interface {
    Log(message string)
}

type LoggerFunc func(message string)

func (l LoggerFunc) Log(message string) {
    l(message)
}
```

Listing 5.35 Function-Type-Definition für ein Single-Method-Interface

Über dieses Konstrukt können nun Funktionen, die dieselbe Signatur wie die `Log`-Methode aufweisen, als Implementierung des Logger-Interface verwendet werden. Sie benötigen keinen separaten Typ mehr für eine Interface-Implementierung.

Einen weiteren Anwendungsfall aus der Go-Standardbibliothek haben Sie in Abschnitt 5.4.1, »Dateien lesen und schreiben«, innerhalb des `bufio`-Packages für das Scanner-Interface bereits kennengelernt.

```
func MyLogFunc(message string) {
    fmt.Printf("I log %s\n", message)
}

func myMethodTakesTheLog(l Logger) {
    l.Log("my log message")
}
```

```
func main() {
    logger := LoggerFunc(MyLogFunc)
    myMethodTakesTheLog(logger)
}
```

Listing 5.36 Nutzen des eigenen Function-Types

5.4.5 Logging auf die Schnelle

In manchen Situationen kann es hilfreich sein, eine Funktion speziell zu betrachten und auf die Schnelle Log-Ausgaben, beim Eintritt sowie beim Verlassen der Funktion, zu erzeugen.

Die einfachste Variante lässt sich sicherlich mithilfe des Schlüsselworts `defer` umsetzen und auch schnell wieder entfernen. Einfache Zeitmessungen sind darüber auch möglich.

```
func importantStuff() {
    log.Println("rein")
    defer log.Println("raus")

    log.Println("drin")
    //...
}
```

Listing 5.37 Logging auf die Schnelle

5.4.6 Ausführung von Go-Routinen über Ausführungspool begrenzen

In Go ist es sehr einfach, viele Go-Routinen zu starten. In Listing 5.38 ist eine Variante dargestellt, die zeigt, wie man die Ausführung von Go-Routinen über *Buffered Channels* so steuern kann, dass immer nur eine begrenzte Anzahl nebenläufig ausgeführt wird.

Zugriffe auf Channels sind normalerweise blockierend. Nur wenn ein Sender einem Empfänger gegenübersteht, kann in einen Channel geschrieben bzw. aus diesem gelesen werden. Bei Buffered Channels werden Werte zwischengespeichert, und es kann so lange gelesen bzw. geschrieben werden, bis der Zwischenspeicher voll bzw. leer ist.

Im Beispiel wird dieser Zustand ausgenutzt, um einen »Pool« an Go-Routinen aufzubauen. In einer Schleife werden 1.000 Go-Routinen gestartet, und jede dieser Go-Routinen versucht, zu Beginn einen Wert in den Buffered Channel zu schreiben. Das gelingt allerdings nur so lange, bis der *Buffer* voll ist.

In unserem Beispiel werden fünf Go-Routinen ihre Werte in den Channel schreiben können, da der Buffer die Größe fünf besitzt. Weitere Schreibzugriffe werden so lange blockiert, bis diese Werte wieder aus dem Buffer gelesen wurden. Dies geschieht in der defer-Funktion der work-Funktion, also genau der Funktion, die auch den Wert in den Channel geschrieben hat. Die Funktion blockiert die Ausführung anderer Routinen und gibt diese nach ihrer Beendigung wieder frei.

```
var (
    concurrent = 5
    pool       = make(chan string, concurrent)
)

func work(num int, w *sync.WaitGroup) {
    pool <- "starting"
    defer func() {
        w.Done()
        <-pool
    }()
    fmt.Printf("number %d\n", num)
    time.Sleep(1 * time.Second)
}

func main() {
    var wg sync.WaitGroup
    for i := 0; i < 1000; i++ {
        wg.Add(1)
        go work(i, &wg)
    }
    wg.Wait()
}
```

Listing 5.38 Ausführung von Go-Routinen über Buffered Channel steuern

5.4.7 Interface-Implementierungen prüfen

In Go sind die Interface-Definition und die Implementierung voneinander getrennt. Es gibt keine direkte Verknüpfung zwischen den beiden.

Wenn Sie allerdings für Ihre Implementierung einmal sicherstellen bzw. prüfen wollen, dass ein bestimmtes Interface implementiert wird, können Sie dies durch die Zuweisung des Typs zu einem *Blank Identifier* erreichen.

In Listing 5.39 wird das Interface UserService mit einer Methode Save definiert. Durch die Zuweisung einer Instanz des Structs MyUserService auf eine Variable vom Typ UserService überprüft der Compiler, ob das Interface tatsächlich von MyUserService implementiert wird.

Im Normalfall sollten Sie ein solches Statement nicht benötigen bzw. einsetzen. Es widerspricht zudem dem Gedanken der Orthogonalität der Sprache, da Interface und Implementierung wieder zusammengebracht werden. Für kurze Tests ist es allemal sinnvoll, besonders wenn man von einer objektorientierten Sprache zu Go wechselt, in der eine solche Überprüfung immer durchgeführt wird.


```
type UserService interface {
    Save()
}

var _ UserService = &MyUserService{}

type MyUserService struct {}
func (us *MyUserService) Save() {}
```

Listing 5.39 Implementierung eines Interface forcieren

5.4.8 Prüfung auf leere String-Werte

Häufig müssen Werte auf ihren Inhalt geprüft werden. Bei Strings können Sie sich in Go zwischen zwei Varianten entscheiden (siehe Listing 5.40).

Der Go-Compiler wird für beide Varianten denselben Code erzeugen, und Sie sollten sich kontextabhängig entscheiden, welche Variante Sie verwenden.

```
if len(s) == 0 {
    fmt.Println("string ist leer")
}
if s == "" {
    fmt.Println("string ist leer")
}
```

Listing 5.40 Prüfung von Strings auf Inhalt

Kapitel 6
Go-Service an die Cloud anbinden

Dieses Kapitel gibt einen Überblick über die Möglichkeiten eines Cloud-Deployments von Go-Anwendungen.

Serverbasierte Anwendungen wurden bis vor einiger Zeit von Firmen meist in einem eigenen Rechenzentrum installiert und betrieben. Die benötigte Software wurde lizenziert und die Umgebung auf eigener Hardware eingerichtet. Dieses Nutzungs- und Lizenzmodell wird als *On-Premises* – also in eigenen Räumlichkeiten betrieben – bezeichnet. Allerdings wird es von dem zunehmenden Einsatz des sogenannten *Cloud-Computings* immer mehr verdrängt. Software und Hardware werden hierbei nicht mehr in den eigenen Räumlichkeiten betrieben, sondern von einem Dienstleister in einem Rechenzentrum zur Verfügung gestellt.

Vier verschiedene Service-Modelle werden im Cloud-Computing unterschieden:

- *Software as a Service* (SaaS)
- *Infrastructure as a Service* (IaaS)
- *Platform as a Service* (PaaS)
- *Function as a Service* (FaaS)

Für den Betrieb von eigenentwickelten Microservices sind alle vier Varianten interessant. Für die eigentliche Bereitstellung eines Service sind die letzten drei Varianten ausschlaggebend. Das Modell des *Software as a Service* wird dann interessant, wenn von der Cloud-Umgebung zur Verfügung gestellte Komponenten wie z. B. Messaging oder Datenbanken als Komplettlösung genutzt werden sollen.

Wir wollen in diesem Kapitel die letzten beiden Varianten, also *Platform as a Service* und *Function as a Service* betrachten und uns die Bereitstellung von Software in einer entsprechenden Cloud-Umgebung anschauen. Die Anmietung von Infrastruktur in einem *Infrastructure as a Service*-Modell spielt zwar bei vielen Microservices-Installationen eine Rolle, ist aber durch die Konfiguration der Komponenten in der Einrichtung komplexer und würde den Rahmen dieses Buches sprengen.

Für Microservices, die für eines dieser Service-Modelle entwickelt wurden, sollte es durch die Abstraktionsschichten, wie z. B. der Container-Virtualisierung, zwischen Hardware und betriebener Software prinzipiell keinen Unterschied machen, ob sie bei einem der großen Cloud-Anbieter oder in einer eigenen Cloud-Umgebung ausgeführt werden. Allerdings kommuniziert jeder Service mit anderen Komponenten, und durch den Einsatz spezieller Technologien oder Produkte der verschiedenen Anbieter können Services schnell für eine spezielle Cloud-Umgebung ausgelegt sein und an Portabilität einbüßen. Diese Problematik werden wir mit Hilfe des Einsatzes des *Go Cloud Development Kit* lösen.

Bei der Nutzung von *Platform as a Service*-Lösungen fallen schnell Begriffe wie Docker oder Kubernetes.

6.1 Deployment mit Docker und Kubernetes

Der Einsatz von Container-Technologien hat sich für den Betrieb von Microservices in den letzten Jahren immer mehr zum De-facto-Standard entwickelt, und kaum ein Microservice wird ohne Container ausgeführt. Der Begriff *Container* wird dabei oftmals mit dem Open-Source-Produkt *Docker* gleichgesetzt.

6.1.1 Docker

Docker ist eine Software für Virtualisierung, bei der nicht, wie bei einer Virtuellen Maschine, ein komplettes Betriebssystem initialisiert und zur Verfügung gestellt wird, sondern lediglich ein abgeschotteter Bereich des Hostsystems als sogenannter Container.

Zum Start eines Containers wird ein Image benötigt, das entweder lokal erstellt oder von einer zentralen *Registry* heruntergeladen werden kann. Bei diesen Images handelt es sich um *Read-only-Dateisysteme*, die aus mehreren Schichten zusammengestellt sind und auch als *Layered-* oder *Overlay-Dateisysteme* bezeichnet werden. Änderungen, die innerhalb eines Containers vorgenommen werden, werden in einer neuen Schicht auf dem Host-Computer gespeichert und verändern das ursprüngliche Image nicht. Diese sind unveränderlich.

Mit Hilfe von *Dockerfile*-Dateien können Sie eigene Images definieren, indem Sie weitere Dateisystemschichten zu bestehenden Images, sogenannten *Base-Images*, hinzufügen. Die so entstandenen Images können dann in eine *Docker-Registry* geladen und darüber verteilt werden. Selbst erstellte Images können wieder als Base-Images für andere Images verwendet werden.

Der große Vorteil der *Dockerfile*-Dateien besteht darin, dass sie neben dem Quellcode einer Anwendung mit in der Versionsverwaltung abgelegt werden können. Somit ist die Einrichtung einer Ausführungsumgebung integraler Bestandteil der Anwendung.

Möchten Sie Go-Microservices über Docker bereitstellen, sind folgende Schritte notwendig:

- Implementierung der Anwendung
- Beziehen von *Base-Images*
- Definition eines neuen *Images* über ein *Dockerfile*
- Erstellen und Testen eines *Docker-Images*
- Bereitstellen des *Docker-Images* in einer *Registry*
- Ausführen des Containers auf einem *Docker-Host*

Docker-Installation

Für die folgenden Beispiele wird eine Docker-Installation benötigt. Unter *https://docker.com* finden Sie dazu die entsprechenden Anleitungen und Pakete für Ihr Betriebssystem.

Images beziehen und ausführen

Nach einer Docker-Installation können Sie neue Images mit `docker pull` aus der zentralen Docker-Registry DockerHub herunterladen und anschließend mit `docker run` ausführen.

```
# docker pull hello-world
Using default tag: latest
latest: Pulling from library/hello-world
0e03bdcc26d7: Pull complete
Digest: sha256:49a1c8800c94df04e9658809b006fd8a686cab8028d33cfba2cc049724254⮐
202
Status: Downloaded newer image for hello-world:latest
docker.io/library/hello-world:latest
# docker run hello-world

Hello from Docker!
This message shows that your installation appears to be working correctly.
...
```

Listing 6.1 Herunterladen und Ausführen des Docker-»Hello World«-Beispiels

Dem Aufruf von `docker run` können weitere Parameter mitgegeben werden, die das Verhalten des Containers weiter beeinflussen. Eine komplette Liste finden Sie unter:

https://docs.docker.com/engine/reference/commandline/run/

Die wichtigsten Parameter für eine lokale Entwicklung finden Sie in Tabelle 6.1.

Parameter	Bedeutung
`-p`	Portweiterleitung. Durch diesen Parameter leiten Sie Ports des Containers an den Host-Computer weiter und geben diese dort frei. Durch die Angabe von `-p 9090:8080` können Sie z. B. den Port 8080, der vom Container exponiert wird, über den Port 9090 auf dem Host-Computer erreichen.
`--rm`	Löscht nach Beendigung des Containers das *Overlay-Dateisystem*, das während der Ausführung angelegt wurde.
`-it`	Ermöglicht, eine interaktive Shell innerhalb des Containers zu starten. Das Kommando `docker run -it ubuntu /bin/bash` startet z. B. eine Shell innerhalb eines Ubuntu-Containers. Der Container muss in diesem Fall eine Shell enthalten! Das Kommando `/bin/bash` wird innerhalb des Containers ausgeführt. Zwar beinhalten die meisten Container eine Shell, aber wie Sie z. B. beim Erstellen eines minimalen Docker-Images sehen werden, ist dies nicht immer so. Dann kann dieses Kommando nicht genutzt werden.

Tabelle 6.1 Wichtige docker-run-Parameter für die lokale Entwicklung

Dockerfile erstellen

Die Eigenschaften und der Inhalt eigener Images werden über Textdateien, die *Dockerfile*-Dateien, mit Schlüsselworten beschrieben. Jede Anweisung innerhalb einer *Dockerfile*-Datei erzeugt eine neue Dateisystemschicht, die später in der Summe das neue Image darstellen. Jede Schicht enthält nur die Änderungen zwischen zwei Dateisystemzuständen.

Das Beispiel aus Listing 6.2 erzeugt ein neues Image zum Übersetzen und Ausführen einer Go-Anwendung. Jedes Kommando erzeugt, wie erwähnt, eine neue Dateisystemschicht. Während des Bauvorgangs des Images wird ein Container gestartet, in dem die angegebenen Anweisungen ausgeführt werden. Das entstehende, noch beschreibbare, *Overlay-Dateisystem* des Containers wird dann zu einer neuen Schicht des resultierenden Images.

```
FROM golang
WORKDIR /go/src/app
COPY *.go .
RUN go install .
CMD ["app"]
```

Listing 6.2 Einfaches Dockerfile für den Aufbau eins Go-Images

- `FROM` – erzeugt ein neues Image auf Basis des vom Go-Team bereitgestellten Images `golang`.
- `WORKDIR` – setzt das Ausführungsverzeichnis innerhalb des Images auf den angegebenen Pfad. Folgende Kommandos werden in diesem Verzeichnis ausgeführt.
- `COPY` – fügt die angegebenen Dateien aus dem Ausführungsverzeichnis einer neuen Dateisystemschicht hinzu.
- `RUN` – führt ein Kommando innerhalb des erstellenden Docker Containers aus. Im Beispiel handelt es sich um den Kompilierungslauf der Anwendung.
- `CMD` – gibt das Kommando an, das beim Start des Containers ausgeführt werden soll, in diesem Beispiel die erstellte Go-Anwendung. Das Verzeichnis */go/bin*, in dem mit `go install` das Kompilat erzeugt wird, befindet sich standardmäßig im Pfad des Go-Images.

Ein entsprechendes Image kann mit folgendem Kommando unter dem mit dem Parameter `-t` angegebenen Namen erstellt werden. Achten Sie auf den abschließenden Punkt, der das aktuelle Verzeichnis zum *Docker-Context-Verzeichnis*, also Arbeitsverzeichnis, erklärt:

```
docker build -t golang-docker .
```

Listing 6.3 Erstellen des Docker-Images für die Go-Anwendung

Docker-Context

Innerhalb der Dockerfiles können nur Dateien *unterhalb* des angegebenen Context-Verzeichnisses verwendet werden. Eine Dateinavigation mit `../` zu einer Datei außerhalb des Verzeichnisses ist nicht möglich.

Starten können Sie den entsprechenden Container mit:

```
docker run golang-docker
```

Listing 6.4 Start des Docker Containers mit Go-Anwendung

Jedes Docker-Image besitzt neben seinem Image-Namen mindestens ein sogenanntes *Tag*, das als eine Art Version des Images dient. Es hilft, spezielle Versionen des Images zu referenzieren. Tags werden durch Doppelpunkt an den Namen des Docker-Images angehängt. Geben Sie, wie oben in Listing 6.4 gezeigt, kein Tag bei der Erstellung des Images an, wird automatisch das Tag `latest` vergeben. Das Kommando aus Listing 6.4 können Sie in diesem Fall auch wie in Listing 6.5 dargestellt anpassen.

```
docker run golang-docker:latest
```

Listing 6.5 Start des letzten Docker Containers mit Go-Anwendung

Möchten Sie hingegen eine spezielle Versionsnummer vergeben, geben Sie diese bei der Erstellung wie in Listing 6.6 an.

```
docker build -t golang-docker:1.0 .
```

Listing 6.6 Erstellen eines Images mit speziellem Tag

Eine komplette Liste der für Docker-Dateien möglichen Schlüsselworte finden Sie unter dieser Adresse:

https://docs.docker.com/engine/reference/builder/

Außerdem finden Sie auf der Docker-Internetseite eine Seite mit Best Practices für den Aufbau von Docker-Dateien:

https://docs.docker.com/develop/develop-images/dockerfile_best-practices/

Docker-Basis-Images für Go

Das Go-Team bietet über DockerHub verschiedene Golang-Images zur Benutzung an. Neben den neuesten Versionen, inklusive Release-Kandidaten, finden Sie dort auch Versionen, die z. B. auf dem sehr schlanken *Alpine-Linux* oder auf dem *Windows Server Core* von Microsoft basieren.

Das Image-Tag `golang:1` verweist immer auf die neueste 1.x-Version und bietet sich als Basis-Image für eigene Anwendungen an.

Wie schreibe ich ein Dockerfile für Go?

Im Beispiel in Listing 6.4 haben wir ein Image für eine Beispiel-Go-Anwendung erstellt. Obwohl die Anwendung nur ca. 2 MB groß ist, gibt das Kommando `docker images` für das Image eine Größe von über 800 MB an. Das liegt daran, dass innerhalb des Golang-Images, das als Basis verwendet wurde, bereits einige Tools wie auch die komplette Go-Installation enthalten sind.

Mit sogenannten *Multi-Stage-Builds* von Docker können Sie die Größe der erzeugten Images drastisch senken.

Multi-Stage-Build

Multi-Stage-Builds sind ein Feature von Docker, mit dem Sie den Kompiliervorgang einer Anwendung von der Erstellung eines Ausführungs-Images entkoppeln können.

Die Anwendung wird innerhalb eines eigenen Containers übersetzt, und das erzeugte Kompilat wird in einem zweiten Schritt in ein weiteres Image übernommen. Da für Go-Anwendungen immer eine Binärdatei mit allen Abhängigkeiten erstellt wird, sind diese Schritte innerhalb des Dockerfiles einfach umzusetzen.

Um für Go-Anwendungen möglichst kleine Ziel-Images zu erzeugen, greifen Sie am besten auf die Alpine-Linux-basierten Basis-Images zurück. Allerdings müssen Sie hierzu die standardmäßig aktivierte Unterstützung von *cgo* mit der Umgebungsvariablen `CGO_ENABLED` ausschalten. Ansonsten erhält das erzeugte Binary eine Abhängigkeit zu GCC-Bibliotheken, die innerhalb des Alpine-Linux nicht enthalten ist. Alpine-Linux setzt stattdessen auf den Einsatz der musl-Bibliothek.

Haben Sie die Anforderung, native C-Bibliotheken, wie z. B. einen Datenbanktreiber, zu verwenden, sind Sie auf alternative Basis-Images angewiesen.

Für eine »Hello World«-Beispielanwendung ist ein Dockerfile in Listing 6.7 dargestellt. Hier wird im ersten Multi-Stage-Schritt, einer sogenannten *Build-Stage*, die Anwendung mit Hilfe des `golang:1`-Images übersetzt. In einem zweiten Schritt wird ein zweites Image definiert, das auf Alpine-Linux basiert und nur noch die kompilierte Anwendung enthält. Beim `COPY`-Kommando wird durch den Zusatz `--from` der Name der entsprechenden Quell-*Build-Stage* angegeben. Im vorliegenden Beispiel ist das der Name `builder`.

```
FROM golang:1 as builder
WORKDIR /go/src/app
COPY *.go .
RUN CGO_ENABLED=0 go build .

FROM alpine
COPY --from=builder /go/src/app/app .
CMD [ "./app" ]
```

Listing 6.7 Multi-Stage-Build für Go-Anwendungen für minimale Image-Größe

Als Ergebnis erhalten Sie ein Docker-Image, das nur noch ca. 8 MB groß ist. Derart optimierte Images haben neben ihrer kompakten Größe den Vorteil, dass sie weniger Angriffsfläche bieten und somit auch zur Sicherheit Ihrer Umgebung beitragen.

Docker für die »Training Fellow«-Beispielanwendung

Für den Registrierungsservice der »Training Fellow«-Beispielanwendung ähnelt das Dockerfile dem des Beispiels aus Listing 6.7. Ein bedeutender Unterschied liegt in der Nutzung des sogenannten *Build-Caches* von Docker.

Die Docker-Umgebung prüft vor jeder Ausführung eines Dockerfile-Kommandos, ob mit diesem Kommando bereits ein neues Dateisystem-Overlay, sprich ein neues Image, erstellt wurde. Ist das der Fall, wird das Kommando nicht erneut ausgeführt. Bei Kopiervorgängen werden die Inhalte der Datei über Checksummen mit den Dateien in den Images verglichen. Gab es keine Änderungen in den Dateien, wird ebenfalls kein neues Image erzeugt.

In Listing 6.8 wurde der Kopiervorgang der Projektdateien aufgeteilt. Da sich die Abhängigkeiten der Anwendung höchstwahrscheinlich nicht so häufig ändern, werden die Dateien *go.mod* und *go.sum* frühzeitig in das Image kopiert und danach ein `go mod download` aufgerufen. Mit diesem Vorgehen kann der eventuell länger dauernde Download der Abhängigkeiten bei einem erneuten Build-Lauf eingespart werden – vorausgesetzt, sie bleiben unverändert.

```
FROM golang:1 as builder

WORKDIR /go/src/registration

COPY go.* ./
RUN go mod download

COPY . .
RUN CGO_ENABLED=0 go build -o registration ./cmd

FROM alpine:latest
COPY --from=builder /go/src/registration .
CMD ["./registration"]
```

Listing 6.8 Dockerfile für die »Training Fellow«-Anwendung

Docker Container ausführen

Das `docker run`-Kommando haben Sie bereits kennengelernt. Für den Registrierungsservice der »Training Fellow«-Beispielanwendung können Sie den Docker Container mit folgendem Kommando starten, um auch die beiden Ports 8443 und 9000 weiterzuleiten:

```
docker run --rm -p 8443:8443 -p 9900:9900 golang-docker
```

Listing 6.9 Startkommando des Registrierungsservice der »Training Fellow«-Beispielanwendung

6.1.2 Docker Compose

Einzelne Container mit `docker run` zu starten ist einfach und unkompliziert. Doch wenn eine Applikation aus mehreren einzelnen Services besteht, können die Konfiguration und der Start der einzelnen Teile aufwendig, unübersichtlich und fehleranfällig werden. Eine Dokumentation der einzelnen Schritte bzw. Kommandos kann unter Umständen sehr umfangreich werden.

Mit dem Werkzeug *Docker Compose* können Sie in einer einzigen Datei mehrere Container konfigurieren und diese z. B. zusammen starten oder stoppen. Die Konfiguration findet komplett in der Textdatei *docker-compose.yml* statt, die sich zum Start des Kommandos im Ausführungsverzeichnis befinden muss.

Docker-Compose-Installation

Unter MacOS und Windows ist das Kommandozeilenwerkzeug docker-compose in der Standardinstallation bereits enthalten. Unter Linux müssen Sie das Python-basierte Werkzeug separat installieren. Eine entsprechende Anleitung finden Sie unter: *https://docs.docker.com/compose/install/*

Das Beispiel in Listing 6.10 beschreibt eine Zusammenstellung von drei Services: sender-application, receiver-application und nats-server. Für alle Services wird ein *Docker-Image* über das Attribut image spezifiziert, das beim Start des jeweiligen Containers verwendet werden soll. Mit dem Attribut environment wird den Applikationen sender-application und receiver-application jeweils die Umgebungsvariable NATS_URL mitgegeben.

Die beiden Anwendungen sender-application und receiver-application tauschen über einen NATS-Server Nachrichten aus. Die sender-application-Anwendung schickt regelmäßig Nachrichten, die von der Anwendung receiver-application erwartet werden. Beide Anwendungen müssen dementsprechend mit dem dritten Service, dem NATS-Server, kommunizieren und dessen Adresse kennen.

Bei einer Ausführung über Docker Compose befinden sich nach dem Start alle Services in einem gemeinsamen internen Netzwerk und können sich gegenseitig über deren Service-Namen erreichen. Aus diesem Grund lauten die konfigurierten Adressen des NATS-Servers im Beispiel nats://nats-server:4222.

```
version: '3'
services:
  sender-application:
    image: source-fellows/nats-sender
    environment:
      NATS_URL: "nats://nats-server:4222"
  receiver-application:
    image: source-fellows/nats-receiver
    environment:
        NATS_URL: "nats://nats-server:4222"
  nats-server:
    image: nats
```

Listing 6.10 docker-compose.yml mit drei Services

Starten lässt sich die komplette Anwendung mit den drei Services über das Kommando in Listing 6.11. Verwenden Sie zusätzlich den Parameter `-d`, werden die Container als Hintergrundprozesse gestartet.

```
docker-compose up
```

Listing 6.11 Startkommando für docker-compose

```
/cloud-provider/docker-compose$ docker-compose up -d
Creating network "dockercompose_default" with the default driver
Creating dockercompose_nats-server_1 ...
Creating dockercompose_sender-application_1 ...
Creating dockercompose_receiver-application_1 ...
Creating dockercompose_nats-server_1
Creating dockercompose_receiver-application_1
Creating dockercompose_sender-application_1 ... done
/cloud-provider/docker-compose$ docker-compose down
Stopping dockercompose_sender-application_1   ... done
Stopping dockercompose_nats-server_1          ... done
Stopping dockercompose_receiver-application_1 ... done
Removing dockercompose_sender-application_1   ... done
Removing dockercompose_nats-server_1          ... done
Removing dockercompose_receiver-application_1 ... done
Removing network dockercompose_default
```

Abbildung 6.1 Starten und Stoppen über Docker Compose

Docker Swarm und Docker Stack

Mit *Docker Swarm* lassen sich mehrere Rechner, auf denen jeweils ein Docker-Daemon läuft, zu einem Netzwerk zusammenschließen. Ein solches Cluster kann eine Docker-Installation deutlich ausfallsicherer und skalierbarer machen.

Die *docker-compose.yml*-Dateien können ebenfalls für ein Deployment in einer solchen Installation verwendet werden. Das entsprechende Kommando für ein Deployment ist `docker stack`.

Eine Dokumentation zu *Docker Swarm* finden Sie im Internet unter: *https://docs.docker.com/engine/swarm/*

Docker Compose für die »Training Fellow«-Beispielanwendung

Auch die »Training Fellow«-Beispielanwendung soll eine *Docker Compose*-Konfiguration erhalten. Da einige Services über eine HTTP-Schnittstelle aufgerufen werden können sollen, müssen unter anderem Port-Weiterleitungen konfiguriert werden. Zusätzlich benötigt die MongoDB-Datenbank einen persistenten Speicher, und die Docker-Images sollen bei Bedarf neu erstellt werden können.

Die Datei *docker-compose.yml* liegt, wie in Abbildung 6.2 zu sehen, im Wurzelverzeichnis des Projekts. Die Services befinden sich jeweils unterhalb dieses Verzeichnisses in eigenen Unterordnern.

```
.
├── docker-compose.yml
├── mongo-db
├── registrierung
├── registrierungclient
└── vorbereitung
```

Abbildung 6.2 Verzeichnisbaum der »Training Fellow«-Beispielanwendung

Build

Im vorherigen Beispiel (Listing 6.10) wurden die Docker-Images anhand ihrer Namen aus einer Docker-Registry geladen. Für die »Training Fellow«-Beispielanwendung sollen allerdings für die beiden Anwendungsservices `registrierung` und `vorbereitung` die *Dockerfile*-Dateien aus den entsprechenden Verzeichnissen des Projekts verwendet werden. Mit dem Element `build` kann die Datei bzw. der Pfad zu den Dateien angegeben werden.

Beim Aufruf von `docker-compose build` oder `docker-compose up --build` werden die Images dann bei Bedarf neu erstellt und bei dem zweiten Kommando gleich als Container gestartet.

> **Dockerfile-Angabe in Docker Compose und Docker Swarm**
>
> Durch die Aufnahme eines `build`-Elements in der *docker-compose.yml* ist es nicht mehr möglich, ein Deployment mit `docker stack` in einem Docker-Swarm-Cluster auszuführen. Das ist nur bei der Angabe eines Image-Namens möglich.

Port-Weiterleitungen

Mit dem Element `ports` können Port-Weiterleitungen, wie Sie sie bereits beim Kommando `docker run` kennengelernt haben, angegeben werden. Für eine Kommunikation innerhalb des *Docker Compose*-Netzwerks, das automatisch erstellt wird, sind sie nicht notwendig. Im Beispiel werden die Ports `8443` (Registrierungsservice) und `8081` (mongo-express) am Docker-Host geöffnet und die Anfragen entsprechend an die Services weitergeleitet.

Volumes

Zur Ablage von Daten, die während der Laufzeit eines Containers entstehen und auch bei einer Aktualisierung des Containers bestehen bleiben sollen, sind bei Docker sogenannte *Volumes* vorgesehen. Volumes sind im Normalfall in separaten Verzeichnissen auf dem Docker-Host abgelegt.

In der Beispielanwendung soll z. B. die MongoDB-Datenbank auch bei Aktualisierungen oder Neustarts erhalten bleiben. Durch die Verzeichnisangabe unterhalb des Elements `volumes` in der Konfigurationsdatei wird im lokalen Wurzelverzeichnis des

Gesamtprojekts das Verzeichnis *mongo-db* zur Ablage der MongoDB-Daten verwendet. Innerhalb des MongoDB-Containers speichert die Anwendung ihre Daten im Verzeichnis */data/db*.

```
version: '3'
services:
  registrierung:
    build: registrierung
    ports:
        - "8443:8443"
  vorbereitung:
    build: vorbereitung
    environment:
      - NATS_URL=nats://nats:4222
  nats:
    image: nats
  mongodb:
    image: 'mongo'
    container_name: 'mongo-container'
    volumes:
      - ./mongo-db:/data/db
    environment:
     - MONGO_INITDB_DATABASE=mongodb
     - MONGO_INITDB_ROOT_USERNAME=mongorootuser
     - MONGO_INITDB_ROOT_PASSWORD=mongorootpw
  mongo-express:
    image: mongo-express
    environment:
      - ME_CONFIG_MONGODB_SERVER=mongodb
      - ME_CONFIG_MONGODB_ADMINUSERNAME=mongorootuser
      - ME_CONFIG_MONGODB_ADMINPASSWORD=mongorootpw
    ports:
      - 8081:8081
```

Listing 6.12 Docker Compose für die »Training Fellow«-Beispielanwendung

6.1.3 Kubernetes

Ein wichtiger Grund, eigene Services in einer kommerziellen Cloud-Umgebung auszuführen bzw. ausführen zu lassen, ist die fast unendliche Skalierbarkeit von Services, die von den Anbietern angepriesen wird. Kommt ein Service oder ein Rechner an seine Leistungsgrenzen, werden automatisch neue Service-Instanzen gestartet, die entweder auf der gleichen Hardware oder auf zusätzlichen Rechnern ausgeführt werden.

Um Docker Container direkt in eine solche dynamische Cloud-Umgebung zu bringen, bestehen mehrere Möglichkeiten. Im vorherigen Abschnitt war Docker Swarm angesprochen worden, das seit 2016 im Standardumfang von Docker mitgeliefert wird. Die allerdings wohl bekannteste und bei kommerziellen Anbietern verbreitetste Softwarelösung ist das von Google gestartete *Kubernetes*, das oftmals auch einfach als *k8s* abgekürzt wird (zwischen k und s befinden sich 8 weitere Zeichen).

Kubernetes bietet viele Funktionen in Bezug auf eine automatische Skalierung, Fehlerbeseitigung oder Updates von Anwendungen. Durch geplante *Rollouts* oder eines *Rollbacks* eines Updates kann der Betrieb von Anwendungen z. B. auch während einer Aktualisierung sichergestellt werden.

Mittlerweile unterstützen die drei großen amerikanischen Cloud-Umgebungs-Anbieter ein Deployment über Kubernetes. Bei Amazon heißt dieses Feature *Amazon Elastic Kubernetes Service*, Microsoft nennt es *Azure Kubernetes Service*, und Google selbst vermarktet seinen Kubernetes-Service unter dem Namen *Google Kubernetes Engine*. Der Einsatz von Kubernetes auf eigener oder in einem *Infrastructure as a Service*-Modell angemieteter Hardware ist ebenfalls möglich, wenn auch aufwendiger.

Für einen lokalen Test und die Entwicklung von Anwendungen für Kubernetes können Sie auf das Projekt *Minikube* zurückgreifen. Es bietet zwar keine endlose Skalierung über Rechnergrenzen hinweg, ermöglicht aber, einen Kubernetes-Cluster mit einem Knoten, einem *Single Node Kubernetes*, lokal in einem sogenannten *Hypervisor* auszuführen.

Eine Liste der unterstützten Hypervisor sowie eine Installationsanleitung finden Sie im Internet unter *https://kubernetes.io/de/docs/tasks/tools/install-minikube/*. Beim Einsatz von Linux kann Minikube alternativ auch Docker anstelle eines Hypervisors verwenden.

Kompose wandelt docker-compose.yml für Kubernetes um

Mit dem Open-Source-Tool *Kompose* können *docker-compose.yml*-Dateien in Konfigurationsdateien für verschiedene Container-Orchestratoren wie z. B. Kubernetes umgewandelt werden.

https://kompose.io/

Kubernetes-Begriffe

Ein Kubernetes-Cluster besteht immer aus einer Menge an Arbeits-Instanzen, den sogenannten *nodes*. Auf diesen *Worker Machines*, wie die Nodes in der Kubernetes-Dokumentation auch manchmal genannt werden, werden die Container-basierten Anwendungsservices ausgeführt. Allerdings verfügt K8s im Vergleich zu Docker über eine zusätzliche Abstraktionsschicht zwischen Betriebssystem und Container. Auf den Nodes werden die Container innerhalb sogenannter *Pods* zusammengefasst, verwaltet und ausgeführt. Sie stellen die kleinste deploybare Einheit dar und bestehen aus einem oder mehreren Containern. Die Kubernetes-Dokumentation spricht bei den Pods auch von einem logischen Rechner (*logical host*) für eine Anwendung.

Innerhalb der Pods können Container, im Gegensatz zu Docker Compose, über den Netzwerknamen `localhost` aufeinander zugreifen. Soll von außerhalb eines Pods auf diesen zugegriffen werden können, werden sogenannte *Service Resources* benötigt.

Ein Kubernetes-Cluster wird entweder über Web-Oberflächen oder über das mächtige Kommandozeilenwerkzeug `kubectl` bedient. Da Minikube ebenfalls ein Kubernetes-Cluster darstellt, können Sie das Werkzeug auch zu dessen Verwaltung einsetzen.

Minikube starten

Der lokale Minikube-Cluster kann über das Kommando `minikube start` gestartet werden. Beim ersten Start der Umgebung wird diese initialisiert (siehe Abbildung 6.3), und Sie können im Anschluss mit dem `kubctl`-Kommando von Kubernetes mit dem Minikube-Cluster interagieren.

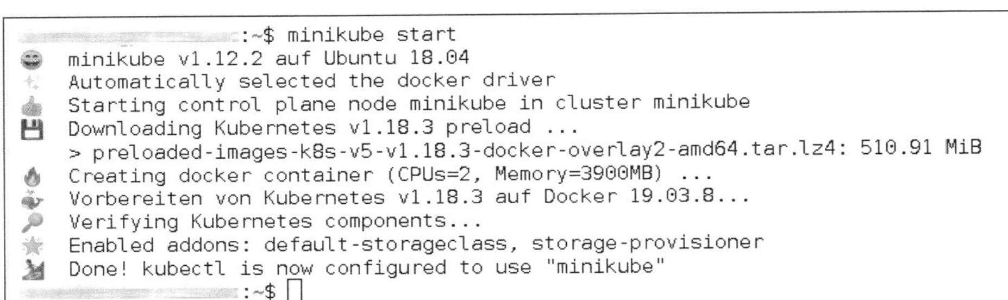

```
:~$ minikube start
minikube v1.12.2 auf Ubuntu 18.04
Automatically selected the docker driver
Starting control plane node minikube in cluster minikube
Downloading Kubernetes v1.18.3 preload ...
> preloaded-images-k8s-v5-v1.18.3-docker-overlay2-amd64.tar.lz4: 510.91 MiB
Creating docker container (CPUs=2, Memory=3900MB) ...
Vorbereiten von Kubernetes v1.18.3 auf Docker 19.03.8...
Verifying Kubernetes components...
Enabled addons: default-storageclass, storage-provisioner
Done! kubectl is now configured to use "minikube"
:~$
```

Abbildung 6.3 Erfolgreicher initialer Minikube-Start unter Linux

Eine HTML-basierte Oberfläche zur Verwaltung können Sie mit dem Kommando `minikube dashboard` starten (siehe Abbildung 6.4). Daraufhin wird eine entsprechende HTTP-Weiterleitung in dem Cluster definiert und in Ihrem Browser das Dashboard geöffnet.

Minikube im Firmennetzwerk

Befindet sich Ihr Rechner in einem Firmennetzwerk, bei dem Sie über einen Proxy-Server mit dem Internet kommunizieren müssen, können Sie beim Start mit den Parametern aus Listing 6.13 diesen konfigurieren. Ansonsten werden Sie keine neuen Docker-Images aus der entfernten Registry laden können.

```
minikube start --docker-env http_proxy=http://$IHRPROXY:PORT
               --docker-env https_proxy=https://$IHRPROXY:PORT
```

Listing 6.13 Starten von Minikube mit Proxy-Einstellungen

Abbildung 6.4 Minikube-Dashboard zum Überwachen des Clusters

Deployment einer eigenen Docker-Anwendung

Für das Anwendungs-Deployment innerhalb des Clusters müssen einige Vorkehrungen getroffen werden. Kubernetes nutzt standardmäßig eine eigene Docker-Registry, aus der es die entsprechenden Docker-Images für ein Deployment bezieht. Werden die angefragten Images dort nicht gefunden, versucht K8S, diese von der zentralen Docker-Registry im Internet herunterzuladen.

Zwei Einstellungen müssen dementsprechend umkonfiguriert werden:

- Ablage der benötigten Docker-Images in der Docker-Registry des Clusters
- Umkonfigurieren der sogenannten *ImagePullPolicy* auf den Wert `Never`, damit Images nicht aus der entfernten Registry geladen werden

In welcher Registry die erstellten Docker-Images abgelegt werden, bestimmt die Konfiguration des Docker-Kommandozeilenwerkzeugs `docker`. Die Umgebungsvariable `DOCKER_HOST` steuert z. B. die Netzwerkadresse des Docker-Hosts.

Um alle Konfigurationen passend für die lokale Umgebung zu konfigurieren, bietet Minikube die Möglichkeit, diese unter Linux und MacOS mit einem einzigen Kommando zu setzen (siehe Listing 6.14).

```
eval $(minikube docker-env)
```

Listing 6.14 Setzen der Docker-Umgebungsvariablen für die Nutzung der Cluster-Registry

Minikube gibt beim Aufruf von `minikube docker-env` die entsprechenden Befehle zum Setzen der Umgebungsvariablen in der Kommandozeile aus. Der `eval`-Ausdruck übernimmt diese und setzt sie in der aktuellen Shell. Das heißt, dass Sie das Kommando in jeder Shell, in der Sie mit der Docker-Registry des Clusters kommunizieren möchten, erneut ausführen müssen.

Die Angabe der ImagePullPolicy kann entweder direkt bei der Installation über die Kommandozeile per Parameter gesetzt werden oder innerhalb einer Konfigurationsdatei, die beim Cluster-Deployment mitgegeben wird.

Ist die Docker-Umgebung angepasst, werden die Docker-Kommandos gegen den Docker-Host des Clusters ausgeführt. Das Kommando `docker ps` liefert dann z. B. alle im Cluster ausgeführten Docker Container.

Mit `docker images` erhalten Sie eine Übersicht darüber, welche Images bereits in der Cluster-Registry vorhanden sind. Ein neues Docker-Image können Sie nun durch einen entsprechenden `docker build`-Aufruf erstellen und in der Registry verfügbar machen.

```
docker build -t minikube-golang-sample .
```

Listing 6.15 Erstellen eines neuen Docker-Images

Im Anschluss kann ein Deployment über das `kubectl`-Kommando ausgeführt werden. Als Parameter wird ein Deployment-Deskriptor übergeben, mit dem die komplette Anwendung beschrieben wird.

Enthalten ist z. B. der Wert `Never` für die Eigenschaft `imagePullPolicy`, damit der Docker-Daemon des Clusters nicht versucht, das Image aus einer entfernten Registry zu laden, sondern das soeben abgelegte Image auch verwendet.

Listing 6.16 zeigt den Deployment-Deskriptor für die Beispielanwendung `golang-sample`, die aus nur einem Container bestehen und über den Port 8080 erreichbar sein soll. Durch die Angabe von `replicas: 2` wird zudem spezifiziert, dass zwei Pods innerhalb des Clusters gestartet werden sollen. Die Anwendung besteht aus einem einfachen HTTP-Service, der über Port 8080 erreichbar sein soll und bei Anfragen einen Text liefert.

```
apiVersion: apps/v1
kind: Deployment
metadata:
  creationTimestamp: null
  labels:
    app: golang-sample
  name: golang-sample
spec:
  replicas: 2
  selector:
    matchLabels:
      app: golang-sample
```

```
  strategy: {}
  template:
    metadata:
      creationTimestamp: null
      labels:
        app: golang-sample
    spec:
      containers:
      - image: minikube-golang-sample
        name: golang-sample
        imagePullPolicy: Never
        resources: {}
        ports:
          - containerPort: 8080
status: {}
```

Listing 6.16 Deployment-Deskriptor für ersten Docker-Service in Kubernetes

Mit dem Kommando `kubectl expose deployment golang-sample --type=NodePort` erstellen Sie einen neuen Service, über den der Pod von außen erreicht werden kann. Unter welcher Adresse der Service anschließend außerhalb des Kubernetes-Clusters erreichbar ist, können Sie über das Minikube-Kommandozeilenwerkzeug abfragen (siehe Listing 6.17). Die Ausgabe ist eine URL mit einem dynamischen Port, über den Sie die Anwendung im Browser erreichen können.

```
$ minikube service golang-sample -url
http://172.17.0.2:31837
```

Listing 6.17 Abfrage der externen URL des Beispiel-Service

Kubernetes – mehr erfahren

In diesem Abschnitt konnten nur die allerwichtigsten Punkte zu Kubernetes vorgestellt werden. Die komplette Dokumentation finden Sie im Internet auf der Internetseite des Projekts:

https://kubernetes.io/docs/home/

6.2 Das Go Cloud Development Kit

Container-Architekturen ermöglichen es, Anwendungen in dynamischen Ausführungsumgebungen zu installieren und dort ausführen zu lassen. Durch verschiedene Abstraktionsebenen zwischen Betriebssystem und der Anwendung lassen sich Anwendungen gut skalieren und in verschiedenen Cloud-Umgebungen ausführen.

So zumindest die Theorie. Der Wechsel zwischen verschiedenen Cloud-Anbietern ist leider meist nicht so einfach möglich. Oberflächlich gleichen sich die Umgebungen, und jeder Anbieter stellt z. B. Datenbanken, Messaging oder die Möglichkeit zur Ablage größerer Dateien bereit. Auf der Ebene der technischen Details unterscheiden sich die Lösungen allerdings deutlich, und eine Portierung zwischen verschiedenen Anbietern mit nur wenigen oder keinen Anpassungen innerhalb des Codes ist beinahe ausgeschlossen.

Das liegt unter anderem daran, dass jeder Anbieter eine eigene Programmierschnittstelle bzw. ein eigenes *Software-Development-Kit* (SDK) für seine Dienste anbietet. Entwickler müssen sich zuerst in diese APIs einarbeiten, um die Dienste der einzelnen Anbieter innerhalb ihrer Anwendung nutzen zu können. Oftmals sind die APIs sehr umfangreich, und für die eigene Microservice-Entwicklung sind nur Bruchteile davon von Bedeutung.

Auch der Einsatz gleicher Cluster- oder Container-Management-Software, wie Kubernetes oder Docker Swarm, der einzelnen Cloud-Anbieter führt noch nicht dazu, dass die Anwendungen automatisch zwischen mehreren Cloud-Anbietern portabel sind. Bei Kubernetes können Sie zwar die Deployment-Deskriptoren der Anwendungen weiterverwenden, aber sobald die Anwendung über die anbieterabhängigen APIs Funktionen der Cloud-Umgebung nutzt, geht die Portabilität der Anwendung verloren (siehe Abbildung 6.5).

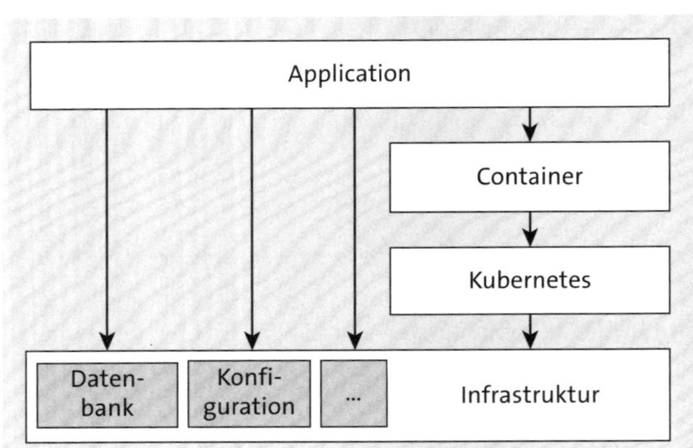

Abbildung 6.5 Direkte Abhängigkeit von Anwendungen zu Anbieter-APIs

Anwendungen, die für eine spezielle Infrastruktur entwickelt wurden, müssen bei einer Portierung entweder angepasst oder im schlimmsten Fall neu geschrieben werden. Eventuell wird dadurch ein Anbieterwechsel verhindert. Das schließt auch den Wechsel von einer On-Premises-Lösung zu einem der großen Cloud-Anbieter ein.

Nutzt die Anwendung keinerlei herstellerabhängige APIs, um eine Portierung möglich zu halten, gehen im Gegenzug die Vorzüge der unterschiedlichen Lösungen der

Cloud-Anbieter verloren. Sie müssen in diesem Fall z. B. auf die hohe Verfügbarkeit oder die fast endlose Skalierbarkeit von Datenbanken oder Dateiablage-Services der Anbieter verzichten.

Das Go-Team hat, um diese Problematik zu adressieren, mit dem *Go Cloud Development Kit* eine Bibliothek erstellt, mit der eine generische, plattformunabhängige Programmierschnittstelle für den Zugriff auf verschiedene herstellerabhängige Services ermöglicht wird. Anwendungen werden gegen eine portable Cloud-API entwickelt, die in einer Cloud-Umgebung intern die entsprechende herstellerabhängige API einsetzt (siehe Abbildung 6.6). Bei einem Wechsel zwischen verschiedenen Cloud-Anbietern bzw. einem Multi-Cloud-Deployment muss lediglich der Code für die Initialisierung der Anbindung angepasst werden.

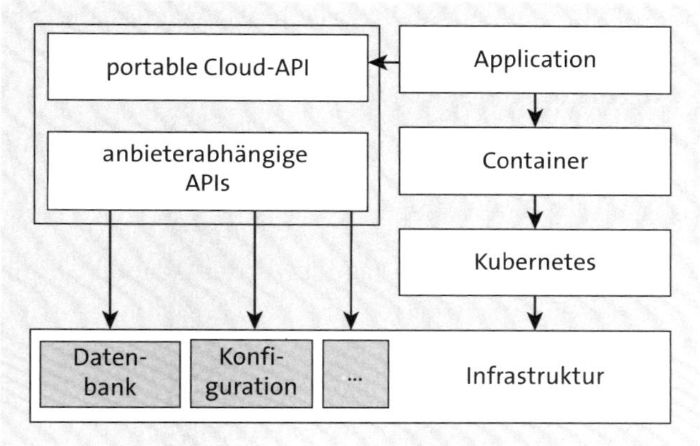

Abbildung 6.6 Google-Cloud-Lösung

Begonnen wurde mit der Implementierung der gängigsten Cloud-Services, und unterstützt werden aktuell (Stand Mitte 2020) APIs für:

- Speicherung von Binary-Large-Objects (BLOBs)
- Speicherung von Dokumenten in einer dokumentenbasierten Datenbank
- MySQL/PostgresSQL-Datenbankzugriff
- Messaging mit Publish/Subscribe
- Laufzeitkonfiguration
- Sicherheitsfeatures wie Zertifikats- und Schlüsselmanagement
- einen angepassten HTTP-Server, der für verschiedene Umgebungen bereits für eine Überwachung konfiguriert ist

Anbindungen sind nicht nur für die großen Cloud-Anbieter, sondern auch für Open-Source-Lösungen enthalten, die in einer On-Premises-Umgebung eingesetzt werden können.

Die Bibliothek enthält Anbindungen an:

- *Amazon Web Services* (AWS)
- *Microsoft Azure* (Azure)
- *Google Cloud Platform* (GCP)
- verschiedene Open-Source-Projekte

6.2.1 File-Storage

Mit dem `blob`-Package des *Go Cloud Development Kits* können die unterschiedlichen Implementierungen der verschiedenen Anbieter angesprochen werden. Das Vorgehen ähnelt hierbei dem des `database/sql`-Packages aus der Go-Standardbibliothek. Zum einen muss die Go-Cloud-API für eine direkte Verwendung und zum anderen der herstellerabhängige Treiber importiert werden. Der Treiber ist der Adapter zur plattformabhängigen Umsetzung des jeweiligen Herstellers.

Installiert werden kann die Bibliothek mit dem Kommando `go get gocloud.dev`. Eine Dokumentation und entsprechende Beispiele finden Sie zusätzlich auf der Projektseite unter *https://gocloud.dev/*.

Das Beispiel aus Listing 6.18 importiert das `blob`-Package sowie den Adapter für die AWS-S3-Implementierung.

```
"gocloud.dev/blob"
_ "gocloud.dev/blob/s3blob"
```

Listing 6.18 Import Statements für die Aufnahme des S3-Blob-Storages

MinIO für On-Premises und lokale Tests

Die Open-Source-Implementierung MinIO ist eine zur S3-API kompatible Object-Storage-Umsetzung. Sie kann lokal oder auch in einem On-Premises-Umfeld eingesetzt werden.

Mit Hilfe eines Docker-Images von Docker Hub haben Sie innerhalb kürzester Zeit einen entsprechenden Server gestartet. Das Kommando aus Listing 6.19 startet lokal einen Server, der über Port 9000 erreichbar ist. Es wird kein Docker-Volume eingebunden, so dass die Daten nach einem Neustart verloren gehen.

```
docker run -p 9000:9000 -t minio/minio server /data
```

Listing 6.19 Startkommando für einen lokalen MinIO-Server ohne dauerhafte Persistenz

Das Projekt MinIO finden Sie im Internet unter *https://min.io/*.

Die Go-Cloud-API abstrahiert unstrukturierte Daten innerhalb eines Object-Storage-Backends über den gängigen Begriff *Blobs*. Diese Blobs werden in sogenannten *Buckets* im Storage-Backend verwaltet. Wenn Sie bereits mit einer Object-Storage-Lösung gearbeitet haben, werden Ihnen diese Begriffe nicht unbekannt sein.

In einer Beispielanwendung sollen Bilder mittels HTTP-basiertem REST-Service angenommen und abgerufen werden können. Die Ablage der Bilder soll über die Go-Cloud-API in einem S3-kompatiblen MinIO-Backend erfolgen (siehe Abbildung 6.7). Da POST- und GET-Anfragen verarbeitet werden müssen, soll zudem das Gin-Web-Framework für ein einfaches Routing verwendet werden. Der MinIO-Server wird lokal über das Kommando aus Listing 6.19 in der Standardkonfiguration gestartet.

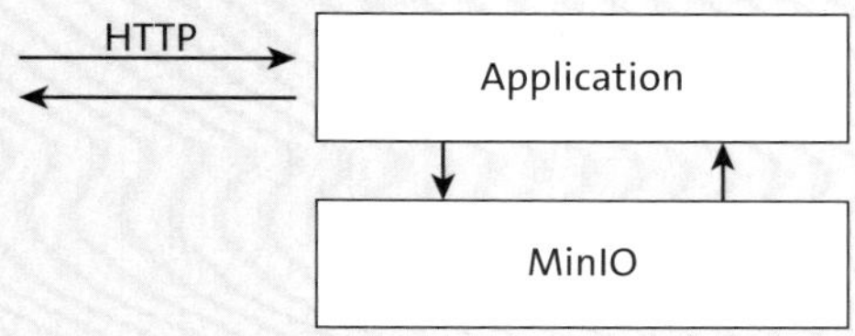

Abbildung 6.7 Beispielanwendung zur Ablage von Daten in einem Object-Storage

Bucket öffnen

Ausgangspunkt für die Arbeit mit einem Object-Storage-Backend ist die Initialisierung eines `*blob.Bucket`-Objekts. Initialisiert wird das Objekt durch den Aufruf der Funktion `blob.OpenBucket`, die, wie in Listing 6.20 zu sehen, zwei Parameter erwartet. Beim ersten Parameter handelt es sich um einen `context.Context`. Der zweite Parameter gibt die URL für die Verbindung mit dem Server an. Am Ende der Arbeit mit dem Backend muss die Verbindung durch einen Aufruf der `Close`-Methode wieder geschlossen werden.

```
bucket, err := blob.OpenBucket(ctx, serverURL)
if err != nil {
    log.Println(err)
}
defer bucket.Close()
```

Listing 6.20 Start einer Kommunikation mit einem Object-Storage-Backend

Die Anmeldung am jeweiligen Service wird entweder von der Umgebung automatisch übernommen, oder die Anwendung muss selbst für eine passende Authentifizierung sorgen. Dies geschieht dann allerdings über plattformabhängige APIs.

Im Falle einer AWS-S3-Anbindung bedeutet das, dass entweder der Standardmechanismus zum Laden von *Credentials* verwendet wird oder eine eigene *AWS-Session* aufgebaut werden muss.

Setzt man auf den Standardmechanismus, so ist definiert, in welcher Reihenfolge von welcher Quelle die Anmeldeinformationen geladen werden.

Im Beispiel wollen wir auf das S3-kompatible Backend MinIO zugreifen und verwenden hierzu die Angabe der Credentials über die Umgebungsvariablen `AWS_ACCESS_KEY` und `AWS_SECRET_KEY`. Beide Werte lauten in der nicht konfigurierten MinIO-Umgebung: `minioadmin`.

Die Treiber-URL für den Zugriff auf MinIO muss zusätzlich um folgende Query-Parameter erweitert werden:

- *endpoint=localhost:9000*
- *disableSSL=true*
- *s3ForcePathStyle=true*
- *region=DE*

Somit ergibt sich folgende URL, die beim Öffnen des Buckets `gocloud` angegeben werden muss:

```
s3://gocloud?endpoint=localhost:9000&disableSSL=true&s3ForcePathStyle=true&
region=DE
```

Listing 6.21 Komplette Treiber-URL für den Zugriff auf einen lokalen MinIO-Server

Analog zum `database/sql`-Package wird nicht beim Funktionsaufruf `OpenBucket` eine Netzwerkverbindung aufgebaut, sondern erst beim ersten Zugriff auf Daten in einem Bucket.

Daten schreiben

Die Go-Cloud-API nutzt die Interfaces `io.Reader` und `io.Writer` aus der Go-Standardbibliothek. Das ermöglicht eine intuitive Entwicklung mit der Schnittstelle.

Die Beispielanwendung soll alle empfangenen Daten innerhalb des Buckets unter dem Namen *gopher.png* speichern. Eine weitere Prüfung und eine Dateinamenauswertung finden nicht statt, da dies zu ausführlich werden würde.

Wie in Listing 6.22 zu sehen, kann mit dem Funktionsaufruf `bucket.NewWriter` ein `io.Writer` erzeugt werden, der das entsprechende Interface aus der Go-Standardbibliothek implementiert. Dieser muss nach dem Beenden des Speichervorgangs wieder geschlossen werden. Über einen einfach `io.Copy`-Aufruf werden die Daten nach MinIO kopiert.

```
func writefile(c *gin.Context) {
    ctx := c.Request.Context()
    bucket, err := blob.OpenBucket(ctx, serverURL)
    if err != nil {
        c.AbortWithStatus(http.StatusInternalServerError)
        return
    }
    defer bucket.Close()
    writer, err := bucket.NewWriter(ctx, "gopher.png", nil)
    if err != nil {
        c.AbortWithStatus(http.StatusInternalServerError)
        return
    }
    defer writer.Close()
    _, err = io.Copy(writer, c.Request.Body)
    if err != nil {
        c.AbortWithStatus(http.StatusInternalServerError)
        return
    }
    c.Status(http.StatusCreated)
}
```

Listing 6.22 Gin-HTTP-Handler zur Annahme und zum Speichern von Daten

Daten lesen

Das Lesen aus dem Object-Storage-Backend ist ebenfalls intuitiv zu programmieren. Durch den Aufruf von `bucket.NewReader` lässt sich analog ein `io.Reader` erstellen, aus dem die Daten in die `ResponseWriter` der HTTP-Anfrage kopiert werden können.

```
func readfile(c *gin.Context) {
    ctx := c.Request.Context()
    bucket, err := blob.OpenBucket(ctx, serverURL)
    if err != nil {
        c.AbortWithStatus(http.StatusInternalServerError)
        return
    }
    defer bucket.Close()
    reader, err := bucket.NewReader(ctx, "gopher.png", nil)
    if err != nil {
        c.AbortWithStatus(http.StatusInternalServerError)
        return
    }
    defer reader.Close()
```

```
    c.Header("Content-Type", "image/png")
    io.Copy(c.Writer, reader)
}
```

Listing 6.23 Gin-HTTP-Handler zum Abrufen und Ausgeben der Daten

Anwendung initialisieren

Es fehlen die Konfiguration und der Start des gin-Routers. Die AWS bzw. MinIO-Anmeldeinformationen werden zwecks Übersichtlichkeit des Beispiels direkt in der `main`-Funktion per `os.Setenv` gesetzt. Das ist für ein lokales Beispiel in Ordnung. Innerhalb einer Cloud-Umgebung sollte der Wert über einen separaten *Configuration-Store* kommen.

```
func main() {
    os.Setenv("AWS_ACCESS_KEY", "minioadmin")
    os.Setenv("AWS_SECRET_KEY", "minioadmin")
    serverURL = "s3://gocloud?endpoint=localhost:9000&disableSSL=true& ⤶
s3ForcePathStyle=true&region=DE"
    r := gin.Default()
    r.GET("/", readfile)
    r.POST("/", writefile)
    r.Run()
}
```

Listing 6.24 Anwendungsstart der Object-Storage-Beispielanwendung

6.3 Google Cloud Development

In der Google Cloud lassen sich Go-Anwendungen in verschiedenen Ausprägungen und Service-Modellen betreiben. Neben dem Deployment eines Containers in einem obligatorischen Kubernetes-Cluster bietet Google zusätzlich die Möglichkeiten, die Anwendung in der sogenannten *Compute Engine*, der sogenannten *Google App Engine* oder als *Go Cloud Function* bereitzustellen.

Bei der Google Compute Engine handelt es sich um einen *Infrastructure as a Service*-basierten Dienst, bei dem Anwendungen innerhalb von Virtuellen Maschinen ausgeführt werden. Auch hier ist eine Skalierung und Verteilung der Arbeitslast möglich. Die Google App Engine befindet sich in der Abstraktionshierarchie zwischen einem Container-Deployment in Kubernetes und dem *Function as a Service*-Ansatz der Go Cloud Function. Anwendungen, die für die Google App Engine entwickelt werden, unterscheiden sich nicht grundlegend von der Entwicklung von Stand-alone-Anwendungen, die in einem Container ausgeführt werden. Für ein entsprechendes Deployment wird allerdings kein Container definiert, sondern ein plattformabhängiger Deskriptor, mit dem die Anwendung in der Umgebung konfiguriert wird.

Im folgenden Abschnitt wollen wir uns die Installation einer Go-Anwendung innerhalb der *Google Cloud Platform* als Teil eines Kubernetes-Clusters sowie das Deployment einer Go Cloud Function anschauen.

Die Arbeit mit der Google Cloud Platform erfordert einen Google-Account und eine damit verknüpfte Kreditkarte. Diese wird allerdings erst belastet, wenn Sie die nach einer Erstanmeldung umfangreichen und kostenlosen Nutzungskontingente aufgebraucht haben oder der Testzeitraum von einem Jahr abgelaufen ist (Stand Mitte 2020). Startpunkt ist die sogenannte Cloud Console, bei der Sie sich mit Ihrem Google-Benutzerkonto anmelden können:

https://console.cloud.google.com/

6.3.1 Deployment in Kubernetes

Dass eine Go-Anwendung in der Google Cloud über Kubernetes installiert werden kann, verwundert nicht weiter, da Go und k8s ursprünglich bei Google entstanden sind.

Die Installation einer Anwendung in die Google-Umgebung unterscheidet sich nicht grundlegend von einem lokalen Deployment in einem Minikube-Cluster. Sie benötigen ein Docker-Image, das in der Cluster-Registry vorhanden sein muss, und eine Konfiguration, mit der Sie die Anwendung in dem Cluster installieren können.

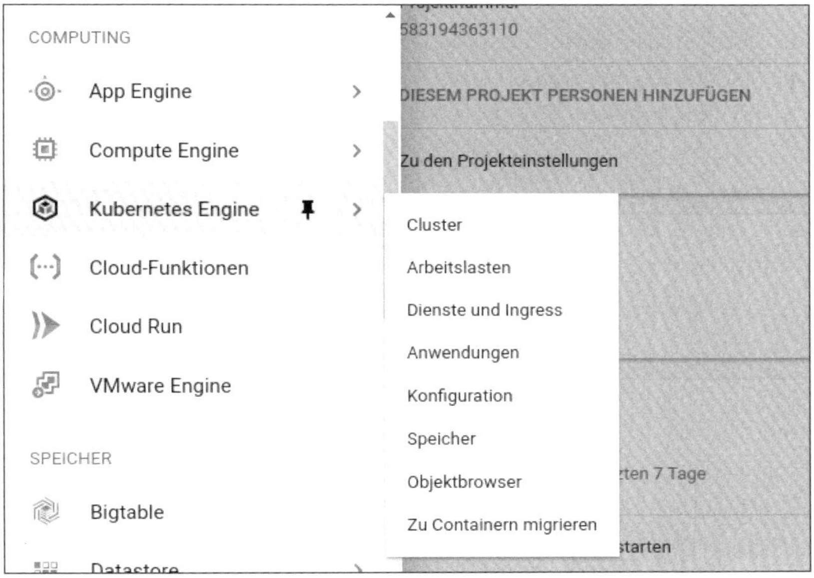

Abbildung 6.8 GCP-Menüeintrag zu Kubernetes

In der Cloud Console finden Sie links im Menü unterhalb der Gruppe COMPUTING den Eintrag KUBERNETES ENGINE. Dort können Sie ein neues Cluster anlegen bzw. bestehende Cluster verwalten (siehe Abbildung 6.8).

Im Gegensatz zu Minikube stehen viel mehr Möglichkeiten zur Konfiguration zur Verfügung. Neben der gewünschten CPU-Anzahl oder Speicherkonfiguration der einzelnen Nodes können z. B. eine Region zur Ausführung, die gewünschte Kubernetes-Version oder erweiterte Sicherheitseinstellungen vorgenommen werden.

Für ein erstes, kostengünstiges Kennenlernen der Umgebung empfiehlt Google die folgenden Einstellungen für eine Cluster-Konfiguration. Diese können über das Template *Mein erster Cluster* bei der Anlage des Clusters übernommen werden.

- Clustername: my-first-cluster-1
- Clusterzone: us-central1-c
- Version: Rapid Release Channel anstelle der Standardversion
- Maschinentyp: g1-small anstelle von e2-medium
- Bootlaufwerksgröße: 32 GB anstelle von 100 GB
- Autoscaling: Deaktiviert
- Kubernetes Engine Monitoring: Deaktiviert

Nach der Anlage des Clusters wollen wir die Beispielanwendung, die bereits im Minikube-Beispiel verwendet wurde, in die Google-Cloud-Infrastruktur bringen.

Der erste Schritt besteht also darin, das entsprechende Docker-Image in die Docker-Registry des neuen Kubernetes-Clusters zu bringen. Dieses finden Sie im GCP-Menü unter TOOLS • CONTAINER REGISTRY und ist zu Beginn leer.

Ein Upload eines Docker-Images kann beispielsweise über das von Google bereitgestellte *Cloud SDK* erfolgen. Dieses enthält das Kommanozeilenwerkzeug `gcloud`, mit dem Ihre lokale Docker-CLI-Installation entsprechend konfiguriert werden kann. Eine Anleitung zur Installation und Konfiguration finden Sie unter:

https://cloud.google.com/container-registry/docs/pushing-and-pulling

Wurde die Docker-Umgebung konfiguriert, können Sie mit den gewohnten Docker-Kommandos `docker tag` und `docker push` Images unter speziellen Namen in die Registry der Cloud Platform bringen.

Eine elegante Alternative zu einem solchen Upload ist die *Cloud-Code-Extension* von VSCode, mit der Sie für ein Deployment in die Google Cloud die IDE nicht verlassen müssen. Zusätzlich bietet die Extension ohne Aufwand z. B. die Möglichkeit, direkt in der Cloud-Umgebung debuggen zu können (siehe Abbildung 6.9).

Cloud-Code-Extension in VSCode

Mit der Cloud-Code-Extension von Google können Sie in VSCode direkt ein Kubernetes-Cluster innerhalb der *Google Cloud Platform* erstellen und verwalten.

Mit der Extension können Sie:

- Cluster erstellen und verwalten
- Anwendungen ausführen
- Anwendungen debuggen und Logs der Anwendungen einsehen
- Terminal innerhalb der Container öffnen

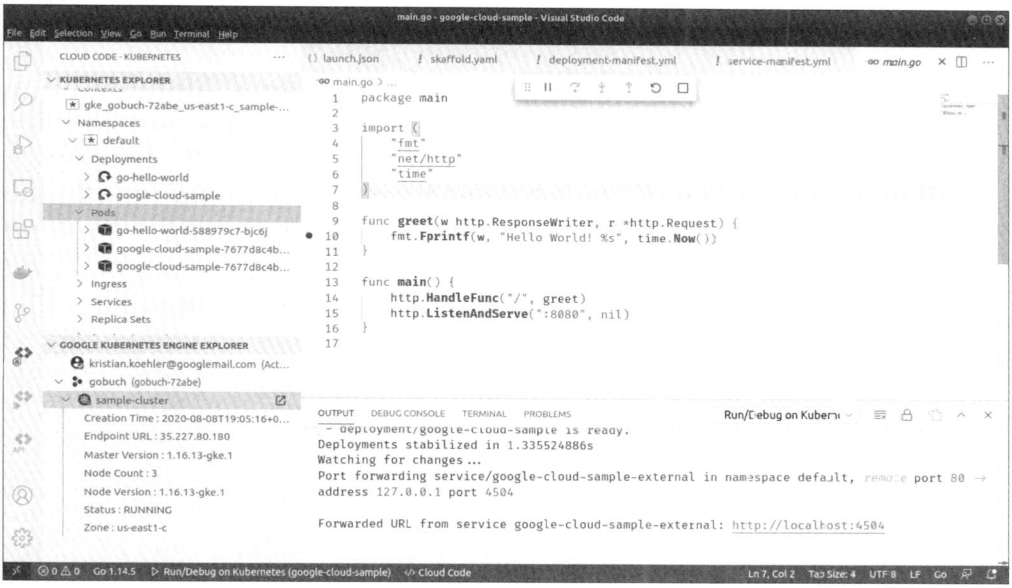

Abbildung 6.9 Die Cloud-Code-Extension in Visual Studio Code im Einsatz

Für ein Beispiel wird eine Kopie der Minikube-Beispielanwendung in der Google-Cloud-Infrastruktur installiert und ausgeführt. Drei Anpassungen sind notwendig:

- Anpassen des Projektnamens zu `google-cloud-sample`
- In der *manifest.yml* des Projekts muss der Eintrag `imagePullPolicy: Never` entfernt werden, da das Image nun aus der Cluster-Registry geladen wird und Kubernetes es von dort laden muss.
- Aufnahme einer zusätzlichen Konfiguration des Service zur Veröffentlichung der Anwendung. Das ist nicht zwingend erforderlich, da dies auch über die Web-Oberfläche konfiguriert werden kann. Den Inhalt der Datei *service-manifest.yml*, die Sie im Projekt ablegen müssen, entnehmen Sie Listing 6.25.

```
apiVersion: v1
kind: Service
metadata:
  name: google-cloud-sample-external
spec:
  type: LoadBalancer
  selector:
    app: google-cloud-sample
  ports:
  - name: http
    port: 80
    targetPort: 8080
```

Listing 6.25 Service-Konfiguration für das Deployment in das Google-Kubernetes-Cluster

Nach dem Klick auf Cloud Code in der Statusleiste von Visual Studio Code kann eine Anwendung mit der Google Cloud verbunden werden. Mit der Auswahl von Run on Kubernetes in dem erscheinenden Dialog können Sie eine neue Projekt-Cluster-Konfiguration auf Basis des enthaltenen Dockerfiles sowie der angepassten Konfigurationsdateien erstellen (siehe Abbildung 6.10).

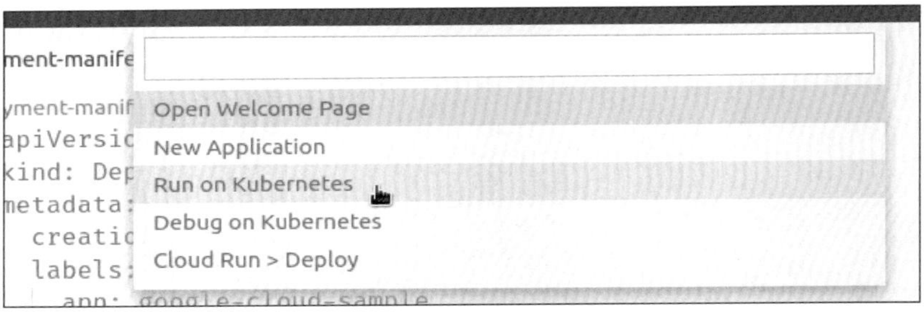

Abbildung 6.10 Lokale Anwendung in GCP ausführen

Der Upload und das Deployment in die Umgebung dauert etwas, aber danach ist die Anwendung in der Google Cloud deployt und kann getestet werden.

6.3.2 Cloud Functions

Mit den *Go Cloud Functions* bietet Google die Möglichkeit, einzelne Go Functions und nicht komplette Anwendungen in der Cloud auszuführen. Mit diesem *Function as a Service* genannten Ansatz werden die Microservices noch kleiner und feingranularer verwaltbar, und die Konfiguration von Servern oder Containern entfällt vollständig.

Cloud Functions besitzen keine eigene Remote-Schnittstelle, sondern werden von der Umgebung bei bestimmten Ereignissen asynchron aufgerufen. Es wird zwischen zwei Funktionsarten unterschieden:

- HTTP-Funktionen, die bei HTTP-Anfragen gestartet werden
- Hintergrundfunktionen, die durch Nachrichten in der Messaging-Umgebung oder bei Änderungen im Google-Cloud-Storage-Bucket gestartet werden

In beiden Fällen müssen die Funktions-Projekte einen definierten Aufbau besitzen.

Am einfachsten legt man eine Cloud Function über die Web-Oberfläche der Google Cloud Console an. Alternativ kann mit dem `gcloud`-Kommandozeilenwerkzeug eine lokale Implementierung in die Umgebung gebracht werden.

Im Beispiel geht es um die Funktionsweise der Cloud Functions und nicht um die beste Integration in einen lokalen Entwicklungs-Workflow. Aus diesem Grund nutzen wir die einfachste Variante über die Web-Oberfläche, die Sie im Menüpunkt der Cloud Console unter dem Punkt COMPUTING • CLOUD-FUNKTIONEN finden. Beim ersten Öffnen des Menüpunktes kann direkt eine neue Funktion angelegt werden.

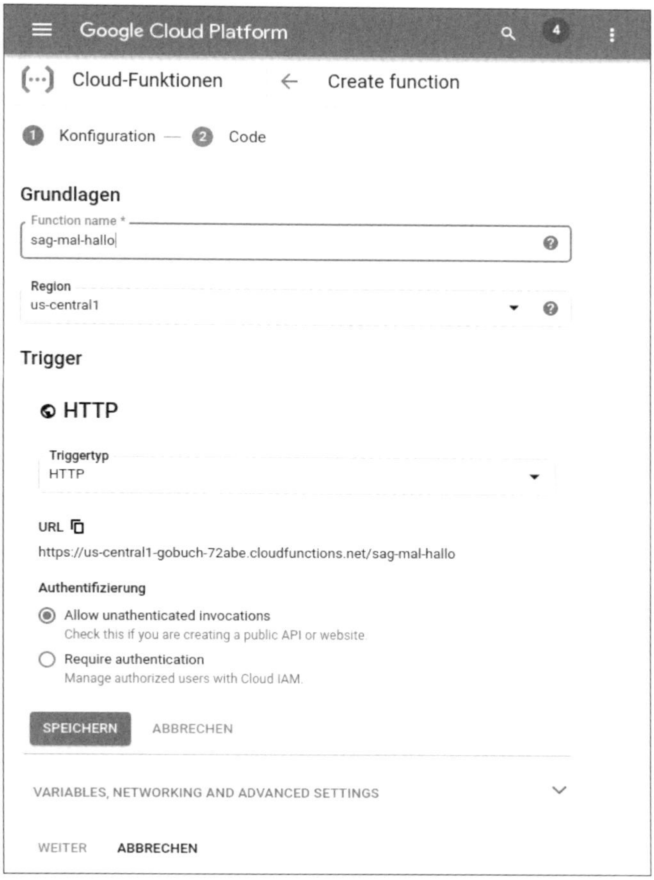

Abbildung 6.11 Neue Cloud Function in Cloud Console anlegen

Wie in Abbildung 6.11 gezeigt, müssen Sie einen Namen sowie einen sogenannten *Triggertyp* angeben. Für HTTP-basierte Funktionen kann die Voreinstellung übernommen werden. Damit die Funktion später auch öffentlich erreichbar ist, kann bei AUTHENTIFIZIERUNG der erste Eintrag ALLOW UNAUTHENTICATED INVOCATIONS ausgewählt werden.

Auf der nächsten Wizard-Seite können Sie direkt den Quellcode der Funktion eingeben. Für Go-Funktionen muss hierzu die Laufzeit auf eine entsprechende Go-Version eingestellt und die *Cloud Build API* aktiviert werden. Über die Build API wird der Quellcode aus dem Online-Editor vor einer Ausführung kompiliert und zur Verfügung gestellt.

In Listing 6.26 finden Sie das »Hello World«-Cloud-Function-Beispiel. Bei der Funktion `HelloWorld` handelt es sich um eine klassische `http.HandlerFunc`, die Sie wie gewohnt implementieren können. Es werden keine speziellen Imports oder Ähnliches benötigt. Für eine lokale Ausführung oder Tests können Sie eine separate `main`-Funktion erstellen und die `HandlerFunc` an einem HTTP-Server anmelden.

```
// Package p contains an HTTP Cloud Function.
package p

import (
    "encoding/json"
    "fmt"
    "html"
    "net/http"
)

// HelloWorld prints the JSON encoded "message" field in the body
// of the request or "Hello, World!" if there isn't one.
func HelloWorld(w http.ResponseWriter, r *http.Request) {
    var d struct {
        Message string `json:"message"`
    }
    if err := json.NewDecoder(r.Body).Decode(&d); err != nil {
        fmt.Fprint(w, "Hello World!")
        return
    }
    if d.Message == "" {
        fmt.Fprint(w, "Hello World!")
        return
    }
    fmt.Fprint(w, html.EscapeString(d.Message))
}
```

Listing 6.26 »Hello World«-Beispiel Cloud Function

Durch einen Klick auf BEREITSTELLEN wird die Funktion kompiliert und unter der im ersten Dialog angegebenen URL veröffentlicht.

6.4 Amazon Web Services Deployment

Amazon hat 2006 den Geschäftsbereich *Amazon Web Services* (AWS) gestartet und zählt mittlerweile zu einem der führenden Anbieter für Cloud-Computing-Lösungen weltweit. Auch bei Amazon gibt es mehrere Möglichkeiten, Go-Anwendungen in der Amazon Cloud zu betreiben.

In der sogenannten *Elastic Compute Cloud* (EC2) können komplette Virtuelle Maschinen konfiguriert und ausgeführt werden. Diese Virtuellen Maschinen basieren hierbei entweder auf Linux oder Windows-Images, die nach Belieben angepasst werden können. Unter dem Namen *Elastic Beanstalk* werden *Platform as a Service*-Dienste angeboten, mit denen Sie z. B. Anwendungen und Docker-Images in der Amazon Cloud betreiben können. Hinter dem Begriff der *Lambda-Funktionen* verbirgt sich ein *Function as a Service*-Modell von Amazon, mit dem auch Go-Funktionen bereitgestellt werden können.

Da Amazon parallel zu Google an eigener Software für den Betrieb und die Konfiguration von Cluster-Umgebungen gearbeitet hat, ist die Ausführung von Containern in Kubernetes nicht die einzige Möglichkeit, Docker Container in der Amazon Cloud zu betreiben. Der Kubernetes-Dienst nennt sich bei Amazon *Elastic Kubernetes Service* (Amazon EKS).

Für alle Aktionen mit dem Amazon-Cluster müssen Sie über ein AWS-Benutzerkonto verfügen, das mit einer Kreditkarte verknüpft ist. Die Kreditkarte dient zur Identifizierung und Validierung des Benutzerkontos und wird nur belastet, wenn das kostenlose Kontingent überschritten bzw. der Zeitraum zur kostenlosen Nutzung abgelaufen ist.

Hier können Sie in die *Amazon Web Services*-Welt einsteigen:

https://aws.amazon.com/de/

AWS-Kommandozeilenwerkzeuge werden benötigt

Wenn Sie nicht über die HTML-Oberfläche arbeiten möchten, werden die AWS-Kommandozeilenwerkzeuge (AWS CLI) benötigt. Diese müssen separat installiert werden. Eine entsprechende Anleitung finden Sie im Internet unter:

https://docs.aws.amazon.com/cli/latest/userguide/install-cliv2.html

Für Amazon Beanstalk wird zusätzlich das eb-Kommando benötigt. Die entsprechende Dokumentation zur Installation und Benutzung finden Sie unter:

https://docs.aws.amazon.com/elasticbeanstalk/latest/dg/eb-cli3.html

Im folgenden Abschnitt wollen wir die Installation einer Go-Anwendung innerhalb der Amazon Web Services als Beanstalk-Anwendung sowie als Lambda-Funktion betrachten.

6.4.1 Deployment einer Anwendung über Beanstalk

Das Anwendungs-Deployment über Amazon Beanstalk kann entweder über das AWS-Kommandozeilentool eb oder, analog zum Deployment bei Google, komplett über die HTML-Oberfläche gesteuert werden.

Mit den Kommandozeilenwerkzeugen kann eine Standard-Go-Web-Anwendung recht einfach über Amazon Beanstalk ausgeführt werden.

Einziger Unterschied zu den bisherigen Beispielimplementierungen im Code ist der Ziel-Port, unter dem die Anwendung erreicht werden kann. Die Amazon-Umgebung nutzt den Port 5000. Ansonsten handelt es sich wieder um eine normale Go-Applikation (siehe Listing 6.27).

```
package main

import (
    "fmt"
    "net/http"
    "time"
)

func greet(w http.ResponseWriter, r *http.Request) {
    fmt.Fprintf(w, "Hello World! %s", time.Now())
}

func main() {
    http.HandleFunc("/", greet)
    http.ListenAndServe(":5000", nil)
}
```

Listing 6.27 Go-Anwendung für Amazon Beanstalk

Wie schon in der Google-Infrastruktur wird die Anwendung im Sourcecode-Format in die Amazon-Cloud-Umgebung kopiert und dort zu einer ausführbaren Anwendung kompiliert. Hierzu werden Build-Skripte und Konfigurationsdateien benötigt, die im Anwendungsverzeichnis vorhanden sein müssen (siehe Abbildung 6.12). Den Inhalt der Dateien zeigen Listing 6.28, Listing 6.29 und Listing 6.30.

```
.
├── Buildfile
├── build.sh
├── Dockerfile
├── go.mod
├── main.go
├── Procfile
└── README.txt

0 directories, 7 files
```

Abbildung 6.12 Verzeichnisstruktur des Beanstalk-Beispiels


```
make: ./build.sh
```

Listing 6.28 Inhalt der Datei Buildfile

```
#!/usr/bin/env bash
# Build app
go build -o application
```

Listing 6.29 Inhalt der Datei build.sh

```
web: application
```

Listing 6.30 Inhalt der Datei Procfile

Das Projekt können Sie mit dem eb-Kommando auf Kommandozeile initialisieren und deployen. Danach finden Sie in der Beanstalk-Konsole die URL zu Ihrem öffentlichen Service.

```
eb init -p go go-beanstalk-sample --region eu-central-1
eb create go-env
```

Listing 6.31 Initialisieren und Ausführen der Beanstalk-Anwendung

6.4.2 Lambda-Funktionen

Amazons Lambda-Funktionen (*AWS Lamdba*) werden als ausführbare Anwendungen entwickelt und sind nicht auf einen Einsatzzweck beschränkt. Mit einer Konfiguration kann definiert werden, welche Aktion zum Start einer Funktion führen soll. Möglich sind z. B. HTTP-Aufrufe oder auch Alexa Skills als sogenannte Auslöser. Die Implementierung der Lambda-Funktionen unterscheidet sich hierbei nicht.

Durch diese zusätzliche Abstraktionsebene muss die entsprechende Go-Lambda-Funktion direkt das Amazon SDK nutzen und unterscheidet sich dadurch von den »gewohnten« HTTP-Service-Implementierungen. Installiert wird das SDK über einen go get-Aufruf (siehe Listing 6.32).

```
go get github.com/aws/aws-lambda-go/lambda
```

Listing 6.32 Installation des Amazon SDKs durch go get

Die Anwendung kann lokal entwickelt, kompiliert und paketiert werden. Danach kann sie über das `aws`-Kommandozeilenwerkzeug in die Amazon Cloud hochgeladen und zur Verfügung gestellt werden.

Die Implementierung besteht aus einem Handler, der in der `main`-Funktion über `lambda.Start` an der Umgebung angemeldet wird. In der Dokumentation finden sich unterschiedliche Ausprägungen. Wir verwenden im Beispiel eine Signatur mit zwei Parametern – einem `context.Context` sowie einem Event, das von der Umgebung für den Aufruf übergeben wird (siehe Listing 6.33).

```
package main

import (
        "fmt"
        "context"
        "github.com/aws/aws-lambda-go/lambda"
)

type MyEvent struct {
        Name string `json:"name"`
}

func HandleRequest(ctx context.Context, name MyEvent) (string, error) {
        return fmt.Sprintf("Hello %s!", name.Name ), nil
}

func main() {
        lambda.Start(HandleRequest)
}
```

Listing 6.33 Amazon Lambda-Funktion in Go

Die Bereitstellung der Anwendung läuft einfach ab. Es muss kompiliert und gepackt werden. Je nachdem unter welchem Betriebssystem Sie entwickeln, kann ein Cross-Compile-Schritt nötig sein, da die Lambda-Funktionen auf Linux-Rechnern ausgeführt werden und ein entsprechendes Binary vorhanden sein muss. Im Normalfall ist es ausreichend, die Umgebungsvariable `GOOS` auf den Wert `linux` zu setzen.

```
set GOOS=linux
go build -o main main.go
```

Listing 6.34 Cross-Compile-Schritt unter Windows

Nach dem Kompiliervorgang muss das Binary in eine ZIP-Datei verpackt werden, die mit dem `aws`-Kommando in die Cloud geladen wird (siehe Listing 6.35).

```
aws lambda create-function \
    --function-name aws-lambda-sample \
    --runtime go1.x \
    --zip-file fileb://function.zip
    --handler main
    --role arn:aws:iam::<xx>:role/<xx>
```

Listing 6.35 Bereitstellen der Anwendung mittels aws-Kommando

> **Berechtigungen für Lambda-Funktionen**
>
> Für das Deployment und die Ausführung von Lambda-Funktionen muss eine entsprechende Rolle definiert werden. Mehr Informationen hierzu finden Sie in der offiziellen Dokumentation unter:
>
> *https://docs.aws.amazon.com/lambda/latest/dg/lambda-intro-execution-role.html*

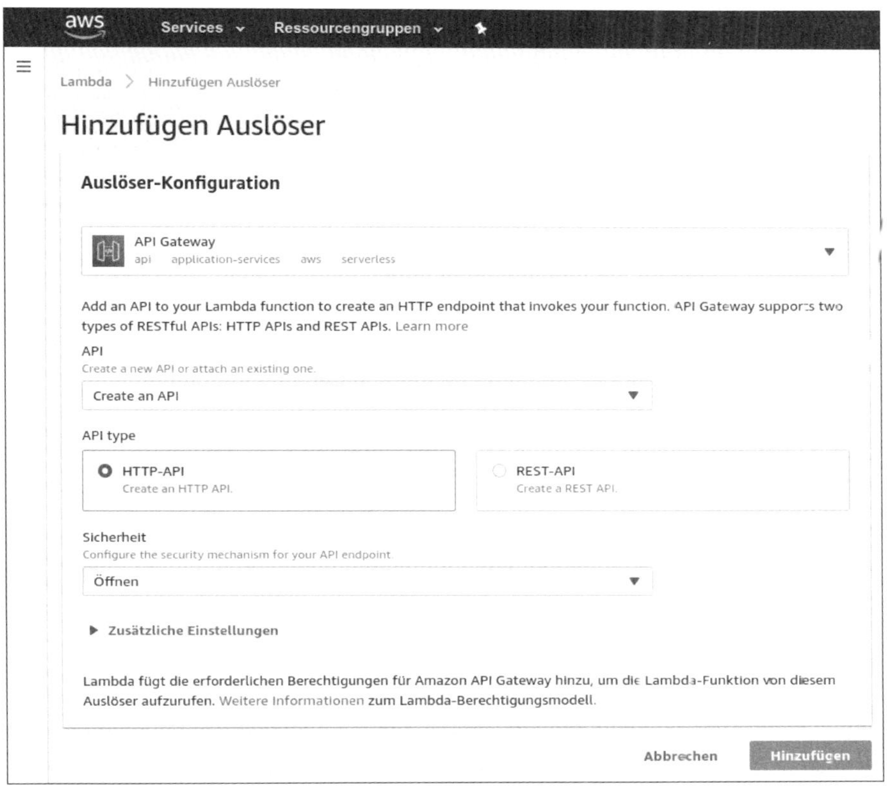

Abbildung 6.13 Hinzufügen eines sogenannten Auslösers für die Funktion

Wenn die Funktion in der Amazon Cloud verfügbar ist, fehlt nur noch die Konfiguration eines passenden Auslösers. Im Beispiel in Abbildung 6.13 wurde ein Aufruf über HTTP konfiguriert, so dass die Funktion über einen einfachen HTTP-Request gestartet werden kann. Möglich sind auch mehrere Auslöser für die gleiche Funktion.

6.5 Microsoft-Azure-Anbindung

Microsoft bietet in seiner Cloud-Lösung Azure auch verschiedene Möglichkeiten, Go-Anwendungen auszuführen. Dies reicht, wie bei den Mitbewerbern, von einer Ausführung in Virtuellen Maschinen über den Einsatz von Containern bis zu sogenannten *Web Apps*, die die *Platform as a Service*-Lösung von Microsoft darstellen.

Ein *Function as a Service* für Go ist aktuell (Stand Mitte 2020) nur nach einem sogenannten *Private Preview Signup* möglich und noch nicht für die breite Öffentlichkeit verfügbar. Anmelden können Sie sich bei Interesse unter: *https://aka.ms/goazurefunctions*

Auch bei Microsoft müssen Sie über ein entsprechendes Benutzerkonto mit hinterlegter Kreditkarte verfügen, um mit dem Portal arbeiten zu können. Die Administrationsoberfläche befindet sich unter *https://portal.azure.com/*.

6.5.1 Deployment in Kubernetes

Unter dem Namen *Kubernetes Dienste* bietet auch Microsoft ein eigenes Kubernetes-Cluster an, in das Container deployt werden können. Die entsprechenden Container müssen sich auch hier in einer eigenen Docker-Registry befinden.

Die Arbeit mit dem Cluster in Azure ist allerdings deutlich einfacher als z. B. bei Amazon, wo die Berechtigungskonfiguration und die Installation der eigenen Kommandozeilen-Clients recht aufwendig ist.

Benötigt wird Folgendes:

- eine Azure Container Registry (ACR), in der die Docker-Images gespeichert werden
- Möglichkeit zum Zugriff auf ACR von lokaler Docker-Umgebung
- Kubernetes-Cluster in Azure
- Verbindung zwischen Kubernetes-Cluster und ACR
- Anwendungs-Deployment von lokalem Rechner über `kubectl`

Azure Container Registry anlegen

Mit dem Menüpunkt RESSOURCE ERSTELLEN und der Auswahl des Punktes CONTAINER REGISTRY gelangt man zu einem Wizard, mit dem man eine Azure Container Registry anlegen kann. Externe Zugriffe müssen konfiguriert werden, und im Beispiel soll über einen einfachen Zugriffsschlüssel gearbeitet werden. Das ermöglicht eine Anmeldung mit dem Docker-Client über den Registrierungsnamen und mit einem Passwort.

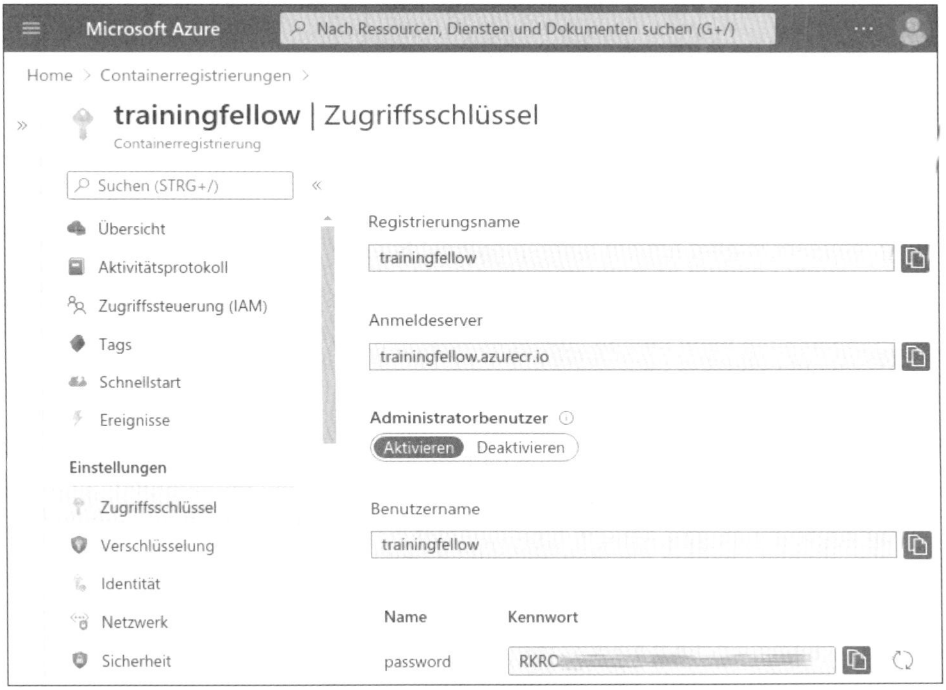

Abbildung 6.14 Einrichten eines Zugriffsschlüssels für eine ACR

Docker push von Arbeitsplatzrechner

Um Docker-Images in die Container Registry laden zu können, müssen Sie sich mit einem Aufruf von `docker login` an dieser anmelden. Verwenden können Sie, wie erwähnt, die zuvor angelegten Zugriffsschlüssel.

Ein lokal generiertes Docker-Image muss ein entsprechendes Tag besitzen, damit es in die Registry kopiert werden kann. Den Ablauf eines Image-Uploads entnehmen Sie Listing 6.36.

```
docker build -t go-azure-sample .
docker login …
docker tag go-azure-sample trainingfellow.azurecr.io/go-azure-sample
docker push trainingfellow.azurecr.io/go-azure-sample:latest
```

Listing 6.36 Ablauf eines Docker-Image-Uploads in Azure

Kubernetes-Cluster anlegen und mit ACR verknüpfen

Der Wizard zur Anlage eines Kubernetes-Cluster wird über den Menüpunkt RESSOURCE ERSTELLEN • KUBERNETES SERVICE erreicht. Nach dessen Anlage muss noch eine Verknüpfung zur ACR hergestellt werden, bevor ein Image aus dieser Registry geladen werden kann.

Über die sogenannte *Cloud Shell* können Sie mit einem Kommando das Cluster mit der Registry verbinden (siehe Listing 6.37). Die Cloud Shell starten Sie in der Web-Konsole oben rechts über das Kommandozeilensymbol.

```
az aks update -n Training-Fellow-Cluster \
   -g training-fellow \
   --attach-acr trainingfellow
```

Listing 6.37 Kommando in der Cloud Shell zur Verknüpfung des Clusters mit der Registry in Azure

Bei der Cloud Shell handelt es sich um eine separate Umgebung, die innerhalb von Azure ausgeführt wird.

Das Anwendungs-Deployment

Jetzt muss die Anwendung installiert werden. Durch einen kleinen Trick können Sie Ihre lokale `kubectrl`-Installation anpassen, so dass sie direkt mit dem Kubernetes-Cluster in der Azure-Umgebung kommuniziert.

Mit Hilfe der Cloud Shell können Sie die `kubectrl`-Konfiguration ermitteln und lokal nutzen. Das Kommando in Listing 6.38 gibt die Konfiguration in der YML-Syntax aus. Diesen Output können Sie in einer lokalen Datei speichern, die Sie im Anschluss mit der Umgebungsvariablen `KUBECONFIG` referenzieren.

```
az aks get-credentials -n training-fellow-cluster -g training-fellow -f -
```

Listing 6.38 Ausgabe der Kubernetes-Konfiguration mittels Cloud Shell

```
kkoehler@precision:~$ export KUBECONFIG=~/.kube/config-aks
kkoehler@precision:~$ kubectl cluster-info
Kubernetes master is running at https://training-fellow-cluster-d .hcp.
healthmodel-replicaset-service is running at https://training-fellow-cluster-dns-
CoreDNS is running at https://training-fellow-cluster- .hcp.eastus.azm
Metrics-server is running at https://training-fellow-cluster-d .hcp.eas

To further debug and diagnose cluster problems, use 'kubectl cluster-info dump'.
kkoehler@precision:~$
```

Abbildung 6.15 Lokales kubectrl greift auf Azure zu.

Arbeit mit mehreren Kubernetes-Clustern

Für die Arbeit mit mehreren Kubernetes-Clustern können Sie über das `kubectrl config`-Kommando mehrere sogenannte Kontexte anlegen, pflegen und nutzen.

```
kubectrl config --kubeconfig=config-demo use-context dev-frontend
```

Listing 6.39 Beispielhaftes Setzen eines Kontextes über kubectrl

https://kubernetes.io/docs/tasks/access-application-cluster/configure-access-multiple-clusters/

Analog zum Minikube-Deployment kann die Anwendung im Azure-Kubernetes-Cluster deployt werden. Auch hier muss noch eine externe Netzwerkverbindung mittels Service konfiguriert werden.

Kleines Schlusswort

An dieser Stelle wird es Zeit – falls noch nicht geschehen –, sich als echten Gopher zu outen! Unter *https://gopherize.me/* können Sie sich einen Gopher-Avatar erstellen, den Sie als Profilbild verwenden können.

Index

H

I

J

K

L

M

N

O

T

U

V

W

Z

Git effektiv nutzen und sicher administrieren

Ob Sie Konfigurationsdateien versionieren wollen, an Open-Source-Projekten mitarbeiten oder Anwendungen im Team entwickeln: Git sorgt dafür, dass Sie den Überblick behalten. In ihrem Git-Handbuch zeigen Ihnen Michael Kofler und Bernd Öggl, wie Git den Arbeitsalltag eines Entwicklers leichter macht. Sie erfahren, wie Sie Änderungen einchecken oder Repositorys klonen, und profitieren von zahlreichen Best Practices für eine effiziente Projektverwaltung.

415 Seiten, gebunden, 39,90 Euro, ISBN 978-3-8362-7186-8

www.rheinwerk-verlag.de/4943

So integrieren Sie Ihre Infrastruktur in die Cloud

Infrastructure as a Service – Dieses Buch macht Sie fit für die Zukunft Ihrer IT-Infrastrukturen. Daniel Stender steht Ihnen beim Einrichten eines eigenen virtualisierten Rechenzentrums hilfreich zur Seite und erklärt Ihnen Schritt für Schritt alle Tools, die bei zeitgemäßem Cloud Computing zum Einsatz kommen: Python, Google Go, Ansible, Docker, Kubernetes. Mit seiner Hilfe werden Sie schon bald eigene Cloud-Systeme einsetzen und effektiv nutzen.

576 Seiten, gebunden, 49,90 Euro, ISBN 978-3-8362-6948-3

www.rheinwerk-verlag.de/4874